U0574435

权威·前沿·原创

皮书系列为
"十二五""十三五"国家重点图书出版规划项目

YELLOW BOOK

智 库 成 果 出 版 与 传 播 平 台

中东黄皮书

YELLOW BOOK OF
THE MIDDLE EAST

中东发展报告 No. 22
(2019~2020)

ANNUAL REPORT ON DEVELOPMENT IN THE MIDDLE EAST
No.22(2019-2020)

中东剧变的反思和前瞻

Reflections and Prospects of Upheaval in the Middle East

主　编／王林聪
副主编／唐志超

社会科学文献出版社
SOCIAL SCIENCES ACADEMIC PRESS（CHINA）

图书在版编目（CIP）数据

中东发展报告. No. 22，2019 - 2020：中东剧变的反
思和前瞻 / 王林聪主编 . -- 北京：社会科学文献出版
社，2020. 10
　（中东黄皮书）
　ISBN 978 - 7 - 5201 - 7692 - 7

　Ⅰ. ①中…　Ⅱ. ①王…　Ⅲ. ①社会发展 - 研究报告 -
中东 - 2019 - 2020②中外关系 - 研究 - 中东 - 2019 - 2020
Ⅳ. ①D737.069②D822.337

中国版本图书馆 CIP 数据核字（2020）第 243152 号

中东黄皮书
中东发展报告 No. 22（2019~2020）
——中东剧变的反思和前瞻

主　　编／王林聪
副 主 编／唐志超

出 版 人／谢寿光
责任编辑／仇　扬
文稿编辑／张苏琴

出　　版／社会科学文献出版社 · 当代世界出版分社（010）59367004
　　　　　地址：北京市北三环中路甲 29 号院华龙大厦　邮编：100029
　　　　　网址：www. ssap. com. cn
发　　行／市场营销中心（010）59367081　59367083
印　　装／天津千鹤文化传播有限公司

规　　格／开本：787mm × 1092mm　1/16
　　　　　印张：25.75　字数：385 千字
版　　次／2020 年 10 月第 1 版　2020 年 10 月第 1 次印刷
书　　号／ISBN 978 - 7 - 5201 - 7692 - 7
定　　价／168.00 元

本书如有印装质量问题，请与读者服务中心（010 - 59367028）联系

主编简介

王林聪 历史学博士,中国社会科学院西亚非洲研究所副所长,研究员,中国非洲研究院副院长。中国社会科学院大学国际关系学院教授、博士生导师。中国中东学会副会长兼秘书长,中国社会科学院海湾研究中心副主任。享受国务院政府特殊津贴专家。

主要从事中东历史、政治和国际关系研究。现主持中国社会科学院登峰战略优势学科"当代中东研究"项目。主要学术代表作有《中东国家民主化问题研究》(中国社会科学出版社,2007),研究报告《中国与埃及友好关系》(第一作者,社会科学文献出版社,2019);论文《中东安全问题及其治理》等。

唐志超 博士,中国社会科学院西亚非洲研究所政治研究室主任,中东发展与治理研究中心主任,研究员。中国社会科学院大学国际关系学院教授,博士生导师。主要从事中东政治与国际关系研究。现主持中国社会科学院登峰战略重点学科"大国与中东关系"项目。主要代表作有专著《中东库尔德民族问题透视》(社会科学文献出版社,2013)、《中东新秩序构建与中国对中东战略》(社会科学文献出版社,2019)和《列国志·约旦》(社会科学文献出版社,2006、2016)等。

摘　要

2020 年是中东剧变第十年，经历了十年严重的治理危机、激烈的大国博弈和地缘政治冲突，中东地区仍徘徊在剧变的"长波"之中，并且正迈向一个更加充满风险和动荡的"不确定"时代。一方面，避乱企稳求治、解决民生难题和探索自主发展道路已成为中东地区国家的核心议题；另一方面，经济发展迟缓、社会问题尖锐化、民众抗议常态化、治理问题凸显，特别是新冠肺炎疫情的大流行又进一步加重了中东国家经济和社会发展的困境，延缓了其走出困局的步伐。与此同时，这一地区热点问题频发，海湾局势升温，东地中海争端趋紧，美国等域外大国的干涉进一步推升了地缘政治博弈的烈度，加快了中东地区秩序转型与重构的步伐。因此，以地缘政治竞争为主要特征的"新中东"尚在形塑之中。

在进入 21 世纪第三个十年之际，中东地区向何处去？中东国家如何走出剧变之漩涡？这仍然是亟待破解的世纪难题。从长远看，探索自主发展道路，提升治理能力，加快经济结构调整，把握新科技革命和共建"一带一路"的契机，推动区域稳定、合作和发展，应当是中东国家的现实选择。

关键词：剧变长波　治理危机　地缘政治博弈

目 录

Ⅳ　热点篇

Ⅴ　市场走向

Ⅵ　资料文献

皮书数据库阅读**使用指南**

主　报　告

Main Report

Y.1
2020：中东剧变十年的反思和展望

王林聪*

摘　要： 中东剧变十年（2010～2020年）见证了该地区严重的治理危机、发展困局、安全困境以及大国博弈、地缘政治冲突，它不仅从整体上改变了中东的样态，而且深刻影响着中东历史进程，成为中东变迁的重大转折点，中东地区迈入了一个更加充满风险和动荡的"不确定性"时代。一方面，避乱企稳求治，解决民生难题和探索自主发展道路成为中东国家的核心议题；另一方面，发展迟缓，社会问题尖锐，治理问题凸显，特别是新冠肺炎疫情的大流行进一步加重了中东国家经济和社会发展的困境，延缓了走出困局的步伐。当前，中东

---

* 王林聪，中国社会科学院西亚非洲研究所副所长，中国非洲研究院副院长，研究员，中国中东学会副会长、秘书长，中国社会科学院海湾研究中心副主任，主要研究领域为中东政治、安全和国际关系。

地区绝大多数国家仍处在剧变"进行时",徘徊在中东剧变的"长波"之中。跨入 21 世纪第三个十年的中东地区面临八大风险:地区冲突风险、政治安全风险、外来干预风险、恐怖主义卷土重来的风险、族群冲突风险、核不扩散风险、水资源争端引发冲突的风险以及航路和能源安全风险。与此同时,中东局势变化呈现六大趋势:地区转型和动荡长期化、大国干预经常化、地缘政治博弈尖锐化阵营化、民众抗议运动常态化、地区国家的分化和重组加快、经济结构调整加速等。就整体而言,中东地区复合型危机上升,地区国家转型艰难,地区秩序重构变数增大,中东地区未来发展充满更大的不确定性。从长远看,探索自主发展道路,提升治理能力,把握新科技革命和共建"一带一路"的契机,推动区域稳定、合作和发展,应当是中东国家的现实选择,更是中东地区发展的希望所在。

关键词: 剧变长波 双重动荡 地缘政治博弈 治理危机 发展困境

21 世纪第二个十年堪称中东剧变的时代。2010 年 12 月,一场突如其来的突尼斯民众抗议运动①揭开了中东剧变(所谓"阿拉伯之春")的序幕,伴随着本·阿里总统的倒台,一种以民众示威要求改善民生进而改变政权、结

---

① 突尼斯政治变局肇始于"布瓦吉吉自焚事件"。2010 年 12 月 17 日,突尼斯中部城市西迪布吉德的一名 26 岁失业青年布瓦吉吉(Mohamed Bouazizi)在街头售卖水果和蔬菜,遭执法人员粗暴对待,投诉无果后愤然自焚,因伤重不治身亡。事发后,当地居民举行抗议示威,并与国民卫队发生流血冲突。示威运动很快向各地蔓延,最终发展到首都突尼斯市。示威群众从起初的"反贫穷、反失业"发展到要求"总统本·阿里下台"。2011 年 1 月 14 日,因抗议局势无法控制,本·阿里总统携家人乘飞机秘密出走,流亡沙特阿拉伯,统治突尼斯近二十三年的本·阿里政权遂告瓦解。由此开启了中东地区民众通过和平示威结束威权统治的先例。这一进程被称为所谓的"茉莉花革命"。

束威权统治的方式在中东国家频频上演，延续至今，不仅在中东地区产生了强烈的"示范效应"，而且呈现"多米诺骨牌效应"，迅速席卷中东多国。中东剧变迄今已接近十年，但远未结束，形成了典型的剧变"长波"。然而，中东剧变不仅没有迎来变革所向往的"暖春"，反而步入了漫长的动荡不宁的"凛冬"，深陷多重困局。从中东历史进程看，无论是中东地区层面还是就中东国家而言，尚处在转型和重塑的初始状态，触发剧变的诸因素仍深刻影响着中东国家的转型、发展走向和中东地区秩序的重塑。因此，本报告拟在整体观察中东剧变的基础上，分析中东剧变特点及其"长波"的形成，反思中东地区和国家为何难以摆脱剧变困局的缘由，进而展望和研判21 世纪第三个十年中东演变的趋势和前景。

一 中东剧变十年：特点和影响

从整体上看，持续近十年的中东剧变仍在发酵，远未结束，就其性质而言，仍属引发 2010 年中东剧变诸问题的延续，并在一定意义上形成了剧变的"长波效应"。

（一）中东剧变的主要特点

第一，阶段性。中东剧变发端于政局相对稳定的突尼斯、埃及、利比亚、叙利亚诸国，随之在内外因素作用下产生"多米诺骨牌效应"，迅速波及各国，形成了巨大的连锁反应和外溢效应，几乎所有的中东国家都不同程度地受到剧变的波及。中东剧变的轨迹可以分为两个阶段：2010～2015 年是中东剧变的第一阶段，剧变的发生导致一批国家政权更迭，呈现出不可控状态，因变而乱，且达到了相当危险的程度；2015 年至今是第二阶段，以叙利亚危机的转机为标志，中东剧变局部失控和整体失稳的局面逐渐得到抑制。

第二，差异性。中东国家政治动荡有其相似性，但是在不同国家引发的具体原因、发展的历史轨迹、产生的相关影响并不相同，存在类型的差异。从中东国家政治动荡的起因来看，绝大多数国家民众示威缘起民生问题，以

改善民生困境为示威主要诉求；巴林民众抗议浪潮则是以什叶派穆斯林（占人口多数）要求实现平等权利为主要目的，凸显教派间矛盾和不平等的现实；利比亚反政府示威运动在一定程度上体现了传统部落集团对于利益分配格局的强烈不满，凸显部落之间（既得利益者与利益受损者）因社会资源分配不均和不平等问题而产生的尖锐矛盾；也门持续不断的抗议示威运动既有民众改善民生的强烈愿望，也有部落之间利益争夺引发的冲突；科威特爆发的外籍劳工示威活动则是表达了他们享有该国国民待遇的渴望。实际上，民众改善民生的诉求与追求平等之间并没有严格的区分，最终都将矛头指向了当政者。

从政府应对措施上看，随着民众示威浪潮风起云涌，中东国家当政者纷纷表示要顺应民意，推进改革，或允诺加大社会福利，以平息不满。例如，也门、阿尔及利亚、苏丹等共和制国家首脑先后表态不谋求继续连任或无限期连任；约旦、摩洛哥、科威特、阿曼、巴林等君主立宪制国家往往以变更首相或内阁的政治手段迎合民众的变革心理，同时以小幅提高社会福利的经济手段缓解民众的不满情绪，以维护王室的统治地位；沙特阿拉伯、阿联酋、卡塔尔等相对富裕的海湾君主国则凭借雄厚的石油财富，以提高公职人员的工资或直接发放现金等手段，满足普通民众的诉求，缓解社会矛盾和压力，维护政局稳定。

从政治动荡轨迹看，政府的回应策略、不同的社会结构、外部的干预程度等也影响着各国的发展进程。在政府回应手段和平、社会团结度较高、外部干预程度较低的有限民主国家，[①] 诸如突尼斯、埃及，最高领导人最终辞职，使国家进入政治转型阶段，国内局势向着"有序民主"政体转型，但仍然是脆弱而多变的。其中，突尼斯和埃及的差异性尤为明显。突尼斯以相对和平的方式实现了政治权力的平稳过渡，逐步走上了包容、多元的民主发展道路，这在很大程度上归因于突尼斯各政治力量集团能够通过政治妥协达成政治共识，其中"伊斯兰复兴运动"审时度势，通过与世俗政党达成政

---

① 王林聪：《中东国家民主化问题研究》，中国社会科学出版社，2007，第310页。

治妥协，化解了政治危机，促成较为平稳的政治过渡和转型。相反，埃及在经历了"一·二五"革命初期的非暴力运动之后，很快就发生了针对穆斯林兄弟会掌权人穆尔西总统的"二次革命"。在君主制国家，诸如沙特、约旦等，民众抗议被迅速平息，国家政权所受冲击并不大。在政府回应相对暴力、社会团结度较低、外部干预程度较高的国家，诸如利比亚、也门、叙利亚等，民众抗议最终转向示威者与当权者之间的暴力冲突，并受到地区和全球大国的干预，从而演化为持久的内乱或内战。由此形成了中东地区各国动荡烈度和程度上的明显差异，其中，以利比亚、也门、叙利亚最为激烈，埃及次之，巴林又次之，君主制国家中的极少数国家局势只是出现短暂动荡，很快便恢复了平稳。

第三，"双重动荡"相互交织。一方面，中东剧变发生国内部急剧动荡，不断上演民众抗议运动和街头政治，其中，政权变更频繁发生，形成了政治动荡和社会动荡的共振。另一方面，地区国家间干预现象频繁发生，域外大国介入、代理人战争成为中东剧变引发的突出问题，由此出现了地区冲突和国家间对抗，地区层面的动荡达到了空前严重的程度。

第四，外溢性。中东剧变引发的恐怖主义、难民问题迅速外溢，成为21世纪的全球性问题。其中，叙利亚多年的战乱导致其成为被迫流离失所人数最多的国家，截至2018年底，近1300万叙利亚人流离失所，其中包括境外665.4万名难民、境内618.4万名流离失所者以及1.4万名寻求避难者。[1] 叙利亚人口从2011年的2100余万减少到2018年的1690余万。[2] 截至2019年底，通过地区难民和救助计划，在五个国家登记为难民的叙利亚人约有555.8万。[3]

第五，普遍性和长期性。剧变冲击或波及几乎所有的中东国家，阿拉伯世界的共和制国家受到前所未有的冲击，君主制或君主立宪制国家也深受煎

---

① UNHCR, *Global Trends Forced Displacement in 2018*, June 20, 2019, p. 6, https：//www.unhcr.org/5d08d7ee7.pdf, 上网时间：2019年9月20日。

② The World Bank, https：//databank.shihang.org/reports.aspx？source＝2&series＝SP.POP.TOTL&country＝WLD, 上网时间：2019年10月20日。

③ UNHCR, "Syria Regional Refugee Response," https：//data2.unhcr.org/en/situations/syria, 上网时间：2020年1月5日。

熬；其他国家诸如土耳其、伊朗也不同程度受到波及，发生了民众抗议运动。与此同时，始于2010年的"阿拉伯之春"虽有起伏和中断，但仍在延续。现在被称为"阿拉伯之春2.0版"的民众抗议，实际上是中东剧变引发地区范围内动荡的延续。

（二）中东剧变的后果和影响

十年之后观察中东剧变，不仅地区局势正在恶化，而且大部分国家面临的困局日趋严峻，社会问题更加尖锐。由此判断，中东地区仍处在变动的风暴口，中东剧变仍属于一个漫长的"现在进行时"。

中东剧变产生的后果对中东历史进程起到的影响是重大而深远的。

第一，对肇始于一战以来的中东地区民族国家体系造成严重威胁。[1] 教派认同、部落认同高于国家认同，强化了身份政治。"阿拉伯之春"发生之后，长期被压制的伊斯兰主义政治影响力剧增，世俗主义与伊斯兰主义之间的斗争变得更加白热化。埃及的"二次革命"便是最突出的例子，尽管穆斯林兄弟会（简称穆兄会）代表的宗教势力同军方、自由派代表的世俗力量联手推翻了穆巴拉克政权，穆兄会在议会和总统选举中相继获胜，但仅仅一年之后穆尔西政府就被军方推翻，埃及重新走上了威权统治之路。身份认同的分歧变成了这些政治势力党同伐异的理由。以身份认同为基础的党派斗争严重阻碍了民主过渡的发展。[2]

第二，中东国家因剧变而不断分化，同时又借助剧变加快了中东地区地缘政治的竞争。21世纪头二十年，外部干预战争、内部民众抗议冲击了中东地区形势，推动了地区力量权力转移。一是土耳其、伊朗、沙特阿拉伯成为地区"新强"，并彼此竞争地区霸权。二是中东地区的"旧强"埃及、叙利亚、利比亚和伊拉克深陷内忧外患、实力衰退、影响力骤降。三是地区强国以色列处境进一步改观。以色列起初对阿拉伯威权政府倒台和伊斯兰主义

---

① 黄民兴：《再论2010年中东剧变的历史背景、特征和影响》，《中东研究》2019年第2期。

② Steven A. Cook, *False Dawn: Protest, Democracy, and Violence in the New Middle East*, Oxford University Press, 2017.

力量上升充满疑虑和紧张，但随着局势的逐渐变化，以色列不仅利用阿以冲突中的"阿拉伯前线国家"普遍实力衰退改善了自身安全状况，而且与海湾阿拉伯国家在共同应对伊朗威胁的情况下不断走近，客观上提升了自身的地区地位。伴随着中东剧变的展开，中东国家在分化的同时，争夺代理权和国家间干预行动也达到了一种罕见的程度，斗争扩大到整个地区，甚至演变为尖锐复杂的"代理人战争"，成为中东历史上的特殊现象。

第三，极端思潮愈演愈烈，非国家行为体的影响力上升，其中，极端势力的强势崛起，直接威胁中东格局，一度改变了地缘政治关系。在中东地区，非传统安全构成严峻挑战。一是极端主义和恐怖主义势力严重威胁地区安全形势。中东剧变以来，随着多数阿拉伯国家强制能力的下降，恐怖主义势力加大了制造恐袭的力度，趁机巩固并扩张势力范围，它们的崛起成为一个显著的问题。除了"基地"组织在中东部分地区影响仍然强劲之外，更加极端的"伊斯兰国"在伊拉克和叙利亚异军突起，引起国际社会的极大恐慌。虽然"伊斯兰国"最终被打散，其头目巴格达迪也在 2019 年底被围困后自杀，但"伊斯兰国"恐怖主义网络在全球其他动荡地区逐渐扎根，如在埃及西奈半岛、利比亚、中亚、南亚、东南亚、萨赫勒地区等。恐怖势力在这些地区扩展影响，反过来又继续威胁中东地区的安全局势。二是生态环境安全和卫生健康安全等长远影响不容忽视。根据联合国全球环境基金项目专家组 2019 年的研究，中东地区面临着各种各样的环境压力，包括水资源紧缺、耕地耗竭、空气污染、废弃物管理不足、生物多样性丧失、海洋资源减少和沿海生态系统退化等。① 由于中东安全局势混乱、地区国家治理能力下降、全球环境危机传导等因素的影响，中东未来的环境安全问题更加不容乐观，气候变暖导致的海平面上升和粮食危机，人口增长导致的城市污染等问题不仅会引起人道主义危机，还可能上升为武装冲突。此外，2020 年新冠肺炎疫情在中东地区大流行所造成的人员、经济重大损失，造成的社会、

---

① Iyad Abumoghli, Adele Goncalves, *Environmental Challenges in the MENA Region*, Conference Paper, 2020.

政治潜在危机，表明非传统安全问题对中东治理提出了新难题和新挑战。

第四，中东国家的经济呈现波动状态，整体上陷于衰退。经济上缺乏替代方案，自由主义经济政策难以为继，但是再工业化进展有限，难以形成替代方案。中东剧变以来，地区国家经济状况整体上并不好，大多数国家并未走出高债务、高赤字、高失业、低增长的"三高一低"经济困境。地区国家试图在寻求不同种类的经济转型：以沙特为代表的富国积极为"后石油时代"谋划，力推经济多元化战略；以埃及为代表的一些发展中国家开始反思美国倡导的新自由主义经济模式的弊端，逐渐强调国家作用，寻求再工业化和发展基础设施。然而，从目前看，这两种转型路径仍在探索阶段，其结果很难预测。此外，中东国家目前也在经历人口转型，其核心特征是青年人口数量众多，堪称年轻化社会。经历着经济和人口"双转型"的冲击，中东各国政府面临就业创造、政治参与、社会稳定等多重压力，而新冠肺炎疫情的蔓延和低油价将加剧这些挑战。

第五，社会抗议持续发酵，催生严重的社会问题。中东剧变以来，中东国家致力于加强社会改革，提升社会包容，促进社会公正，建立新的社会契约，这些努力试图解决贫困、不平等、失业、水资源短缺、腐败和性别歧视等问题。然而，改革的效果似乎并不令人满意。一些情况下，改革造成了更大的不平等，而不是更大的包容性，而不平等进一步加剧了社会紧张局势、不稳定和暴力，使人们面临更大的被边缘化风险。2019 年联合国一份报告指出，如果持续的冲突没有得到解决，人口预测不偏离当前趋势，那么到2030 年，阿拉伯国家 40% 的人将生活在危机和冲突中。① 目前，中东国家的民众抗议浪潮并未平息，反而不时爆发，并且呈现普遍化、常态化、长期化的特征。究其根源，还是中东国家深层次的社会经济问题并未得到根本解决，年轻民众获得感不佳，不满情绪持续积累。此外，中东剧变以及抗议示威所造成的影响对于普通民众心理的冲击也不容忽视。

---

① Adel Abdellatif, *Leaving No One Behind Towards Inclusive Citizenship in Arab Countries*, New York：UNDP, 2019, p. 2.

二 中东剧变"长波"的根源及其反思

从宏观历史发展进程上看，此次政治动荡风暴是中东国家现代化特定阶段经济发展与社会和政治发展不平衡状态的整体反映。一方面，经济增长与社会发展的不平衡性凸显，一系列社会问题的积累，导致社会矛盾激化并达到了"临界状态"；另一方面，政治发展的滞后，尤其是上层建筑越来越无法适应变化中的社会经济发展需要，造成政治合法性危机，最终表现为席卷中东多国的民众反政府示威活动。因此，从发生学角度观察，中东地区这场规模空前的政治动荡浪潮绝非偶发事件，而是有着深层缘由，它是转型时期中东国家各种矛盾集中爆发、内外诸多因素叠加的结果。①

21世纪第二个十年是中东动荡和停滞的十年，尤其是对于绝大多数阿拉伯国家而言，可谓失去的十年。既要反思剧变何以爆发，更要反思其何以持续并形成剧变"长波"。实际上，中东剧变没有给阿拉伯世界带来根本性变化，原因在于没有实现真正意义上的革命，仅仅推翻当权者的所谓政治革命并没有实现严格意义上的社会革命，当前真正的困境即结构性困境，其核心问题还是国家治理能力的问题。

第一，中东剧变实际上是多重复合治理危机的反映。中东地区在治理方面存在赤字问题。中东国家经历了国家治理的各种实验，治理理念的流变也是问题的展现。"阿拉伯之春"的最主要表现是复合型治理危机的形成，从而导致长期执政的许多政权（这些政权曾经得到民众的支持）在民众的呼声中垮台。治理方式应随着时代和问题的变化而动态调整，治理能力就是适应变化的能力。以2010年突尼斯"茉莉花革命"为导火索，中东地区多个国家迅速爆发不同程度的反政府示威游行，引发抗议的直接原因是民生问题，深层原因是政治、经济、社会治理问题的聚合，并且具有地区共性。各

---

① 王林聪：《中东政治动荡的原因和影响》，杨光主编《中东发展报告（2011）》，社会科学文献出版社，2011。

国在"阿拉伯之春"剧变中根据政权变更的情况，产生不同结果：政权发生更迭的国家有突尼斯、埃及，分别结束了本·阿里二十三年、穆巴拉克三十年的统治；引发内战的国家有利比亚、也门、叙利亚，其中利比亚战争以美国、北约支持反对派和卡扎菲被杀为结局，也门内战最终结束了萨利赫三十三年政权并使国家陷入持久内战，叙利亚的巴沙尔政权与反对派内战更是造成生灵涂炭；另外，在大规模示威游行压力下，巴林、约旦和科威特内阁变换，阿尔及利亚结束十九年的紧急状态，黎巴嫩政府提高薪酬标准，各国领导人承诺进行政治、经济改革。

首先，政治治理方面，无论是共和制还是君主制国家，执政者使用各种方式提升政权合法性，如通过多党制、选举等扩大政治参与，并有限度地允许言论和媒体自由等。然而，国家威权的本质将这些民主化的改革变成统治的工具，导致裙带主义盛行，腐败严重，政治排斥主义以及暴力镇压。中东北非国家政治治理中缺少良治的结果是：一方面，最广大的人民没有合法渠道表达政治诉求，长期压抑的不满与仇恨最终成为对政权合法性的挑战；另一方面，殖民地国家独立后，民众曾经对政府充满期望，但是，埃及、突尼斯、利比亚等国家在推进西方经济改革的同时，并未进行政治改革，期望与失望的巨大差距成为民众抗议的原因之一。从政治发展角度看，它们在制度和社会政治方面有着相同点：政治制度均是一党独大，对有组织的社会利益容忍度很低；无论总统热衷于宗教，还是建立了与宗教机构的联系，国家政权却始终保持世俗化；国家领导倾向于发表更多的民粹主义言论和采取再分配政策。另外，埃及和突尼斯作为石油资源不丰富的国家，没有足够资金来满足全体民众的经济需求，只能通过与中产阶级以利益换支持的方式建立统治联盟，然而中产阶级地位自1990年经济自由化改革开始受到负面影响，2000年后地位进一步下降，向底层人口靠拢，造成统治联盟范围收窄。

其次，经济治理方面，中东北非地区国家经济发展最大的特点是食利性，食利收入不仅包括石油、天然气资源，还有海外劳工侨汇、外国援助、宗教场所入场费等。中东北非地区食利收入替代民众税收，是国民收入的主要来源，却也成为中东国家治理的"魔咒"。一方面，它不仅对社会经济造成诸多负面影响，而且使国家成为利益分配的工具，政治精英并没有提升国家能力、推动经济发展、获得民众支持的追求；另一方面，这些国家的政府通过经济生活的高福利来弥补政治高压，或维持分裂的传统部落政治形势，政府没有通过政治参与、社会参与来增加人民对国家支持的迫切需求。在"阿拉伯之春"中，巴林、科威特、沙特等高福利国家也曾出现民众抗议，但政府有足够的经济能力平息动乱，并承诺进行政治、经济改革；而像突尼斯、埃及这样的国家，没有足够的经济能力"购买"民众支持，平息民众怒火，最广大人民经济生活的贫困和绝望成为社会动荡的主要因素。从经济结构来看，无论是石油资源丰富还是相对匮乏的国家，均具有非常强的食利性特点。20世纪70～80年代，中东地区国家为了发展制造业进行大规模的投资，但由于在全球化浪潮下缺少竞争力，20世纪80～90年代开始的新自由主义经济改革相继终止。中东北非地区制造业在国民生产总值中的占比1990年为12.2%，2010年为13.07%，① 很明显并无太多进步。同时，服务业在国民生产总值中的比重大幅上升，多数国家超过50%；服务业收入多来自规模小、技术含量低、收入不稳定的非正式部门，2010年这部分收入在国民生产总值中的占比埃及为33%，突尼斯为30%，叙利亚为34%，摩洛哥为44%，这比其他很多发展中国家要高，如印度尼西亚为21%，越南为16%。②

再次，在社会治理方面，教俗关系和青年问题突出，社会整合难以完成。中东北非地区国家社会治理最重要的内容之一就是协调教俗关系，而造成宗教激进化的根源同样也是国家治理的失败。伊斯兰主义者致力于伊斯兰教复兴，谋求建立伊斯兰国家，其中最激进的团体反对与现代社会制度的融合，坚持通过暴力革命或恐怖主义达成目的；积极的伊斯兰主义者寻求循序渐进、和平地进行政治改革。两股势力一直共存，暴力激进组织的增多往往是政治排斥和肆意妄为的高压控制造成的。伊斯兰国家世俗政权对于伊斯兰

---

① Melani Cammett, Ishac Diwan, Alan Richards, John Waterbury, *A Political Economy of the Middle East* (fourth edition), Boulder: Westview Press, 2015, p. 57.

② The World Bank, *World Development Indicators 2010*.

教的政策有三种：一是压制，如 1982 年后的叙利亚、1990 年之后的突尼斯、1992 年之后的阿尔及利亚；二是吸纳，如约旦、印尼、巴基斯坦等；三是容忍加压制结合的政策，如 20 世纪 80 年代的埃及、90 年代后的摩洛哥等。无论选择哪一种政策，目标均是避免伊斯兰反对派获得实权。但随着世俗政府日益腐败、低效，伊斯兰组织逐渐获得更多民众的支持，政府又对伊斯兰势力包括温和势力进行强力镇压，导致伊斯兰主义的激进化，成为政府最强有力的挑战者之一。中东地区青年就业问题成为各国的挑战。自 20 世纪 50 年代开始，中东地区人口增长率始终保持世界最高，尽管许多国家意识到人口激增问题的严重性，实施家庭计划政策，通过发展女童教育、提高结婚年龄、控制生育等方式控制人口，但效果并不明显。人口增长是一个国家的红利，但更多是挑战，当人口负担过重，就会对国家的教育、就业造成压力，并最终成为政治经济的主要挑战。1990 ~ 2011 年，中东地区的失业率是世界最高的，2010 年男性失业率为 8%，女性为 18%，失业人口有1300 万，主要是受过教育的青年。突尼斯、伊拉克、也门等国家 1/3 青年处于失业状态。[1] 受过教育的失业青年成为这些国家政治不稳定的关键因素，是各国"阿拉伯之春"革命的主力军。过去一年，阿尔及利亚、苏丹、黎巴嫩、埃及、约旦、伊拉克、摩洛哥、突尼斯、叙利亚等九个阿拉伯国家爆发的抗议活动说明，政治治理和经济治理仍是阿拉伯世界的核心问题。几乎在每一个国家，使其爆发民众起义的政治和经济问题在今天都变得更加严重了。当今中东地区，无法解决危机的治理和贯穿各领域的竞争削弱了每一个国家的实力。[2]

政府的治理和有效供给能力的欠缺引起民众的不满，缺乏变革、腐败猖獗、治理失效等导致普遍不满和敌对情绪。通常情况下，治理能力、执政水平及其真实绩效是任何统治集团合法性的主要依据。从近期中东国家政

---

[1] Melani Cammett, Ishac Diwan, Alan Richards, John Waterbury, *A Political Economy of the Middle East* (fourth edition), Boulder: Westview Press, 2015, pp. 126 – 127.

[2] Marc Lynch, "The New Arab Order: Power and Violence in Today's Middle East," *Foreign Affairs*, Vol. 97, No. 5, 2018, pp. 116 – 126.

局变化所展现的问题看：一方面，强人政治回归反映了民众对避乱求治的期待，他们希望强有力的政治精英和领导集团能够凝聚人心，改善民生，提高国家地位；但是，另一方面，当民生问题尖锐化，民众抗议活动风起云涌之际，矛头所指也是强人政治及其治理能力问题，于是，上演了诸如阿尔及利亚、苏丹、黎巴嫩、伊拉克等国政权更迭或内阁更换的一幕幕。这种新变化和新现象，令人深思，其核心是治理能力和水平。反对集权统治的背后，在很大程度上是政府在治理等方面的失误，尤其是未能有效解决民生问题所致。

世界银行《全球治理指标》收录了1996年以来全球215个国家在以下六大治理维度方面的数据：话语权和责任、政治稳定性和不存在暴力、政府效力、规管质量、法治和腐败控制。这里主要比较并观察一下中东国家在政治稳定性、政府效力、规管质量、法治几个方面的状况。通过表1、表2、表3、表4和表5可知，中东国家近二十年来不仅整体治理能力偏低，治理水平偏弱，而且治理状况改善缓慢，甚至在中东剧变之后出现了治理水平整体下滑的趋势。结合2000年、2009年（中东剧变临界点）、2018年的相关数据，对中东各国特定领域的治理状况进行具体分析。

表 1　中东国家政治稳定性和无暴力指标状况

国家	2000 年	2009 年	2018 年
阿尔及利亚	− 1.43	− 1.2	− 0.79
阿　　曼	1.12	0.83	0.65
阿　联　酋	0.98	0.92	0.74
埃　　及	0.05	− 0.61	− 1.16
巴勒斯坦	− 1.55	− 2.04	− 1.74
巴　　林	0.06	− 0.14	− 0.84
卡　塔　尔	1.16	1.22	0.68
科　威　特	0.75	0.35	0.11
黎　巴　嫩	− 0.44	− 1.56	− 1.64

续表

国家	2000 年	2009 年	2018 年
利 比 亚	- 0.30	0.83	- 2.44
摩 洛 哥	- 0.07	- 0.40	- 0.33
沙 特	0.23	- 0.49	- 0.52
苏 丹	- 2.24	- 2.65	- 1.84
突 尼 斯	0.32	0.06	- 0.90
土 耳 其	- 0.80	- 1.03	- 1.33
叙 利 亚	- 0.18	- 0.51	- 2.74
也 门	- 1.14	- 2.33	- 3.00
伊 拉 克	- 1.74	- 2.18	- 2.56
伊 朗	- 0.73	- 1.56	- 1.31
以 色 列	- 1.04	- 1.63	- 0.93
约 旦	0.00	- 0.35	- 0.38

资料来源：世界银行：《全球治理指标》（2000～2018 年）。

根据表 1 可知，近二十年来，中东国家的政治稳定状况一直不高。从 2000 年到 2009 年，除了卡塔尔、利比亚之外，其他中东国家的政治稳定状况在下降。而中东剧变以来，中东国家的安全状况整体上并未好转。对比 2009 年和 2018 年，除阿尔及利亚、巴勒斯坦、摩洛哥、苏丹、伊朗和以色列等几个国家外，其他国家的政治稳定形势在恶化。

由表 2 可知，近二十年来，中东国家的政府效力水平并不高，国家治理事务能力不强。与 2000 年相比，大部分国家的政府效力呈下降趋势，其中埃及、巴林和也门受中东剧变的冲击较大。只有阿尔及利亚、阿联酋、卡塔尔、沙特和以色列等国的政府效力水平有所提升。显然，中东整体的政府效力水平在下降。

表 2　中东国家政府效力指标状况

国家	2000 年	2009 年	2018 年
阿尔及利亚	− 0.96	− 0.58	− 0.44
阿　　曼	0.32	0.38	0.19
阿 联 酋	0.79	0.99	1.43
埃　　及	− 0.22	− 0.28	− 0.58
巴 勒 斯 坦	− 1.18	− 0.67	− 0.76
巴　　林	0.59	0.48	0.18
卡 塔 尔	0.45	0.97	0.63
科 威 特	− 0.08	0.20	− 0.09
黎 巴 嫩	− 0.19	− 0.47	− 0.64
利 比 亚	− 1.09	− 1.09	− 1.85
摩 洛 哥	− 0.07	− 0.14	− 0.21
沙　　特	− 0.22	− 0.10	0.32
苏　　丹	− 1.17	− 1.25	− 1.62
突 尼 斯	0.50	0.38	− 0.11
土 耳 其	0.01	0.28	0.01
叙 利 亚	− 0.96	− 0.60	− 1.67
也　　门	− 0.78	− 1.07	− 2.24
伊 拉 克	− 1.98	− 1.18	− 1.32
伊　　朗	− 0.49	− 0.55	− 0.43
以 色 列	1.11	1.28	1.21
约　　旦	− 0.02	0.24	0.11

资料来源：世界银行：《全球治理指标》（2000～2018 年）。

表 3 表明，近二十年来，中东国家治理质量水平整体不高，这也反映了中东国家治理能力现代化程度较低。2009 年与 2000 年相比，虽然多数国家治理质量水平有所提升，但中东剧变以来，这种整体进步的势头戛然而止。2018 年与 2009 年相比，只有阿联酋、巴勒斯坦、伊朗、以色列等国的国家治理质量水平有所进步，绝大多数国家则出现了不同幅度的下滑。

表3　中东国家治理质量指标状况

国家	2000 年	2009 年	2018 年
阿尔及利亚	- 0.71	- 1.07	- 1.26
阿　　曼	0.08	0.53	0.31
阿　联　酋	0.73	0.44	0.93
埃　　及	- 0.34	- 0.20	- 0.87
巴勒斯坦	- 0.90	- 0.21	0.05
巴　　林	0.79	0.69	0.45
卡　塔　尔	0.00	0.68	0.52
科　威　特	- 0.03	0.15	- 0.04
黎　巴　嫩	- 0.37	- 0.05	- 0.34
利　比　亚	- 1.79	- 1.14	- 2.28
摩　洛　哥	- 0.03	- 0.06	- 0.24
沙　　特	- 0.10	0.16	- 0.05
苏　　丹	- 1.42	- 1.26	- 1.63
突　尼　斯	- 0.02	0.00	- 0.41
土　耳　其	0.35	0.28	- 0.05
叙　利　亚	- 1.26	- 0.96	- 1.80
也　　门	- 0.66	- 0.65	- 1.54
伊　拉　克	- 2.20	- 1.01	- 1.22
伊　　朗	- 1.65	- 1.72	- 1.30
以　色　列	1.13	1.10	1.25
约　　旦	0.26	0.27	0.08

　　资料来源：世界银行：《全球治理指标》（2000～2018 年）。

　　表4表明，近二十年，中东国家法治水平整体偏低，尤其是司法体系存在效率低下、司法不公等问题。对比 2000 年和 2018 年，阿尔及利亚、阿联酋、巴林、卡塔尔、沙特、突尼斯等国的法治状况有所改善，其他国家的法治状况起伏较大，改善并不明显。

表4　中东国家法治指标状况

国家	2000 年	2009 年	2018 年
阿尔及利亚	-1.21	-0.79	-0.78
阿　　曼	0.56	0.56	0.46
阿　联　酋	0.68	0.40	0.81
埃　　及	-0.01	-0.11	-0.41
巴勒斯坦	-0.08	-0.31	-0.48
巴　　林	0.30	0.52	0.41
卡　塔　尔	0.51	0.91	0.73
科　威　特	0.57	0.59	0.21
黎　巴　嫩	-0.17	-0.68	-0.76
利　比　亚	-0.99	-0.93	-1.79
摩　洛　哥	0.13	-0.21	-0.14
沙　　特	-0.15	0.05	0.14
苏　　丹	-1.60	-1.24	-1.12
突　尼　斯	-0.22	0.13	0.04
土　耳　其	-0.01	0.10	-0.32
叙　利　亚	-0.49	-0.57	-2.05
也　　门	-1.46	-1.09	-1.79
伊　拉　克	-1.39	-1.70	-1.76
伊　　朗	-0.51	-0.97	-0.69
以　色　列	1.02	0.84	0.99
约　　旦	0.37	0.25	0.23

资料来源：世界银行：《全球治理指标》（2000～2018 年）。

由表5可知，近二十年来，中东国家腐败状况普遍严重，国家控制腐败的水平整体不高。这也成为民众抗议运动频发的原因之一。2009 年与 2000年相比，只有阿尔及利亚、阿联酋、埃及、卡塔尔、沙特、突尼斯、土耳其、伊拉克、约旦等国控制腐败的水平有所提高。经过中东剧变的冲击，2018 年与 2009 年相比，仅有阿联酋、摩洛哥、沙特、突尼斯等国的腐败控制水平在提高。

表5　中东国家腐败控制情况统计

国家	2000 年	2009 年	2018 年
阿尔及利亚	− 0.94	− 0.58	− 0.64
阿　　曼	0.80	0.33	0.25
阿 联 酋	0.12	0.91	1.15
埃　　及	− 0.55	− 0.52	− 0.59
巴 勒 斯 坦	− 0.08	− 0.10	− 0.20
巴　　林	0.38	0.19	− 0.15
卡 塔 尔	0.53	1.57	0.72
科 威 特	0.59	0.31	− 0.29
黎 巴 嫩	− 0.54	− 0.83	− 1.11
利 比 亚	− 0.87	− 1.21	− 1.55
摩 洛 哥	− 0.11	− 0.33	− 0.22
沙　　特	− 0.19	− 0.02	0.36
苏　　丹	− 0.87	− 1.15	− 1.43
突 尼 斯	− 0.23	− 0.22	− 0.05
土 耳 其	− 0.20	0.09	− 0.34
叙 利 亚	− 1.03	− 1.13	− 1.63
也　　门	− 1.05	− 1.07	− 1.64
伊 拉 克	− 1.50	− 1.33	− 1.40
伊　　朗	− 0.40	− 0.84	− 0.96
以 色 列	1.05	0.81	0.79
约　　旦	0.08	0.16	0.15

资料来源：世界银行：《全球治理指标》（2000～2018 年）。

　　以突尼斯为例，目前它只实现了政治体系的过渡，一场真正根本性的社会、经济变革并未发生，尚未找到前进之路。2013 年 9～10 月，笔者率代表团赴突尼斯进行学术访问和实地调研，广泛与突尼斯城、苏塞区、凯鲁万区等当地民众进行接触和交流，包括与突尼斯社区居民、普通职员、毕业大学生、清真寺教职人员、服务部门人员（司机）等直接访谈，初步了解了不同社会群体当时的境况，以及他们对于"阿拉伯之春"前后变化的真实感受、对现政权的基本态度等。在"阿拉伯之春"爆发初期，大多数突尼斯人以突尼斯作为这场革命的诞生地而自豪。然而，两年多过去后，伴随着政治转型遭遇挫折和社会经济发展面临严重困境，民众对"阿拉伯之春"的态度也在悄然变化。在调研中，我们发现，突尼斯普通民众中，青年人虽然仍对"阿拉伯之春"持肯定态度，即认为应当改变现状，但对革命后的现实却充满失望，其中尤以失业者为甚。而年龄较长者（50 岁以上）则对"阿拉伯之春"持消极态度，许多人甚至开始怀念阿里总统时期，怀疑革命，认为现在的境况远不及革命前。许多突尼斯学者也开始理性看待"阿拉伯之春"，思考变革与发展的关系，越来越认识到革命的后果并非预期的乐观，尤其是当初对政治转型的复杂性和艰巨性估计远远不足。"阿拉伯之春"有着双重进程：一种是政治进程，如同 1848 年欧洲革命即资产阶级革命，民众希望能够真正出现改变，从最深层次上讲，民众迫切需要公民权，需要得到对个体的尊重，这体现了公民意识的觉醒，但这一进程将是长期的；另一种是经济进程，即希望扩大市场，发展生产力，特别是全球化发展到现在，建设现代化国家、确立现代化经济已是时代发展的需要。

在突尼斯学者看来，"阿拉伯之春"之后，突尼斯虽然建立了民主制度，但是社会经济发展所面临的问题和困难不是少了，反而更多了。例如，在本·阿里强权政治统治时期，政府可以控制劳动力的成本，而革命之后，民众可以通过罢工等方式要求提高基本工资，导致劳动力成本的快速上升，且居高不下。由此，突尼斯失去了廉价的劳动力优势，经济发展缺乏竞争力。与此同时，"伊斯兰复兴运动"缺乏执政经验，社会补贴额度的不断攀升导致政府财政负担加重，在经济政策等方面难有作为。根据突尼斯普通民众的具体感受来看（根据我们的实地调研），"阿拉伯之春"后生活状况不仅没有得到改善，反而不及从前。第一，现在的失业率比以前高；第二，通货膨胀居高不下，民众生活水平今不如昔；第三，社会问题突出，安全状况下降。自 2015 年连续遭受暴力恐怖袭击后，突尼斯经济长期停滞不前，失业率居高不下，民生问题尖锐。例如，突尼斯国内生产总值增长率 2014 年曾达到 2.9%，但 2015 ~ 2019 年只有 1% ~ 2.4%（分别为 1.0%、1.2%、

1.9%、2.4% 和 1.9%），而官方公布的失业率一直在两位数，分别为
15.2%、15.5%、15.4%、15.5% 和 15.2%。[①] 突尼斯作为"阿拉伯之春"
这场革命风暴中的耀眼之星，已经渐渐失去光彩，吸引力逐步下降。突尼斯
政治转型的漫长性、艰巨性和复杂性逐渐凸显。推翻本·阿里政权仅仅是改
革的开始，但是，究竟如何处理变革、发展和稳定的关系，不仅是对执政党
"伊斯兰复兴运动"的严峻考验，也是对阿拉伯变局中所有伊斯兰主义者的
挑战，夺取权力或许容易，维护其权力则有赖于改变社会整体状况。伊斯兰
主义者在埃及遭遇的挫败再次给突尼斯敲响了警钟，这意味着如果没有治国
理政的良策，就会遭到民众的抛弃。

　　第二，经济发展迟缓，社会深层次问题，特别是不平等问题尖锐化。自
下而上的民众抗议运动席卷中东许多国家，民众的诉求：一是要求改善民生
状况；二是要实现真正的变革。民众抗议运动不仅对现政权构成压力，也对
社会秩序形成了冲击，集中反映了中东地区社会发展和治理等深层次问题。
许多学者研究认为中东地区不平等问题非常严重。例如，皮凯蒂团队发布的
《1990～2016 年中东地区的不平等》报告，[②] 作者将家庭调查、国民经济核
算、所得税数据和财富数据相结合来评估中东地区收入水平和演变。研究显
示，1990～2016 年中东是世界上最不平等的地区，高于欧洲、美国和拉美
国家，中东地区国家之间（产油国和非产油国）也存在巨大不平等（见表
6、表7）。伦敦大学中东研究所哈基米安等做出的一系列研究报告指出，阿
拉伯经济在增长的同时缺乏包容性，并非所有人都能从增长中获利，属于典
型的"有增长、无发展"地区。[③] 不平等在很大程度上是这些国家推行新自
由主义改革造成的，改革虽然在一段时间内实现了经济快速增长，但积累的

①　EIU, *Country Report*, *Tunisia*, June 2020, p. 10.

②　Facundo Alvaredo and Thomas Piketty, "Measuring lnequality in the Middle East 1990 – 2016: The World's Most Unequal Region?" *The Review of Income and Wealth*, Vol. 65, No. 4, December 2019, p. 700.

③　Hassan Hakimian, "The Search for Inclusive Growth in North Africa: A Comparative Approach," AFDB Working Paper, 2013; Said, "Wage Differentials during Economic Reform and Crisis: Evidence from Egypt and Jordan," *Comparative Economic Studies*, 2012, 54 (1), pp. 65 – 101.

负面问题更为复杂。

自20世纪90年代起，全球化给中东秩序带来根本性的挑战，阿拉伯国家均面临贫困人口增长和基础设施落后等问题。即使是富有的石油国家也受到了全球经济形势的影响，如2008年的金融危机和油价波动。同时，卫星电视、智能手机、社交媒体和其他新技术的运用削弱了曾经能够垄断信息和观点表达的政府权力。

表6　2016年全球部分国家和地区贫富状况对比

单位：%

不同阶层在总人口中所占比例	中东	欧洲	美国	南非	印度
富人（在人口总数中占10%）	62	37	46	66	54
中产（在人口总数中占40%）	29	41	41	29	31
穷人（在人口总数中占50%）	9	22	13	5	16
全部人口（100%）	100	100	100	100	100

资料来源：Facundo Alvaredo and Thomas Piketty，"Measuring Inequality in the Middle East 1990 - 2016：The World's Most Unequal Region？" *The Review of Income and Wealth*，Vol. 65，No. 4，December 2019，p. 700；Lydia Assouad，"Inequality and Its Discontents in the Middle East，" https：//carnegie - mec. org/2020/03/12/inequality - and - its - discontents - in - middle - east - pub - 81266，March 12，2020。

表7　中东国家收入不平等情况

单位：%

国　家	年份	社会底层收入（50%）	社会中层收入（40%）	社会顶层收入（10%）	基尼系数
巴　林	1995	13	33	53	61
	2005	13	35	51	60
	2015	12	36	53	62
埃　及	1999	17	32	51	56
	2009	19	35	46	52
	2015	18	33	49	54
伊　朗	2010	14	35	46	59
	2013	17	35	49	55
伊拉克	2007	15	32	53	59
约　旦	1992	15	33	51	58
	2002	18	36	46	53
	2013	17	35	48	54

续表

国　家	年份	社会底层收入 （50%）	社会中层收入 （40%）	社会顶层收入 （10%）	基尼系数
科威特	2007	5	26	69	78
	2013	7	29	64	74
黎巴嫩	2005	13	35	52	62
	2009	11	33	57	66
	2014	11	32	57	66
阿　曼	2010	8	35	57	68
巴勒斯坦	1996	15	37	48	57
	2008	14	36	50	59
	2011	13	36	51	60
卡塔尔	2007	8	26	66	73
	2012	10	23	67	71
沙　特	2008	8	30	62	72
叙利亚	2004	14	37	49	58
土耳其	2002	14	31	55	62
	2009	15	33	52	58
	2016	15	31	54	69
阿联酋	1998	9	30	61	69
	2009	11	33	56	65
也　门	2006	14	37	50	59

资料来源：Facundo Alvaredo, Lydia Assouad, Thomas Piketty, "Measuring Inequality in the Middle East 1990 – 2016: The World's Most Unequal Region?" *The Review of Income and Wealth*, Vol. 66, No. 2, 2019。

表 6 显示，中东地区的贫富差距问题在全球位居前列，是最严重的地区。一方面，中东地区占人口总数仅 10% 的富裕阶层占有的总财富收入高达 62%，这一数据在欧洲是 37%，在美国是 46%，在印度是 54%；相反，中东地区占人口总数 50% 的下层群体占有总财富收入仅有 9%，中东最富裕的人群占有财富总量是穷人的 6.89 倍，这一数据在欧洲是 1.68 倍，在美国是 3.54 倍，在印度是 3.38 倍。另一方面，中东地区占人口总数 40% 的中产阶层占有总财富收入仅有 29%，最富裕群体拥有的财富总量是中产阶级的 2.13 倍，相反，在欧洲地区，中产阶级所拥有的财富比最富人群略高。

表 7 更加具体地展现了中东 15 个国家的不平等状况，进一步显示出中东国家不平等状况的严重程度，并且很难看到该地区不平等状况会有明显改善的迹象。中东地区不平等问题日趋严重主要有以下几个原因。第一，石油富国与人口大国收入差异巨大。例如，2016 年，海湾石油国家的人口占中东人口的 15%，其财富收入却占了中东地区的几乎一半。第二，相关国家的经济结构性因素助长了收入分配不均。埃及、伊拉克、黎巴嫩和苏丹都是食利国家，它们的经济严重依赖于石油、天然气、金融、房地产、侨汇和外部援助，而不是生产性的工业经济。更重要的是，这些国家的机构由于缺乏包容性，再分配机制的公平性存在缺陷，不仅使得精英在再分配中获得巨大好处，而且造成裙带主义、寻租行为和腐败现象猖獗。第三，不少国家政府的收入并不依赖于税收，因此对普通民众的福利诉求回应有限。在伊拉克、苏丹、埃及和黎巴嫩，税收收入占国内生产总值的比例分别为 2%、8%、12.5% 和 15%。政府税收较低导致对民众福利回应有限，由此带来的结果是，在阿拉伯世界，只有 30%～40% 的人口享有社会保障。

关于中东国家经济增长问题。表 8 显示，中东剧变后，该地区经济增长一直下滑，由此看出其问题的严峻性，这多少表明，中东剧变并未使地区经济形势有所好转。

表 8　中东地区经济增长情况统计

单位：%

指标	2000～2010 年	2016 年	2017 年	2018 年	2019 年	2020 年
中东地区						
实际 GDP 增长率	5.4	5.4	1.8	1	0.3	-3.3
经常项目余额占 GDP 比例	9.5	-4.2	-0.2	3.8	1	-6
财政余额占 GDP 比例	4	-10.1	-5.6	-2.9	-4.4	
通货膨胀率（年平均）	6.9	5.7	7.4	10.1	9	8.2
石油出口国						
实际 GDP 增长率	5.5	6.1	1.2	0.2	-0.8	-4.2
经常项目余额占 GDP 比例	12.7	-3.2	1.8	6.2	2.7	-5.8
财政余额占 GDP 比例	7.2	-10.4	-5.2	-1.9	-3	-11.8
通货膨胀率（年平均）	7.2	4.4	3.6	8.7	7.8	7.8

续表

指标	2000～2010 年	2016 年	2017 年	2018 年	2019 年	2020 年
海合会国家						
实际 GDP 增长率	5.4	2.3	-0.3	2	0.7	-2.7
经常项目余额占 GDP 比例	14.8	-2.8	2.8	8.5	5.6	-3.1
财政余额占 GDP 比例	11.2	-10.7	-5.6	-1.8	-2.4	
通货膨胀率(年平均)	2.9	2.1	0.2	2.1	-0.7	
石油进口国						
实际 GDP 增长率	5	3.7	4	4.3	3.5	-1
经常项目余额占 GDP 比例	-1.7	-5.6	-6.7	-6.5	-5.4	-4.9
财政余额占 GDP 比例	-4.9	-7.3	-6.8	-6.9	-7.3	-8.5
通货膨胀率(年平均)	6.6	7.5	14.4	10.4	8.1	9.4

资料来源：IMF, *Regional Economic Outlook*：*Middle East and Central Asia*, October 2019, p. 8；IMF, *Regional Economic Outlook*：*Middle East and Central Asia*, April 2020, pp. 8, 15。

实际上，根据国际货币基金组织（IMF）2020 年 6 月最新报告，2020 年全球经济增长率预计为 -4.9%，比 2020 年 4 月《世界经济展望》的预测低 1.9 个百分点。[1] 全球经济陷入同步深度衰退，所有地区都将经历负增长，中东地区也不例外。近年来，受多种因素影响，中东经济长期低迷，陷入发展困境，社会抗议浪潮此起彼伏。2020 年 3 月以来，新冠肺炎疫情在中东加速蔓延，对经济影响持续加深。疫情正通过同时发生的冲击——国内和外部需求下降、贸易减少、生产中断、消费者信心下降和金融条件收紧——对中东经济造成严重影响。国际货币基金组织 7 月发布的地区展望报告指出，在疫情和低油价的双重打击下，2020 年中东经济将大幅收缩 5.7%，比 4 月预测低 2.4 个百分点。[2]

关于中东国家失业问题。从表 9 可知，中东国家失业问题十分严重，近二十年来，绝大多数中东国家都没有解决失业率较高的问题。长期以来，失业率一直是衡量一个经济体是否健康的重要指标。在中东和北非地区，每个

---

① IMF, *World Economic Outlook*, July 2020, p. 10.

② IMF, *World Economic Outlook*, July 2020, p. 10.

国家在资源和财富方面都有自己的实际情况，因此失业率各不相同，也反映出不同的问题。中东国家的失业现象有其自身特点，其中一个重要的特点是：民众受教育程度较高的国家，失业率通常更高；受教育程度较高的女性往往失业率最高。其中一个很重要的原因是，许多受过教育的人愿意等待公共部门提供的工作机会，因为那种工作意味着高工资、社会保障和良好的福利。新冠肺炎疫情进一步恶化了中东国家的失业问题，例如埃及失业率在2020年第二季度上升到9.9%，据布鲁姆伯格预测，阿联酋将因为新冠肺炎疫情减少90万个工作岗位。

表9 中东国家失业率情况统计比较

单位：%

国家	2000 年	2009 年	2018 年
阿尔及利亚	29.77	10.16	11.88
阿　　曼	4.85	4.7	3.11
阿 联 酋	2.25	2.7	2.58
埃　　及	8.98	9.09	11.44
巴 勒 斯 坦	12.2	19.7	31
巴　　林	1.05	1.07	0.96
卡 塔 尔	1.51	0.45	0.14
科 威 特	0.8	1.64	2.08
黎 巴 嫩	8.39	6.36	6.17
利 比 亚	20.66	17.19	17.12
摩 洛 哥	13.58	8.96	9.04
沙　　特	4.57	5.38	5.92
苏　　丹	16.71	13	12.88
突 尼 斯	14.94	13.29	15.48
土 耳 其	6.5	12.55	10.9
叙 利 亚	9.54	8.14	8.12
也　　门	11.44	12.51	12.93
伊 拉 克	9.33	8.81	7.93
伊　　朗	11.68	11.97	12
以 色 列	11.1	9.53	3.95
约　　旦	13.7	12.9	15.03

资料来源：根据 ILO（国际劳工组织）的数据估算得出，https://www.statista.com/。

同时，由表10可知，中东国家青年失业率问题堪忧。根据世界银行发布的数据，2019年中东地区的青年失业率居全球之首。尽管卡塔尔的青年失业率为全球最低，仅为0.4%，但中东和北非地区整体上却是全球青年失业率最高的地区。中东国家的青年失业率较高有一些相同的原因，例如中东经济整体状况不佳、青年在就业市场中缺乏经验等优势、安全状况相对较差等，但是具体国家高青年失业率往往也有着特定的原因。饱受战争蹂躏的利比亚青年失业率在中东地区位居前列，这个北非国家有50%的年轻人无法找到工作或持续工作。该国的政治不稳定和持续的内战损害了该国的经济发展，严重影响了就业市场。另外，巴勒斯坦有42%的青年人失业，情况最为糟糕，主要原因是以色列对约旦河西岸的占领，以及对加沙地带的严密封锁抑制了巴勒斯坦的经济发展，进而导致巴勒斯坦青年人失业率走高。

表10　中东国家青年失业率情况统计比较

单位：%

国家	2000 年	2009 年	2018 年
阿尔及利亚	50.56	21.51	29.66
阿曼	9.9	10.11	8.3
阿联酋	5.9	7.81	7.77
埃及	24.38	25.44	32.6
巴勒斯坦	15.72(1999)	34.15	42.07
巴林	1.05	1.07	0.96
卡塔尔	9.58	1.19	0.57
科威特	5.51	8.91	13.91
黎巴嫩	21.36	17.32	17.36
利比亚	43.78	39.26	41.93
摩洛哥	20.54	16.65	21.88
沙特	24.34	29.46	25.77
苏丹	32.69	26.52	26.71

国家	2000 年	2009 年	2018 年
突 尼 斯	31.05	31	34.83
土 耳 其	12.79	22.22	20.08
叙 利 亚	23.14	16.16	19.45
也 门	18.49	21.26	23.39
伊 拉 克	17.43	17.62	16.56
伊 朗	22.93	24.36	28.35
以 色 列	17.28	14.27	6.9
约 旦	29.4	29.12	37.24

资料来源：根据 ILO（国际劳工组织）的数据估算得出，https：//www.statista.com/。

第三，外部经济环境和域外大国干预也是引起新一轮抗议潮的重要原因。一方面，世界经济整体低迷，国际油价回落低位徘徊对于严重依赖能源出口的阿尔及利亚、苏丹、伊拉克等国经济发展造成严重影响；与此同时，中东地区冲突此起彼伏，外部干预战争以及内战、恐怖主义袭击等不仅恶化了安全形势，而且极大地损害了各相关国家社会经济发展的有利环境。另一方面，在中东地区的民众示威抗议活动中，常有以美国为首的西方国家进行干预的影子。冷战结束后，西方国家运用非暴力手段实现发展中国家政权更替的"颜色革命"越来越多。2019 年 10 月之后，中东的伊拉克、黎巴嫩和伊朗三国先后爆发大规模民众抗议（黎巴嫩和伊拉克两国持续爆发大规模抗议，总理被迫辞职，政府垮台；埃及爆发塞西总统上任以来最大规模的反政府抗议活动，抗议矛头直指塞西总统本人；伊朗受美国制裁导致国内经济困顿，石油出口减少，失业率大增，多次爆发大规模反政府抗议活动）。这些看似促民生、争人权、求民主的"正义抗争"背后，有西方势力的煽风点火，乘机取利，操纵"颜色革命"是其惯用伎俩。西方干预和外部势力煽动抗议运动，使内生性问题和外部性干预交织，考验着伊朗当局的治理能力和应对智慧。"外部性"是塑造中东国际关系的独特根源。[①] 可以说，在

———————————

① 王林聪：《中东安全问题及其治理》，《世界经济与政治》2017 年第 12 期，第 17 页。

现代中东构造和演变中，主要的力量来自域外大国，由此形成了中东国际关系演变的"外部性"① 特征，即域外力量长期主宰中东秩序。

三 中东未来变化的趋势、走向和前景

2010~2020 年可以说是中东"失去的十年"，从发生学意义上说，激发中东剧变的诸因素并没有消除，触发中东剧变的基本问题和基本矛盾仍存，这里既有观念因素，也有现实困境。基本问题和基本矛盾是判断中东剧变演变态势的关键，趋势走向主要取决于中东国家政权的发展能力、治理能力和国际协调能力，特别是从西方自由主义的发展理念窠臼中挣脱出来、探索自主发展道路的能力。21 世纪的头二十年，美国主导的西方霸权对中东国家的强势军事干预、中东国家内部发展和治理困境的复合作用，使中东地区被战争和剧变严重冲击，导致地区格局和地区秩序发生深刻变化。

人类社会已经进入 21 世纪的第三个十年，正在经历百年未有之大变局，中东地区同样处在百年未有之大变局中，遗憾的是，中东国家似乎不像其他地区那样相对较好地拥抱机遇，而是仍然深陷地缘政治竞争、地区冲突和战争、发展缓慢和治理不力的困境，地区秩序的重建尚没有明确的方向，仍处在重构之中。特别是在新冠肺炎疫情的肆虐下，中东各国的脆弱性更加暴露无遗，传统安全和非传统安全问题交织，后疫情时代的危机凸显，发展更加困难重重。

破解难题，关键要加快发展。因此，未来中东的发展，从根本上讲取决于创造发展的条件和动力。展望中东局势的未来走向，可以总结为八大风险、六大趋势，同时也蕴含新的机遇。

---

① "外部性"（externality）是经济学术语，指主体的经济活动对客体或社会造成的非市场化的影响（效应），按其损益情况，可分为正外部性（positive externality）和负外部性（negative externality）。将这一术语引入国际关系领域，"外部性"即反映了一国的行为给另一国或地区带来的正面或负面效应。因此，这里的外部性，指域外大国行为对中东地区的影响及其连锁效应。

（一）当前中东地区面临的八大风险

跨入 2020 年以来，中东地区面临着八大风险。

第一，地区冲突风险。一方面，海湾地区战云密布，争夺激烈，尤其是伊朗问题引发战争的风险不断升温，2020 年 1 月 3 日，美国在伊拉克袭杀伊朗伊斯兰革命卫队"圣城旅"指挥官苏莱曼尼将军，随后伊朗对驻伊美军基地发动导弹袭击实施报复，战争大有一触即发之势，而类似突发性"黑天鹅事件"酿成局部战争冲突的可能性很高。另一方面，东地中海争端有升级的风险，东地中海争端方均采取强制外交战略，若控制不当可能擦枪走火。此外，从叙利亚到利比亚，从也门到伊拉克，以代理人战争形式的冲突都存在升温的可能。

第二，政治安全风险。中东剧变以来，许多国家因经济困局面临再度出现动荡和新一轮抗议风潮的风险，威胁政治安全和政权稳定，甚至有出现政权变更的可能。

第三，外来干预风险。域外西方大国对中东地区的干涉由来已久，近年来，美国在中东地区的战略收缩较为明显，然而，美国仍推行强权政治，鼓动"颜色革命"干预中东国家内政，借反恐为名公开军事打击叙利亚合法政权等行为，凡此种种，表明美国等西方国家的干预行动并未减弱。

第四，恐怖主义卷土重来的风险。2017 年以来，"伊斯兰国"武装组织作为实体被击溃，但是，其残余力量仍十分活跃，近期又借助一些中东国家治理能力弱化之际，兴风作浪，多次实施恐怖袭击，对地区国家安全和稳定构成严重威胁。

第五，族群冲突风险。巴勒斯坦问题不仅未能得到妥善解决，反而在美国的偏袒下彻底偏离了"两国方案"的轨道，代之以"世纪协议"，该协议无视巴勒斯坦人民的合法权利，势必激起巴勒斯坦人民的极大愤怒，巴勒斯坦地区重起战端、重新陷入以暴制暴恶性循环的风险急剧增大。

第六，核不扩散风险。近年来，中东地区军备竞赛一直持续升级，通过购买先进武器增强安全成为沙特、阿联酋、卡塔尔等国的主要选择，其不仅

斥巨资大规模采购军火，而且积极发展本土国防工业。与此同时，随着美国退出"伊核协议"和对伊朗"极限施压"，伊朗重启浓缩铀活动，积极发展弹道导弹，沙特和阿联酋也加速核发展，中东地区面临大规模杀伤性武器扩散升级的严峻风险。

第七，水资源争端引发冲突的风险。埃及、埃塞俄比亚、苏丹围绕尼罗河水资源的矛盾，特别是围绕埃塞俄比亚复兴大坝的蓄水问题，三方较量正在升级，已逐步演变为新的国际争端热点问题。

第八，航路和能源安全风险。围绕波斯湾水域和红海水域的航道安全问题正成为人们关注的焦点，关涉航运尤其是能源运输的安全。近年来，安全问题更加复杂。波斯湾连续发生数起商船和油轮遭袭事件，霍尔木兹海峡航行安全面临严峻挑战。油气管道、炼油厂、油船、机场等重要设施频繁遭到导弹和无人机袭击，特别是 2019 年 9 月，沙特两处重要石油石化设施遭到无人机袭击，石油产量锐减近 50%，极大震动全球石油市场。

由此观之，中东剧变十年之后，不仅没有迎来真正的春天，反而陷入漫长的"凛冬"。

（二）未来中东局势变化的六大趋势

第一，地区转型和动荡长期化。进入 21 世纪第三个十年，中东地区新旧热点问题相互交织和激荡，中东地区已经迈入一个漫长的转型和动荡交互作用的特殊时期。

第二，大国干预经常化。域外大国干涉和介入中东呈现"美退俄进"的态势，欧盟国家等传统西方大国也加大了介入的力度，美国也仍在中东推行强权政治，这将产生深远的影响。

第三，地缘政治博弈尖锐化、阵营化。最为突出的是亲美阵营与反美阵营、亲穆兄会阵营与反穆兄会阵营、以沙特阿拉伯为首的逊尼派阵营与以伊朗为首的什叶派阵营，不同阵营之间矛盾尖锐，对抗呈升温态势。

第四，地区国家的分化和重组加快，一部分地区国家崛起并寻求更大的发展抱负，深刻改变着中东地区的面貌；另一些国家则深陷战乱状态，战乱很可能演变为中东地区新的动荡和纷争策源地。[①]

第五，民众抗议运动常态化。民生问题长期困扰中东国家和政府，因民生问题无法得到有效改善，民众越来越诉诸游行示威，街头斗争和抗议运动此起彼伏，已渐成常态，许多中东国家和政府承受着巨大压力和挑战，这也从深层反映出中东国家治理困境和有效权威供给不足，这种状况很可能还会持续相当长的时间。

第六，中东国家经济结构调整加速，其核心是探索出适合自身国情的可持续发展道路，摆脱畸形经济结构，这将成为中东国家未来发展的主要目标。

因此，就整体而言，中东地区复合型危机上升，地区国家转型艰难，地区秩序重构变数增大，中东地区未来发展充满更大的不确定性。

（三）未来发展的机遇和前景

2020年以来，中东地区原有的热点问题没有降温，叙利亚、也门、利比亚等地区冲突呈现胶着状态，地缘政治纷争加剧了地区紧张局势。与此同时，全球新冠肺炎疫情大流行，成为前所未有的重大非传统安全问题，是对中东地区治理和发展的一次新的大考。2020年9月初，中东国家新冠肺炎确诊病例总数超过200万人，中东地区的疫情尚未出现明显拐点。受新冠肺炎疫情、油价暴跌和全球经济疲软三重因素叠加影响，中东国家经济遭受重创。国际货币基金组织7月下调了对中东经济的预期，指出中东地区的经济总量在2020年将下降4.7%。可以说，中东未来发展进入最为艰难和严峻的时期。

十年剧变以及新冠肺炎疫情引发的新危机将中东推向充满风险和动荡的困境之中。但是，中东乱局中也蕴含着机遇和希望。许多学者认为："中东在地区动荡与阵痛中朝着'由变生乱、乱中求治'的总体方向发展。"[②] 对

---

① 王林聪：《当前中东局势新变化及其影响》，《人民论坛》2020年第8期。

② 余建华主编《中东变局研究》（上、下卷），社会科学文献出版社，2018；参见余建华等《中东变局综论》，《国际关系研究》2018年第3期。

于中东国家来讲，应该抓住新科技革命带来的机会，以及中国提供的共建"一带一路"的机遇。中东国家将大力发展数字经济，迎接第四次工业革命浪潮。较高的人均收入水平、较多受到高等教育的年轻人和较高的互联网普及率，为电子商务在海湾地区的蓬勃发展提供了良好的市场氛围。海合会国家和埃及、突尼斯、土耳其等国家的数字经济增长前景比较乐观。① 2020 年疫情期间，远程医疗、电子商务、在线学习以及金融远程技术服务已经成为很多国家的日常消费行为。无论传统产业还是新兴产业，都在寻求数字化转型。从长远来看，更广泛地使用数字平台和数字服务，发展数字经济，将对中东国家产生深远影响，改变中东高技术产品出口极少的情况，通过科学技术这一重要生产要素，促进经济发展，使中东国家转变为更加多样化、创新性的经济体。② 值得强调的是，中国与中东国家的合作对于中东地区的发展、繁荣和稳定具有十分重要的意义。习近平主席在阿拉伯国家联盟总部发表重要演讲时指出："我们要抓住未来 5 年的关键时期共建'一带一路'，确立和平、创新、引领、治理、交融的行动理念，做中东和平的建设者、中东发展的推动者、中东工业化的助推者、中东稳定的支持者、中东民心交融的合作伙伴。"③ 中国坚定支持中东国家选择自主发展道路，明确支持并推动地区国家的发展与转型。中国坚决反对外来干涉行为，坚持通过对话解决争端，坚持以新安全观推动中东地区安全治理，积极为中东地区提供公共安全产品，中国坚持以新发展观推进与中东国家共建"一带一路"，在中东践行"以发展促和平"和"以发展促安全"的理念，真正促进中东的和平与发展。在中国和中东国家的共同努力下，反对极端主义、倡导和平与对话、探索建立中东地区发展和安全机制的尝试也在推进之中。④

综上所述，本报告认为，中东地区仍处在变动的关键期，中东剧变

---

① 《疫情下的海湾地区：数字经济的快速发展》，中国对外投资合作网，http：//www.codafair.org/index.php？m＝content&c＝index&a＝show&catid＝112&id＝2059，上网时间：2020 年 5 月 14 日。

② The World Bank，*The Middle East & North Africa：From Transition to Transformation*，April 2019，p. 15.

③ 《习近平谈治国理政》第 2 卷，外文出版社，2017，第 461 页。

④ 王林聪：《当前中东局势新变化及其影响》，《人民论坛》2020 年第 8 期。

仍属于一个漫长的"现在进行时"，绝大多数中东国家仍徘徊在剧变的"长波"之中。在进入 21 世纪第三个十年之际，中东国家如何走出剧变之旋涡？中东地区向何处去？这些仍然是亟待破解的世纪难题。国家治理能力关系着国家的发展和兴衰。中东国家普遍存在"发展赤字"和"治理赤字"问题，提高国家治理能力和发展水平是十分紧迫的任务。展望未来，中东国家走出剧变困扰，需要以发展和治理为突破口，提高治理能力和水平。从长远看，加快中东经济结构调整，探索自主发展道路，提升治理能力，把握新科技革命和共建"一带一路"的契机，推动区域稳定、合作和发展，这应当是中东国家的现实选择，更是中东地区发展的希望所在。

分 报 告

Sub-Reports

Y.2
中东政治形势及其展望

王林聪　朱泉钢*

摘　要： 中东剧变以来，中东国家发生深刻的政治转型和政治变化。
当前中东政治形势整体上仍处在这一轮变化当中，而政权重
塑是其中重要的内容。2019年以来，中东国家政治发展表现
出以下几个大的特征：部分国家选举进程有序开展，政治变
革稳步进行，政治发展态势较好；一些国家治理绩效乏善可
陈，经济社会难题积重难返，民众抗议常态化；战乱国家深
受外部干预影响，冲突各方矛盾尖锐，政治和解进程推进缓
慢；海湾君主国政权仍保持基本稳定，但潜在危机加速累积。

* 王林聪，中国社会科学院西亚非洲研究所副所长，中国非洲研究院副院长，研究员，兼任中
国中东学会副会长、秘书长，中国社会科学院海湾研究中心副主任，主要研究领域为中东政
治、安全和国际关系；朱泉钢，法学博士，中国社会科学院西亚非洲研究所助理研究员，中
国社会科学院西亚非洲研究所中东发展与治理研究中心副主任，主要从事中东政治、中东国
际关系、也门国别问题研究。

2020 年新冠疫情在中东大暴发之后，中东政治发展趋势可能会表现为：弱政府国家将在疫情后面临新一轮民众抗议，强政府模式在中东将继续盛行，海湾国家的政治压力将增大，战乱国家的政治和谈进程仍然艰难。

关键词： 政治动荡　政治稳定　强政府模式

2019 年以来，中东政治形势既表现出继承延续性，也展现出发展变化性。一方面，一些国家举行全国性大选，加速国内政治生态和权力关系的转变；另一方面，政治动荡现象仍然突出，民众抗议在一些国家常态化，战乱国家政治重建艰难化。本报告拟在评析 2019 年中东国家政治发展新变化的基础上，结合新冠疫情这一新因素的影响，对中东政治发展前景进行研判。

一　新一轮民众抗议及其政治冲击

2018 年底以来，中东地区爆发新一轮民众抗议。进入 2019 年下半年，爆发民众抗议的中东国家逐渐增多。然而，这与 2010～2011 年的"阿拉伯之春"在阿拉伯世界"病毒传播式"的快速蔓延并不相同，不同国家爆发抗议的时间不具有明显的同步性，其具体原因也有明显差别。一些学者将其称为"阿拉伯之春 2.0 版"，他们看到了这两波民众抗议背后的相似性，但是对这两波抗议之间的差异性关注不够。

（一）阿尔及利亚：持续抗议与推翻旧体制的努力

阿尔及利亚抗议活动肇始于 2018 年 12 月，时任总统布特弗利卡试图谋求第五个任期，这引起了靠近首都的奥义德地区的民众不满和抗议。抗议活动在 2019 年 2 月扩展到全国范围，阿尔及利亚陷入系统性政治危机。由于政府一系列平息民众抗议的举措未能奏效，政权内部出现精英分裂。军方作

为布特弗利卡长期执政的重要支持力量，由于担心持续的民众抗议将损害军队的团体利益而最终放弃支持布特弗利卡。3月底，作为军方代表人物的总参谋长萨利赫表示，"布特弗利卡不再适合担任阿尔及利亚的总统"，4月2日，布特弗利卡宣布辞职。随即，参议院议长阿卜杜勒卡德尔·本萨拉赫（Abdelkader Bensalah）被任命为临时总统，管理国家转型进程。

布特弗利卡的下台并没有促使民众停止抗议，他们继续抗议并要求彻底变更阿尔及利亚的军政体制。在民众抗议的压力下，阿尔及利亚宪法委员会先后两次推迟总统选举。最终，总统大选在2019年12月12日举行。事实上，五位总统候选人均来自前政府，前总理阿卜杜勒-马吉德·特本在大选中获得58.15%的选票，成为阿尔及利亚新总统。然而，多数民众认为此次选举是传统精英维护旧体制的努力，并对选举进行了抵制，导致投票率不足40%，创下了阿尔及利亚总统选举投票率的新低。反对派人士表示在独立战争时期的领导人全部退出政治之前，他们不会因为选出新总统而放弃抗议活动。[①] 总统大选之后，反对派继续组织民众抗议，试图根本变更政治体制。

在2020年新冠疫情的影响下，反对派在3月20日暂时中止了大规模抗议活动，也中止了连续56周的民众抗议。然而，反对派人士表示，等疫情缓解后，他们仍会组织抗议活动。因此，阿尔及利亚未来的政治走向仍不确定。

（二）苏丹：高度组织性的抗议与"转型协议"的达成

2018年底，苏丹政府的货币贬值改革引起物价飞涨，民众生活压力陡增，民众抗议爆发。巴希尔政府先是采取强硬手段，包括宣布紧急状态、逮捕抗议领袖、控制信息流动、动用军警驱散抗议者等，但未能平息民众抗议。随后其改用温和手段，包括更换总理等，却依然未能满足民众的诉求。随着反对派组成跨阶级、跨职业、跨年龄的抗议联盟，长期支持巴希尔的军

---

① Marina Ottaway and David Ottaway, "The New Arab Uprisings: Lessons from the Past," *Middle East Policy*, Vol. XXVII, No. 1, Spring 2020, p. 37.

方为了确保个人利益和军队的团体利益选择"逼宫",国防部部长奥夫在2019年4月11日宣布推翻巴希尔政权,成立过渡军事委员会。随后,陆军中尉布尔汗担任军委会主席一职。

民众并没有因为过渡政府的成立而放弃抗议,即便是6月政府进行镇压也没能阻挡民众继续抗议。苏丹与阿尔及利亚抗议的最大区别在于,苏丹的抗议力量组织性较高,其核心是苏丹职业人员协会,并最终组成了联合各股抗议力量的"自由与变革联盟"。反对派的强大组织能力有利于抗议活动与传统精英展开谈判和讨价还价。"自由与变革联盟"与过渡军事委员会的谈判持续了数月,最终双方在7月17日达成了"转型协议"。其主要内容是,双方在过渡期内分享权力,组建联合主权委员会作为最高权力机构,前21个月由军方代表领导,后18个月由平民代表领导。作为交换,过渡政府总理的职位留给平民。最终,经济学家哈姆杜克在8月21日宣誓就职总理,并于9月5日成功组阁。

苏丹转型进程仍在发展之中,军方与平民的角力仍在持续。如果军方强硬派试图长期掌握权力,则苏丹的转型前景未必乐观。然而,苏丹平民力量的高度组织性意味着他们很难被军方彻底镇压。

(三)伊拉克:什叶派青年抗议与内阁变换

2019年10月1日,伊拉克首都巴格达爆发民众抗议,并迅速扩展到伊拉克中部和南部什叶派占多数的地区,抗议人群多为20岁左右的年轻人,他们使用社交媒体组织和协调。起初,他们主要反对政府解职反恐局副司令萨阿迪的做法,随后他们抗议政府未能有效解决民生问题,呼吁政府打击腐败,解决就业,完善政府公共服务。

值得注意的是,在抗议中,要求系统变革族群—教派分权体系的声音越来越大。2003年伊拉克战争之后,美国强行在伊拉克移植美式制度。由于"美式民主"在伊拉克水土不服,不仅没能给伊拉克带来和平与繁荣,而且导致伊拉克教派矛盾激增、恐怖主义崛起、普通民众生活困顿等问题。许多伊拉克的什叶派年轻人认为,政治精英利用选举制度操纵媒体、维持权力、

谋求财富，却不管普通民众的死活。他们对于伊拉克的民主制度失望透顶，伊拉克选民投票率从 2005 年的 80% 下降到 2018 年的 44.5%。[①] 因此，他们转而选择在体制外表达不满。

在民众持续抗议的压力之下，伊拉克时任总理阿卜杜勒－迈赫迪在 12 月 1 日被迫辞职。然而，由于教派、权力、利益等矛盾，各政治派别迟迟没能就伊拉克新总理人选达成一致。伊拉克前通信部部长穆罕默德·陶菲克·阿拉维、纳杰夫省前省长阿德南·祖尔菲均没有成功组阁。直到 2020 年 5 月 7 日，前伊拉克情报部门负责人穆斯塔法·卡迪米终于成功组阁，就任伊拉克新总理。

伊拉克民众抗议虽然由于新冠疫情的影响而暂时中止，但是民众对于伊拉克政治体系的不满情绪并没有真正得到平复。卡迪米总理需要在经济、政治和安全领域进行一系列改革，还必须平衡伊拉克与伊朗和美国之间的关系，这些都面临着一系列结构性和非结构性的障碍，注定不会容易。

（四）黎巴嫩：民众抗议与政府变更

2019 年 10 月 17 日，黎巴嫩多地爆发大规模游行示威。此次民众抗议的直接原因是黎政府宣布将对瓦茨普（WhatsApp）及其他网络语音通话软件的通话收取每日 0.2 美元的收税，深层次原因则是大多数民众对于黎巴嫩经济发展迟缓、基础设施落后和政治体制僵化等问题的严重不满。

民众抗议迟迟未能平息，并最终导致时任总理哈里里在 10 月 29 日宣布辞职。黎巴嫩的教派分权体系与伊拉克比较类似，但积弊更深，因此，政府组阁十分困难。一方面，黎巴嫩的教派分权体制限制了其政治体系的改革。黎巴嫩的民主制度实质并不是普通民众的直接民主，而是在不同教派之间进行权力分配的间接民主。[②] 传统精英更加偏好"技术官僚—政党联盟"构成

---

① Renad Mansour, *Iraq's 2018 Government Formation: Unpacking the Friction between Reform and the Status Quo*, London: Middle East Centre of LSE, 2019, p. 6.

② Imad Salamey, *The Government and Politics of Lebanon*, London and New York: Routledge, 2014, p. 7.

的政府，因此他们往往在内阁构成和总理人选问题上长期扯皮。另一方面，美国试图利用民众抗议实施"颜色革命"，削弱真主党的力量并保障自身利益。美国前驻黎巴嫩大使杰弗里·费特曼（Jeffrey Feltman）在美国国会听证会上的发言反映了美国的战略考虑，他称："黎巴嫩的抗议活动与美国反对真主党的利益相吻合，美国应加大干预力度。"

最终，在经历了将近三个月的"政府真空"之后，直到2020年1月21日，以迪亚卜为总理的黎巴嫩新一届内阁才最终成立。然而，新政府并未改变黎巴嫩的基本权力结构，黎巴嫩经济问题依然严重，政府债务高企且民众失业率高。虽然民众抗议运动因为新冠疫情而暂时中止，但民众抗议或许会成为未来黎巴嫩政治的常态。

（五）埃及和伊朗：被迅速平息的民众抗议

2019年下半年，中东地区的两个强政府国家埃及和伊朗也先后爆发民众抗议。抗议虽然蔓延两国的多个地区，但两国政府很快通过强力控制手段平息了抗议活动，民众抗议对两国政治发展并未造成太大影响。

埃及在2019年9月爆发民众抗议，导火索是流亡海外的埃及承包商发布指控军方和塞西总统的视频。事实上，塞西总统第二任期以来，埃及的宏观经济状况整体良好。埃及2018年的经济增长率为5.3%，2019年上半年经济增长率为5.4%。然而，一些结构性的经济问题仍未得到根本解决，包括教育、卫生等领域预算较低、埃及镑大幅贬值造成普通民众财富缩水、失业率尤其是青年失业率居高不下等。这意味着，煽动民众抗议有一定市场，但抗议不会像"一·二五革命"那样声势浩大。面对抗议，塞西政府迅速对视频内容进行辟谣，并对抗议分子采取强力措施，因此抗议活动很快被平息。

伊朗在2019年11月底爆发民众抗议，起因是受制于美国近年经济制裁，伊朗国内的经济压力增大，鲁哈尼政府提高市场上的汽油价格，然而这意味着民众的生活成本升高。美国等反伊朗势力借机对伊朗的民众抗议进行渗透和煽动，合法的民众抗议逐渐演变为"打砸抢烧"的暴力破坏活动，

骚乱分子甚至冲击政府和军队设施,造成严重的社会失序问题。面对这种情形,伊朗政府迅速采取行动,不仅控制网络不实信息的传播,而且强力打压骚乱分子,从而迅速平息了骚乱活动并恢复了国内秩序。

这波民众抗议的主要特点是抗议主体多元广泛,社交媒体动员作用重要,反对外来干预是重要诉求等。这波抗议的原因可以总结为:社会经济问题是根本原因,政治治理不足是直接原因,社会不平等问题是深层原因,外部干预是推动原因。① 这些导致抗议的问题短期内无法得到根本解决,中东一些国家的民众抗议可能呈现普遍化和常态化的特征。

二 有序选举与政治生态的改变

选举政治是现代中东国家政治的重要特征,不仅是各国政治力量对比的风向标,也反映了各国民众的政治心态。2019 年下半年以来,突尼斯、伊朗、以色列等国举行全国性大选,对于这些国家的政治走向具有重要影响。

(一)突尼斯:双选举及其民主巩固

2019 年 9 月和 10 月,突尼斯先后进行了总统大选和议会大选。两次选举均平稳进行,再次显示出突尼斯是"阿拉伯之春"之后阿拉伯国家中民主转型最为成功的国家。在突尼斯的政治体制中,总理主要负责政治议题,而总统则对外交、国防和安全事务有更大的发言权。因此,这两次选举均十分重要。

由于突尼斯的"政坛常青树"——前总统埃塞卜西在 7 月 25 日突然病逝,原定于 11 月举行的总统大选不得不提前进行。9 月 15 日,突尼斯举行"茉莉花革命"之后的第二次总统大选。在第一轮选举中,26 名候选人无人得票过半。随后,得票率居前两位的凯斯·赛义德(独立候选人)和纳比尔·卡鲁伊(来自政党"突尼斯之心")进入第二轮对决,最终赛义德以

① 高松林、王林聪:《中东地区新一轮抗议潮爆发的原因及特点》,《当代世界》2020 年第 5期,第 53 ~ 59 页。

72.71%的得票率当选新总统。赛义德作为独立候选人当选总统，显示出民众，尤其是年轻人对传统政治精英的失望和不满。这主要是因为突尼斯转型至今，国家经济状况并无明显好转，民生依旧艰难，2018年国内生产总值只有398亿美元，相当于2017年的水平，而失业率为15%，青年失业率高达34%。

在2019年10月举行的突尼斯议会大选中，共有1.5万余名候选人角逐217个议席。最终，有30多个政党获得议席，其中，穆兄会性质的政党"伊斯兰复兴运动"和世俗政党"突尼斯之心"分别获得52席和38席，分列前两位。由于来自"伊斯兰复兴运动"的杰姆里组阁失败，总统提名来自突尼斯"争取工作与自由民主论坛"党的法赫法赫为总理，后者在2020年2月19日成功组阁。这表明，一方面，突尼斯的选举政治体系整体运转良好，主要政治力量接受基本的民主规范，政党制度是民众政治参与的重要途径，政党政治运行相对良好；另一方面，突尼斯的政党制度仍有其脆弱性。传统精英把持着主要政党，而青年群体等仍处于边缘地位。[1] 因此，突尼斯的民主巩固仍任重道远。

（二）伊朗：议会选举和保守派的回归

伊朗政治体制的特征是伊斯兰性和最高领袖的核心地位，这也意味着议会政治在权力决策机制中并不居于主导地位。然而，伊朗的议会政治也颇具特色，具有鲜明的多元、竞争和民众参与的特征，[2] 是反映社会民意的重要平台。伊朗第十一届议会选举于2020年2月21日举行，本次选举有7000多名候选人参加，他们竞争290个议会席位。鲁哈尼总统提出："这次议会选举非常重要，就算你对一些议题和问题持批评意见，也请你前往投票。"

这次议会选举具有以下特征。第一，投票率较低。根据伊朗内政部的消息，此次选举的投票率为42.5%，相较2016年议会选举中62%的投票率下

---

① 李竞强：《试论民主转型时期突尼斯的政党制度》，《阿拉伯世界研究》2018年第5期，第117页。

② 王猛：《伊朗议会政治嬗变的历史透视》，《阿拉伯世界研究》2017年第4期，第4页。

降了约 1/3。投票率低的问题在大城市表现更为明显，德黑兰的投票率甚至只有 22%。这表明，伊朗民众存在着普遍的政治冷漠。第二，持续时间长。宪法规定议会选举实行选民直选和两轮投票的方式。由于第一轮选举中的一些议席票数没有达到 25% 的门槛，所以不得不进行第二轮选举。然而，由于伊朗严重的新冠疫情形势，伊朗宪法监护委员会宣布将第二轮投票推迟到 9 月 11 日进行。因此，这次选举将跨越半年时间。第三，保守派回归的态势十分明显。虽然议会席位尚未完全揭晓，但是根据既有的选举结果来看，保守派所获席位占据绝大多数。在美国持续对伊朗进行"极限施压"的态势下，温和改革派鲁哈尼领导的政府未能确保伊朗经济的正常发展，这引起了民众的不满，也导致保守派在此次选举中重新得势。

一旦保守派力量正式掌控议会，不仅会干扰鲁哈尼政府的施政，并对鲁哈尼 2021 年的总统竞选造成不利影响，而且可能会加剧伊朗与美国之间的敌对，"伊核协议"的转圜空间无疑将会更加狭小。

（三）以色列：三次选举后的艰难组阁

2018 年底，内塔尼亚胡政府同意解散议会，决定提前进行大选。在 2019 年 4 月 9 日和 9 月 17 日进行了两次议会大选，但都由于不同政党之间的意见分歧而没能成功组阁。在 2020 年 2 月 2 日，以色列举行一年之内的第三次全国大选。

2020 年的选举具有以下三个特点。一是投票率很高。此次选举的投票率高达 71%，高于此前的两次选举。这表明，以色列民众想要通过投票，尽快突破国家的政治僵局，确保政府尽快组阁，恢复政府的正常运转。二是选举结果并无大的变化。在 120 席中，得票最多的三个政党仍然是利库德集团（36 席）、蓝白联盟（33 席）和阿拉伯人联合名单（15 席），其中利库德集团和阿拉伯人联合名单比 9 月的选举分别增加了 4 席和 2 席，蓝白联盟的席位没有变化。另外几个得票率超过 3.5% 进入议会门槛的政党是沙斯党（9 席）、圣经犹太教联盟（7 席）、"工党—格舍尔—梅雷兹"党（7 席）、"以色列我们的家园"党（7 席）、联合右翼（6 席）。三是右翼力量占据明显优势。除了蓝白联盟、阿拉伯人联合名单、工党联盟之外，议会席位均由右翼力量占据，这也体现了以色列，尤其是以色列年轻人明显的"右倾化"趋势。

起初，内塔尼亚胡领导的利库德集团和甘茨领导的蓝白联盟依旧无法妥协，甘茨在 3 月组阁失败。最后，在民众越发不满这种扯皮，以及新冠疫情的冲击下，内塔尼亚胡和甘茨在 4 月 20 日达成了妥协方案：两党组成联合政府，内塔尼亚胡在前 18 个月担任总理，甘茨任副总理兼国防部部长；之后，甘茨将接任总理，内塔尼亚胡则改任副总理。自此，以色列长达一年多的政治僵局被打破。5 月 13 日，内塔尼亚胡宣布成功组阁。

三 海湾君主国的政治变化

中东剧变以来，海湾地区的君主国整体保持稳定，成为中东地区的"稳定绿洲"。2019 年下半年以来，海湾君主国继续保持政治稳定，两个值得关注的事件是阿曼王位继承顺利进行和科威特内阁的有序重组。

（一）阿曼：王位顺利交接

2020 年 1 月 10 日，统治阿曼四十九年的苏丹卡布斯·本·赛义德因病去世，文化与遗产大臣海塞姆（Haitham bin Tariq bin Taimur al-Said）成为新苏丹，阿曼王位的顺利交接打消了人们持久以来的担心。长期以来，阿曼苏丹国的王位继承问题一直受到人们的关注和担忧，这主要有两个原因。第一，近代历史上阿曼的苏丹更换往往是非常规的。例如，1866 年，图瓦伊尼苏丹在睡梦中被他的儿子塞利姆杀害，塞利姆成为苏丹；1970 年，苏丹赛义德三世被其子卡布斯罢黜，卡布斯成为苏丹。这表明，阿曼王位继承有着潜在风险。[①] 第二，卡布斯苏丹一直未明确自己的继承人。卡布斯没有子

---

① Simon Henderson, *Oman After Qaboos: A National And Regional Void*, The Washington Institute for Near East Policy（Policy Note 74），2019, p. 2.

嗣和兄弟，也没有明确指定自己的继承人，而是使用"秘密立储制"。这虽然有利于卡布斯本人的统治，但不能较早确知谁是王位继承人也存在不小的隐忧。因此，人们担心阿曼会因为王位继承问题造成内乱。

根据相关规定，苏丹的选定程序是由王室委员会在苏丹逝世后三天内商定继任者；如果王室委员会不能就继任者人选达成一致，则将由国家安全委员会（National Security Council）加上国家委员会主席、协商会议主席、最高法院院长以及最高法院两名最年长的副院长，共同开启卡布斯留下的信封，推举其中提及的继任者为新任苏丹。值得注意的是，由于国家安全委员会成员中没有一位来自阿曼王室，所以王室成员都希望尽快达成一致，推举新苏丹，避免进入第二步。

海塞姆成为新苏丹，主要有以下两个原因。一是阿曼王室对于国家未来战略的优先定位是发展经济和保持稳定。海塞姆的履历表明，他在经济和外交事务上经验比较丰富。二是王室内部对于军方的疑惧。排名顺位最靠前的三位苏丹候选人中，海塞姆没有阿萨德（一号候选人）和谢哈布（三号候选人）与军队关系密切的"负资产"。最终，阿曼王位交接顺利进行，而海塞姆的地位取决于其施政情况，包括处理以下三个问题的成效：平衡王室内部力量，确保军队的忠诚，推进经济改革的状况。

（二）科威特：内阁辞职和重组

2019 年 11 月，科威特内阁两名成员——副首相兼内政大臣哈立德·贾拉赫·萨巴赫、公共工程大臣兼住房事务国务大臣吉南·拉马丹遭受国民议会质询。在这种压力下，内阁在 11 月 14 日宣布辞职并获批准。最终，前副首相兼外交大臣萨巴赫·哈立德作为首相在 12 月 17 日组阁成功。

这次内阁危机显示出科威特议会的权力，及其议会和内阁之间持续紧张的关系。一方面，在海湾地区，科威特的国民议会权力较大。在科威特，议会政治具有悠久的历史传统，议会由选举产生，具有重要的立法权和监督权。议会的社会代表性也较强，议会成员包括商人家族、阿拉伯民族主义者、逊尼派和什叶派人士。虽然议会无权决定内阁成员，但能对内阁成员进行监督和质询。① 科威特是君主世袭制酋长国，萨巴赫家族具有首要的统治地位。另一方面，议会的这种消极（否定）权力导致了议会和内阁之间的持续冲突，以及长期的不稳定状态。1991 年复国之后，科威特只有两届议会任满四年。议员将对部长的质询作为推动变化和施加影响的重要手段，政府的回应方式通常是解散整个内阁，以此保护关键部的部长（尤其是皇室成员）职位，有时则伴随着要求进行新的议会选举。事实上，此次内阁重组再次表明了科威特议会与内阁之间的紧张关系。

在科威特筹备 2020 年新的议会选举之际，这次内阁和议会的冲突具有重要的含义。它除表明科威特政治体系中议会和内阁的持久冲突外，还显示出科威特统治家族内部的权力平衡问题。

四 战乱国家的政治谈判仍然艰难

中东剧变之后，叙利亚、利比亚和也门滑入内战深渊。2019 年，这些国家的内战仍然没有彻底结束的迹象，其政治和谈进程十分缓慢。

（一）叙利亚：战争近尾声，和谈仍艰难

叙利亚内战进入第九年，叙利亚民众深陷人道主义危机中。相关数据表明，叙利亚战争已造成至少 38.4 万人死亡，以及 560 万难民和 620 万流离失所者。此外，大约 83% 的叙利亚人生活在贫困线以下。

2019 年下半年以来，叙利亚战场形势再起波澜。一是土耳其在叙北部发动军事行动，造成叙战场格局发生新变化。2019 年 10 月 9 日，土耳其总统埃尔多安宣布在叙利亚北部发动"和平之泉"军事行动，以"阻止在土耳其边界南部建立恐怖走廊"。这一行动打破了叙利亚北部的权力平衡结构，土耳其部分实现了其战略目标，库尔德力量在叙东北部的影响被极大削

---

① Kristin Smith Diwan, *Kuwait: Finding Balance in a Maximalist Gulf*, Washington, DC: Arab Gulf States Institute in Washington, 2018, pp. 5 – 7.

弱；库尔德武装"人民保卫军"对美战略怀疑加剧，转而与巴沙尔政府接触；俄罗斯开始直接协调"人民保卫军"、土耳其和巴沙尔政府之间的关系，俄在叙利亚问题上的主导地位进一步加强。二是叙利亚反对派的最后据点伊德利卜地区紧张局势再起。叙利亚武装反对派组织于 2015 年首次占领伊德利卜省，截至 2020 年初，该省一半的地区仍处于反对派控制之下。2019 年以来，叙利亚政府在伊德利卜地区的军事行动升级，在土耳其等外部力量的支持下，反对派负隅顽抗。2020 年初，伊德利卜地区局势继续紧张，3 月 5 日，俄罗斯总统普京与土耳其总统埃尔多安举行会谈，并就在伊德利卜地区停火问题达成协议。然而，停火协议并未解决根本问题，只是暂时缓解了伊德利卜地区的紧张局势。

在政治和谈进程上，叙利亚出现一丝可喜的进步。经过两年的努力，叙利亚宪法委员会 2019 年 10 月 30 日在日内瓦启动。委员会的 150 名成员包括 50 名政府代表、50 名反对派代表和 50 名社会人士代表。值得一提的是，库尔德武装"人民保卫军"的相关力量并无代表在委员会中存在。委员会在 11 月 8 日、11 月 25 日先后在日内瓦举行了两次闭门会议，但并未达成实质成果。① 叙利亚政治和谈进程仍将依赖于战场形势，以及主要利益攸关方的激烈博弈，所以存在较大的不确定性。

（二）利比亚：土耳其军事介入，战事仍旧激烈

中东剧变之后，利比亚逐渐陷入军阀混战。其中，最重要的两股力量是利比亚民族团结政府（GNA）和国民军（LNA）。民族团结政府是联合国和美国承认的利比亚合法过渡政府，总理是萨拉杰，得到土耳其、卡塔尔和意大利的支持。国民军是利比亚东部势力的代表，受到阿联酋、俄罗斯、埃及、沙特、法国和约旦的支持。在军事强人哈夫塔尔的领导下，国民军在 2014 年之后以对抗伊斯兰主义势力的扩张为名，逐渐控制了利比亚的东部、中部和南部。

---

① 龚正：《叙利亚前途的迷雾仍未散去》，《世界知识》2019 年第 23 期，第 39 页。

2019 年 4 月，利比亚国民军对首都的黎波里发动突然袭击，随后国民军和民族团结政府陷入激战，利比亚进入新一轮冲突。起初，国民军的战略收益不大，直到 9 月得到俄罗斯的私人安保公司支持后，国民军的推进速度加快。随着土耳其的军事介入，国民军推进受阻。2019 年 11 月，土耳其与利比亚民族团结政府签订了海上划界协议，激活了新的安全合作安排。土耳其政府为利比亚民族团结政府提供空中支持、武器装备、武装人员，2020 年 1 月，利比亚敌对双方再次陷入僵局。[①] 值得注意的是，土耳其与民族团结政府签署海上划界协议，使得东地中海的局势骤然紧张，该地区的能源争夺问题逐渐凸显。

利比亚冲突升级引起了国际社会的关注，并最终促成 2020 年 1 月 19 日在柏林召开了利比亚问题会议。美国、中国、俄罗斯、英国、法国、土耳其、埃及、阿联酋等国家以及联合国、欧盟、非盟和阿盟的代表参会，试图促成停火。然而，国民军和民族团结政府相互攻讦，并未承诺停火，也没正式在《柏林宣言》上签字。事实上，此次会议之后，利比亚武装冲突各方继续激烈战斗，和谈进程推进十分缓慢。

（三）也门：徘徊在战与和的边缘

2019 年下半年，也门局势波诡云谲，形势瞬息万变。7 月开始，反胡塞武装联军中的重要力量——阿联酋开始从也门撤军。8 月，反胡塞武装联军发生内讧，"南方过渡委员会"武装与哈迪政府军在亚丁爆发激战，上演"战中战"大戏。9 月，胡塞武装袭击沙特油田，一度让全球担心海湾地区会爆发地区战争。然而，海湾地区最终不但没有爆发战争，反而促成了沙特和胡塞武装的直接谈判，以及沙特和伊朗的间接接触。此外，在沙特的斡旋下，"南方过渡委员会"与哈迪政府在 11 月签署了《利雅得协议》，也门南部的紧张局势得以缓解。

---

① Christopher M. Blanchard, *Libya: Conflict, Transition, and U. S. Policy*, Washington, DC: CRS, 2020, p. 4.

然而，2020 年以来，也门局势再度紧张。1～4 月，胡塞武装与反胡塞武装继续激战，胡塞武装在焦夫省取得重大胜利，并且逼近政府军在也门北部的最后一个据点马里布省，双方还在南部战线激战。联合国秘书长古特雷斯呼吁，也门冲突各方应于 3 月 25 日在全国范围内停火，以一致应对新冠疫情的冲击。随后，联合国也门问题特使格里菲斯提出倡议，内容包括全国范围内的停火，在经济和人道主义领域建立信任措施，恢复联合国支持的和谈。然而，也门主要冲突方对此回应寥寥。沙特阿拉伯虽然在 4 月宣布并延长了在也门的单边停火，但沙特继续支持政府军的军事行动，并对胡塞武装发动空袭。此外，4 月底，"南方过渡委员会"宣布也门南部自治，2019 年签署的《利雅得协议》宣告破裂。

可见，也门各方有和谈的动力，但都不愿彻底放弃武力手段。冲突各方仍会边打边谈，为未来有关政治地位的谈判增加与己有利的筹码。此外，也门战争造成的人道主义危机仍在继续。

五 新冠疫情与中东国家政治发展展望

中东剧变之后，中东国家的政治局势发生一系列变化。具体来讲，不同国家的政治变化具有不同的轨迹和路径。当前以及中期时间段内，中东国家的政治发展仍然会在中东剧变的"长波"之中，即反映中东政治、经济、社会等一系列结构性问题。[1] 2020 年暴发的新冠疫情，将在一定程度上影响这一"长波"进程，加速或延缓一些具体问题的演变。由此判断，中东政治发展的可预见走向如下。

第一，新冠疫情虽暂时中止了多数国家的民众抗议，但是在新冠疫情结束后，一些脆弱政府可能会面临新的民众抗议危机。由于新冠疫情的出现，阿尔及利亚、伊拉克、黎巴嫩等国的抗议民众为了人身安全，暂时中止了常态化的民众抗议。民众担心感染新冠病毒，持续了将近 400 天的阿尔及利亚

---

[1] 王林聪：《当前中东局势新变化及其影响》，《人民论坛》2020 年第 8 期，第 113 页。

民众抗议在2020年3月20日暂时中止。受新冠疫情影响,从2019年10月开始的伊拉克和黎巴嫩的大规模民众抗议也被迫暂停。然而,由于这些国家的政府并没有解决国家治理问题和经济发展问题,也就是说造成民众抗议的结构性因素并没有得到根本性解决,因此,在疫情过后民众抗议很可能会继续,即民众抗议表现为常态化特征。

第二,新冠疫情加强了中东国家政府对社会的控制,从而进一步固化了中东剧变以来盛行的强政府模式。中东剧变之后,受普遍恶化的安全环境、没有改变的深层社会结构、通过社会学习逐渐适应的统治精英等因素的影响,中东多数国家纷纷重建了强政府统治模式。新冠疫情在中东大暴发之后,中东多数国家并没有效仿西方国家施行的"群体免疫"策略,而是通过管控、监察、禁令等手段应对疫情,并取得了良好的抗疫效果。此外,新冠疫情引起人们对新自由主义理念在应对疫情之类的大灾难面前相对无力的反思。再加上新自由主义政策在中东国家实施中已经造成的灾难性影响,中东国家或将进一步强化强政府模式,以便更加高效地应对政治、安全、社会事务中的诸多问题。

第三,新冠疫情对海湾国家造成重大冲击,并将加剧海湾君主国传统的"政治社会契约模式"危机。中东剧变以来,海湾君主国整体维持了政治稳定。近年来,海湾国家的社会、经济、政治和安全压力逐渐增大。海湾君主国传统的"政治社会契约模式",即以高社会福利换取民众政治沉默的模式越发难以为继。新冠疫情暴发之后,面临疫情冲击和全球低油价的双重压力,海湾国家的政府在医疗卫生领域、社会经济、粮食安全、人力资本、航空旅游等领域均面临深刻的危机。与此相伴随的是,海湾国家近年逐渐浮出水面的"政治社会契约模式"危机或将加速,亨廷顿指出的"君主国现代化悖论"对于海湾国家的冲击将更加明显。对于海湾君主国来讲,如何维护自身的政治稳定将是重大的考验。

第四,新冠疫情后中东地区冲突曾出现缓和迹象,但战乱国家的政治重建进程仍然步履维艰。起初,疫情带来一些新的地区合作,俄罗斯与土耳其就叙利亚问题达成伊德利卜停火协议,沙特单方面宣布在也门停战。然而,

叙利亚和也门的战场局势依旧胶着，政治和谈进程并无实质性进展。战争的长时间持续只能加剧彼此的憎恨和不信任感，也会对普通民众造成巨大的人道主义灾难。然而，在叙利亚、也门和利比亚等战乱国家，主要冲突方均信奉"武力优先"，国家安全结构极其脆弱，内部敌对力量又受到外部势力的支持和干预，因此，这些国家的政治谈判和重建进程注定是艰难、复杂和脆弱的。

事实上，当前中东政治形势的发展和变化仍处在中东剧变的"长波"之中。中东国家的政府仍然需要处理数组长期形成的基本矛盾：国家改革与政治稳定、经济发展与社会公平、国家安全与社会活力、政治权威与政治参与、治理能力与治理体系，其核心是处理改革、发展与稳定之间的关系。整体上来讲，中东国家政治发展问题的解决需要当地精英和民众在结合自身实际的基础上，探索出一条符合自身国情的发展道路。

Y.3
2019年中东经济形势及前景展望

姜英梅*

摘　要： 由于世界经济复苏乏力、国际油价长期低迷、地缘政治紧张局势加剧，以及缺乏公平竞争的市场环境，2019年中东经济继续下滑，经济增长率仅为0.3%。2020年，新冠疫情全球大流行，全球经济陷入衰退，中东地区也不例外。除了造成严重卫生危机之外，疫情对供需冲击引发的重大经济动荡——石油和大宗商品价格暴跌，国内外需求下降、消费者信心降低、金融环境收紧、生产和全球供应链中断——对中东经济造成严重影响。2020年中东经济预计萎缩3.3%。随着全球疫情在2020年下半年趋缓，经济刺激政策将会发挥作用，中东经济或将在2021年增长4.2%。但是，新冠疫情趋势和全球经济复苏仍面临较大不确定性。

关键词： 中东经济　世界经济　新冠疫情　国际油价

　　受全球经济放缓、贸易冲突、国际油价低迷以及地缘政治紧张局势加剧的影响，2019年中东经济继续下滑，经济增长率只有0.3%。2020年新冠疫情肆虐全球，对世界经济和各国经济产生严重冲击，国际货币基金组织预计2020年全球经济将陷入大萧条，将有超过170个国家出现人均收入负增

---

* 姜英梅，法学博士，中国社会科学院西亚非洲研究所副研究员，主要研究中东经济、金融等问题。

长。中东经济也难以幸免，遭受疫情和低油价的双重打击，中东经济萎缩3.3%。预计新冠疫情在2020年下半年会趋缓，若经济刺激计划行之有效，全球经济在2021年或会增长5.8%，中东经济也将增长4.2%。[①] 但是，新冠疫情趋势和全球经济复苏仍面临较大不确定性。

一 影响中东经济发展的主要因素

全球化时代，各个经济体相互联系、相互作用、相互依赖。中东地区作为世界经济体系中的一部分，影响其经济发展的因素既包括外因也包括内因，既有政治因素也有经济因素。世界经济论坛2019年4月发布的报告《中东北非风险》指出，中东经济发展面临十大风险：①能源价格冲击；②失业或就业不足；③恐怖袭击；④区域和全球治理的失败；⑤财政危机；⑥网络攻击；⑦无法控制的通货膨胀；⑧水危机；⑨非法贸易；⑩金融机制或机构失灵。[②] 笔者将中东经济发展的影响因素归纳为以下几点。

（一）世界经济复苏乏力

世界经济形势（见表1）是影响中东经济发展的最大外因。自2018年底以来，全球经济陷入同步放缓的境地，国际货币基金组织（IMF）在2020年4月发布的《世界经济展望报告》中再次下调2019年经济增长率，降至2.9%，这也是自2008年国际金融危机以来的最低水平，同时是2017年全球经济同步回升、增长率达到3.8%以来的一次严重倒退。经济增长乏力的原因主要包括以下几点：不断增加的贸易壁垒，不断升高的与贸易和地缘政治相关的不确定性；一些新兴经济体面临宏观经济压力，而发达经济体则存在生产增长率缓慢和人口老龄化等结构性问题。2019年全球经济增长低迷的一个显著特征是制造业和全球贸易在全球范围内大幅放缓，全球商品和服

[①] IMF, *World Economic Outlook*, Chapter 1, April 2020, p. 2.

[②] World Economic Forum, *The Middle East and North Africa Risks Landscape*, April 2019, p. 8.

务贸易额增长率从 2018 年的 3.6% 下降至 1.1%。① 国际资本流动继续下降，2019 年全球 FDI 流动连续三年下滑至 1.39 万亿美元（同比下降 1%，2018 年为 1.41 万亿美元）。② 全球经济发展缓慢、贸易紧张局势加剧都对中东地区构成重大风险。同时，尽管大多数国家放松货币政策，国际金融环境相对宽松，但是中东地区 FDI 流入在 2018 年出现了小幅上升之后，从 2019 年开始却出现持续下滑。

表 1　世界经济增长率（2018~2021）

单位：%

年份	2018	2019	2020	2021
世　界	3.6	2.9	-3.0	5.8
欧元区	1.9	1.2	-7.5	4.7
美　国	2.9	2.3	-5.9	4.7
中　国	6.6	6.1	1.2	9.2
俄罗斯	2.3	1.3	-5.5	4.2
日　本	0.3	0.7	-5.2	3.0
印　度	6.1	4.2	1.9	7.4
中　东	1.0	0.3	-3.3	4.2

资料来源：国际基金货币组织：《世界经济展望报告》，2020 年 1 月，第 7 页；IMF, World Economic Outlook-Chapter 1, April 2020, p. 1。

（二）国际油价波动，但仍处于低迷状态

自 2014 年下半年国际油价下跌以来，国际油价一直呈低迷状态。中东地区石油出口国石油出口收入大幅减少，经常账户状况令人担忧，一些国家甚至连续多年出现财政赤字。石油进口国来自石油出口国的侨汇收入、外国直接投资和援助也有所减少。2018 年，地缘政治紧张局势加剧和欧佩克 + 实行石油减产政策，国际油价有所上升，但美国页岩油产量扩大和全球经济增长乏力使石油需求放缓，导致全球油价仍然低迷。国际货币基金组织估算

① IMF, *World Economic Outlook*, October 2019, pp. 1-6.
② UNCTAD, *Investment Trends Monitor*, January 2020, p. 3.

2019 年平均油价为 61. 39 美元/桶, 2020 年由于新冠疫情和石油价格战, 国际油价将下跌至 35. 61 美元/桶 (见图 1)。① 油价长期处于低位, 虽然可以成为石油出口国经济多元化改革的驱动力, 但从近几年来看, 石油出口国的经济发展仍在很大程度上依赖石油经济。

图1 国际平均油价

资料来源: IMF, *World Economic Outlook*, October 2019, p. 161; IMF, World Economic Outlook – Chapter 1, April 2020, p. 8。

(三)地缘政治紧张局势不断加剧

地缘政治紧张局势 (美国与伊朗之间的矛盾最为突出) 不仅导致地区不稳定, 还可能扰乱全球石油供给, 挫伤市场情绪, 进而削弱商业投资。美伊矛盾由来已久, 自 2018 年 5 月, 美国总统特朗普单方面退出 "伊核协议", 对伊朗重启单边制裁, 伊朗及周边的局势也随之迅速变得紧张起来。沙特与伊朗由于地缘和宗教因素, 关系长期紧张。两国围绕也门、叙利亚问题, 新仇旧恨一起算。以色列与伊朗的敌对关系更是难以调和。2020 年 1 月 3 日, 美国出动无人机定点清除伊朗高级将领苏莱曼尼, 引来伊朗报复。从而引起国际社会对美伊爆发战争的担忧。利比亚内战逐步演

---

① IMF, *World Economic Outlook*, Chapter 1, April 2020, p. 8.

变为"代理人战争",局势更加复杂。2019年底以来,叙利亚伊德利卜地区局势持续紧张,引发国际社会高度关注。叙利亚政府军同土耳其支持的叙利亚反对派在战场上针锋相对,造成严重人员伤亡,引发新一轮的难民潮。3月5日,俄罗斯与土耳其就在伊德利卜地区停火达成协议,地区大国与域外大国之间的博弈,主导着叙利亚未来走向。此外,2020年以来,也门各派冲突再次升级,局势越来越紧张,正在危及已取得的和平成果。中东地区长期动荡不安,地缘政治风险高,严重影响经济发展。域外大国对中东事务插手干预,地区大国与域外大国激烈博弈,导致地区局势更加复杂,地缘政治风险不断上升。根据世界银行报告,中东发生冲突的风险急剧增加。①历史和现实证明,中东问题不能通过武力和战争来解决,出路在于发展。

(四)中东地区的社会紧张局势仍在加剧,地区贫困率上升,失业率居高不下

2019年以来,中东地区一些国家社会动荡加剧,政局不稳。中东地区贫困率从2011年的2.7%上升到2018年的7.2%。②即使在少数几个经济增长率较高的国家,例如埃及,贫困率也没有显著下降。2019年早些时候,阿尔及利亚、苏丹出现大规模的民众抗议活动。4月2日,阿尔及利亚总统布特弗利卡被迫辞职,4月11日,苏丹总统巴希尔被迫下台,并有可能被移交给国际刑事法庭审判。年中时埃及,下半年伊拉克、黎巴嫩也出现比较严重的民众抗议活动。中东地区失业率居高不下,高达11%。2018年中东地区18%的妇女和23%的年轻人没有工作。③高失业率、不断上升的贫困率和1200多万难民,极易引发社会动荡。爆发突尼斯"茉莉花革命"和"阿拉伯之春"的根源就是民生问题和年轻人失业问题。新冠疫情暴发后,

---

① World Bank, https://blogs.worldbank.org/opendata/one-five-people-middle-east-and-north-africa-now-live-close-proximity-conflict. 20 April 2020.

② IMF, *World Economic Outlook*, October 2019, p. 14.

③ IMF, *Regional Economic Outlook*: *Middle East and Central Asia*, Oct. 2019. p. 8.

中东地缘政治矛盾和冲突并未因疫情偃旗息鼓,反而,由于疫情对经济和民生的影响,使一些国家的社会动荡更为加剧。

(五)中东地区缺乏公平竞争的市场环境

近年来,为吸引外资和私人资本,促进经济增长,中东地区的国家采取多种改革措施改善营商环境。根据世界银行发布的《全球营商环境报告2017》和《全球营商环境报告2020》,中东地区营商环境排名从2017年的第116名升至2020年的第107名,中东地区在全球营商环境排名前100位的国家从7个增加到9个。根据《全球营商环境报告2020》,中东地区实施了大量改革措施为国内中小企业改善营商环境,但从营商环境来看,中东国家总体排名靠后,仅有4个国家在全球排名中居前50位。从清廉指数全球排名来看,中东国家总体排名靠后,这表明中东国家的政府治理能力和政府效率还比较低,利益集团对政府的影响还比较大。从全球竞争力排名看,中东仅有6个国家位居全球前50位;从经济自由度指数来看,中东地区经济比较自由的国家只有阿联酋、以色列和卡塔尔3个国家(见表2)。此外,中东国家市场环境较好的国家主要是海合会国家、土耳其和以色列,其他国家还远没有形成有效的公平竞争市场环境,从而限制了私营部门的发展,而充满活力的私营部门和中小企业是吸收就业、促进经济发展的重要力量。从国际上看,美国、德国和日本中小企业对经济发展的贡献均在50%左右。①

表2 中东国家市场环境指数

国家	营商环境排名 2019年	清廉指数排名 2018年	竞争力排名 2018年	经济自由度排名 2019年
阿联酋	16	23	25	18
巴林	43	99	45	63
摩洛哥	53	73	75	78

---

① 民营经济贡献了中国经济50%的税收、60%的GDP、70%的技术创新成果、80%的城镇劳动就业,还有90%的企业数量。

国家	营商环境排名 2019年	清廉指数排名 2018年	竞争力排名 2018年	经济自由度排名 2019年
沙 特	62	58	36	83
阿 曼	68	53	53	75
约 旦	75	58	70	66
卡塔尔	71	33	29	31
突尼斯	78	73	87	128
科威特	83	78	46	79
吉布提	112	—	—	151
埃 及	114	105	93	142
伊 朗	127	138	99	164
黎巴嫩	143	—	88	157
阿尔及利亚	157	105	89	169
伊拉克	172	168	—	—
叙利亚	176	178	—	—
利比亚	186	170	—	—
也 门	187	176	140	
以色列	35	34	20	26
土耳其	33	78	61	71

资料来源：*Transparency International*，*Corruption Perception Index 2018*，p. 10；World Bank，*Doing Business 2020*，Dec. 2019，p. 16；The Heritage Foundation，*2020 Index of Economic Freedom*，January 2020，p. 2。

二 2019年中东经济继续下滑

受全球经济疲软、国际油价低迷、地缘政治紧张和政局不稳等多种因素影响，2019年中东经济继续呈下降趋势，地区国家伊朗、土耳其和沙特经济增速放缓，若干经济体增长前景低迷。石油出口国经济出现负增长，石油进口国受益于国内改革，经济保持中低速增长。

（一）中东经济增长面临下行压力

受内外双重压力的影响和冲击，中东经济增长进一步放缓。国际货币基金组织和世界银行在 2019 年 10 月的报告中预测 2019 年中东经济增长率分别为 0.1% 和 0.6%。① 但是，国际货币基金组织 2020 年 4 月发布的《世界经济展望报告》将 2019 年中东经济增长率修正为 0.3%，石油出口国 2018 年经济只增长 0.2%，2019 年则出现负增长（−0.8%），即便是财力雄厚的海合会国家经济增长率也仅为 0.7%。中东石油进口国则受益于低油价和宽松的国际金融环境，经济保持了中低速增长（见表 3）。

表 3 中东经济增长率

单位：%

中东经济指数 2000~2020	2000~2015平均	2016	2017	2018	2019	2020
中东地区						
人均实际 GDP 增长率	—	3.1	−1.2	−1.2	−1.8	−5.4
实际 GDP 增长率	4.6	5.4	1.8	1.1	0.3	−3.3
经常项目余额占 GDP 比例	8.8	−4.2	−0.2	3.8	1.0	−6.0
财政余额占 GDP 比例	3.5	−10.1	−5.6	−2.9	−4.4	—
通货膨胀率(年平均)	6.3	5.7	7.4	10.1	9.0	8.2
石油出口国						
实际 GDP 增长率	4.7	6.1	1.2	0.2	−0.8	−4.2
经常项目余额占 GDP 比例	11.6	−3.2	1.8	6.2	2.7	−5.8
财政余额占 GDP 比例	5.7	−10.4	−5.2	−1.9	−3.0	−11.8
通货膨胀率(年平均)	6.9	4.4	3.6	8.7	7.8	7.8
海合会国家						
实际 GDP 增长率	4.8	2.3	−0.3	2.0	0.7	−2.7
经常项目余额占 GDP 比例	15.3	−2.8	2.8	8.5	5.6	−3.1
财政余额占 GDP 比例	8.6	−10.7	−5.6	−1.8	−2.4	—
通货膨胀率(年平均)	2.7	2.1	0.2	2.1	−0.7	—

---

① IMF, Regional Economic Outlook：Middle East and Central Asia, Oct 2019. p. 8. World Bank, MENA Economic Update, October 2019, p. 4.

中东经济指数 2000~2020	2000~2015 平均	2016	2017	2018	2019	2020
石油进口国						
实际 GDP 增长率	4.3	3.7	4.0	4.3	3.5	-1.0
经常项目余额占 GDP 比例	-2.2	-5.6	-6.7	-6.5	-5.4	-4.9
财政余额占 GDP 比例	-5.7	-7.3	-6.8	-6.9	-7.3	-8.5
通货膨胀率(年平均)	6.0	7.5	14.4	10.4	8.1	9.4

资料来源：IMF, *Regional Economic Outlook：Middle East and Central Asia*, Oct. 2019, p. 8；IMF, *Regional Economic Outlook：Middle East and Central Asia*, April 2020, pp. 8, 15.

（二）中东国家经常账户状况令人担忧

自 2014 年油价下跌以来，全球经济增长乏力，石油出口国石油出口收入大幅减少。石油进口国虽然受益于低油价，但由于进口支出增加以及外部需求疲软，经常账户状况也令人担忧。2015 年中东国家经常账户余额从 2014 年的 1937 亿美元顺差骤降至逆差 1203 亿美元。此后，随着油价缓慢回升，经常账户状况有所改善。然而，2019 年经常账户余额仍仅为 28 亿美元（占 GDP 的 1%）（见图 2）。[①]

（三）中东国家财政赤字压力不断加大

低油价、社会支出增加、外债偿还以及经济低迷，导致中东国家财政状况持续承压。石油进口国财政赤字占 GDP 比例高达 5% 以上，2019 年扩大为 7.3%。财力雄厚的海合会国家财政也是捉襟见肘，2016 年财政赤字占 GDP 比例高达 10.7%。尽管近两年油价有所回升，财政状况有所改善，但仍低于大多数海合会国家的财政平衡点，财政赤字压力依然很大，2019 年海合会国家财政赤字占 GDP 的比例为 2.4%。[②] 由于缺乏财政调节与内生性

[①] IMF, *Regional Economic Outlook：Middle East and Central Asia*, Oct. 2019. p. 8；IMF, *World Economic Outlook*, April 2020, p. 23.

[②] IMF, *Regional Economic Outlook：Middle East and Central Asia*, Oct. 2019, p. 23.

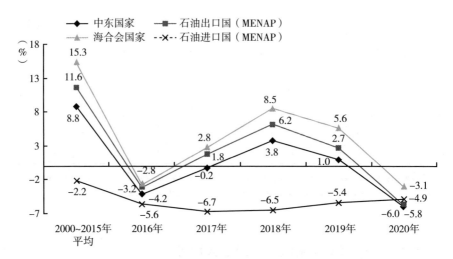

图 2 中东国家经常账户余额占 GDP 比例

资料来源：IMF, *Regional Economic Outlook：Middle East and Central Asia*, Oct. 2019,
p. 8；IMF, *Regional Economic Outlook：Middle East and Central Asia*, April 2020, pp. 8, 15。

增长，中东石油进口国公共债务水平不断上升。一些国家公共债务占 GDP
的比例超过 85%，黎巴嫩和苏丹高达 150% 以上。一些国家短期财政压力的
最大组成部分是日益增加的利息支出。中东石油进口国的利息支出占资本投
资的比例平均为 50%，超过社会支出的 3 倍（见图 3）。①

（四）中东国家金融环境总体稳定

受低油价和流动性紧缩影响，中东国家银行信贷增长乏力，同时不良贷
款率上升，对外风险敞口加大。但大多数中东国家银行稳定，对私营部门的
信贷保持温和增长。标准普尔报告指出，2019 年海合会经济体和银行业发
展前景展望为"稳定"。但油价和地缘风险会弱化海合会银行的长期资产质
量和利润率，难以抵消经济体受油价周期波动的影响。2014 年以来，受低
油价影响，海合会项目市场持续低迷。问题的关键不是缺少项目，而是投标
进程和预算拨付的不断延期。低油价、地缘政治冲突以及政治局势不稳对中

---

① IMF, *Regional Economic Outlook：Middle East and Central Asia*, Oct. 2019, p. 15.

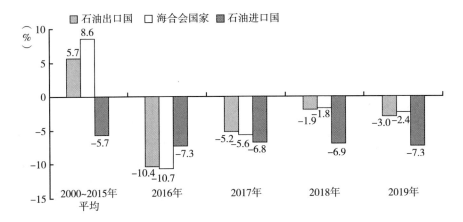

图3 中东国家财政余额占 GDP 比例

资料来源：IMF, *Regional Economic Outlook*：*Middle East and Central Asia*, Oct 2019. p. 8；IMF, *Regional Economic Outlook*：*Middle East and Central Asia*, April 2020. pp. 8, 15。

东股票市场影响明显。伴随 2014 年油价大跌，中东股市亦出现大幅修正。2016 年以来，随着油价缓慢回升，中东股市也温和反弹，涨跌互现。但从股市市值以及综合指数来看，仍有一些国家的股票市场表现差强人意。2019 年 12 月 11 日，沙特阿美终于在沙特利雅得证券交易所上市，上市第二天阿美市值就超过了 2 万亿美元。因此，2019 年阿拉伯国家股市综合指数从 2018 年的 318.7 上升至 381.51，股市总市值也从 1.2 万亿美元增加到 3.16 万亿美元（见图 4）。①

2015 年以来受石油价格波动影响，海合会国家财政状况大不如前，各国也纷纷提出了旨在推动国家经济多元化的转型计划，在国际债券市场寻求融资，以使筹资渠道更加多元化，并减轻本国银行系统的流动性压力，海合会国家发债规模不断上升。在油价走势难料的 2019 年，主权债将成为确保沙特等国财政收入稳定的"安全垫"。2019 年初以来，沙特和海合会其他四国（不含阿曼）的主权债在国际市场表现优异，显著优于其他地区主权债。

① Arab Monetary Fund, *Arab Capital Markets*, 4th *Quarter Bulletin 2019*, pp. 82 – 86, https：//www. amf. org. ae/en/amdbqrt, May 6, 2020.

图4　阿拉伯国家股市综合指数和市值

资料来源：Arab Monetary Fund, Arab Stock Market Fourth Quarter 2019, pp. 84 - 86, 31/ 12/2019。

（五）中东国家FDI（外商直接投资）流入继续下降

总体来说，自从2008年国际金融危机之后，加上随后而来的地区政治危机，西亚地区接受私人投资额呈下降趋势，但公共投资却呈上升趋势。受全球金融紧缩和FDI流入减少影响，2018年流入西亚的FDI从2017年的283.83亿美元小幅上升至292.91亿美元，结束十年下降趋势，但不足2008年FDI流入高峰时（919.85亿美元）的1/3，土耳其、沙特和阿联酋为地区最大外资流入国。流入北非地区的FDI从2017年的133.53亿美元上升到143.07亿美元，其中埃及是北非和非洲最大外资流入国，尽管FDI从2017年的74亿美元下降到2018年68亿美元，同比下降8%。① 伴随石油出口收入下滑及经常项目盈余减少，2014年以来中东国家FDI流出也呈下降趋势，但2018年FDI流出增幅较大。2019年全球FDI流入小幅下降1%，至1.39万亿美元，同期西亚地区FDI流入继续下滑至250亿美元，主要源于土耳其FDI流入额大幅下降，从2018年的130亿美元下降至83亿美元。而沙特由于非石油部门投资吸

---

① UNCTAD, *World Investment Report*, June 2019, pp. 212 - 216.

引力增强，FDI流入额增长9%，达到46亿美元。北非FDI流入下降至140亿美元，主要是由于摩洛哥FDI流入额从2018年的36亿美元下降至20亿美元。但是，埃及继续成为北非乃至非洲地区FDI最大流入国，达到85亿美元，同比增长5%，这表明埃及国内的经济改革增强了投资者信心。[①]

表4 中东国家外商直接投资流入流出情况（2015～2019年）

单位：亿美元

年份	2015	2016	2017	2018	2019
西亚					
FDI流入	312.28	320.65	283.83	292.91	250
FDI流出	405.50	408.04	387.60	491.75	
北非					
FDI流入	122.56	138.33	133.53	143.07	140
FDI流出	13.64	15.14	13.84	22.18	

资料来源：UNCTAD, *World Investment Report*, June 2019, pp. 212 – 216；UNCTAD, *Investment Trends Monitor*, January 2020, p. 3。

（六）中东国家主权财富基金资产缓慢增加

2000年以来，海合会国家的主权财富基金规模飞速增长。2010年阿布扎比投资局资产6270亿美元，全球排名第一位。但是，2014年以来油价大跌，海合会国家石油出口收入大幅下降，并由此造成巨大的财政压力。为弥补油价下跌带来的财政亏空，2015年以来，海合会各国的主权财富基金纷纷出售手中的金融资产，主要是股权，撤出股票市场的主要考虑包括股市的风险性较大及利率的上升等。中东主权财富基金为本地区本国市场注资，伊朗、伊拉克都动用主权财富基金来维持财政支出计划，沙特还建立了公共投资基金（见表5）。[②]与此同时，中东主权财富资金资产仍有所增加，从2014年的28767亿美元增加至2019年2月的32193美元。对外投资战略仍

[①] UNCTAD, *Investment Trends Monitor*, January 2020, p. 3.

[②] Your Middle East, "Saudi Prepares to Launch First Sovereign Wealth Fund," http://www.your-middleeast.com/business/saudi – prepares – to – launch – first – sovereign – wealth – fund_ 24190.

保持平稳,适当减少了对欧美金融市场、房地产市场的投资,加大了对新兴市场,尤其是亚洲和非洲的投资,投资领域也更为多元化。可以说,在本轮低油价中,主权财富基金很好地发挥了跨期平滑国家收入的作用,减少了国家收入意外波动对经济和财政预算的影响。

表5 中东国家主要的主权财富基金

国 家	基金名称	成立时间(年)	2014年资产(亿美元)	2019年资产(亿美元)	2019年全球排名(位)
阿联酋	阿布扎比投资局	1976	7730	6966	3
	穆巴达拉开发公司	2011	663	2289	13
	阿联酋投资局	2007	150	450	25
	迪拜投资公司	2006	700	2393	12
	沙迦资产管理公司			8	70
沙 特	沙特货币管理局	1952	7572	5156	10
	沙特公共投资基金	2008	53	3200	12
科威特	科威特投资局	1953	5480	5920	4
卡塔尔	卡塔尔投资局	2005	2560	3280	11
伊 朗	伊朗国家发展基金	2011	620	910	17
土耳其	土耳其主权基金	2016		400	28
阿 曼	阿曼国家储备基金	1980	130	221	34
	阿曼投资基金	2006		34	51
巴 林	巴林Mumtalakat控股公司	2006	105	166	37
埃 及	埃及基金			119	41
伊拉克	伊拉克发展基金			9	67
巴勒斯坦	巴勒斯坦投资基金	2003	8	8	68

资料来源:SWFI, Fund Rankings, http://www.swfinstitute.org/fund - rankings/。

总之,中东地区经济前景面临巨大的下行风险,尤其是受到全球经济增速放缓、贸易冲突、地缘紧张局势加剧,以及气候相关灾害和公共突发事件的影响,石油出口国经济增长持续低迷。此外,生产力的下降进一步抑制了中期增长前景。为减少对石油经济的依赖,促进经济可持续增长,石油出口国需要进一步整顿财政,进行结构改革,发展金融部门,吸引外资和国内私人消费,促进经济多元化,进而提高生产力,促进潜在增长。

石油进口国的经济增长预计在未来几年内也将放缓。较高的公共债务和相关融资成本不仅阻碍经济增长，也会造成严重的财政压力。然而，持续的社会紧张局势、失业率和全球不利因素，使得决策者在重建财政缓冲和应对增长之间面临艰难的权衡。目前，有利的全球金融环境和较低的油价有助于缓解这种取舍，石油进口国应继续整顿财政，促进更高、更具包容性的增长，才能应对债务风险。此外，推进结构调整，促进市场公平竞争，也能为快速增长的劳动力创造更多就业机会，同时开放区域贸易，促进更多的出口增长。

三 2020年新冠疫情重创中东经济

2020年1月以来，新型冠状病毒引发的肺炎疫情（以下简称疫情）在全球迅速蔓延，并呈大流行趋势，几乎所有国家均受到波及。欧美地区成为疫情震中，拐点尚未到来。疫情全球大流行加速，严重冲击世界经济，全球股市、债市和油价纷纷暴跌，美元指数上涨。国际货币基金组织（IMF）等权威机构不断下调各大经济体和世界经济增长预期。2020年4月IMF将2020年全球经济增长前景下调为负增长3%，自20世纪30年代大萧条以来，这是世界经济发展最糟糕的一年，全球170多个国家的经济将出现萎缩。① IMF同时指出，由于疫情前景不明朗，2021年全球经济的前景也面临很大不确定性。进入3月以来，中东疫情大有抬头之势，几乎所有国家都出现大量确诊病例，伊朗和土耳其成为重灾区。疫情除造成严重卫生危机外，还通过同时发生的供需冲击引发重大经济动荡——石油和大宗商品价格暴跌、国内外需求下降、消费者信心下降、金融环境收紧、生产和全球供应链中断——对中东造成严重影响。此外，由于世界需求下降（疫情影响）和原油供应增加（价格战），国际油价持续暴跌，重创石油出口国。在疫情和低油价的双重打击下，世界银行在4月初的报告中预测，中东地区2020年经

---

① IMF, *World Economic Outlook*, April 2020, p. 1.

济将出现 3.7% 的萎缩。[①] IMF 预测中东经济将萎缩 3.3%，衰退程度高于全球平均水平。[②] 大多数国家已将 2020 年的增长预期下调 4 个百分点以上，相当于将该地区的总产出削减 4250 亿美元，下调幅度超出 2008 年全球金融危机和 2015 年石油价格冲击所导致的经济下滑幅度。脆弱和受冲突影响的国家预计将会受到更加严重的打击。对这些国家而言，经济下行将会加剧业已巨大的人道和难民危机。全球需求下滑以及石油价格走低是石油出口国遭受的双重魔咒。整个地区的石油出口额预计会减少 2500 亿美元以上。因此，财政余额预计会转为负值，且大多数国家的赤字估计均会超过 GDP 的 10%。由于来自石油出口国的汇款、投资和资本流量大幅减少，石油进口国也会受到不利影响。与此同时，石油进口国税收收入增长放缓，支出大幅增加，财政赤字将严重恶化，公共债务占 GDP 的比例预计将达到 95% 左右。[③]

（一）卫生危机

进入 3 月中下旬，中东多个国家新冠确诊病例数急剧上升。截至 5 月 12 日，中东确诊病例超过 40 万例。新冠疫情在伊朗和土耳其暴发，两国确诊病例都超过 10 万例；进入 4 月下旬，沙特、卡塔尔、以色列、阿联酋、科威特和埃及等国家的确诊病例数为 15000～40000 例，中东其余大部分国家也有数千例不等，仅有黎巴嫩、约旦、巴勒斯坦、叙利亚、也门和利比亚确诊病例数低于 1000 例（不排除检测不足原因）。由于疫情加速蔓延，5 月初，沙特、科威特和约旦先后宣布实施全面封禁措施。由于中东国家医疗卫生体系相对薄弱，一些处于战乱中的国家缺乏诊断条件，实际上中东地区的疫情可能比公开报道的还要严重。伊朗长期遭受美国严厉的经济制裁，这个医疗卫生体系发达程

① World Bank, "MENA Economic Update: How Transparency Can Help the Middle East and North Africa", https://www.worldbank.org/en/region/mena/publication/mena–economic–update–april–2020–how–transparency–can–help–the–middle–east–and–north–africa, April 9, 2020.

② IMF, *Regional Economic Outlook-Middle East and Central Asia*, April 20, 2020, p. 2.

③ IMF, *Regional Economic Outlook-Middle East and Central Asia*, April 20, 2020, pp. 2 – 10.

度曾在中东地区首屈一指的国家，如今缺医少药，防护设备严重短缺。以色列、土耳其等国家的确诊病例数不断创下新高，随着测试增加，确诊人数有可能进一步快速上升。在几个战乱国家，如利比亚、叙利亚和也门的疫情有可能被大幅低估。在约旦、黎巴嫩，财政和外部状况本就脆弱，庞大的难民流入大大增加了社会和经济紧张局势。难民大多居住在拥挤不堪、缺乏基本卫生条件的难民营，无法获得良好的保健和卫生服务，也不具备与新冠病毒对抗的条件和能力。此外，大多数难民在非正规部门就业，几乎无法获得信贷或紧急救助资金，更易受到疫情冲击。中东地区的疫情防控形势远比表面上看到的要复杂，面临着比其他国家和地区更大的困难与挑战。

（二）防控措施对经济的直接影响

伴随疫情快速恶化，中东国家防控手段不断升级。在对外关闭边境、停飞航班的同时，对内关闭了清真寺、购物中心和旅游景点，要求人们在家工作。这意味着人们的工资减少、收入减少、支出减少以及就业减少。另外，限制性措施和对疫情蔓延的担忧正在削弱该地区的消费需求，由于关闭边境，旅游业迅速衰退，航运、贸易和零售业也受到影响。由于缓冲能力有限，中小企业会感受到最大的影响。中小企业雇用了大量就业人员，中小企业数量的减少会造成失业率上升、工资和汇款下降，这将对整个地区国家的国内需求产生重大的第二轮影响。疫情通过对劳动力供应的影响，尤其是通过工人健康和流动性以及对商业活动的影响，减少了就业机会。中东国家许多人在服务行业就业，而这也是受疫情影响最大的行业。各国政府一直以来通过扩大社会援助来缓解失业率高的问题。尽管贫困率和脆弱性很高，中东国家的社会安全网却很小，约占该地区 GDP 的 1%（拉美为 1.5%，欧洲和中亚为 2.2%），因此，失业救济计划没有取得多大成效。[1] 世界银行认为，经济受疫情冲击最严重的是北非，因为该地区经济严重依赖贸易、旅游和外资。埃及政府官员估计，埃及游客取消率达到 80% 以上，该国旅游收入的

---

[1] World Bank, *Prioritizing Jobs during COVID – 19 in MENA*, April 15, 2020.

损失可能达到每月 10 亿美元（以有价值的硬通货计）。[1] 北非地区普遍失业率高，尤其是青年人失业状况严重。此外，该地区地缘政治和社会紧张局势加剧，商业和消费者信心的下降，疫情大流行对经济影响的持续时间和严重程度加大，更是加剧了这些不利因素的冲击。

（三）全球经济衰退对中东产生溢出效应

国际货币基金组织下调 2020 年全球经济增长前景为负增长 3%。世贸组织最新预测，由于疫情对全球跨国公司的严重影响，2020～2021 年，全球 FDI 投资额将减少 30%～40%，受冲击最大的行业是能源和基础材料行业（能源行业为 208%，近期油价下跌造成额外冲击）、航空业（116%）和汽车业（47%）。[2] 4 月 8 日，世界贸易组织发布年度报告《全球贸易数据与展望》。受新冠肺炎疫情影响，2020 年全球贸易将缩水 13%～32%，亚洲和北美受影响最为严重。全球经济陷入大衰退导致全球需求下降，世界贸易、生产和供应链中断，已超过 2008 年国际金融危机造成的影响。中东主要贸易伙伴，尤其是欧洲和亚洲的主要贸易伙伴外部需求下降，对中东贸易、制造业产生重要影响，许多投资计划被迫搁置。联合国贸发会 3 月初的报告指出，由于中国供应链中断，导致 1～2 月全球价值链出口下降 500 亿美元，最受中国供应链中断影响的 20 个国家中包括中东地区的以色列、摩洛哥、沙特、突尼斯、土耳其和阿联酋。[3] 沙特 2 月份采购经理人指数（PMI）处于 2018 年 4 月以来的最低水平，工厂产量和新订单的增速急剧放缓。疫情还影响非石油行业经营状况，经济多元化最成功的阿联酋非石油行

① World Bank, "The Coronavirus: Potential Effects on the Middle East and North Africa," https://blogs.worldbank.org/arabvoices/coronavirus - potential - effects - middle - east - and - north - africa.

② UNCTAD, "Coronavirus could Cut Global Investment by 40%," https://unctad.org/en/pages/newsdetails.aspx? OriginalVersionID = 2313&Sitemap_ x0020_ Taxonomy = UNCTAD% 20Home; #2311; #UNCTAD% 20and% 20the% 20coronavirus.

③ UNCTAD, "Coronavirus Outbreak has Cost Global Value Chains $ 50 Billion in Exports," https://unctad.org/en/pages/newsdetails.aspx? OriginalVersionID = 2297, 4 March 2020.

业产出也出现十年来的首次收缩。

疫情导致全球金融市场剧烈波动，美国股市自 3 月 9 日以来，已触发四次熔断（史上有过五次熔断），道琼斯工业指数下跌 30% 以上，道指和标普 500 指数基本抹去特朗普任内三年来的所有涨幅。同时，欧洲斯托克指数跌逾 35%，亚太和中东股市也未能幸免，多国股市触发熔断。3 月的前三周内，全球股市蒸发了超过 20 万亿美元的市值，抹去了 2018 年 12 月低点以来的所有涨幅。① 受恐慌情绪和美元流动性紧张影响，美元指数大增，欧元、新兴市场货币汇率大幅走低。主权利差扩大，全球风险情绪处于历史高位。2020 年以来（截至 5 月 6 日），阿拉伯国家股市综合指数下跌了 16.88%，股市市值从 3.16 万亿美元下降至 2.58 万亿美元。巴林、黎巴嫩、卡塔尔、阿联酋、伊拉克和沙特股市指数降幅均超过 20%，沙特阿美石油公司市值缩水约 5000 亿美元。② 全球金融市场剧烈波动导致全球流动性紧缩，从而限制融资渠道。标普等权威评级机构下调多个产油国的主权信用评级，导致中东国家的国际融资成本上升，大量资金流出。3 月，中东国家有近 50 亿美元的投资组合资金流出。2020 年，中东国家有约 350 亿美元的到期外债，金融环境紧缩将成为其重大挑战。③ 尽管中东多国央行大力放松货币政策，进行流动性操作，许多国家 10 年期政府债券收益率和主权利差都大幅上升，但疫情叠加低油价，中东国家银行流动性压力增大，不良贷款率上升，公共部门债务高，中小企业很难获得银行融资。银行和非银行金融机构，特别是那些资本不充足的金融机构，可能会因对受影响部门和家庭的风险敞口而面临压力。海合会国家金融环境总体稳定，但银行业对建筑、房地产领域的投资风险较高，难以抵消持续低油价的长期影响。

---

① 《全球股市蒸发逾 20 万亿美元市值》，财富中国网，http：//www. fubaore. com/jinrong/20200320/10017734. html，上网时间：2020 年 3 月 20 日。

② Arab Monetary Fund, *Arab Capital Markets*, 4th *Quarter Bulletin 2019*, pp. 82 - 86. https：//www. amf. org. ae/en/amdbqrt，May 6, 2020.

③ IMF，https：//blogs. imf. org/2020/03/23/covid - 19 - pandemic - and - the - middle - east - and - central - asia - region - facing - dual - shock/，23 March 2020.

（四）国际油价暴跌冲击石油出口国经济

疫情防控措施对经济、交通、旅游等行业的影响导致世界商品价格大幅下降，能源价格（包括石油、天然气和煤炭）受影响最大，2020年将下降40%。交通行业占据2/3的石油消费，疫情带来的交通停滞导致国际油价下跌尤甚。[①] 自疫情暴发以来，由于国际需求下降、3月初开始的石油价格战、库存高企和储油能力不足，以及市场投机行为等多重因素作用下，国际油价已经下降了60%左右。布伦特原油价格从2019年底的每桶66.02美元，震荡下行至5月初的30美元以下，是20年来的最低值。4月9日，欧佩克+达成减产协议后，由于减产量远不能弥补需求减少量，国际油价并没有抬升。4月中旬，国际能源署（IEA）预计，4月份的全球石油每日需求量将比2019年同期下降2900万桶，这意味着它降至了1995年以来的最低水平，2020年全球石油每日需求量相比2019年下降930万桶。4月21日，NYMEX WTI5月原油期货结算价收报–37.63美元/桶，历史上首次收于负值，下跌55.9美元，跌幅305.97%，创下近月合约历史最低收盘水平和最大单日跌幅，反映出原油供应日益过剩和库存空间不足的问题。考虑到年内全球经济增速大幅回升希望渺茫，主要产油国仍希望稳定全球原油市场份额，预计油价后续仍将低位徘徊，大幅反弹概率较低。根据国际货币基金组织4月份最新地区展望报告，对2020年的预测是基于每桶石油34.80美元，比2019年的平均水平下降了43.3%，2021年平均油价或会小幅上升至37.87美元/桶。[②]

国际油价大跌导致石油出口国财政收入和出口收入大幅下滑，降低了各国应对危机的财政政策空间，政府财政承压并弱化了外部账户状况。与此同时，国际需求下降也导致其他商品价格，包括金属、大宗商品及农产品价格下跌。石油出口国的盈亏平衡油价仍然大大高于现行油价，一些国家（阿

---

① World Bank, *Coronavirus Rattles Commodity Markets*, https：//www.worldbank.org/en/news/feature/2020/04/23/coronavirus–shakes–commodity–markets, April 23, 2020.

② IMF, *World Economic Outlook*, April 2020, p. 8.

尔及利亚、巴林、伊朗和阿曼）财政盈亏平衡油价超过 80 美元/桶。IMF 预测，如果油价保持在每桶 26 美元上下，中东石油出口国将损失 2300 亿美元的收入。[①]

预计到 2020 年，中东石油出口国的实际国内生产总值将收缩 4.2%。海合会国家 2020 年经济将萎缩 2.7%，预计非石油活动将收缩 4.3%。两个最大经济体沙特和阿联酋的经济将分别收缩 2.3% 和 3.5%。对于高度依赖能源的海湾经济体而言，不仅要承担油价暴跌带来的财政重创，还要承受疫情对经济多样化转型的拖累。航空业、零售业、酒店业和旅游业受到的冲击尤其严重，对这些产业占有很大份额的国家（巴林、卡塔尔和阿联酋）提出了挑战。旅游业在阿联酋经济中占比达 12%，迪拜 2 月酒店入住率下降近 10%，每间可用客房收入下降约 23%。阿布扎比关闭了主要旅游景点，如卢浮宫阿布扎比博物馆和法拉利主题公园。另据预测，疫情或将导致海湾国家航空公司收入损失 70 亿美元。[②] 除了科威特、沙特阿拉伯和阿联酋，其他国家石油收入占 GDP 的比例都将收缩，总体将收缩 0.3%。2020 年第一季度，沙特阿美净利润锐减 25%。[③] 随着欧佩克＋最新减产协议达成，整体石油产量将进一步下降，凸显石油产业下行风险。非海合会国家增长也将疲软。疫情使得遭受美国制裁的伊朗经济雪上加霜，在经历 2019 年严重衰退之后，伊朗经济将进一步收缩 6%。阿尔及利亚由于石油生产能力和出口份额下降，预计经济将收缩 5.2%。伊拉克由于安全和供应链约束，石油产量收缩 2%，再加上大规模社会抗议活动影响，伊拉克经济将收缩 4.7%。利比亚政治安全形势和经济表现进一步恶化，预计经济将收缩 50% 以上，从而扭转最近强劲的复苏势头。冲突将继续成为拖累也门经济的主要原因。预计石油出口国的财政赤字将从 2019 年占 GDP 的 2.8% 恶化至 2020 年占 GDP 的 10%。根据国际金融协会的数据，假设国际油价降至每桶 44 美元，9 个中东和北非地区石油出口国的累计经常账户余额将从 2019 年的盈余 640

---

① IMF, *Regional Economic Outlook*: *Middle East and Central Asia*, April 20, 2020, p. 5.

② IMF, *Regional Economic Outlook*: *Middle East and Central Asia*, April 20, 2020, p. 4.

③ 《沙特启动财政紧缩政策应对危机》，新华网，2020 年 5 月 12 日。

亿美元转变为 2020 年的赤字 1040 亿美元。如果油价保持在 30 美元/桶上下，沙特的财政赤字占国内生产总值的比例将从 2019 年的 4.6%扩大到 2020 年的 18.6%，政府债务也将大幅攀升。国际货币基金组织预计 2020 年石油出口国的经常账户余额将从 2019 年占 GDP 2.7%的盈余转为 5.8%的赤字。在海合会国家，经常项目余额将从 2019 年占国内生产总值 5.6%的顺差转为 2020 年占国内生产总值 3.1%的逆差。疫情还导致伊朗、利比亚和也门通货膨胀率大幅上升。自 2018 年美国宣布退出"伊核协议"，重启对伊制裁以来，伊朗里亚尔已贬值约 60%。疫情使里亚尔贬值加剧。5 月 8 日，伊朗议会批准把官方货币从里亚尔变更为土曼（1 土曼 = 1 万里亚尔）。[①] 伊朗于 3 月 12 日向国际货币基金组织申请 50 亿美元紧急贷款以抗击疫情，这是自 1979 年伊斯兰革命以来，伊朗首次向国际货币基金组织申请贷款，却遭到了美国的阻挠。展望未来，中东石油出口国经济或将在 2021 年出现 4.7%的增长。[②] 但这需要基于疫情得到控制、油价逐渐回升、全球政策持续发挥效用的前提下。

（五）中东石油进口国遭受经济风暴

疫情、金融环境趋紧、产油国增长乏力都加剧了中东石油进口国面临的长期挑战。中东地区不少国家贫困人口多、失业率高、公共卫生条件差、医疗资源捉襟见肘，加上饱经战乱，防疫难度可想而知。许多国家经济结构脆弱，既没有充足的防疫经费，也无力解决防疫导致的经济停摆冲击。国际货币基金组织的报告表示，目前对全球受疫情冲击的持续时间和强度仍难以预测。全球油价下跌有助于石油进口国外部账户，但宏观经济严重失衡限制了各国应对挑战的能力。许多国家政策空间有限，公共债务居高不下，但紧急卫生支出和反周期政策仍成为政府优先考虑。

疫情对中东石油进口国构成明显威胁。除了潜在的巨大人道主义影响

---

① 新的货币制度还需得到伊朗宪法监护委员会的批准，伊朗央行将用两年时间更换完成。

② IMF, *Regional Economic Outlook*：*Middle East and Central Asia*，April 20，2020，pp. 5 – 9.

外，危机对经济的长期影响，将使许多国家本来就很高的失业率（2019年失业率平均为9.5%）进一步恶化。尽管较低的油价可能提供一些短期支持，但由于一些国家的信心下降和公共债务上涨，国内经济活动的减弱可能加剧前景风险，国际货币基金组织预计2020年经济将收缩4.9%。① 国际货币基金组织、世界银行以及欧盟对埃及经济改革给予积极评价，即使新冠疫情导致全球经济衰退，国际货币基金组织预测2020年埃及经济仍将实现2.0%的增长，是中东地区唯一经济增长率为正值的国家。但是，疫情的蔓延也暴露了埃及经济的结构性弱点，例如改革并未切实提高人民生活，经济对外资依赖大，以及广大贫困人口和高企的失业率，尤其是年轻人失业严重等。埃及四大外汇收入即旅游收入、侨汇收入、苏伊士运河收入和油气收入都受到疫情的冲击。如果措施不当，恐将打乱埃及来之不易的宏观经济稳定局面，引发社会动荡等连锁反应。埃及已向国际货币基金组织寻求资金支持以应对疫情以及财政赤字。② 2018年土耳其爆发货币危机，对经济造成巨大冲击，经济增长率降至2.8%，并在2019年继续收缩至0.9%。③ 受新冠疫情影响，2020年土耳其经济将出现 -5% 的萎缩，只有在全球疫情结束及国家经济刺激政策有效的条件下，2021年土耳其的经济才有可能在国内需求恢复的基础上得到加强。④ 但是，美国潜在的经济制裁、美俄土三国在叙利亚的博弈、埃尔多安经济学的政策效应及全球疫情形势，都可能加剧土耳其经济的波动性，给土耳其经济前景蒙上阴影。黎巴嫩是受疫情打击最严重的国家之一，预计2020年经济将收缩12%，而2019则收缩了6.5%，反对腐败和失业的民众抗议活动频繁。疫情加剧了黎巴嫩本已严峻的经济形势，包括外汇储备和外国投资的减少、巨额债务和货币贬值，2020年4月底以来，因为疫情暂缓，各种抗议活动再度出现在大街上，民众抗议经

① IMF, *Regional Economic Outlook：Middle East and Central Asia*, April 20, 2020, p. 10.

② 2020年4月底，埃及向国际货币基金组织申请一年期的快速融资工具及其备用安排，金额为30亿~40亿美元，用以弥补预算赤字和重组政府贷款。

③ IMF, *World Economic Outlook*, April 2020, p. 19.

④ IMF, *World Economic Outlook*, April 2020, p. 19.

济困顿和物价飞涨。

石油进口国还会受到第二轮效应的影响，包括侨汇、旅游、外资流入减少等。2014 年，当油价减半时，石油进口国的财政平衡（占 GDP 比例）平均提高了 0.6%，经常账户（占 GDP 比例）平均提高了 0.9%，但侨汇和 FDI（占 GDP 比例）分别下降了 0.3% 和 1.0%，经济增长略有增加。疫情导致埃及等国家数以百万计的外籍劳工失业，加重了这些国家的失业难题。世界银行预计，2020 年中东地区侨汇收入下降 19.6%，至 470 亿美元。这意味着许多弱势家庭将失去至关重要的收入渠道，从而导致贫困率上升。①尽管旅游收入和侨汇收入下降，但预计 2020 年经常账户余额将有所改善，平均赤字将缩减至国内生产总值的 4.9%。随着抗击疫情的斗争及其对经济影响的扩大，预计所有国家都将扩大财政规模，但政府储蓄和税收收入增加有限，将导致财政赤字占 GDP 的比例上升。疫情使贸易、旅游、汇款、全球金融条件趋紧，国内信贷条件外溢，加上各种限制措施将严重限制贸易（吉布提、埃及、毛里塔尼亚、突尼斯）和旅游信贷净额（埃及、约旦、黎巴嫩、摩洛哥、突尼斯），影响石油进口国国内生产和商业的开展。此外，大多数中东非石油进口国严重依赖进口来满足其国内需求（进口占国内生产总值的 57%），再加上全球贸易的普遍中断，这使其可利用的国内供应也面临风险。此外，由于中东地区对外部粮食供应依赖较大，还需要警惕疫情恶化引发全球粮食危机。当年发生"阿拉伯之春"就与国际粮食价格上涨、民生艰难有很大关系。一些国家（黎巴嫩和苏丹）社会动荡加剧，进一步限制了决策者的政策空间。脆弱和受冲突影响的国家仍然特别脆弱，因为这些国家的卫生和经济条件不利于疫情防控，尤其是生活条件恶劣的难民。在"高年轻人口占比、高失业率、高通胀率"的"三高"挤压之下，政府在挽救生命与维持经济之间进退维谷，单靠自救难以抵御外部冲击。无论是抗疫所需的医疗用品，还是进行金融援助，均亟须国际社会雪中送炭。

---

① World Bank，"Sharpest Decline of Remittances in Recent History，" https：//www. worldbank. org/en/news/press - release/2020/04/22/world - bank - predicts - sharpest - decline - of - remittances - in - recent - history，April 22，2020.

（六）中东各国积极应对疫情的冲击

为遏制疫情传播，中东各国政府均采取了强有力的遏制措施。与此同时，各国政府还采取了各种经济刺激政策应对疫情对经济的冲击，以及由此产生的经济衰退。

石油出口国迅速启动各种政策措施，遏制疫情蔓延，并支持遭受重创的行业。总体而言，公布的财政措施平均占各国 GDP 的 3.2%（440 亿美元），占海湾合作委员会国家 GDP 的 3.8%（306 亿美元）。同样，在海湾合作委员会中，流动性支持约占 GDP 的 2%（约 410 亿美元）。[①] 经济刺激政策侧重于缓解和遏制疫情，并有针对性地支持遭受重创的家庭、部门和企业。受疫情影响的所有国家都实行了不同程度的国内和国际旅行限制和隔离，以减轻病毒的传播。此外，大多数国家还采取了各种形式的控制策略，包括宵禁、暂停宗教集会，以及关闭学校、非必要企业和公共场所，并禁止在餐厅用餐。一些国家（阿尔及利亚、沙特阿拉伯）增加了卫生设施和设备的支出。对受疫情影响的私营部门和家庭的支持措施主要通过暂时缓解现金紧张的手段来体现，包括直接现金转移、暂停租金和水电费及贷款偿还。此外，政府还为中小企业提供担保，并维持被隔离或患病的移民工人的工资（卡塔尔）。政府实施更宽松的货币政策，包括降息（巴林、科威特、卡塔尔、沙特阿拉伯和阿联酋）和降低存款准备金率（阿尔及利亚），以及向银行提供大量流动性支持，特别是向中小企业和重灾区（巴林、卡塔尔、沙特阿拉伯和阿联酋）补充以财政为基础的措施，对国内股票市场（卡塔尔）也有直接支持。截至 4 月 7 日，包括巴林、摩洛哥和阿联酋在内的该地区 7 个国家的央行已向金融体系注入约 500 亿美元，以缓解疫情期间的资金流动性压力。为减少财政开支、增加收入，5 月 11 日，沙特宣布从 7 月起将增值税从 5% 提高到 15%，并从 6 月 1 日起暂停发放政府文职人员和军人生活成本津贴，部分项目支出也被暂停。[②]

---

① IMF, *Regional Economic Outlook: Middle East and Central Asia*, April 20, 2020, p. 3.
② 沙特生活费津贴政策是从 2018 年开始的，为了应对当时增加 5% 增值税之后产生的物价上涨，每月向每名沙特公民发放约 1000 里亚尔。

为应对疫情，中东石油进口国做出积极反应。许多国家迅速宣布国家进入紧急状态，所有国家都在不同程度上限制国内和国际流动，关闭学校，减少工作时间，并禁止大规模集会以防止病毒传播。许多国家已开始增加与卫生有关的支出，将资金用于卫生系统；这些开支约占国内生产总值的0.4%。此外，一些国家（埃及、摩洛哥、突尼斯）利用现有的社会保护方案向目标家庭提供转移和补贴。其他国家则向失业和自营职业者（埃及、突尼斯）提供现金转移。通过担保和补贴贷款以及免税（埃及）和贷款延期（摩洛哥），向旅游或出口部门受影响的公司和中小型公司提供援助。另一些国家则为中小企业（埃及、摩洛哥、突尼斯）提供信贷便利，并干预资本市场。在目前情况下，当务之急确实应该是拯救生命，保护最脆弱的群体，保护关键的经济部门。

全球协调合作对于摆脱疫情冲击至关重要。鉴于财政空间有限，一些国家还积极寻求外部融资支持或援助。国际货币基金组织、G20、世界银行等国际组织在协助中东国家抗击疫情方面发挥了重大作用。例如，国际货币基金组织设立500亿美元短期流动性额度应对疫情冲击，并随时准备动用1万亿美元的贷款，其已经向中东地区的约旦、突尼斯（7.45亿美元）等国提供了财政支持，对也门进行债务减免，批准向埃及提供约27.7亿美元贷款援助，还正在评估审核伊朗向其提出的紧急援助贷款申请。摩洛哥选择利用国际货币基金组织预防性流动性额度，帮助管理当前疫情冲击带来的需求。世界银行将疫情融资方案增加至140亿美元（向突尼斯提供3500万美元应对疫情），并在4月初发布消息称将为未来15个月部署1600亿美元用于应对疫情。G20国家承诺与国际货币基金组织和世界银行一同帮助有需要的国家，包括启动5万亿美元的经济刺激计划，为国际货币基金组织提供支持，为世界银行及其他多边开发银行提供2000亿美元以上贷款，应对低收入国家债务脆弱性问题，并同意世界最贫困国家从2020年5月1日起至年底可暂停偿还债务。中国与中东国家守望相助，共同合作抗击疫情，以实际行动构建人类命运共同体。

总之，受多种因素影响，中东经济持续下滑，疫情使本已十分脆弱的中东经济雪上加霜，尤其是疫情与价格战从供需两方面导致的低油价重创石油出口国，并通过侨汇、外资和援助等链条影响石油进口国。从长远来看，低油价对中东经济的冲击远大于疫情。与2008年国际金融危机时期不同，当时大多数中东国家财政状况良好，债务水平较低，与国际金融市场的融合程度较低。如今，中东许多国家扩大财政支出的预算空间有限，一些国家债务负担沉重，也更加依赖全球资本市场。为应对疫情冲击，中东国家纷纷出台经济刺激措施。国际货币基金组织敦促中东各国政府提供临时减税和现金转移，以减轻疫情对公众和经济的影响。目前刺激经济的努力，例如重启基础设施支出，可能不会太成功，而且有可能消除各国可用的有限的财政空间。国际货币基金组织预测，2021年中东地区经济将增长4.2%。① 然而，目前全球受疫情冲击的持续时间和强度还不确定，中东国家经济形势仍在很大程度上取决于全球疫情防控情况、国际油价回升程度，以及银行流动性用于信贷增长的意愿，也取决于地区政治稳定状况和世界经济复苏程度。

---

① IMF, *World Economic Outlook*, April 2020, p. 23.

Y.4
中东新一轮抗议潮及其影响

李子昕*

摘　要：　2019 年西亚北非地区多国爆发了抗议游行示威活动，民众旨在表达对经济低迷、失业率高企、民生困苦以及政治腐败的不满。示威活动在多国导致领导人下台、政府重组，但新政府相关举措并未有效缓解民众不满，抗议示威在多国仍然时有发生并延续至今。此轮抗议示威是继 2011 年"阿拉伯之春"后，西亚北非地区再次出现的泛区域性社会动荡，加剧了中东政治碎片化，因此有人称其为"第二次阿拉伯之春"。然而，此次抗议浪潮的政治诉求与十年前的"阿拉伯之春"存在细微差别，域外国家干预具有服务于美伊博弈需要的明显特征，特别是本轮示威活动的外溢效应显著降低。相关国家社会动荡对本地区国家间力量平衡产生冲击，但并未改变中东地缘政治的总体格局，相反，其加速了既有地缘政治演变的节奏。2020 年初突发的新冠疫情和暴跌的石油价格，令中东国家面临更加严峻的国家治理危机。本轮抗议浪潮尚未完全结束，其影响或将延续。

关键词：　中东地区　抗议潮　地缘政治　政治改革　国家治理失能

---

* 李子昕，中国国际问题研究院发展中国家研究所助理研究员，主要研究方向为中东政治、地区安全、反恐及去极端化。

2019 年西亚北非地区发生了一系列抗议示威活动，导致多国政局失稳甚至发生政变。阿尔及利亚、苏丹、黎巴嫩、伊拉克四国元首或政府首脑在压力下被迫辞职，政治和解与制度转型再次成为中东政治的热词。近年来中东社会长期失序，国家治理失能，民众对政府施政的不满以及对国家未来发展的担忧引爆了新一轮抗议浪潮。抗议活动对地区力量平衡和安全架构造成一定冲击，进而产生地缘政治影响。2020 年初突发的新冠疫情以及低迷的能源价格进一步恶化了中东地区的发展条件，令各国面临更加严峻的政治、经济和社会挑战。本轮抗议浪潮尚未完全结束，其影响或将延续。

一 2019年中东新一轮抗议浪潮

2019 年，阿尔及利亚、苏丹、伊拉克、黎巴嫩、伊朗等国发生了一系列抗议游行示威事件，造成多国领导人下台、政府改组，部分国家陷入漫长的政权过渡期，国内政治力量碎片化，国家治理失能，社会秩序面临崩溃。尽管此次西亚北非抗议浪潮并未呈现进一步扩散的趋势，但其政治诉求、表现形式、地缘影响都与 2011 年的"阿拉伯之春"有着相似之处，因此也有人将此轮抗议示威浪潮称作"第二次阿拉伯之春"。

1. 阿尔及利亚

阿尔及利亚新一轮抗议示威浪潮的导火索是时任总统布特弗利卡宣布在原定 2019 年 4 月的大选中寻求其第五个任期。事实上，2016 年阿尔及利亚通过宪法修正案，限制总统任期只能为两届，但法不溯及既往，布特弗利卡理论上仍能竞逐第五任期。[1] 然而自 2013 年 4 月 27 日中风后，布特弗利卡频繁住院，鲜少在公众场合露面，其管理国家的能力遭到质疑。与此同时，阿尔及利亚政府高层的腐败及任人唯亲现象令民众的不满情绪不断积累，以布特弗利卡寻求连任为导火索，全国性的抗议浪潮蔓延开来。在历经一个半

---

① Ahmed Rouaba, "Algeria Protests: The Beginning of the End?" BBC News, Mar. 1, 2019, https://www.dw.com/en/algeria-thousands-protest-against-fifth-term-for-president/a-47747699.

月的街头运动后，4月2日，执政二十年的布特弗利卡宣布辞职。然而布特弗利卡的辞职并未完全平息民众对体制的不满情绪，大规模抗议浪潮一直延续至5月下旬才略有平息。因国内各派政治力量，特别是前执政联盟内部无法就接班人问题达成一致，导致阿尔及利亚国内政局在布特弗利卡辞职后一度陷入混乱，大选被两度推迟。然而受历史记忆影响，阿社会对"求稳怕乱"拥有高度共识，各派政治势力也不愿自身成为"历史罪人"。在军方强力意志的推动下，阿主要政治力量就过渡时期的政治路线达成一致，确保了阿尔及利亚政局能在较短时间内恢复基本稳定。

在12月12日举行的选举中，阿卜杜勒·马吉德·特本以58%的得票率当选总统。特本是阿尔及利亚政坛老人，曾在阿地方政府及中央多个部门担任重要职位。在任住房部部长期间，特本一方面竭尽所能办好时任总统布特弗利卡尤为关心的大清真寺工程，另一方面也敢于对住房领域实施深度改革，通过对涉及民生的自建房补贴、保障房等项目实施优惠政策聚拢民心，得到各界普遍认可和好评。此次特本当选总统，与其在总理任内力推官商分离不无关系。在当选总统后会见记者时，特本全面阐述了自己的施政方针：政治上，承诺将修改宪法、修订选举法，通过政商分离推动政治改革，建立公务员廉政机制，施行司法改革和地方行政改革，提升民众的政治参与，推动公民社会对公权力的制衡；经济上，推动经济结构多元化和产业升级，摆脱对能源领域的依赖，强化地方经济在经济多元化中的作用，改善阿营商环境，努力吸引外资，提高弱势群体的收入和待遇。

阿尔及利亚因近年经济低迷、政治僵化，短期实现上述改革目标的难度较大。若新政府未能履行承诺，阿社会稳定仍存变数。特别是在此次大选前，特本曾被曝出其子及其亲近人士的诸多丑闻，阿尔及利亚部分民众和青年学生迄今仍然质疑大选结果，示威游行并未完全停歇。

2. 苏丹

2018年底，苏丹多地爆发一连串示威活动，其最初目的是抗议社会各阶层生活成本不断上升，经济环境恶化，后来迅速演变成要求总统奥马尔·巴希尔下台和立即推动经济改革。2019年2月22日，巴希尔宣布国家进入紧急状态。为强化对地方权力的掌控，据媒体报道，巴希尔以情报和军警系统人员替代部分地方政府行政官员。① 4 月 6 日和 7 日，苏丹出现紧急状态颁布以来首次大规模示威。4 月 10 日，苏丹军队倒戈，声明加入示威行列并保护示威者。4 月 11 日，苏丹军方发动政变，软禁了执政三十年的巴希尔总统，并宣布成立过渡军事委员会。

然而过渡军事委员会与反对派并未就未来苏丹政治转型路径达成一致，反对派怀疑军方最终不会将权力交还文官政府。6 月，军方与反对派及示威群众的矛盾冲突不断升级，出现严重暴力事件，导致逾百人伤亡。最终在多方压力下，军方同意解散过渡军事委员会，开启同反对派为期三十九个月的联合政治过渡进程②，并成立过渡期最高权力机构——"主权委员会"，由反对派和军方轮流担任该委员会主席。过渡期政府则主要由反对派控制，哈姆杜克出任过渡政府总理。

2019 年 12 月，哈姆杜克对美国进行正式访问，打破美国和苏丹高层交往中断三十四年的僵局。访问期间，美国宣布将已降格二十三年的两国外交关系从代办级提升为大使级，并就两国关系正常化、将苏丹从"支持恐怖主义国家"名单中除名等问题做出了积极表态。③ 这标志着美国对长期打压与遏制苏丹的政策做出重大调整，美国现政府视苏丹政变为扩展美在苏丹影响力的重要契机，准备与苏丹过渡政府展开深度合作，以期在苏丹今后的政治议程中发挥更大作用。

美国始终积极介入苏丹的此轮抗议示威活动，在各个层面表达对反对派的支持。抗议活动伊始，时任美国副国务卿黑尔、助理国务卿纳吉等纷纷表

---

① David Hearst, Simon Hooper, Mustafa Abu Sneineh, "EXCLUSIVE: Sudanese Spy Chief 'Met Head of Mossad to Discuss Bashir Succession Plan'," Middle East Eye, Mar. 1, 2019, https://www.middleeasteye.net/news/exclusive – sudanese – spy – chief – met – head – mossad – discuss – bashir – succession – plan.

② "Sudan Power-Sharing Deal Reached by Military and Civilian Leaders," *New York Times*, Jul. 5, 2019, https://www.nytimes.com/2019/07/04/world/africa/sudan – power – sharing – deal.html.

③ 《美国将与苏丹升级外交关系》，半岛电视台中文网，https://chinese.aljazeera.net/news/2019/12/5/united – states – sudan – agree – upgrade – diplomatic。

态，明确给予反对派政治支持，鼓励反对派发动更大规模的抗议行动。在巴希尔下台后，美国联合非盟，施压苏丹军方交权，迫使其与反对派组成军民联合"主权委员会"。美国将苏丹示威浪潮视为"颜色革命"的一次成功尝试，并希望借此在苏丹推动"民主改造"，扩大美在苏丹的影响力。

3. 伊拉克

自 2019 年 10 月起，伊拉克中部和南部多地爆发大规模游行示威活动。最初诉求是表达对腐败、失业和低效公共服务的不满，但很快矛头指向外国政府对伊拉克内政的干预。与此同时，强力机关与抗议示威者的冲突日趋暴力化，并造成大量人员伤亡。[①] 此次抗议浪潮被美国《外交政策》杂志看作自萨达姆政权倒台后伊拉克最为严重的政治危机。[②] 支持和反对总理阿卜杜勒·马赫迪的各派力量围绕政府改组、体制改革、外国势力对伊拉克的干预、宗派问题等议题进行了长期、激烈的博弈。11 月 30 日，阿卜杜勒·马赫迪迫于各方压力提出辞呈，其领导的政府转为看守内阁，伊拉克自此进入各派争权的拉锯时期。

伊拉克此次抗议浪潮原因复杂，直接导火索仍然是民生问题。马赫迪政府上台后，虽推行了一系列改革措施，但效果不彰，未能解决长期困扰伊拉克的经济发展问题，民怨不断。此外，伊拉克国内什叶派力量之间出现裂痕，"前进者联盟"与"开拓者联盟"分道扬镳，直接导致马赫迪政府缺乏必要的政治支持。然而需要指出的是，本次抗议浪潮在初期矛头直指马赫迪政府，并明确打出"反对伊朗干预伊拉克内政"等口号，具有鲜明的地缘政治色彩。萨达姆政府倒台后，伊拉克政治格局一面倒地由什叶派政治力量把控，伊朗由此获得了在伊拉克的巨大影响力乃至介入空间。美国及其海湾阿拉伯君主国盟友对此一直耿耿于怀。此次伊拉克政局出现不稳迹象后，美国及其中东盟国

---

① "Iraq: HRW Denounces Lethal Force against Protesters, Urges Probe," Aljazeera, Oct. 10, 2019, https://www.aljazeera.com/news/2019/10/iraq - hrw - denounces - lethal - force - protesters - urges - probe - 191010123643525.html.

② "Iraq Protester's Step Up Their Tactics As the Government in Baghdad Scrambles to Respond," *Foreign Policy*, 7 November 2019.

借机通过社交媒体煽动伊拉克国内民众对伊朗干涉的不满情绪，并成功将抗议示威的主要诉求由民生问题转移到反对伊朗干涉并要求进行政府改革上来。

由于饱受战乱之苦，伊拉克的发展问题绝非仅靠政府改组即可解决的。马赫迪的下台在一定程度上有助于缓解民怨，但伊拉克国内的抗议活动仍然难以断绝。受新冠疫情影响，伊政府实施了宵禁令，短期内抗议示威活动有所减少。

2020 年 5 月 7 日，由伊拉克前国家情报局局长卡迪米提交的组阁名单经伊拉克议会审议，22 名部长人选中有 15 名获得通过，卡迪米组阁成功，正式成为伊拉克新任总理。卡迪米表示将在多个方面加强执政力度，包括推进安全机关改革、应对经济与金融挑战、加强对外关系、整治腐败并施行行政改革，将库尔德自治政府与伊拉克中央政府之间的关系摆在重要地位。尽管成功组阁并出任总理，但伊拉克国内民众仍将卡迪米视为"旧势力"的代表，并要求其下台。卡迪米的上任并未能完全终结本轮伊拉克抗议示威浪潮。

4. 伊朗

2019 年底，受特朗普政府制裁等多重因素影响，伊朗国内通货膨胀率居高不下，经济萧条，而此时政府决定将油价提高 200%，直接引燃民众对近年来民生困顿的不满，其抗议矛头很快便转向伊朗现行体制及宗教领袖。抗议活动起初以和平开场，并迅速扩散到伊朗全国 21 个城市。然而游行开始后不久，示威者与伊朗军警便爆发了严重的武力冲突，造成逾 200 人死伤。为遏制抗议活动的进一步扩散，伊朗当局在全国范围内切断了互联网服务，持续约六天时间。[1] 这一举动受到西方社会广泛谴责，但其确有效地遏制了示威活动的进一步升级。11 月下旬，亲伊朗政府的民众开始举行声援集会，伊朗官方也表示取得了对"暴乱"的胜利。[2] 2020 年 1 月初，美国对

---

[1] "Internet Disrupted in Iran Amid Fuel Protests in Multiple Cities," NetBlocks, November 15, 2019, https://netblocks.org/reports/internet-disrupted-in-iran-amid-fuel-protests-in-multiple-cities-pA25L18b.

[2] 《伊朗百名暴力示威"罪魁祸首"已被逮捕》，《新京报》2019 年 11 月 24 日，http://news.sina.com.cn/c/2019-11-24/doc-iihnzahi3014441.shtml，上网时间：2020 年 5 月 20 日。

伊朗伊斯兰革命卫队高级将领苏莱曼尼实施暗杀,激起伊朗国内一波反美浪潮,美伊两国也很快陷入军事对峙的高度紧张状态。1月11日,由于伊朗防空系统识别错误,误将一架准备由德黑兰飞往基辅的乌克兰航空民航客机当作入侵伊朗领空的敌机击落,造成包括82名伊朗籍乘客在内的共计176人罹难,伊国内重燃对政府及革命卫队的声讨,并引发又一轮示威浪潮。由于伊朗政府及时承认了误击,并对遇难者家属进行了有效安抚,示威活动并未持续多长时间。此后,伊朗在抗击新冠疫情的巨大压力下,社会矛盾得到缓解和转移,2019年底开始的抗议浪潮基本告一段落。

自特朗普政府退出"伊核协议"以来,美国对伊奉行"极限施压"政策,并滥用"长臂管辖权",不断挤压伊朗的国际空间。伊朗民众原本对"伊核协议"后伊朗能重归国际社会抱有很大期望,特朗普政府却令伊朗重新陷入困境,伊朗众多经济发展计划和改革措施因此难以执行。美国希望对伊朗"以压促变",期待伊朗民众与当局离心离德。此轮伊朗抗议浪潮符合美国政策预期,强化了美国对伊实行"极限施压"政策的信心。对伊朗而言,此次抗议浪潮让当局感受到解决国内社会问题的迫切性,美伊对抗升级客观上促使伊朗强硬派获得了更多政治资源。美伊双方在各自道路上越走越远,对抗性不断攀升,两国出现擦枪走火的可能性激增。

总体而言,经过新一轮抗议示威浪潮,中东多国政治更趋碎片化,国内政治力量分化严重,面临重新整合的巨大挑战,军队与文官集团就国家未来发展道路的协商仍处在相互博弈的关键期。此外,各国面临的民生困境、经济发展难题在短期内很难得到解决。新冠疫情影响、国际油价暴跌、粮价上涨等因素导致的各国外贸环境恶化、财政收入下降、债务危机等新挑战,将给刚刚经历了新一轮抗议示威潮的中东国家带来更大挑战。

二 新一轮抗议潮与"阿拉伯之春"的比较

新一轮抗议浪潮与2011年的"阿拉伯之春"相同,均是因为国内经济萧条、民生困顿、体制僵化等问题使民众不满情绪激增,改革求变心态强烈，正是内源性的不满情绪及改革诉求最终促使两次大规模抗议浪潮爆发。然而，新一轮抗议示威浪潮是在中东民众对 2011 年"阿拉伯之春"及其深远影响有了深刻认知的背景下发生的。近十年来西亚北非地区动荡不断、恐怖主义肆虐、经济发展乏力、人道主义危机泛滥，种种现象令地区国家的政府和民众都在反思"街头运动"对实现国家政治改革、经济发展、社会进步的作用和意义。从某种程度上讲，正是由于"阿拉伯之春"的失败，抑制了新一轮抗议示威浪潮在更广泛地区内的传播。

从引爆原因看，两次抗议潮均融合了民生困顿和对体制及领导人的不满情绪，但新一轮抗议浪潮导火索的"政治性"更加显著。2011 年的"阿拉伯之春"最初发生在突尼斯，小贩布瓦吉吉自焚抗议，后因伤重不治身亡，引爆突尼斯国内民众对生计艰难的不满，以及对领导人长期执政、体制腐败的愤怒，进而形成席卷西亚北非诸国的泛区域性抗议示威浪潮。"阿拉伯之春"时期的抗议示威，特别是在早期，其诉求与"改善民生"紧密相关，中后期逐步增加以实现体制革新为主的政治目标。由于早期抗议诉求较为宽泛，且对后续的政治走向没有明确规划，"阿拉伯之春"期间的抗议示威活动很快被各类政治、宗教组织所利用或挟持，民粹主义及宗教激进主义迅速兴起，并受到外部势力的强力干预影响。相比之下，新一轮抗议浪潮的导火索政治性更加突出。首发于阿尔及利亚的抗议示威浪潮与其国内政治议程紧密相关，布特弗利卡寻求连任的做法令民众对真正意义的政治改革期望落空。[1] 布特弗利卡的辞职未能有效平息民众的不满，抗议活动提出"对体制彻底改革"的坚定诉求[2]，且经过一年多的时间这一诉求仍未有明显软化趋势。与之类似，苏丹的抗议浪潮自初始便有鲜明的政治属性，且不仅针对总统一人，而且包括其亲信与拥趸。伊拉克与伊朗境内的抗议浪潮虽有民生议

---

① "Adlène Meddi, 22 February Protests: Why Algerians are Angry," *Le Point Afrique*, Feb. 24, 2019, http://afrique. lepoint. fr/actualites/manifestations – du – 22 – fevrier – pourquoi – les – algeriens – sont – en – colere – 24 – 02 – 2019 – 2295841_ 2365. php.

② Chikhi, Lamine, "Algerian Protesters Attack 'Garbage' Presidential Campaign," Reuters, Nov. 17, 2019, https://www. reuters. com/article/us – algeria – election – campaign/algerian – protesters – attack – garbage – presidential – campaign – idUSKBN1XR0HS.

题作为早期诉求，但针对政府、体制、外部干预等政治议题的不满自始至终贯穿于整个抗议浪潮之中。

从外部干预看，新一轮抗议浪潮的外部干预相较"阿拉伯之春"时期更有针对性。2011年"阿拉伯之春"的发生既有历史必然性，也有显著的突发特性。国际社会对"阿拉伯之春"在西亚北非地区传导速度之快、对域外地区溢出效应之强感到震惊，西方大国纷纷因应局势变化，广泛介入并试图引导"阿拉伯之春"向有利于自身的方向发展。外部干预在"阿拉伯之春"的中后期体现得尤为明显，甚至可以说是其中后期的主导力量。由于外部干预势力过强，部分国家内部力量平衡被打破，出现割据势力，并进而诱发代理人战争。叙利亚、利比亚、也门等国持续至今的内战，是外部干预对"阿拉伯之春"负面影响的重要体现。新一轮抗议浪潮虽然也受到部分域外势力的影响，但其介入的深度、广度、烈度，在不同国家截然不同，外部介入更具"针对性"。究其原因：其一，相较"阿拉伯之春"时期中东未来政治格局的"不确定性"，域外大国对新一轮抗议浪潮的前景普遍持谨慎态度；其二，中东各国从"阿拉伯之春"中吸取部分教训，对外部势力介入心存芥蒂，且"反对外国干预"本身就是许多国家抗议示威的重要诉求之一；其三，美国将美伊博弈置于其中东战略的核心地位，任何政策均须服务于这一优先事项，中东地区出现大规模动荡不利于美国专心应对伊朗议题。在此次抗议浪潮中，美国对苏丹、伊拉克、伊朗的政治动荡尤为关心，针对性明显。美国视苏丹为新时期美在非洲推行"颜色革命"的重要成果；对伊朗国内反对派的扶植则有利于美国对伊朗的打压政策。需要指出的是，在国际格局出现深刻复杂变化的大背景下，美国在中东仍呈明显收缩态势，这一趋势并未因新一轮抗议浪潮的出现而发生变化。

从最终结局走向看，新一轮抗议浪潮在中东地区的溢出效应较"阿拉伯之春"大幅收窄。新一轮抗议浪潮已导致阿尔及利亚、苏丹、黎巴嫩、伊拉克四国领导人下台、政府部分改组，但其对国家政治建构的震动和深远影响恐难以达到"阿拉伯之春"的水平。经过近十年的曲折探索，"阿拉伯之春"后，大部分国家未能实现预期的政治和社会改革目标，经济振兴计划普遍落空；与此同时，宗教势力不断扩张，社会秩序受到破坏，经济发展的社会基础更加脆弱，多国在"阿拉伯之春"后陷入更加艰难的发展困境。叙利亚、利比亚、也门等国由于国内威权消失，出现权力真空，多方势力群雄逐鹿，代理人战争、极端主义与恐怖主义活动肆虐，造成严重人道主义危机。正是上述现象，使中东民众虽仍有不满情绪，但对以社会运动方式推翻现政府的做法变得更加审慎。此外，在"阿拉伯之春"后一些国家确实在缓步推进政治和社会改革，疏解了部分社会压力，有效阻止了新一轮抗议浪潮在西亚北非区域的传播。

三　新一轮抗议浪潮的地缘政治影响

新一轮抗议浪潮对西亚北非地区的地缘政治产生重要影响，主要体现在地缘政治版图划分、中东联盟体系重构、对地区安全架构的冲击，以及对热点问题的影响四个方面。

第一，地缘政治版图进一步固化。新一轮抗议浪潮暂未造成中东地缘政治版图的分崩与重组，相反，相关国家的内政变化加速了既有地区力量对比变化的发展节奏，并产生地缘政治影响。阿尔及利亚、苏丹、伊拉克三国自抗议浪潮爆发以来，国内政局陷入动荡，国家治理面临停摆风险，国家权力架构处于不稳定状态。特本领导的阿尔及利亚现政府仍面临信任危机，而苏丹则迄今尚未对军政府向文职政府过渡方案达成一致，伊拉克新任总理卡迪米组建的内阁仍被公众广泛诟病。作为地区重要国家，三国历来在中东及非洲事务中扮演着举足轻重的角色，但由于内部政治动荡，三国对其周边地区影响力显著下降，为近年来不断寻求扩大地区影响力的域内其他势力提供了介入的机会。以利比亚问题为例，阿尔及利亚和苏丹的力量缺失，为土耳其介入利比亚内战、扩大在北非及东地中海地区影响力，并增强在油气资源开发等议题上的话语权提供了难得契机。相对上述三国，伊朗国内的抗议示威浪潮得到了暂时的平息。特别是凭借在抗击新冠疫情中尚佳的表现，伊朗政府正重新凝聚国内民众的信任与支持，其政策内顾性增强，并表现出更加务实

的作风。尽管近期伊朗从叙利亚部分撤军，并将战略重点回撤至伊拉克与波斯湾地区，地区战略较前略有收缩，但受惠于地区国家的政治动荡以及疲于应对新冠疫情，伊朗在本地区的相对实力和影响力仍较此前有了进一步的提升。

第二，原有同盟体系弱化，利益联盟加速组建。一方面，新一轮的抗议浪潮未能将美国和西方的注意力重新拉回中东，域外国家大多"口惠而实不至"，对域内盟友未能提供及时且必要的支援，令地区国家对域外大国的期待不断降低；另一方面，新一轮抗议潮的诱因中，包括地区国家民众不满于外部力量干预本国政治及其带来的负面影响，同盟体系也越发缺乏官方和民间的支持。在"美退俄进"的大背景下，特朗普政府更专注于减少美在中东的资源投入，这严重打击了地区盟友对美国"共同防务"承诺的信心，美与中东同盟体系进一步弱化。面对相对实力与日俱增的伊朗，美虽采取"极限施压"的策略，但效果不彰，地区国家被迫寻求与"强势伊朗"长期共存的新模式。为寻求国内政局稳定并营造于己有利的外部环境，地区国家对寻求影响力扩张的域内外势力采取更加灵活的、以议题为导向的"利益联盟"合作方式。这一模式或加剧中东地缘政治的不稳定性和复杂性。

第三，地区安全架构受到冲击。新一轮抗议浪潮加剧政治动荡与部族武装力量割据，打破了国家及地区原有安全架构，传统安全风险及非传统安全风险均呈上升态势。以苏丹为例，自本轮抗议示威活动爆发以来，其国内已发生数十起警民、军民暴力对抗事件，导致数百人死伤。在"军事过渡委员会"与反对派谈判期间，苏丹国内各类抗议示威及暴力活动层出不穷，社会治安几近崩溃。随着"主权委员会"取代"过渡军事委员会"行使国家最高权力，苏丹蹒跚迈向抗议后的政治和解道路，但国家的安全秩序仍未完全恢复。与之类似，伊拉克的抗议浪潮同样造成国内脆弱的安全架构进一步滑向崩溃的边缘。伊拉克国内教派武装力量在抗议浪潮中表现较为活跃，其国家武装部队及警察力量难以对社会实施有效管制。2020年初，新冠疫情在中东地区迅速蔓延，进一步牵制了伊拉克政府应对国内安全事务的能力。极端组织"伊斯兰国"面对的压力骤减，伺机重整扩编，在多地发动恐袭；在沙姆地区活动的"沙解""伊斯兰军""荣耀军"等恐怖组织亦获喘息之机，实力大增，甚至主动与地区国家政府接触，就接受"招安"与多国政府讨价还价。对伊朗而言，新一轮抗议浪潮强化了其政策的保守主义倾向和宗教色彩，强硬派势力拥有更大权力，美伊紧张对峙高位持续。尽管美伊双方均不愿挑起全面战争，但擦枪走火的可能性不断攀升，双方在伊拉克、也门、叙黎边界、叙利亚境内发生局部代理人战争的可能性犹存，中东地区安全状况持续恶化。

第四，对地区热点问题的影响。新一轮抗议浪潮的影响迄今仍主要局限在动荡国家内部，对周边及地区热点问题的影响尚未完全显现。然而，新一轮抗议浪潮带来的中东国家力量对比消长，以及对区域权力和安全架构造成的冲击，为地区热点问题的未来走向增添了不确定性。凭借对阿尔及利亚新政府的坚定支持，土耳其已与阿尔及利亚在利比亚问题上达成"统一战线"，并得到了利比亚民族团结政府的认可和正式邀请。由于利比亚民族团结政府是获得联合国认可的利比亚"合法政府"，而阿尔及利亚在北非事务上又享有重要话语权，土耳其与上述政权的联盟为其实质性介入利比亚内战并提升其在北非及东地中海事务上的话语权提供了强有力的保障。土阿双边关系的快速升级以及埃尔多安与特本两位总统之间的良好关系，将土耳其的地缘政治影响力扩展到整个西亚北非地区。在沙姆地区，伊朗的影响力有增无减，"什叶派新月地带"进一步强化。由于伊朗政府有效地平息了新一轮抗议浪潮，并在抗击新冠疫情中表现尚佳，当地什叶派民众及武装组织对伊朗当局的认可度和向心力有所提升，这为伊朗强化经略这一地区提供了重要基础。尽管伊拉克国内的抗议浪潮诉求中包括反对外部干涉，但抗议浪潮弱化了本国政府的有效管制，为伊朗势力介入提供了更多空间。当前，极端主义与恐怖主义在沙姆地区有所抬头，伊朗领导的什叶派民兵组织更可以"打恐"为名，扩大在该地区的影响力和实际控制力。

四　后疫情时代中东社会动荡风险

2020年初突发新冠疫情，并迅速在全球范围内蔓延，西亚北非地区未能幸免。新冠疫情对各国国内政治生态产生重要影响，并加速地区地缘政治

调整。与此同时，受疫情影响，民众对"民主化"、国家政权组织形式、政府合法性来源等问题有了更多角度的思考，这深刻影响着后疫情时代中东社会运动的走向。

若以"再民主化"为因子判断未来中东社会动荡的风险，其风险等级处于较低水平，主要原因有三。第一，2011年"阿拉伯之春"的后果令地区民众对强行推进"西式民主化"有了更加理性，甚至是偏向消极的看法。从结果看，"阿拉伯之春"对大多数国家的民众而言并未带来民主化的"春风"，相反使民粹主义与宗教激进主义回潮，部分国家甚至陷入持续的动荡与内战。与此同时，困扰中东多年的社会治理问题并未因"阿拉伯之春"而得到有效解决，高失业率、腐败、官僚体系冗沉等现象依然普遍存在。中东地区民众在做出巨大牺牲后并未实现所期盼的社会进步，甚至失去了最基本的社会稳定，导致大部分民众对发起新一轮"民主化运动"的意愿较低。

第二，新冠疫情的暴发，让民众对强政府模式的认可度有所上升。多年来，"强政府"是中东大多数国家的政权运行模式，但近年来遭到了广泛的质疑。受西方政治思潮影响，新自由主义备受各国改革派推崇，认为这将是未来中东政治现代化的必由之路。然而多年的政治动荡与社会失序，让本地区民众对新自由主义能否帮助中东社会实现稳定和可持续发展产生怀疑。受新冠疫情影响，中东地区民众普遍认识到在出现社会危机的情况下，一个具有强有力管治能力政府的重要性，并更加依赖政府提供的公共服务，进而对强政府模式的容忍度出现较大幅度的提升。民众对未来政治改革的期待重点，由"限制政府权力，扩大公民社会"逐步向"加快政府治理能力现代化"转变。

第三，美国的极端功利主义政策极大削减了其价值观对中东国家社会的吸引力。自奥巴马政府上台以来，美逐步从中东抽身，放弃对中东地区的"家长式管教"。特朗普政府更是在"美国优先"的旗号下，在中东实施极端功利主义政策，在地区热点问题上"有破无立"，对美国与中东同盟体系及美与盟友关系造成难以挽回的创伤。加之美国在应对新冠疫情方面乏善可陈，美式民主及国家治理体系对中东各国政府及民众的吸引力大幅降低，中东社会"向西看"的内源性愿望进一步淡化。

需要指出的是，尽管中东暂时没有"再民主化"的社会意识基础，但不代表中东地区不存在发生新一轮示威潮的可能。恰恰相反，在低油价、新冠疫情、经济前景黯淡等多重因素的影响下，未来几年，中东仍存较高的地区性社会动荡的风险。

粮食短缺、粮价上涨、经济指标下滑、对外贸易下降等"突发因素"，共同构成中东社会动荡的刺激性因素。国际战略界普遍认为，粮价飙升正是引发 2011 年"阿拉伯之春"的重要诱因之一。受新冠疫情与年初蝗灾的综合影响，2020 年中东粮食产量或大幅低于预期，而国际贸易阻断、航运物流停滞、粮油价格上涨、部分产粮国限制出口等因素，对粮食严重依赖进口的中东国家来说更是雪上加霜。对大部分中东欠发达国家而言，粮食补贴政策是维护社会稳定基本盘的重要工具，这也客观导致这些国家"补贴粮"与自由市场粮价的差距悬殊。政府用外部援助得来的款项贴补国内财政赤字，维持高额的粮食补贴，鲜有扩大再生产的投入，这种模式促使中东欠发达国家的债务状况普遍维持在紧平衡状态。

受疫情与石油价格失控的双重影响，2020 年中东富国普遍财政吃紧，沙特等国宣布实施财政紧缩政策，包括暂停发放公务人员和军人的生活补助、提高增值税、推迟或缩减大型投资项目、扩大海外举债规模等。这间接导致欠发达国家在未来几年可获得的外部资金援助大幅降低，融资成本飙升，多国或出现严重财政缺口并极有可能陷入债务危机。用于保障民生的国内财政补贴难以为继，对社会稳定构成现实威胁。

新冠疫情与油价暴跌放大了中东国家治理能力弊端，对地区经济发展和民生福祉产生负面影响，进而推升中东社会不满情绪，促使民粹主义与宗教激进主义再度兴起，增加了中东社会陷入全面失序的风险。若在社会经济尚未得到充分复苏的情况下爆发大规模动乱，中东富国受困于紧张的财政收入而难以复制"阿拉伯之春"时期"以补贴换稳定"的政策，更无法对欠发达国家给予及时必要的援助，中东地区出现较大范围社会动荡的风险犹存。

参考文献

1. 唐志超：《新中东秩序构建与中国对中东战略》，社会科学文献出版社，2019。
2. 王林聪：《中东国家民主化问题研究》，中国社会科学出版社，2007。
3. 余国庆：《大国中东战略的比较研究》，中国社会科学出版社，2013。
4. 刘飞涛：《美国"现实政治"传统的缔造》，世界知识出版社，2015。
5. 〔美〕塞缪尔·P. 亨廷顿：《变化社会中的政治秩序》，王冠华等译，上海人民出版社，2017。

Y.5
中东安全形势及展望

唐志超*

摘　要： 2019 年中东安全形势依然严峻、脆弱，地区冲突有增无减。叙利亚、利比亚和也门三场地区战争僵持不下并出现新变化。以"伊斯兰国"为主的恐怖主义势力遭到严重削弱，但仍存死灰复燃可能。美国与伊朗冲突持续升级并引发地区局势紧张，海湾安全形势日益严峻，海上航行安全面临挑战。东地中海冲突不断升温，多国围绕油气和地缘政治激烈博弈。中东地区爆发新一轮抗议浪潮并引发多国政权更迭。域内外大国地缘政治竞争激烈，地区格局变化加速威胁中东战略稳定根基。预计，2020 年中东安全持续动荡局面难改，不排除发生"黑天鹅事件"的可能。

关键词： 中东安全　局势动荡　地缘政治竞争

2019 年，中东地区动荡与冲突依旧，三场战争持续，伊朗问题引发剧烈动荡，大国竞争态势日益明朗，地缘政治竞争不断加剧。

一　地区安全形势依然严峻

2019 年中东安全形势与上一年相比更加严峻。虽然现有战争冲突烈度

---

* 唐志超，法学博士，中国社会科学院西亚非洲研究所政治研究室主任，研究员，中国社会科学院西亚非洲研究所中东发展与治理中心主任，主要从事中东政治和国际关系研究。

有所下降，但冲突面持续扩大，地区危机持续增加，地区内外大国地缘政治博弈加剧，中东安全面临多样化威胁。根据《2020 全球和平指数》报告，西亚北非仍是全球最不和平的地区。全球最不和平的 10 个国家中有 5 个在西亚北非——苏丹、利比亚、叙利亚、伊拉克、也门。该地区只有 3 国（阿联酋、科威特和卡塔尔）跻身世界前 50 名和平国家之列。①

第一，地区持续深陷动荡不宁之中，新旧冲突交织，多种矛盾集中爆发。2019 年，一些老的中东热点问题未能得到解决，新的冲突和地区热点问题纷至沓来。根据斯德哥尔摩国际和平研究所的报告，西亚北非地区在全球各区域中是唯一保持国际维和行动增长的地区。2019 年，新增利比亚和也门两个国际维和行动，使得该地区国际维和行动总数达到 14 个。② 一方面，旧的矛盾与问题没有得到解决，冲突依旧。叙利亚、也门和利比亚三场战争仍在持续，难决胜负。叙利亚战争有所降温，美加速撤军，但叙问题解决难度未减，土耳其加大军事干预力度，伊德利卜地区库尔德问题成为矛盾新焦点。也门战争依然持续，沙特领导的阿拉伯联军面临的压力日益增大。沙特已耗资 2000 亿美元，但军事进展不大，联盟内部甚至出现分裂迹象，阿联酋日益脱离联盟，转而支持也门南方分裂运动，也门一分为三的趋势日益明显。利比亚内战有新发展，的黎波里战事胶着不下，外部势力介入力度增大。2019 年 4 月以来，由哈夫塔尔将军领导并得到俄罗斯、阿联酋、埃及和沙特支持的国民军大举围攻首都的黎波里，与得到部分西方国家和土耳其支持的萨拉杰政府军发生激烈冲突，土耳其力挺的黎波里政府。从叙利亚战场转移的大量雇佣军和"圣战"分子也前往叙利亚参战。德国积极居中调解，于 2020 年 1 月力促达成"柏林协议"，但很快协议就成为废纸一张。冲突双方战事又起。特朗普政府在耶路撒冷地位、犹太人定居点、约旦河西岸归

---

① "The Institute for Economics and Peac," *Global Peace Index 2020*, http：//visionofhumanity. org/app/uploads/2020/06/GPI_ 2020_ web. pdf，上网日期：2020 年 6 月 30 日。

② Timo Smit，"Sofía Sacks Ferrari and Jaïr van Der Lijn," *Trends in Multilateral Peace Operations*，2019, Sipri Fact Sheet, May 2020, https：//www. sipri. org/sites/default/files/2020 – 05/fs_ 2005_ pko_ 2019. pdf，上网日期：2020 年 5 月 29 日。

属等重大问题上秉持对以色列严重倾斜的政策并于 2020 年 1 月出台"一边倒"的所谓"世纪协议",致使巴以局势日益恶化,巴勒斯坦政府于 2020 年 5 月宣布停止履行与美以达成的所有协议,巴以和平陷于死亡的边缘。伊朗问题持续升温,并发展为伊朗与美国、沙特、以色列之间多层次、多战场的较量,严重加剧了地区动荡。反恐形势依然严峻,叙利亚和伊拉克的反恐形势虽有所好转,但也门、利比亚、索马里和埃及西奈半岛的恐怖主义形势并没有朝好的方向发展,反恐斗争任务依然艰巨。目前在伊拉克依然有 3500~4000 名"伊斯兰国"成员在活动,此外,还有 8000 名非活跃成员。[①]新冠疫情暴发后,"伊斯兰国"调整策略,利用疫情加大了恐怖袭击。与此同时,2019 年中东地区又爆发了一系列新的冲突和新的热点问题,诸如美国与伊朗较量不断升级,美斩杀伊朗伊斯兰革命卫队高官苏莱曼尼,海湾航行安全危机事件频发,沙特石油设施遭到袭击,一些国家爆发大规模抗议并引发政局动荡和政权更迭,土耳其大举出兵叙利亚和利比亚,东地中海博弈日益激烈等。

第二,伊朗问题日益上升为地区焦点,伊朗与美国、沙特、以色列三国的博弈日益激烈,冲突军事化与扩大化发展态势明显,严重冲击地区稳定。特朗普政府抛弃奥巴马政府的对伊政策,重新回归对伊强硬路线,单方面宣布退出"伊核协议",并对伊朗采取"极限施压"政策,是导致美伊关系再度恶化、地区局势紧张的主要原因。继 2018 年 5 月美宣布退出"伊核协议"并重新对伊实施制裁后,2019 年 4 月美宣布将伊朗伊斯兰革命卫队列为"恐怖组织",5 月对伊实施"零石油出口"政策,对伊进行"极限施压"。同时,特朗普政府还积极联手沙特、阿联酋、巴林等海湾阿拉伯国家和以色列组建地区反伊联合阵线,打造"中东战略联盟",以图全面遏制伊朗。针对美、以、沙的敌意行动,伊朗针锋相对地采取各种反制措施,围绕反遏制、反制裁、反孤立三方面与美进行全面对抗。其一,伊朗在核、弹道

[①] Husham Al-Hashimi, "ISIS 2020: New Structures and Leaders in Iraq Revealed," Center for Global Policy, May 19, 2020, https://cgpolicy.org/articles/isis-2020-new-structures-and-leaders-in-iraq-revealed/, 上网日期: 2020 年 5 月 29 日。

导弹、支持和保护地区盟友安全方面的既定立场毫不退缩，即坚持三不立场：不与美就"联合全面行动计划"（JCPOA）重新谈判，不停止发展弹道导弹，不从叙利亚撤军。其二，勇于斗争，敢于升级冲突，采取战争边缘政策，踩美政策红线，对美展示力量，应对美军事威慑，比如击落美军无人机、劫持和袭击波斯湾商船、军事打击美地区盟友、通过代理人打击美军基地和使领馆、中止执行"伊核协议"部分内容等。通过行动，伊朗既摸清了特朗普的底线，震慑了美方，也打击了美国的地区盟友。其三，利用国际社会对继续维护"伊核协议"的共识以及对"伊核协议"可能失败的担忧，打"伊核协议"牌，在外交上孤立美国及其盟友，积极争取中、俄、欧的支持，并逼迫欧盟出台维持经贸能源合作的反制政策，如特殊结算机制（SPV）。同时，继续加强与地区盟友、伙伴的合作，构建多层次合作网络。其中，核心网络是伊朗—叙利亚—真主党—胡塞武装—伊拉克什叶派民兵的什叶派网络，其他还有俄罗斯—土耳其—伊朗的三方机制、俄罗斯—叙利亚—伊拉克—伊朗的四方反恐机制、伊朗—土耳其—卡塔尔的三国意识形态联盟等。其四，多方采取措施维护国内稳定，想方设法寻找规避出口制裁手段，减少进口，强化国内维稳措施，加强与周边国家合作，发展"抵抗经济"等。可以说，2019年美伊双方在叙利亚、也门、巴勒斯坦、黎巴嫩、巴林、卡塔尔、伊拉克以及波斯湾展开激烈较量，热战与冷战并行，除传统战争外，双方在网络空间、无人机等非传统领域也展开激烈对抗。可以说，2019年美伊之间上演了多维度、高频次、高烈度的制裁与反制裁、遏制与反遏制的斗争，两国对峙逐步升级，在全球和地区层面形成了全领域对抗格局。中东地区的诸多热点问题，从叙利亚战争到也门战争，从海合会危机到巴以冲突，从红海、波斯湾的海上危机到沙特的石油设施遭袭，这些都与伊朗问题密切相关。双方对抗急剧升级，冲突范围及烈度均达到历史空前水平：伊朗击落美军无人机并对美军在该地区的设施发动袭击，美军全力打击伊朗在地区支持者并杀死伊朗将军苏莱曼尼，波斯湾商船频繁遭到袭击，以色列屡次打击伊朗在叙利亚的目标，沙特与胡塞武装的战争持续并向沙特境内蔓延，各方在黎巴嫩和伊拉克激烈博弈并引发这两国局势动荡，加剧了中东的不稳定。

第三，素有中东"和平绿洲"之称的海湾国家面临严峻的多元化安全挑战，为中东稳定蒙上新的阴影。多年来，以海合会六国为核心的海湾地区一直保持稳定，但如今也进入多事之秋，遭遇多元安全挑战，并给地区未来和平与发展带来巨大威胁。归结起来，海湾地区面临如下一系列新的挑战。其一，美国与伊朗爆发军事冲突风险持续增大。美不仅对伊实施制裁，还将伊斯兰革命卫队、伊朗支持的地区民兵网络作为打击目标，在黎巴嫩、伊拉克发动反对伊朗的抗议运动，并大力支持活跃于伊朗境内外的反伊朗政府武装，如库尔德自由生命党、"人民圣战者组织"。2019 年 5 月，伊朗击落美军无人机。2019 年底以来，伊朗支持的伊拉克民兵持续对驻伊拉克美军和美在伊拉克的军事设施发动袭击；2020 年 1 月 3 日，伊斯兰革命卫队"圣城旅"司令苏莱曼尼将军在伊拉克被美炸死，随后伊朗对驻伊美军基地发动导弹袭击，实施报复。其二，也门战争持续外溢，对沙特和阿联酋的国土安全构成多重威胁。沙特多个重要城市和重要设施如油气管道、炼油厂、油船、机场等频繁遭到来自也门胡塞武装的导弹和无人机袭击。2019 年 9 月，沙特两处重要石油石化设施遭到无人机袭击，石油产量锐减近 50%，极大地震动了全球石油市场。沙特被迫请求美军保护。其三，霍尔木兹海峡航行安全面临严峻挑战。2019 年以来，波斯湾连续发生数起商船和油轮遭袭事件。2019 年 5 月，阿联酋富查伊拉港发生多起重大爆炸事件，多艘油轮起火。6 月，两艘分别属于日本和挪威的油轮遭袭。2020 年 4 月，一艘前往沙特的香港货船在遭到武装分子短暂扣押后被释放。包括挪威、中国、日本、英国、沙特、阿联酋和巴拿马在内的多国货船遭劫持和扣押。针对英国扣押伊朗油船，伊朗以扣押在波斯湾航行的英国油轮进行报复。根据 20 世纪 80 年代两伊战争期间"袭船战"经验，若局势进一步恶化，波斯湾必将会出现更大规模的袭船战。针对这一航线威胁，美国、英国、俄罗斯、日本、澳大利亚和印度等国纷纷决定采取军事护航来应对。美国还呼吁成立波斯湾国际护航联盟，但只有澳大利亚等少数国家支持这一倡议。其四，沙特与卡塔尔关系持续陷入僵局。2017 年卡塔尔与沙特、阿联酋和巴林闹翻后，海合会发生严重分裂。至今这一状况并没有得到缓解。沙特继续对卡塔尔实施封

锁。其五，地区军备竞赛持续升级。沙特、阿联酋、卡塔尔等国斥巨资大规模采购军火，积极发展本土国防工业，沙特和阿联酋核发展加速，伊朗重启浓缩铀活动，地区国家还积极投资弹道导弹研发，海湾地区面临大规模杀伤性武器扩散升级的严峻风险。其六，地区国家的权力继承问题亮起红灯，给地区稳定带来威胁。地区国家普遍面临不同程度的权力继承问题。阿联酋、科威特、阿曼和沙特的领导人均年事已高，有的甚至长久不能视事；有的国家领导人长期执政，面临继承人危机；有的国家内部权力斗争厉害，传闻不断，王位继承带有一定的不确定性。2020 年 1 月 10 日，自 1970 年起就一直执政的阿曼苏丹卡布斯去世，阿曼未来稳定状况值得关注。

第四，地区国家政局持续动荡，中东新一轮抗议潮爆发，多国政权稳定面临严重冲击。埃及、突尼斯、约旦、土耳其、苏丹、阿尔及利亚、黎巴嫩、伊拉克、以色列和伊朗等多国爆发大规模抗议活动，多国面临"政权更迭"风险，大有爆发"第二次阿拉伯之春"之势。2019 年末 2020 年初，苏丹、阿尔及利亚、黎巴嫩和伊拉克四国领导人在大规模抗议下被迫辞职。步突尼斯、也门、埃及之后尘，苏丹、阿尔及利亚两国于 2019 年"变天"，执政数十年的苏丹总统巴希尔和阿尔及利亚总统布特弗利卡黯然下台。黎巴嫩和伊拉克两国持续爆发大规模抗议，总理被迫辞职，政府垮台。埃及爆发塞西总统上任以来最大规模的反政府抗议活动，抗议矛头直指塞西总统本人。由于美国制裁导致国内经济困顿，石油出口停顿，失业率大增，伊朗一年来多次爆发大规模反政府抗议活动。在沙特、阿曼、科威特、阿联酋等海湾君主国，也出现领导人代际更替加速，内部权力斗争激烈，王位继承风险加大的迹象。自 2015 年阿卜杜拉国王去世以来，沙特国内政治斗争激烈，王储穆罕默德采取一系列手段固权立威，以确保能顺利继位。2020 年 3 月，沙特王室多名重量级亲王以"叛国罪"罪名被捕。2010 年 1 月，统治阿曼五十年之久的卡布斯苏丹去世，新苏丹接任。9 月，科威特埃米尔去世，新任埃米尔和王储均年过八旬。阿联酋也同样面临权力继承问题，扎耶德总统长期病重，不能料理政务。

第五，地缘政治竞争激烈，"美退俄进""西降东升"、地区国家五强争霸的地区竞争格局日益形成。美国的战略收缩态势日益明显。特朗普再次宣布从叙利亚撤军、未有力回应伊朗击落美军无人机事件、对沙特石油设施以及霍尔木兹海峡商船遭袭保护不力等，都进一步表明特朗普虽然反对奥巴马的中东政策，但实际上还是秉承了奥巴马从中东收缩的政策。特朗普政府旨在一劳永逸解决巴以问题的"世纪协议"方案出台，但未见成效，打造"阿拉伯北约"和"波斯湾国际护航联盟"两大倡议迟迟不得进展，应者寥寥，反"伊斯兰国"国际联盟分崩离析，这些也充分显示出美国在该地区的领导力下降。[1] 与此同时，俄罗斯加大重返中东的力度。2019 年 10 月，普京十年来首访沙特和阿联酋，俄与海湾国家关系出现历史性转折。俄与埃及重建战略伙伴关系，加大对利比亚冲突的干预，加强与西方对土耳其的争夺并占据了上风。随着美宣布撤军，俄主导叙事务的能力进一步增强。在利比亚问题上，俄罗斯也加大力度，加强对哈夫塔尔将军的支持，并向利增派雇佣军。与此同时，地区国家在地区事务上日益试图扮演主导角色，而外部势力式微，构成当前中东地缘政治发展的显著特点。沙特、阿联酋、土耳其、伊朗、以色列和卡塔尔等地区大国在政治和安全事务上的自主性不断增强，明显降低了对西方安全的传统依赖，并力图自主解决地区事务，自主塑造中东新秩序。出于各自的地缘政治考虑和利益竞争，地区国家间的地缘政治竞争也在加剧，并导致地区联盟体系的重新分化组合。[2] 美与地区盟友沙特、土耳其、卡塔尔和阿联酋的关系日益疏远，貌合神离。美、沙、以打造反伊朗联盟，并竭力遏制伊朗的地区影响力，试图拆散俄罗斯—伊朗—伊拉克—叙利亚—真主党联盟，而伊朗则竭力挑动海合会内讧，拉拢卡塔尔，制造海合会分裂。以色列与土耳其昔日的准同盟已经瓦解，以色列日益与沙特、阿联酋等海湾国家走近，试图缔结反伊朗地区新联盟。与此同时，卡塔尔与土耳其、伊朗日益接近，缔结以保守伊斯兰主义为主要精神纽带的三国意识形态联盟。在东地中海及周边（以色列、埃及、利比亚、塞浦路斯、

---

① 唐志超：《中东：动荡冲突四起，地缘竞争激烈》，《世界知识》2019 年第 24 期。
② 唐志超：《中东：动荡冲突四起，地缘竞争激烈》，《世界知识》2019 年第 24 期。

利比亚和希腊），以色列、埃及、希腊和塞浦路斯也日益形成针对土耳其的新联盟，而土耳其则寻求与利比亚的黎波里政府结盟应对围堵，加大对东地中海地区资源的争夺。

二 主要特点与原因分析

当前中东安全局势发展呈动荡化、碎片化、多元化、真空化等特征。地区出现权力和安全的双真空，各种矛盾集中爆发，传统与非传统安全交织，地区面临日益复杂多样化的挑战。这一局势的形成既有历史延续因素，也与当今地区和国际格局的加速演变有着密切关联。

（一）当前中东安全局势发展的主要特征

当前中东正面临百年未有之大变局，面临冷战结束以来最动荡的局面，所面临的安全挑战比之前更加复杂多元。其主要特征如下。

一是动荡性。这一点表现尤为明显。自"阿拉伯之春"以来，中东国家一直处于动荡之中，政局不稳，国际关系变化，恐怖主义肆虐，而三场战争又进一步加剧了地区的动荡。

二是军事化。目前中东各种矛盾最终大多以冲突的形式表现出来。地区间国家关系军事化，地区矛盾与争端日益趋向采取军事手段来解决。这与过去强调协商、对话以及大国协调有很大不同。

三是代理人战争。这在当前中东各类冲突中表现得最为明显。从叙利亚到利比亚，从也门到伊拉克，战争与冲突主要是以代理人战争形式展开。地区大国之间并未爆发直接冲突，均通过寻找代理人来诉诸对抗，以维护自身利益。

四是安全威胁多元化。从极端主义、恐怖主义到核扩散以及弹道导弹和无人机被经常使用，从政权安全到经济、能源安全，从陆上冲突到海上冲突，从教派冲突到地缘政治竞争，从民族分裂主义到部族、宗派冲突，从现实的绞杀到网络空间的较量，地区冲突更加多元化，多重危机相互叠加。围绕伊朗问题、叙利亚战争和反恐战争，美国、以色列和伊朗之间的网络战日益激烈。2019 年 6 月，美军对伊朗的火箭和导弹系统发动网络攻击，企图削弱伊朗发动袭击的能力。2020 年 5 月，伊朗阿巴斯港口设施遭美军网络袭击。

五是海陆联动，海上安全与陆上安全问题叠加。东地中海、红海和波斯湾的安全形势日益恶化，海上航行安全威胁增大。在波斯湾，由于美伊、沙伊冲突扩大，航线安全风险增大，各国纷纷借机介入护航。在红海，土耳其、沙特、阿联酋、伊朗的争夺也很激烈。沙特正积极打造"红海战略联盟"。在东地中海，土耳其拉拢利比亚的黎波里政府划分海上边界，与希腊、塞浦路斯抢夺海上油气资源，积极加紧勘探开采活动，而埃及、以色列、希腊、塞浦路斯则日益联手以便共同应对土耳其的竞争，打造地中海输气管道。2019 年 11 月，土耳其政府与利比亚民族团结政府签订一份谅解备忘录，就两国在地中海的边界线划分达成一致。此举遭到塞浦路斯、希腊和埃及三国谴责。2020 年 1 月，以色列、希腊、塞浦路斯三国签署修建大型天然气管道协议。

六是伊朗问题日益突出，并取代叙利亚战争成为地区性主要矛盾。地区性矛盾或多或少都与伊朗问题相关。

七是地区碎片化日益严重，新兴安全主体不断涌现，地区联盟体系加速分化组合。一方面，新兴安全主体既包括"伊斯兰国"、库尔德人和部族等地区新势力，也包括印度、日本、俄罗斯、土耳其、沙特、阿联酋在地区扮演的新角色和发挥的新作用。另一方面，旧的联盟体系面临瓦解和重组，隐形和显性的新联盟体系正趋形成，比如美国的地区盟友体系面临瓦解，俄罗斯与美国地区盟友的关系正在构建，东地中海联盟（美国、以色列、埃及、希腊和塞浦路斯）渐趋形成，沙特主导的"红海战略联盟"、美国推动的"阿拉伯北约"、以色列与沙特的反伊战略联盟、伊朗—叙利亚—伊拉克民兵—真主党轴心、俄罗斯—叙利亚—伊朗三国联盟，等等，均在构建和形成中。

八是冲突宗派化、阵营化。当前在中东地区主要有两大对抗阵营，主要围

绕阿联酋和沙特、伊朗、土耳其三个中心展开。其中，以沙特为首的阿拉伯逊尼派阵营与以伊朗为首的什叶派阵营对抗最为明显。这在伊拉克、黎巴嫩、叙利亚、也门、巴林表现得最为明显。另外，以伊朗—土耳其—卡塔尔—穆斯林兄弟会—哈马斯为一派，沙特—埃及—阿联酋等为一派，相互之间的对抗也日益激烈。

（二）局势进一步动荡的主要原因

2019 年中东安全局势进一步趋于紧张、动荡，一方面是由于一些根本性、根源性的问题没有得到解决；另一方面也是因为全球和地区形势快速变化，局势有了新发展，在全球百年未有之大变局背景下，中东加剧分化、动荡，也有其必然性。

第一，中东正面临百年大变局。维系中东战略稳定的主要支柱、体系正加速分崩离析，国家间关系重新分化组合，导致地区发展出现失序、失衡和失控。政治动荡、冲突与战争动摇了地区国家的政权安全，极端主义、恐怖主义、宗派主义使得主权国家体系面临系统性威胁，地区国家边界面临被重新划分的威胁。"阿拉伯之春"后中东秩序正走向坍塌，地区格局被打破，美国主导的地区安全体系面临瓦解。主要国家间关系发生重大变化，诸如土耳其与沙特、阿联酋、埃及和以色列关系的恶化；卡塔尔与"大哥"沙特闹翻；伊朗与沙特走向敌对，而与叙利亚、也门和伊拉克日益抱团；以色列与海湾阿拉伯国家建立准战略联盟等。

第二，美国特朗普政府的不作为和乱作为破坏了中东稳定。美国全球战略的调整以及中东政策的变化助推中东动荡。特朗普政府坚持"美国优先"原则，继续推行中东战略收缩政策，不愿在中东耗费资源，只想在中东扮演有选择的领导者角色，打破了原有的力量平衡。美国的战略收缩导致美主导的中东秩序开始坍塌，在中东造成巨大的权力真空。特朗普对美在中东利益进行狭隘化处理，为此美对中东政策的原则、目标和手段都有了大幅度调整，急剧减少了对地区盟友安全保护的承诺，破坏了中东的稳定。美不顾国际社会反对，执意退出"伊核协议"，在中东四处"围剿"伊朗,致使伊朗问题再起波澜。美还大幅修改在巴以和平进程问题上的根本原则和政策,如放弃"以土地换和平"原则以及"两国论",改变对耶路撒冷、犹太人定居点和戈兰高地的立场,支持以色列吞并约旦河西岸和约旦河谷,这些都构成了对中东地区稳定和安全的重大威胁。

第三,地区陷入权力真空,各方竞相填补,地缘政治竞争激烈,导致中东格局混乱无序。中东局势的一个重要特征是混乱无序。当前,中东正处于新旧秩序转换过渡期,地区权力格局正加速转换。美国在中东持续实行战略收缩政策,"后美国时代的中东"大幕已经开启。[①] "美退俄进""西退东进""一降两升""诸侯争霸"四大特征明显。[②]在冷战结束三十年后,俄罗斯再度成为中东事务的主角之一。由于内部问题日益严重,加之缺乏美国的有力配合,欧盟在中东问题的处理上愈加力不从心。日本和印度亦积极在中东地区拓展影响,也有对抗中国的意图。2019年6月,在海湾局势异常紧张时刻,日本时任首相安倍晋三亲赴德黑兰,试图调解美伊矛盾,这是四十年来日本首相第一次访伊。12月,受特朗普之托,安倍晋三又邀请伊位克总统鲁哈尼访日,积极促使美伊达成协议。日本还以"保护波斯湾航行自由"为由,于2020年2月派军舰赴波斯湾护航。此外,地区国家"主场"和"主角"意识增强,权力争夺和地缘政治竞争日益激烈,模式之争凸显,激化了地区矛盾与冲突。[③] 土耳其、沙特、阿联酋、卡塔尔、伊朗和以色列等地区大国竭力利用乱局扩大自身势力范围,试图输出自身模式和意识形态。当前的中东地区大国竞争主要围绕沙特、伊朗、阿联酋、卡塔尔、土耳其和以色列展开,它们之间的矛盾与冲突日益上升为中东地区的主要矛盾,成为威胁地区稳定的主要冲突源。

第四,美国与伊朗关系回归旧路,双方冲突持续升级,严重影响地区稳定。2015年7月,美、俄、中、英、法、德六大国与伊朗就核问题达成

---

① 唐志超:《中东乱局的根源及影响》,《当代世界》2020年第3期。
② 唐志超:《失序的时代与中东权力新格局》,《西亚非洲》2018年第1期。
③ 唐志超:《中东乱局的根源及影响》,《当代世界》2020年第3期。

"联合全面行动计划"，标志着困扰地区多年的伊核问题终于告一段落。2017年特朗普上台。特朗普政府将伊朗列为主要地区对手，主张对伊朗采取遏制政策，指责伊朗发展核武器和弹道导弹、"支持恐怖主义""搞地区扩张"。2018年5月8日，特朗普宣布退出"伊核协议"。之后，美接连加码对伊实施制裁。2019年4月，美国宣布将伊朗军队主要力量伊斯兰革命卫队列为"恐怖组织"。5月，美加大对伊朗制裁力度，正式对伊朗实施"零石油出口"，取消对多国和地区进口伊朗石油的制裁豁免，对伊进行"极限施压"。此外，美还联手以色列和沙特等海湾国家组建反伊阵线，打造"中东战略联盟"，全面遏制伊朗，并在中东多地对伊朗采取反击行动，试图打击伊朗势力。针对美、以、沙的敌意行动，伊朗针锋相对地采取各种反制措施。双方在叙利亚、也门、巴勒斯坦、黎巴嫩、巴林、卡塔尔、伊拉克以及波斯湾展开激烈较量，热战与冷战交织，传统战争与网络、无人机、非对称冲突等非传统冲突形态并行。2019年以来，双方对抗急剧升级，冲突范围及烈度均达到历史空前水平：伊朗击落美军无人机并对美在地区设施发动袭击，美军全力打击伊朗在地区支持者并杀死伊朗将军苏莱曼尼，波斯湾商船频繁遭到袭击，以色列屡次打击伊朗在叙利亚目标，沙特与胡塞武装的战争持续并向沙特境内蔓延，各方在黎巴嫩和伊拉克激烈博弈并引发两国局势动荡，加剧了中东的不稳定。

第五，地区复合型危机加重，地区转型徘徊不前，加大社会动荡风险。当前中东正处于由传统社会向现代社会转型的加速期、徘徊期、跌宕期。该地区不仅面临政治、经济、安全上的危机，也存在深刻的身份危机、意识形态危机、发展模式危机。从地区范围看，中东正处于旧秩序向新秩序的过渡期。新旧秩序的转换往往伴随着暴力冲突与战争。从国家层次看，当前中东乱局以及热点问题的出现与该地区主要大国的转型和身份重塑有密切关系。其中，以土耳其、沙特、阿联酋三国最为突出。①

---

① 唐志超：《中东乱局的根源及影响》，《当代世界》2020年第3期。

三 前景展望

从未来一段时期看，当前中东乱局将会继续呈现扩大化、复杂化、冲突化、长期化等发展趋势，混乱失序和未来发展不确定性依然是中东局势发展的主要特征。不过，必须看到乱中有机，中东乱局中也蕴含着机遇和希望，中东并非漆黑一片。"中东在地区动荡与阵痛中朝着'由变生乱、乱中求治'的总体方向发展。"①

中东正面临百年未有之大变局，面对一个转型中的动荡中东，一个地区秩序正在重构的中东，中国不能缺位，应把握战略机遇，加强战略谋划，以"稳中有进"作为中国对中东政策的主基调，以中国智慧和中国方式，积极参与这一历史性进程。中国积极参与中东地区事务也是维护自身在中东利益的需求。中东地区持续动荡给中国在中东地区的企业与人员安全带来巨大威胁，也给中国的经贸往来、能源安全、国家安全构成重大威胁。中国积极参与中东事务是大国外交的需要，是展现大国担当、承担大国责任、尽国际道义之必须。中国积极参与中东事务也是对地区国家长期呼吁的积极回应，是对地区国家集体"向东看"政策的有力呼应。长期以来，中东地区国家一直期望中国在中东事务上能发挥更大作用，给中东和平与发展带来更多的"正能量"。作为中东国家和人民的好朋友、好伙伴和好兄弟，中方对此应给予积极回应。

新中东秩序正在积极构建的进程之中，中方应参与塑造，不能做旁观者。中东陷入混乱无序状态给中国的中东外交和利益维护造成很大冲击。鉴于中东作为中国"大周边"的地位日益突出，以及维护中国在中东利益的需要，中国必须在中东有所担当，有所作为，并积极参与中东新秩序的塑造。② 具体而言，中方应从三个方面着眼加大在中东地区的工作力度。一是

① 余建华等：《中东变局综论》，《国际关系研究》2018 年第 3 期。
② 唐志超：《中东新秩序的构建与中国作用》，《西亚非洲》2014 年第 5 期。

明确支持并推动地区国家的发展与转型，支持地区国家的改革进程，加大治国理政的交流互鉴。二是在地区和平与安全问题上发挥更大作用，坚持新安全观，更积极、更有力地参与地区热点事务的解决，加大对地区安全的投入，为地区提供公共安全产品。2019 年 12 月，中国政府在北京首次举办"中东安全论坛"。来自中国、中东、欧美等国家和地区的重要安全官员和学者齐聚一堂，以"新形势下的中东安全：挑战与出路"为主题展开了深入研讨。中国外交部部长助理陈晓东表示，中东是中国同世界交融互动的重要板块。中东的和平安全、稳定发展是中国的期许所向、利益所在、担当所系。通过举办"中东安全论坛"，中方希望为各方在中东安全治理领域打开新思路、探索新方式提供有益平台。① 三是以共建"一带一路"为主要抓手，促进五通，坚持"以发展促和平"理念，促进中东的和平与发展。

参考文献

1. 杨光主编、唐志超副主编《中东发展报告（2013～2014）》，社会科学文献出版社，2014。
2. 李新烽主编、唐志超副主编《中东发展报告（2018～2019）》，社会科学文献出版社，2019。
3. 谢伏瞻主编《中国社会科学院国际形势报告（2020）》，社会科学文献出版社，2020。

---

① 郑明达：《中东安全论坛在京开幕》，《人民日报》2019 年 11 月 28 日。

国别报告

National Reports

Y.6
突尼斯：政治妥协，推进政治发展

王　凤*

摘　要：　中东剧变肇始于突尼斯。2011 年 1 月，本·阿里的强人统治被推翻后，突尼斯进入政治转型时期。经过三个阶段的重要发展，实现了权力的平稳过渡。突尼斯政治转型之所以能够取得重要的阶段性成果，有一系列有利的国内外因素支撑。其中最重要的是，"伊斯兰复兴运动"在一系列重大原则问题上做出了让步，才得以使突尼斯各主要党派达成了共识，进而构建了世俗化的、包容性的、多元民主参与政体。"伊斯兰复兴运动"还通过政治改革，确保了自身的政治合法地位，成功地融入了突尼斯转型进程中。尽管如此，突尼斯在经济、安全、政治等领域还存在一系列深层次问题。如果这些问题

---

* 王凤，中国社会科学院西亚非洲研究所副研究员，国际关系室主任，主要从事中东国际关系、伊斯兰教与国际政治研究。

不能逐步得到解决，可能会对突尼斯的政治稳定和社会发展带来负面影响。

关键词： 中东剧变　突尼斯　政治转型　"伊斯兰复兴运动"

2010 年底，突尼斯小贩穆罕默德·布瓦吉吉自焚身亡，引发大规模民众抗议浪潮，掀开了中东剧变的序幕。这场变局最终席卷中东地区，导致该地区众多政治强人下台，威权统治垮台，突尼斯总统本·阿里也于 2011 年 1 月 14 日仓皇出逃。十年后，当我们回眸中东剧变之时，发现在剧变国家当中，只有突尼斯以相对和平的方式在政治转型中取得了重大进展，不仅建立了民众所期望的民主制度，而且政治权力实现了相对和平的过渡。即便如此，由于还存在若干问题，这种政治转型还比较脆弱，突尼斯最终实现稳定与发展的道路还很漫长。因此，对变局十年来突尼斯的发展历程进行认真总结和深刻反思，就具有非常重要的意义。

一　剧变后突尼斯政治转型取得重要进展

十年来，突尼斯政治转型取得重大进展。这种转型可以分为三个阶段，分别以 2011 年制宪议会选举、2014 年宪法的制定和 2014 年第一次直接选举，以及 2019 年第二次直接选举为标志。

（一）2011年制宪议会选举

突尼斯位于地中海南岸，是北非小国。属于马格里布地区。总面积 16 万多平方公里，2018 年人口约 1160 万。① 突尼斯于 1956 年 3 月 20 日独立。

---

① 杨鲁萍、林庆春编《列国志·突尼斯》，社会科学文献出版社，2010，第 1 页；EIU, *Country Report*，*Tunisia*，June 2020, p. 10。

突尼斯独立后，于 1957 年 7 月 25 日宣布废除君主制，建立突尼斯共和国，原政府首相哈比卜·布尔吉巴出任共和国总统。布尔吉巴执政长达三十年，曾 3 次连任总统，直到 1987 年 11 月 7 日被迫辞去总统职务。1987 年 11 月 7 日，原政府总理兼内政部部长宰因·阿比丁·本·阿里接任总统，并兼任武装部队总司令，同日就任社会主义宪政党（1988 年更名为宪政民主联盟）主席。执政二十三年期间，本·阿里在政治经济上逐步推行民主化改革以及经济开放和市场化改革。突尼斯曾于 1988 年、1991 年、1997 年、1999 年和 2002 年先后 5 次修宪，以推进政治生活法治化和政治民主化进程，但是始终保持了总统至高无上的地位和权力。

2010 年底，突尼斯爆发所谓的"茉莉花革命"。伴随本·阿里于 2011 年 1 月 14 日出逃，突尼斯强人政权最终垮台，并进入政治转型时期。在本·阿里执政期间被严重挤压的政治空间重新开启，突尼斯政党政治迎来历史发展新机遇。此后，突尼斯先后成立了 150 个政党，5000 多个协会，长期遭到前政权压制的政党"伊斯兰复兴运动"由此获得合法地位，其领导人拉希德·格努希于 2011 年初结束流亡生涯返回突尼斯，开始参与突尼斯的政治转型进程。

2011 年 10 月 23 日，突尼斯举行了制宪议会选举，共有 80 多个政党参加。结果，"伊斯兰复兴运动"共获得 37.04% 的选票，在制宪议会全部 217 席中获得 89 席，成为制宪议会第一大党。而世俗政党共和议会党和劳动自由民主论坛位居其后，分别获得 29 席和 21 席。

此后，"伊斯兰复兴运动"与共和议会党和劳动自由民主论坛联手组建了执政联盟。"伊斯兰复兴运动"领导人哈马迪·杰巴里、共和议会党领导人蒙塞夫·马尔祖基、劳动自由民主论坛领导人穆斯塔法·本·加法尔分别担任政府总理、国家总统和制宪议会议长。11 月 22 日，突尼斯制宪议会正式成立，宣布将制定新宪法，并据此组织下一次直接选举。

也就是说，变局后突尼斯走向了民主转型之路。在变局后举行的突尼斯第一次选举中，"伊斯兰复兴运动"一举成为议会第一大党，与其他两个世俗政党组建了过渡政府，从而确立了其在突尼斯政治中的主导地位。

（二）2014年宪法的制定与第一次直接选举

由"伊斯兰复兴运动"主导的过渡政府在执政初期，与世俗政党在清除旧政权方面进行了密切合作。但不久，它们在制宪重大议题上产生了严重分歧。比如在政体上，"伊斯兰复兴运动"主张议会制，世俗政党支持半总统制。再如对伊斯兰教在国家和政治中的地位问题，"伊斯兰复兴运动"认为国家法律应当反映伊斯兰属性以及伊斯兰价值观和生活方式等，而世俗政党主张政教分离。尽管此前"伊斯兰复兴运动"多次明确否认其伊斯兰属性，仅承认自己是具有伊斯兰特色的政党，不谋求改变国家的世俗性质。另外，世俗政党主张男女平等，而"伊斯兰复兴运动"不同意将男女平等纳入宪法。

2013年2月和7月，有两位世俗政党领导人先后被暗杀，引发了全国性的大规模示威活动，过渡政府陷入更加被动的局面。与此同时，"伊斯兰复兴运动"在国内经济发展方面无所作为，导致经济低迷，人民生活水平下降，大大降低了民众对其执政能力的信心。在此背景下，为避免被逐出政治舞台，也为避免国内爆发政变或内战的风险，在有制度安排保障其未来能够经过选举重新上台的大前提下，"伊斯兰复兴运动"最终选择政治妥协，愿意交出政治主导权。2014年1月，"伊斯兰复兴运动"主导的过渡政府将权力移交给临时政府。

在"伊斯兰复兴运动"面临执政困境之时，世俗政党中的呼声运动党却在不断发展。该党于2012年创建，属于世俗政党，支持建立共和政体。2014年1月，突尼斯制宪议会通过了新宪法，规定突尼斯实行世俗制和共和制，总统由民众直接选举产生。同年10月，突尼斯举行议会大选。结果，在全部217席中，呼声运动党获得85席，成为议会第一大党。12月，突尼斯举行剧变后第一次总统直接选举，呼声运动党主席贝吉·卡伊德·埃塞卜西获胜并成为首任民选总统。

2015年2月，呼声运动党组建了由其主导的联合政府。该届联合政府共有41位政府成员，由呼声运动党、宗教政党、无党派人士等突尼斯国内重要政治力量组成，"伊斯兰复兴运动"也参与其中，全力配合呼声运动党主政。该届政府的组成，在一定程度上缓解了国内主要政治党派之间的分歧和矛盾，标志着剧变后历时四年的突尼斯政治过渡进程结束，突尼斯由此实现了政治权力的第一次平稳过渡。

（三）2019年第二次直接选举

2014年宪法之所以能够制定，2014年权力之所以能够平稳过渡，关键原因在于"伊斯兰复兴运动"所做出的政治妥协，同时也在于包括呼声运动党在内的世俗政党对于做出政治妥协后的"伊斯兰复兴运动"的包容。换言之，2014年宪法的制定，凝结了突尼斯主要党派的政治共识，同时也为"伊斯兰复兴运动"这样具有伊斯兰特色的宗教政党重新上台进行了制度安排。

2014年第一次直接选举之后，"伊斯兰复兴运动"开始结合形势发展对自身进行重大改革。它深刻反省了此前的执政经历，开始在党内进行政治改革。由此，"伊斯兰复兴运动"重新获得了民众和国际社会的支持和肯定。2018年，突尼斯举行市镇选举，结果"伊斯兰复兴运动"一举获胜，领先包括呼声运动党在内的其他所有党派。与此同时，在2014年直接选举后，主导政府的呼声运动党内部矛盾重重，导致其实力严重削弱，政治平衡也由此向"伊斯兰复兴运动"倾斜。

2019年，突尼斯进行了剧变后第二次直接选举，包括总统选举和议会选举前后两个环节。2019年9月，总统选举举行第一轮投票。由于所有26名候选人的得票均未过半数，因此10月举行了第二轮投票。结果，凯斯·赛义德得票率为72.71%，成功当选新一任总统。赛义德为独立候选人，退休前是突尼斯大学教授，未担任过政府职务。他作为政坛新人获得总统选举胜利，震动了突尼斯和世界。而在其他25名候选人当中，有许多资深政客。代表"伊斯兰复兴运动"参选的临时议长阿卜杜勒·法塔赫·穆鲁，在第一轮投票中得票率仅居第三位，未能进入第二轮投票。时任总理沙海德和国防部部长阿卜杜勒·克里姆·兹比迪的得票率也很低，同样未能进入第二轮

选举。这次总统选举共有 720 万名选民登记，第一轮投票率为 49%，比第一次直接总统选举时的投票率下降 15%。[①]

同年 10 月 6 日，突尼斯举行剧变后的第二次直接议会选举。改革与转型后的"伊斯兰复兴运动"最终获得 52 席，再次成为议会第一大党。呼声运动党仅获得 3 席。11 月 15 日，经"伊斯兰复兴运动"推举，哈比卜·杰姆利出任总理。随后，赛义德授权哈比卜·杰姆利组建新政府，要求在两个月内完成。此后，杰姆利组阁未获得议会批准。直到 2020 年 2 月 19 日，才正式组成了新一届政府。

二 突尼斯政治转型取得进展的重要原因

迄今为止，与中东地区同样发生变局的国家相比，比如埃及、也门、叙利亚、利比亚等国，只有突尼斯以相对和平的方式实现了政治转型以及政治权力的平稳过渡。突尼斯之所以能够较为顺利地实现政治多元化发展，有非常复杂的国内外条件和因素。其中，内部原因最为重要，这是突尼斯各种政治力量通过政治妥协达成政治共识的结果。而"伊斯兰复兴运动"能够在关键时期做出重大政治妥协，为突尼斯各政治力量达成共识、帮助突尼斯结束政治危机、实现权力的平稳交接发挥了关键作用。[②] 这种政治妥协中一项重要的制度性成果，就是 2014 年 1 月 26 日突尼斯新宪法的制定和通过。2014 年宪法凝结了突尼斯各主要党派的政治共识，以半总统制的政体方式实现了政治权力的分享，同时为各主要政党在未来能够通过民选方式上台执政奠定了制度基础。不仅如此，在 2014 年第一次直接选举后，"伊斯兰复兴运动"重新对自身进行定位，从根本上改革党纲，调整组织机构，实现了政治转型。这也从深层次上进一步消弭了与主要世俗政党的政治分歧，进而为突尼斯平稳发展奠定了基础。

① 雅言：《"阿拉伯之春"后突尼斯的选举政治》，《国际研究参考》2020 年第 1 期，第 14 页。

② 曾向红、陈亚洲：《政治妥协与突尼斯的和平政治过渡——基于对突尼斯"伊斯兰复兴运动"的考察》，《外交评论》2016 年第 2 期，第 61 页。

（一）"伊斯兰复兴运动"选择政治妥协的原因

政治妥协是解决政治冲突的一种基本方式。它主要是指在政治斗争双方大致势均力敌的条件下，为获得"双赢"，或避免两败俱伤，双方通过政治谈判、磋商等方式，相互做出让步，进而缓解矛盾的过程。[①] 政治妥协能否实现，需要冲突双方具备政治妥协的意愿，还需要许多其他条件的支持，包括政治协商有效途径的建立等。

而剧变后突尼斯上述第一个阶段的相对平稳过渡，主要得益于"伊斯兰复兴运动"做出的政治妥协。这种政治妥协意愿的选择，也是当时国内政治危机日益加剧以及埃及"7月3日事件"冲击所导致的结果。

具体而言，当时突尼斯国内政治危机的加剧与国内四个方面的因素密切相关。其一，2011年建立过渡政府后，"伊斯兰复兴运动"与国内主要世俗政党的政治分歧和矛盾不断扩大，导致制宪进程一拖再拖，新宪法迟迟未能制定并通过。2011年11月制宪议会正式成立后，曾规定在未来一年内制定并通过新宪法，但是由于作为议会第一大党的"伊斯兰复兴运动"与其他主要世俗政党在如前所述宪法问题上存在严重分歧，直到2012年8月制宪议会才颁布了新宪法草案，此后新宪法草案又一再被搁置，议会选举也因此而被推迟。

其二，"伊斯兰复兴运动"在处理与萨拉菲主义者的关系上犹豫不决，使世俗政党以及普通民众对"伊斯兰复兴运动"的疑虑不断加深。萨拉菲主义者是突尼斯国内的伊斯兰激进派，突尼斯变局后，他们的暴力活动呈上升态势。突尼斯剧变初期，为争取萨拉菲派的支持，"伊斯兰复兴运动"领导人格努希主张，国家法律应突出强调伊斯兰教的属性。同时，他也在为一些萨拉菲派的政治组织合法化提供方便。但在其他场合，他又一再重申突尼斯应当是一个独立、自由的主权国家，应当建立共和制。

[①] 曾向红、陈亚洲：《政治妥协与突尼斯的和平政治过渡——基于对突尼斯"伊斯兰复兴运动"的考察》，《外交评论》2016年第2期，第62页。

其三，执政后，"伊斯兰复兴运动"在解决经济发展问题上的能力欠缺，突尼斯经济因此低迷不振，民生问题仍然未能妥善解决。变局初期，"伊斯兰复兴运动"曾提出了一揽子振兴经济的宏伟计划，但因缺乏可操作性，这些计划大多成为一纸空文。从变局之初到2014年，从经济表征上看，经济呈现低增长，失业率居高不下是突尼斯经济形势的基本态势。[①] 2011年经济呈现负增长；从2012年到2014年，经济增长率有所回升且相对稳定，分别为3.9%、2.4%和2.3%，但未恢复到剧变之前的水平；变局之前，突尼斯经济增长率接近或略高于世界经济平均增长水平，比如2007年和2008年分别为6.5%和4.5%。[②] 通货膨胀率较高，从2011年到2014年分别为3.5%、5.1%、5.8%和4.9%。[③] 失业率居高不下，甚至高于变局前，这是困扰突尼斯过渡政府的主要问题。2011年失业率达18%，2014年为15.2%；其中，高学历人群失业率高，女性失业率高，南部不发达地区失业率高等，是其显著特点，这三方面均大致高于平均失业率的一倍。[④]

其四，两起针对世俗反对党的暗杀事件，加剧了"伊斯兰复兴运动"与世俗党派以及民众之间的政治危机。2013年2月，"统一民主爱国党"领袖肖克里·贝莱德遇袭身亡；7月，"人民阵线党"主席穆罕默德·布拉米也被暗杀。世俗政党与普通民众都认为，"伊斯兰复兴运动"是指使者。2013年9月，一项民调显示，"伊斯兰复兴运动"在民众中的信任度仅为28%。

除国内因素外，2013年7月3日埃及武装部队总司令、国防部部长塞西推翻穆尔西领导的穆斯林兄弟会主导的民选政府，对"伊斯兰复兴运动"

① 李洪峰：《"茉莉花革命"后突尼斯经济状况分析及展望》，《法语学习》2017年第1期，第3页。
② 李洪峰：《"茉莉花革命"后突尼斯经济状况分析及展望》，《法语学习》2017年第1期，第2页。
③ 李洪峰：《"茉莉花革命"后突尼斯经济状况分析及展望》，《法语学习》2017年第1期，第2页。
④ 李洪峰：《"茉莉花革命"后突尼斯经济状况分析及展望》，《法语学习》2017年第1期，第2页。

最终选择政治妥协起到了极大的推动作用。一方面，在埃及塞西推翻了由穆斯林兄弟会主导的政府，使同样具有伊斯兰主义属性的"伊斯兰复兴运动"感到切肤之痛。它深切感受到，伊斯兰政党在当前国家政权竞争中处于不利地位，甚至面临巨大的生存风险。埃及穆斯林兄弟会无论从组织实力还是从群众基础而言，都明显强于突尼斯的"伊斯兰复兴运动"。即便如此，穆兄会也未能摆脱被赶下台的命运。此后，埃及穆兄会及大多数骨干成员进一步遭到埃及军政府的强力镇压。穆兄会不仅失去了政治权力，而且失去了合法地位。

另一方面，突尼斯国内就突尼斯是否会成为"第二个埃及"展开了激烈讨论，世俗反对派进一步提出效仿埃及推翻突尼斯制宪议会的政治诉求。2013年8月6日，世俗反对派组织大规模示威活动，要求"伊斯兰复兴运动"领导的现政府下台，解散制宪议会。8月24日，爆发了全国性大规模抗议活动，同样要求政府下台。对此，"伊斯兰复兴运动"高级领导人深感忧虑，他们认为，埃及"7月3日事件"已经深刻影响到突尼斯，"伊斯兰复兴运动"的政治发展因此更加具有不确定性，必须尽快找到和解之道，化解政治僵局。正是埃及穆兄会政府的下台促使"伊斯兰复兴运动"选择通过协商做出妥协。[1]

面临国内外严峻形势，经过再三权衡，2013年底2014年初，在与世俗党派达成政治共识后，"伊斯兰复兴运动"决定在没有发生政变和在有制度保障其未来能够通过选举重新上台执政等前提下，让出该组织当时在突尼斯政治中的主导地位，以避免内战的发生。2014年2月，"伊斯兰复兴运动"领导人格努希对这种政治妥协进行了阐释。他说：虽然"伊斯兰复兴运动"是通过选举而合法地上台执政，但是，如果不进行政治妥协，突尼斯就无法获得新的宪法；"伊斯兰复兴运动"希望得到权力，但拥有民主宪法比拥有权力更加重要。他还强调：只要建立了民主政体，各方都能得到参政的机

---

① 曾向红、陈亚洲：《政治妥协与突尼斯的和平政治过渡——基于对突尼斯"伊斯兰复兴运动"的考察》，《外交评论》2016年第2期，第72页。

会；为了避免内战的发生，突尼斯各方必须做出妥协，进而达成共识；只要拥有民众的信任，我们还会有机会重获权力。[①]

（二）"伊斯兰复兴运动"政治妥协的重大影响

"伊斯兰复兴运动"选择采取政治妥协后，其重大影响主要表现在以下两个方面。

第一，在制度层面，即在宪法当中有关伊斯兰教在国家、政治、社会等方面的作用，以及在政体形式、性别平等一系列重大原则问题上，"伊斯兰复兴运动"都做出了让步，从而与突尼斯各主要世俗政党达成了政治共识，新宪法才得以制定并颁布。

2014年宪法是"伊斯兰复兴运动"做出政治妥协的重要产物。从2011年底"伊斯兰复兴运动"组建过渡政府开始至2014年1月，在两年多的时间内，突尼斯各主要政党、公民社会组织等围绕新宪法的制定进行了热烈的讨论。如前所述，"伊斯兰复兴运动"与议会当中的主要世俗政党在一系列有关宪法的重大原则上存在着深刻的分歧。与此同时，突尼斯各主要政党，包括"伊斯兰复兴运动"、各世俗政党等，还在突尼斯"全国对话四方组织"积极斡旋下，进行了非常艰难的"民族对话"。"全国对话四方组织"是突尼斯的非政府组织，它成立于2013年，是由四个公民社会组织通过协商组成的非政府组织联盟，包括突尼斯总工会、突尼斯工贸及手工业联合会、突尼斯人权联盟和突尼斯律师协会。最终，在突尼斯制宪议会全部217位议员中，有200位议员投票赞成通过了2014年新宪法。可以说，这部新宪法是阿拉伯国家当中第一次由国家公民通过政治协商进程达成的政治共识，因此在突尼斯以及中东地区民众中享有非常高的合法性，并使突尼斯赢得了国际信誉。

2014年宪法包括146项条款。它确保了突尼斯国家的世俗性。它虽然

[①] 曾向红、陈亚洲：《政治妥协与突尼斯的和平政治过渡——基于对突尼斯"伊斯兰复兴运动"的考察》，《外交评论》2016年第2期，第73页。

认可伊斯兰教是突尼斯的宗教，但是保障信仰自由、意识自由和崇拜自由。此外，它为突尼斯构建了一个共和政体，同时还为突尼斯建立了一个民主的、多元参与的政治体制。据此，它赋予政府总理享有绝大多数行政权力，但同时赋予总统监督政府并制衡政府的权力。此外，它主张男女权利平等、义务平等。它还赋予公民言论自由、思想自由、出版自由等。它崇尚政治多元主义，主张公民有权利组建贸易联合会、组建协会以及组建政党。它要求国家保护个人尊严。①

"伊斯兰复兴运动"虽然是突尼斯制宪议会第一大党并占据了40%的席位，但与如前所述该党有关宪法的政治主张相比，它还是在2014年宪法当中做出了最大的政治妥协与让步。比如，放弃了将伊斯兰教法作为国家法律来源的主张，放弃了建立强大的议会制的主张，放弃了禁止与以色列关系正常化的主张。再如，放弃了反对性别平等的主张，放弃了禁止言论自由的主张，放弃了禁止信教自由的主张等。②

第二，继续秉承政治妥协的精神，2014年后，"伊斯兰复兴运动"对第一阶段过渡时期执政失败进行了深刻反省，进而开始在党内实行政治改革，从而在体制上实现了政治转型。2016年5月，"伊斯兰复兴运动"召开第十届全党大会，决定实行以政教分离为核心的重大改革。这次大会共有来自全国的1200名代表参加，最后以2/3的多数票支持通过政教分离的政治改革。③ 这种改革主要涉及三方面内容。一是实行政教分离，决定把宗教事务从政治事务中剥离出去。④ "伊斯兰复兴运动"的领导干部不再从事任何宗教活动和事务，以便该组织能够专注于政治事务，探索带领突尼斯走出困境的发展道路。⑤ 二是对"伊斯兰复兴运动"重新定位，决定放弃"政治伊斯兰"，建立一个"以现代化的、穆斯林的、文明的价值观为基础的、政治

① EIU：*Country Report*，*Tunisia*，March 2014，p. 23.
② EIU：*Country Report*，*Tunisia*，March 2014，p. 23.
③ EIU：*Country Report*，*Tunisia*，June 2016，p. 20.
④ EIU：*Country Report*，*Tunisia*，June 2016，p. 20.
⑤ 王光远、张洪舰：《突尼斯复兴运动党转型原因与前景展望》，《辽宁大学学报》（哲学社会科学版）2019年第5期，第168页。

的、民主的、公民社会的政党"①。

它还希望由此进一步加强党的专业化建设，同时减少与世俗政党合作的阻力。"政治伊斯兰"是"伊斯兰主义者"的同义语，其核心思想还是以伊斯兰教法为国家宪法或立法的来源，最终目标是建立以伊斯兰教法为基础的伊斯兰国家。如前所述，在2014年宪法制定中，"伊斯兰复兴运动"已经做出了政治妥协，其中一个重要方面，就是放弃以伊斯兰教法作为宪法来源的原则，支持建立以政教分离为基础的、世俗化的、现代化的国家。此时，在党的改革中同样放弃这种原则，充分表明了"伊斯兰复兴运动"决定彻底进行政治转型的决心和意愿。三是吸纳各领域专业人才加入"伊斯兰复兴运动"。为此，"伊斯兰复兴运动"降低了入党门槛和限制。比如，规定申请人不再需要两名党员的推荐，道德审查也被取消等。

"伊斯兰复兴运动"进行政治改革具有中短期考虑。第一，它希望借此与各种形形色色的政治伊斯兰主义派别划清界限，后者已经诉诸暴力和恐怖主义来实现他们的目标，即建立以伊斯兰教法为基础的伊斯兰国家。第二，"伊斯兰复兴运动"希望借此消除各种世俗反对派对它的指责。这些世俗反对派指责"伊斯兰复兴运动"利用宗教谋取政治权力，还指责"伊斯兰复兴运动"具有将突尼斯转变成为伊斯兰主义国家的"秘密议程"。第三，"伊斯兰复兴运动"希望借此拓宽它的社会支持基础。在2011年制宪议会选举中"伊斯兰复兴运动"的支持率达到37%以上，而在2014年议会选举中则下降到28%。"伊斯兰复兴运动"已经认识到，政治伊斯兰各种党派不可能争取到全国民众的普遍支持。②

除此之外，"伊斯兰复兴运动"还有长远的目标，那就是促使"伊斯兰复兴运动"与国家和社会实现关系正常化，从以往的政治反对派身份转化成为国家和社会的同路人。自该党成立后，数十年来，"伊斯兰复兴运动"一直是以政治反对派的身份站在国家的对立面。现在，"伊斯兰复兴运动"

---

① EIU：*Country Report*，*Tunisia*，June 2016，p. 20.
② EIU：*Country Report*，*Tunisia*，June 2016，p. 20.

承认有必要接受"国家利益"这种概念，即便这种概念对于像它这样原先的伊斯兰主义党派来说是非常难以理解的，这种概念在他们的意识当中也是非常淡薄的。再次当选"伊斯兰复兴运动"主席的格努希的一名高级顾问指出："我们要与国家和社会实现关系正常化，就不能站在国家和社会的对立面；在一个非常敏感和脆弱的时期，如果我们站在国家和社会的对立面，便有可能与国家和社会产生对抗；一旦产生对抗，意味着我们有可能遭到新的镇压，或者有可能使我们面临来自青年人的暴力回应。"① 在 2016 年 5 月召开的全党大会开幕式上，格努希主席宣称，伊斯兰价值观包括支持国家发展这样的工作，也包括支持遏制伊斯兰极端主义的挑战。他说："突尼斯国家是突尼斯所有人共有的轮船。它必须毫无例外地、毫无排他地、毫无分歧地承载突尼斯的所有儿子和女儿。"②

如前所述，经过改革与转型后的"伊斯兰复兴运动"在 2018 年突尼斯全国市镇选举中获得 1/3 左右的选票，而在 2019 年 10 月举行的变局后第二次议会直接选举中重新获得成为议会第一大党的胜利。

以上分析说明，通过政治妥协，"伊斯兰复兴运动"与世俗政党达成了政治共识，化解了政治危机，进而将这种共识转化成制度成果，对突尼斯的政治转型以及权力的平稳过渡发挥了重要作用。除此之外，"伊斯兰复兴运动"还将这种政治妥协精神内化为自身的政治改革，从而为确保自身在国家政治中的合法地位、成功融入突尼斯的政治转型进程发挥了至关重要的作用。

当然，变局后突尼斯政治转型能够取得重要进展，不仅仅在于"伊斯兰复兴运动"的政治妥协，这是一系列因素共同作用的结果。比如，政党与武装力量的脱钩，突尼斯军队不干政的传统，外部因素较少直接干涉、欧美对于突尼斯转型的支持等。

---

① Rory McCarthy, "The Politics of Consensus: Al-Nahda and the Stability of the Tunisian Transition," *Middle Eastern Studies*, Vol. 55, No. 2. 2019, p. 269.

② Rory McCarthy, "The Politics of Consensus: Al-Nahda and the Stability of the Tunisian Transition," *Middle Eastern Studies*, Vol. 55, No. 2, 2019, p. 269.

三 政治转型面临的主要问题和挑战

尽管剧变后突尼斯政治转型取得了上述重要的阶段性成果，但是在十年的政治转型过程中，突尼斯也面临一系列问题和挑战。主要问题和挑战如下。

（一）经济发展停滞不前

突尼斯经济增长乏力。尤其是自 2015 年连续遭受暴力恐怖袭击后，突尼斯经济一直停滞不前。经济低迷与民生问题，始终是转型时期突尼斯面临的最严峻、最棘手问题。

可以用一组数据来说明这个问题。2015 年突尼斯连续发生多起暴恐袭击，其支柱产业——旅游业和服务业遭受沉重打击，外国投资也停滞不前。2015年，突尼斯国内生产总值增长率从 2014 年的 2.9% 下降到 1%；此后从 2016年到 2019 年，国内生产总值增长率为 1% ~ 2%，分别为 1.2%、1.9%、2.4% 和 1.9%。从产业结构上看，农业增长率变化不大；但是工业增长率几乎全部为负增长，从 2015 年到 2019 年，分别为 -1.5%、-0.4%、-0.7%、0.2% 和 -14%；服务业增长率也起伏不定，从 2015 年到 2019 年分别为0.6%、2.9%、2.3%、1.9% 和 1.7%。政府财政状况也非常糟糕，连续多年呈赤字状态。从 2015 年到 2019 年，财政赤字在国内生产总值中的比例分别为-4.4%、-5.4%、-5.9%、-4.4% 和 -3%。外贸收支也不尽如人意，从2015 年到 2019 年外贸收支一直呈赤字状态，外贸赤字分别为 49.45 亿美元、47.24 亿美元、52.26 亿美元、58.71 亿美元、54.52 亿美元。从 2015 年到2019 年，人均国内生产总值也增长缓慢，分别为 11469 美元、11609 美元、11913 美元、12208 美元和 12515 美元。官方统计的失业率始终居高不下，从2015 年到 2019 年，分别为 15.2%、15.5%、15.4%、15.5% 和 15.2%。[①]
在经济发展停滞的背后，还存在深层次的矛盾或结构性问题。第一，国

---

① EIU：*Country Report*，*Tunisia*，June 2020，p. 10.

内经济发展对欧洲市场过分依赖。欧洲是突尼斯最重要的政治经济合作伙伴，也是突尼斯最大的外国直接投资来源地。在突尼斯向欧洲出口的产品中，手工业产品占据过半的份额。半个多世纪以来，突欧合作是突尼斯经济发展的保障，但同时也造成突尼斯产业结构长期缺乏创新，并可能受到欧洲经济不稳定所造成的连带影响。第二，突尼斯面向欧洲出口所形成的产业结构与其教育体制之间也存在着矛盾。在突尼斯产业结构中，占据优势地位的是手工业、纺织业、电子电器产品以及服务业（比如旅游业）等。它们对劳动力的需求主要是劳动密集型人口，而非资本密集型或技术型人口。而突尼斯高等教育发达，民众受教育水平和识字率都远远高于北非其他国家，大学毕业生对工作的期望值远远高于国内产业结构所能吸纳的能力。也就是说，出口型产业结构对蓝领工人的需求要高于对白领工人的需求，而突尼斯职业培训体系却并不发达。第三，突尼斯经济体制内部普遍存在僵化、老化等问题，行政效率低下，极大地束缚了经济的发展。比如，在投资领域实行的一直是 1993 年通过的投资法，变局后直到 2015 年才形成了新的投资法。可是新投资法限定的领域比较多，行政审批程序冗长，在税务减免方面也存在歧视。金融体系也存在结构性问题，比如信息不透明，资金不足，呆账累积，监管不力，等等。

（二）恐怖主义威胁

变局后，受国内政治转型以及周边国家动荡局势的影响，恐怖主义威胁上升成为突尼斯面临的最主要的非传统安全问题。

就国内而言，圣战萨拉菲主义者是最主要的恐怖主义组织。变局后，突尼斯国内萨拉菲主义者重新分化组合。一部分属于温和派，他们组建政党，以和平的方式参与民主政治，但影响力日趋衰退；另一部分属于激进派，他们反对世俗政府，主张通过暴力方式建立"伊斯兰国家"，实施伊斯兰教法。其代表组织是于 2011 年 4 月由阿布·阿亚德·突尼西创建的"伊斯兰教法支持者"。[①] 2013 年 2 月和 7 月，该组织分别制造了两起刺杀世俗党派

议员的事件。2015 年，该组织的分支"奥克巴·伊本·纳法旅"还相继制造了巴尔杜博物馆恐袭案、苏塞海滩枪击案以及总统卫队遇袭案。此外，"哈里发战士"是另一个恐怖组织。2018 年，该组织实施了十余起恐怖袭击。

在突尼斯一些贫困地区和边境地区，极端组织也比较活跃。比如，突尼斯与阿尔及利亚接壤的西部边境地区，就受到了"伊斯兰马格里布基地组织"的威胁，该组织由阿尔及利亚的"圣战士组织"演变而来。长期以来，西部边境地区是突尼斯比较贫困的地区。变局后，"伊斯兰马格里布基地组织"在该地区不断吸收和培训来自突尼斯的"圣战"分子。此外，受利比亚持续内战的影响，在突尼斯的东南部地区，突尼斯境内外恐怖组织相互跨国联动，对该地区边境安全构成威胁。再者，在失业率较高的突尼斯中南部地区，一些极端组织也通过招募大量的失业青年而不断得到发展。

恐怖主义之所以在突尼斯比较活跃，有许多非常复杂、相互交织、相互影响的因素，但就安全治理本身而言也存在一系列问题。第一，突尼斯长期以来实行的"安全外包"政策导致其难以单独应对来自国内外的各种安全威胁。[①] 突尼斯独立以来，一直与欧美保持特殊关系，以保障本国的安全，包括由后者提供武器装备、军事和安全培训等。因此，短期内突尼斯很难迅速提升其安全部队的治理能力。

第二，变局后突尼斯安全力量改革取得了一定成效，但是还存在许多制度性问题。突尼斯安全力量主要包括警察和军队，警察又分为制服警察和便衣警察。军队主要负责保障政权安全以及抵御外敌侵略；国内治安和反恐任务主要由警察来承担。制服警察主要负责城市安全，其中的国民卫队主要负责农村地区安全，便衣警察主要承担偏远地区安全保障的任务。变局后通过改革，警察队伍人数由原来的 20 万人减少至 11 万人左右，军队总人数从不足 3 万人增至 4 万人。[②] 除此之外，改革后，各种安全力量

---

① 李竞强：《突尼斯民主转型时期的安全治理》，《阿拉伯世界研究》2020 年第 1 期，第 147 页。

② 李竞强：《突尼斯民主转型时期的安全治理》，《阿拉伯世界研究》2020 年第 1 期，第 147 页。

被统一置于内政部管辖之下，但内政部改革进程依旧缓慢，恐怖主义因此获得了发展空间。军队与警察的分工也不是十分明确。警察队伍虽被赋予了反恐重任，但由于装备不足等，在实际反恐行动中常常由军队承担更重要的任务。

第三，由于安全治理能力有限，变局十年来突尼斯主要通过频繁实施紧急状态来应对安全威胁。比如，2011年3月，突尼斯首次宣布实施紧急状态，此后一直延续到2014年3月才结束。2015年11月总统卫队遇袭事件后，突尼斯再次宣布实施紧急状态。此后紧急状态数次被延长，直到2018年10月才解除。紧急状态只是一种非常规手段和辅助性手段，从长期来看，仍需要通过提升安全治理能力，才能有效打击恐怖主义、维护国家的稳定。

（三）政治转型的不成熟性

这是突尼斯当前面临最主要和最核心的问题。这主要包括三个方面。

第一，变局后突尼斯政治转型虽然取得了阶段性成果，比如建立了世俗性、包容性的多元民主政体，但是该政体还要经历时间、实践以及民众的不断考验才能逐步成熟起来。换言之，现行政治体制及其运行还是非常脆弱的，成效也比较低。特别是当前政党政治还在分化组合当中，尚未形成比较稳定的政治格局。其结果之一是造成议会组成的碎片化。如前所述，新一届议会选举于2019年10月举行，并于当年11月中旬组建了新一届议会。进入这届议会的共有30多个政党，但是没有任何一个政党能够获得超过半数的席位；"伊斯兰复兴运动"虽然再次成为第一大党，但在全部217个席位中，也仅获得52席，远低于其在2011年制宪议会选举时获得的席位；"突尼斯之心"获得38席，排名第二；自2014年第一次直接选举后主导政府的呼声运动党，因内部矛盾和分裂仅获得3个席位。

第二，受此影响，新一届政府组成也是碎片化的。2019年议会选举揭晓后，直到2020年2月19日，新一届联合政府成员名单才得到议会批准。新一届政府成员共有30位部长、2名国务秘书。其中有半数的重要职位，

比如内政部、国防部、外交部、正义部、金融和工业部等，归无党派人士所有，其中大多数人具有雄厚的专业技术背景支撑；其他政府职位，则分别由"伊斯兰复兴运动""突尼斯之心"、祝福突尼斯党、人民运动党等党派的成员担任。①

第三，碎片化的政治生态，加上三权分立、相互制衡的西式政体特点，较难在重大问题上迅速达成共识，会进一步凸显不同机构之间相互制约、相互牵制的负面作用。比如，在2019年10月议会选举后，由于议会中党派林立，矛盾较多，致使新政府的产生被拖延了三四个月之久。2019年11月中旬新议会成立后，总统凯斯·赛义德曾授权议会第一大党"伊斯兰复兴运动"成员哈比卜·杰姆利组阁。但在2020年1月议会表决中，杰姆利组建的政府未能获得多数议员同意，组阁失败。此后，赛义德总统又提名埃利亚斯·法赫卡赫为总理出面组建政府。2月，在法赫卡赫与议会第一大党"伊斯兰复兴运动"进行再次磋商并达成协议后，他提名的政府人选才于2月19日得到了议会的支持。

受政治转型脆弱性的影响，上述经济、社会、安全等各领域深层次的问题或结构性矛盾都不能得到有效解决。2019年第二次直接选举的结果，比如无党派人士当选总统，或大量无党派人士进入议会和政府，实际上也是民众认为像"伊斯兰复兴运动"或呼声运动党这些党派执政能力不足的直接反应。

由上观之，剧变十年，突尼斯在政治转型中取得了阶段性重大成果。避免了冲突或内战，实现了权力的平稳过渡，逐渐走上了世俗化的、包容性的、多元民主发展道路。这主要是在"伊斯兰复兴运动"就一系列重大原则问题做出政治妥协的前提下，突尼斯各主要党派就国家政治发展达成共识后所取得的，突尼斯民众因此对国家的未来发展充满了信心和希望。不过，突尼斯政治转型还处于探索阶段，因此仍是非常脆弱的、不成熟的，并且突尼斯在经济、安全和政治领域还存在一系列深层次问题。如果这些问题能够

---

① EIU：*Country Report*，*Tunisia*，March 2020，p.21.

得到有效解决，必然会巩固突尼斯来之不易的转型成果。反之，则有可能对突尼斯政治和社会稳定带来负面影响。剧变十年，对突尼斯而言毕竟是短暂的。突尼斯民众和国际社会需要有足够的耐心，突尼斯也需要有足够的时间，才能在比较宽松的国内外环境中进一步探索经济发展和社会发展的成功道路。

Y.7
埃及：一波三折的转型和发展

王 琼*

摘 要： "一·二五革命"后，埃及走上了一条曲折的政治经济变革之路。穆尔西挑战军方权势，成功当选埃及总统，但穆尔西经济上施政无力、政治上内外交困，最终引发"二次革命"。塞西掌权后，强势平息社会动荡，大力推动经济改革，恢复了埃及经济社会稳定，但未能改变埃及依赖地租型经济、制造业薄弱、债务问题高企的结构性问题。目前埃及仍存在青年人高失业率、民生艰难等一系列社会问题，埃及政治稳定在后疫情时代面临一系列不确定性。

关键词： 埃及 中东剧变 政治发展 经济形势

2010 年底开始的中东剧变至今已有十年。作为"阿拉伯之春"中第二个爆发政权更迭、第一个出现"二次革命"的国家，埃及的政治、经济、社会形势在十年间发生了巨大变化。总体来看，埃及由"一·二五革命"后埃及军方与穆兄会的权力博弈及局势动荡，逐渐走上塞西治下的稳定之路，但政治、经济、社会等治理矛盾并没有因"二次革命"和塞西执政而得到根本解决，相反，在后疫情时代仍有继续激化的可能。

---

* 王琼，中国社会科学院西亚非洲研究所政治室副研究员，主要研究中东政治与法律、中东热点问题与国际法。

一 穆巴拉克时代的治理危机与"一·二五革命"

穆巴拉克自1981年10月14日就任埃及总统，到2011年2月在埃及已连续执政近三十年。在其治下，埃及在北非和阿拉伯世界以政治稳定、经济高速发展、国力繁荣著称。但"一·二五革命"爆发后，穆巴拉克政权的终结却几乎发生在一夜之间。穆巴拉克政权的快速倒台，是内外多方面因素作用的结果。其根源于20世纪90年代后埃及国家治理中不断激化的政治、经济和社会矛盾，同时社交网络引发的政治动员①、穆兄会等政治伊斯兰力量的积极参与使"一·二五革命"迅速演变为凝聚埃及各阶级意志的政治运动，最终在军方倒戈、美国逼压的情况下，穆巴拉克黯然辞职。

穆巴拉克时代的治理危机突出表现在：随着穆巴拉克执政时间不断延长，②穆巴拉克和执政党——民族民主党，愈发难以回应埃及民众对政治清明、经济繁荣、就业充分的基本诉求，"穆巴拉克下台"最终成为埃及各界解决治理危机的共同呼声。

在政治上，穆巴拉克威权统治逐渐走向僵化，贪恋权位不得人心。1981年萨达特遭极端分子刺杀后，接任的穆巴拉克以反宗教极端势力为名通过了《紧急状态法》，将埃及长期执行的紧急状态上升为国家制度。根据该法确定的紧急状态，埃及安全部门有权不经任何司法程序逮捕和处置嫌疑人。三十年来，穆巴拉克不但以"埃及面临严峻恐怖威胁"为由坚持执行紧急状态、《紧急状态法》也逐渐成为穆巴拉克政权打击反对派、维护警察和安全机关执法特权和部门利益的政治工具。2010年6月，埃及警察将亚历山大城的青年哈利德·赛伊德殴打致死，激起民众对紧急状态和警察特权的强烈不满。但在各界批评声中，穆巴拉克执意继续延长执行紧急状态，维持对民

---

① 曾向红：《社会运动理论视角下的中东变局》，中国社会科学出版社，2018，第191页。

② 如1952年埃及共和国成立后，在近六十年时间里，埃及只产生了纳吉布、纳赛尔、萨达特、穆巴拉克四位军人总统，其中纳吉布被软禁，纳赛尔、萨达特两代政治强人执政至去世，埃及没有建立一个正常的领导人接续制度。

众的高压态势。同时，随着穆巴拉克年事渐高，后穆巴拉克时代的权力安排逐渐成为埃及政治的焦点，但穆巴拉克和民族民主党不断通过各种手段加强权力、排斥异己。2005 年，埃及修改《政党法》，允许以穆兄会为代表的反对派以个人身份参选议员，对除民族民主党之外的政党参政仍做出严格限制。在之后的人民议会选举中，穆巴拉克政权被指责操纵干预了选举。2006年，穆巴拉克开始安排次子贾迈勒·穆巴拉克担任民族民主党的高级职务，扶植其担任接班人的意味明显。此外，穆巴拉克出身埃及空军，其代表的空军利益群体同以陆军为主体的军方利益群体存在矛盾。特别是在埃及私有化过程中，穆巴拉克家族同军方利益存在冲突，这使穆巴拉克同军方的关系更加微妙。

在经济上，埃及贫富差距分化不断加剧，民众获得感严重缺失。纳赛尔时期，埃及执行了社会主义经济革命，建立了大量国有企业和公共服务部门，在粮食、能源、交通、教育、医疗等领域向民众提供大量补贴和免费公共服务。但到 20 世纪 80 年代后期，埃及经济陷入了严重债务危机，最终穆巴拉克在 1991 年选择接受美国和多边金融机构的提议，执行了经济部门私有化、削减社会福利、弱化经济管制职能的自由主义改革计划。单就经济增长率而言，埃及自由主义改革成绩不俗，1990～2010 年，实现了年均经济增长率 4.5% 的高速发展。[1] 但高经济增速掩盖了埃及经济严重依赖外国投资和旅游业驱动、政府粮食和能源补贴负担较大等结构性问题。其结果就是随着埃及经济结构的调整，普通民众没有感受到经济增长的切实好处，相反穆巴拉克治下的埃及涌现出大批依靠政府投资项目钻营腐败的官－商资本家阶层，大量中产阶层人口向下层社会下滑，不对称、不稳定的"哑铃式"阶级结构日趋严重，社会贫富差距不断拉大。[2] 2008 年的金融危机成为经济社会矛盾激化的导火索，为应对金融危机，埃及政府裁减粮食和能源补贴，随着粮食和能源价格持续走高，普通民众生活水平直线下降。民众认为自己

---

① 贺文萍：《民生凋敝是中东动荡的主因》，《社会观察》2011 年第 3 期，第 44～46 页。
② 戴晓琪：《中产阶级与埃及政局变化》，《阿拉伯世界研究》2012 年第 1 期，第 56 页。

在穆巴拉克治下的经济发展中被边缘化，不安全感十分强烈，穆巴拉克政权的合法性被不断瓦解。

在社会治理上，埃及腐败问题十分严重，青年人失业率过高。在埃及私有化和国家刺激经济的大量投资项目中，腐败现象几乎无处不在，特别是在旅游、住建、对外贸易等领域，存在广泛侵吞国有资产现象，相关部门领导人在穆巴拉克下台后均遭到了腐败指控。在腐败问题严重毒化社会风气的同时，青年人的高失业率则直接埋下了埃及社会运动的诱因。穆巴拉克执政后，埃及人口出生率居高不下，城市化水平在投资主导型的经济政策下快速提升，但城市化和外国直接投资并没有带来同新增人口匹配的就业机会。同时，由于埃及教育不均衡和专业不对口，使埃及出现了严重的就业不匹配问题。一方面，绝大多数失业人口是青年，绝大多数失业人口具有高中或大学学历；另一方面，纺织等劳动密集型企业缺乏熟练的产业工人，能源等资本和知识密集型企业在埃及雇不到足够的工程师团队。这种结构化的就业矛盾，不仅制约了埃及经济社会的有序发展，也使埃及政府即使调整劳动或经济政策也难以迅速缓解就业矛盾。在开罗、亚历山大等中心城市聚集着大量高学历失业青年，最终，他们成为埃及数次"广场革命"的主力军。

在上述因素的作用下，埃及社会矛盾持续累积，民众对穆巴拉克政权的不满情绪一触即发。2010 年末，突尼斯小贩布瓦吉吉自焚事件引发的"茉莉花革命"使埃及社交网络用户受到了巨大鼓舞，谷歌公司北非与中东主管瓦伊勒·加尼姆等意见领袖准备复制社交网络革命的成功模式，号召在 1 月 25 日的"警察日"举行抗议活动。当天，开罗爆发穆巴拉克执政以来最大规模的反政府抗议运动。1 月 27 日，"温和世俗派"领袖巴拉迪回国参与示威，组建"埃及变革协会"，并组织抗议活动，率先喊出了"穆巴拉克下台"的口号。1 月 28 日，约 10 万名抗议者涌入开罗解放广场，抗议政府独裁、物价上涨、吏治腐败和高失业率，并焚烧了民族民主党总部大楼。此后、亚历山大、阿斯旺、伊斯梅利亚、大迈哈莱、苏伊士等多个城市也相继爆发大规模的示威游行。1 月 29 日，穆巴拉克首次公开露面，他宣布解散内阁，承诺采取措施减少失业、改善民生，并任命安全部门负责人奥马尔·

苏莱曼担任副总统。穆巴拉克这种有意拉拢军方而忽视民众诉求的安排，并没有得到民众认可。2月3日，原本只允许成员以个人身份参与抗议的穆兄会以政治组织形式参与抗议，并通过清真寺、伊斯兰社会和福利体系，聚拢各阶层人士参与示威游行。此后，在抗议者占领解放广场、伤亡数量不断增加、苏莱曼同穆兄会主导的反对派谈判未果的情况下，美国和埃及军方对穆巴拉克的立场开始出现变化。2月10日，奥巴马要求穆巴拉克政府立即采取措施，以推进转向民主化的进程，明确逼压穆巴拉克下台。同日，埃及军方代表来到解放广场发表讲话，表示"穆巴拉克下台"的要求将很快得到满足。2月11日，副总统苏莱曼宣布穆巴拉克辞职，国家权力将交给坦塔维代表的埃及最高军事委员会。从1月25日发起抗议行动到2月11日穆巴拉克下台的十八天时间里，超过600万人参与游行、集会、罢工等各种抗议活动。在与强力部门的冲突中，共有800多人死亡，5500多人受伤。①

二　埃及剧变十年来的政治发展

从穆巴拉克辞职到2014年5月塞西赢得埃及大选，三年多的时间里埃及发生了两次社会革命，举行了两次大选，历经了三位总统和五个政权，公投通过了一部临时宪法和两部正式宪法。其间，埃及社会秩序急转直下，上万人在各类暴力活动中丧生，局部地区如西奈半岛更成为极端势力猖獗的大本营。埃及政治和制度变革的反复和混乱，即便放在中东变局中也不多见。塞西上台后，强势平息社会动荡，竭力维护安全环境。但因塞西逐渐恢复了穆巴拉克时期的内政外交政策，甚至在强化社会控制、延长总统任期等问题上过犹不及，近来已被外界批评为"新法老"或"新穆巴拉克"。从民众政治参与等视角看，埃及"一·二五革命"在十年后已经"回到了原点"。

---

① Pollack，Kenneth M. et al.，*The Arab Awakening*：*America and the Transformation of the Middle East*，Washington，D. C.：The Brookings Institution，2011，pp. 103 - 104.

（一）最高军事委员会监管的过渡时期与民主选举

长期以来，军方在埃及政局中具有举足轻重的影响力。穆巴拉克下台后，埃及最高军事委员会主导了宪法改革和政治过渡，竭力确保军方在宪法改革后仍保持特权地位。穆兄会则彻底摆脱了半地下状态，一跃成为埃及政坛中最重要的政治角色。抑制军方势力、取得国家权力很快成为穆兄会的明确目标，由此，双方的权力博弈成为后穆巴拉克时代埃及政治矛盾主线。

2011年2月13日，埃及最高军事委员会宣布终止1971年版《埃及永久宪法》并解散议会，承诺由新选举产生的议会和制宪委员会主导制定埃及新宪法，其间军方只负责监督，并将在6个月内将权力移交给民选总统。但此后，埃及议会、制宪和总统选举日程被一推再推。11月1日，军方在议会选举前抢先公布了一份《制宪纲领》，这份纲领不仅没有吸纳民众参与制宪进程，而且大幅度强化了军方的立法特权地位。在2011年11月和2012年2月的人民议会（议会下院）和协商会议（议会上院）选举中，伊斯兰政党均大获全胜，穆兄会成立的自由正义党和萨拉菲派的光明党在两院选举中均位列前二。2012年5月23日，埃及举行穆巴拉克下台后的首次总统选举，穆兄会候选人穆尔西和代表世俗自由派及军方利益的候选人沙菲克二人的得票率相差仅1%，二人进入第二轮选举。

军方不甘心就此交出权力，为应对穆尔西上台的情势，军方在政治和法律安排上做足了准备。2012年6月14日，最高宪法法院突然裁定《行使政治权利法》修正案"部分所依法律违宪"，由此2011年人民议会的选举结果无效，军方随即"依法"解散了人民议会。6月17日，军方公布了一份"宪法补充声明"，规定军方有权在新的人民议会选举前暂行立法权。次日，军方自立"埃及国防委员会"，其在军队事务上的职权几乎同总统平行，特别是拥有宣布执行紧急状态的权力。

在后穆巴拉克时代的政治过渡中，宪法法院和人民议会的立宪之争、军方对法律的工具性运用，都证明穆兄会和军方不过是把埃及新宪法及法律制度当作权力斗争的武器，结果有利于己时，各方便"支持""尊重"，反之

则抗争、作弊，甚至"重启"①。"法律框架"下的各方共识非常脆弱，这为埃及"二次革命"埋下诱因。

（二）穆尔西执政时期的内政矛盾和埃及"二次革命"

2012年6月24日，穆尔西以51.73%的得票率赢得总统大选，其上台即要面对军方和各派利益盘根错节、政局支离破碎的局面，最终穆尔西没有平衡好与军方、宪法法院、自由派和怀念穆巴拉克时期政局稳定的"沉默的大多数"的关系，执政仅一年就垮台了。

穆尔西上台后解决的第一个问题，就是试图彻底摆脱军队对埃及政治的干预。2012年7月8日，穆尔西签署总统令，下令撤销最高宪法法院的裁决，恢复被军方解散的人民议会，此举引发"穆尔西挑战'宪法体制'"的轩然大波。8月5日，北西奈省的检查站遭恐怖袭击，穆尔西以反恐不力为名将情报部门负责人、北西奈省省长和总统卫队司令解职，随后就传出了军方密谋政变的传闻。② 8月12日，穆尔西下令解除国防部部长、最高军事委员会主席坦塔维和总参谋长阿南的职务，大规模改组空军、防空军等亲穆巴拉克的军种势力。同时，穆尔西宣布取消军方6月17日的"宪法补充声明"，取消军方特权地位。一时间埃及军方从公开的政治角色中退隐，并表现出同穆尔西政府合作的姿态。

军方退出公开的政治角逐后，穆兄会的执政表现自然成为各方矛盾的焦点，而穆尔西也逐渐抛弃了"世俗、民主"的施政承诺，走向伊斯兰化和揽权的执政道路，接连同世俗自由派等反对力量爆发尖锐冲突。2012年11月22日，穆尔西颁布了穆兄会在新宪法起草中具有绝对权威地位的"宪法声明"。在制宪委员会的100个席位中，秉承伊斯兰主义的人占据90个席位。11月30日，制宪委员会推出了宪法草案，并要求在一个月内举行宪法公

---

① 陶短房：《埃及新总统诞生：博弈进行时》，财新网，http://taoduanfang. blog. caixin. com/archives/44948。

② 安国章：《中东媒体称埃及军方领导人坦塔维试图发动政变被总统解职》，央视网，http://news. cntv. cn/20120813/109800. shtml。

投。穆兄会快速立宪的举动引发埃及民众的强烈不满,巴拉迪领导的反对派联盟"全国拯救阵线"开始组织大规模游行活动,抵制宪法公投,而穆兄会则组织支持者进行了针锋相对的游行。12月22日,经两轮宪法公投,新宪法仅以33.2%的投票率、63.8%的支持率获得通过。2012年的《埃及宪法》强化了埃及政治的伊斯兰化色彩,如确立伊斯兰教原则是立法主要来源;大幅强化了总统权力,如总统有权任命总检察长,在新议会选举前,宪法法院无权否决总统令,所有总统令均为最终决定等。

穆兄会激进的制宪安排、穆尔西大幅强化总统权力的举动被反对派和民众强烈质疑,而2012年的《埃及宪法》更因鲜明的伊斯兰化色彩引起了内外争议。2012年末,塞得港、苏伊士、伊斯梅利亚等地因反对新宪法爆发大规模抗议,上百人在同安全部门和穆兄会支持者的冲突中丧生。到2013年"一·二五革命"两周年时,民众诉求的政治稳定、经济发展、国家强盛的局面没有出现,相反,穆兄会拒绝接纳民众诉求、多次组织加剧冲突的"反游行";穆尔西扩充总统权力,任命穆兄会成员担任多个省的省长,排除异己等做法更是大失人心。即使在伊斯兰政党内部,第二大党光明党同穆兄会的矛盾也因为权力分配不均而不断升级,最终光明党退出政府,公开反对穆尔西。[1]

2013年6月中下旬,反对和支持穆尔西政府的民众分别组织了大规模示威游行,各方冲突不断升级,数百人在各类冲突中死亡。7月1日,国防部部长塞西向穆尔西提出期限为48小时的解决危机最后通牒,并公布了暂停2012年《埃及宪法》、提前举行总统选举、成立联合政府和成立专门委员会修改宪法的政治过渡路线图。7月4日,在穆尔西拒绝妥协的情况下,塞西宣布解除穆尔西的总统职务。

(三)塞西执政以来的国家秩序恢复

2013年"7月3日事件"是"一·二五革命"后埃及第二个重大政治

---

① 于毅:《埃及政坛再现乱象》,《光明日报》2013年2月23日。

转折点。自此埃及围绕国家政治重建的权力争夺和社会动荡暂时结束，步入了塞西治下的政治稳定期。

罢黜穆尔西后，塞西终止了 2012 年的《埃及宪法》，任命最高宪法法院院长曼苏尔暂行临时总统职权并组建临时政府，一手主导埃及政治过渡进程。曼苏尔则公布"过渡时期宪法声明"，宣布全国实行三个月的紧急状态，组建修宪委员会和宪法复议委员会。在政治过渡期间，塞西重拳出击，采取强力手段，使埃及迅速结束了动荡无序的局面。

一是强力镇压穆兄会的组织活动。2013 年 7 月 26 日，穆尔西被埃及法院正式拘留，随即引发了穆兄会支持者的大规模游行示威。8 月 14 日，军方对解放广场等地聚集的穆兄会支持者进行武力清场，造成数千人伤亡的流血冲突。之后穆兄会组织机构和自由正义党因"煽动暴力活动"被军方强行解散。11 月开始，穆尔西因 2012 年镇压示威民众、"一·二五革命"期间越狱、为哈马斯充当间谍等多项罪名出庭受审，其间，拒绝认定罢黜穆尔西合法、拒绝参与审判穆尔西的埃及法官均被撤职或强制退休。12 月，穆兄会被裁定为"恐怖主义"组织，所有高级成员均被逮捕，之后数千名穆兄会成员在集体审判中被判处死刑。穆兄会在埃及的组织活动几乎被一扫而光。

二是出台比穆巴拉克时期更严苛的《抗议法》，彻底消除"革命青年"的政治威胁。在穆巴拉克下台后的两年时间内，埃及因政局混乱、青年失业率过高，在开罗解放广场等地出现了一批专门从事街头政治的"革命青年"。三个月的紧急状态到期后，曼苏尔于 11 月 24 日颁布《抗议法》，规定 10 人以上在公共场所的游行和集会活动必须提前三天向安全部门报批，否则违法；游行示威一旦"破坏社会秩序和公共利益"，即被定性为恐怖主义活动。《抗议法》从根本上阻挡了"职业革命者"组织政治运动反抗政府的企图，"一·二五革命"参与推翻穆巴拉克的"四月六日青年运动"等青年组织骨干被逮捕入狱。此外，塞西政府还严控媒体和社交网络，对可能引起政治事件的"不实报道"进行严厉处罚。

三是推行制宪、总统选举、议会选举的"三步走"政治过渡方案，顺利完成塞西政权的合法性转换。2011 ~ 2012 年，埃及执行的是议会选举、总统选举、制宪的政治过渡方案，赢得议会选举的穆兄会很快赢得了埃及大选，全面挑战了军方既得利益。为避免反对派借议会选举和总统选举挑战塞西权势，塞西选择了制宪、总统选举、议会选举的"三步走"政治过渡路径，从程序设计上削弱了任何可能挑战军方权势的竞争对手。2014 年 1 月 18 日，埃及新宪法草案以 38.6% 的投票率、98% 的支持率通过全民公投。2014 年的《埃及宪法》淡化了 2012 年《埃及宪法》中的伊斯兰教色彩；变革国家政治体制，取消了协商会议（议会上院），改两院制为一院制并扩大了人民议会的职权；维护了军方的法定特权地位，如明确规定埃及国防部部长由最高军事委员会任命、总统候选人必须履行过兵役义务等。塞西在新宪法草案通过后随即退出现役，并于 2014 年 5 月以 96.91% 的压倒性优势当选总统。2015 年底，埃及举行人民议会选举，新人民议会在时隔四年后于 2016 年初产生。根据 2014 年《埃及宪法》和新《选举法》，埃及政党的政治作用被严重弱化，新人民议会的 596 个席位中，政党席位仅为 120 席，除总统指定的 28 席外，其余 448 席为独立候选人席位，并几乎全被亲塞西的"独立候选人"赢得。2011 年人民议会选举时，伊斯兰主义者、军方、自由派、左派力量等各派政党竞争的"马赛克化"[①] 局面被一扫而光，新人民议会在"碎片化"的议席设置下，完全成为塞西的"橡皮图章"。

2016 年人民议会成立后，埃及完成了"二次革命"后的政治过渡。塞西在获得军方鼎力支持、反对派残弱、海合会国家积极援助、外部政治经济环境平稳的有利条件下，展现出了强大的控局能力，这一时期，塞西在政治上采取的主要举措包括以下几点。

一是成功谋取连任，修宪解除任期限制。2014 年《埃及宪法》重申了埃及总统两届任期的限制，但在塞西第一任期结束前，有关塞西将修宪延长任期的传闻就在埃及广泛流传。2017 年开始，不断有议员联名寻求修宪以取消对塞西连选连任的限制，占据议会绝大多数席位的"独立候选人"同塞西控制的党团"支持埃及集团"则发起联名推荐塞西的运动，最终人民议会 596

---

① 余建华主编《中东变局研究》（上卷），社会科学文献出版社，2018，第 165 页。

名议员中有 535 人公开支持塞西。2018 年 3 月大选时，在明天党主席穆萨在报名截止时间前两小时作为塞西唯一竞争对手报名"陪选"的情况下，塞西以超过 97.08% 的得票率开始了其第二任期。先前塞西曾在 2017 年 11 月接受美国媒体采访时表示将严格遵守宪法，总统任期将于 2022 年结束。但塞西第二任期开始后，人民议会很快于 2019 年 4 月通过了宪法修正案，总统任期由四年改为六年、可连任三次，此举为塞西执政到 2030 年扫清了障碍。①

二是不断巩固权势，强化社会管控。2015 年 8 月，塞西批准新的《反恐法》，配合 2013 年的《抗议法》，军方和安全部门可不经审判直接处置恐怖主义威胁，而穆兄会的组织活动、未经报备的游行示威均被列入"恐怖主义威胁"范畴内。2017 年 4 月，在发生针对基督教堂的恐怖袭击后，塞西宣布全国进入紧急状态，之后将紧急状态多次延期。同月，塞西签署《司法权力法》修正案，司法系统领导人的任命权被收归塞西；成立国家选举委员会，司法系统对各级选举的监督权被转移给选举委员会，大幅强化了塞西对选举结果的控制。5 月，埃及通过新的《非政府组织法》，在埃及的各类非政府组织被严管严控。客观来看，塞西采取的种种社会管控举措，相较穆巴拉克时代有过之而无不及。人权组织猛烈批评塞西政权，认为其治下的埃及是"有史以来埃及人权最黑暗的时刻"。

三是强力应对埃及面临的内外恐怖威胁。塞西执政后，埃及安全形势较为严峻。科普特基督徒、苏菲派穆斯林接连遭受严重的恐怖袭击，而西奈半岛等地的"'伊斯兰国'西奈分支"恐怖活动猖獗，直接成为辐射周边的恐怖主义策源地。为此，塞西首先注意弥合宗教矛盾，多次出席基督教新年庆典和爱资哈尔大教长主持的穆斯林学者会议，弘扬爱资哈尔代表的中道、温和的逊尼派理念，引导教众摒弃极端思想。其次，塞西成立了负责反恐和反极端主义事务的最高委员会，并在西奈半岛地区和与利比亚接壤的西部边境地区加强边境管控，多次发动大规模军事行动打击恐怖威胁。

---

① 《埃及全民投票，旨在将塞西统治延至 2030 年》，半岛电视台中文网，https：//chinese. aljazeera. net/news/2019/4/20/egypt – votes – in – referendum – aimedextending – sisis – rule – 2030。

三 埃及剧变十年来的经济发展

"一·二五革命"后，埃及外国投资和出口在短期内损失了50%，经济支柱——旅游业——损失超过了80%。随着后穆巴拉克时代的政局动荡，民众对自由正义的政治追求逐渐让位于物价稳定、就业充足的经济需求。对此，穆尔西在竞选演说中提出了"百日计划"，涉及安全、能源、环境卫生、食品补贴和交通五大类64项议题。但穆尔西执政后，主要精力放在政治议题上，"百日计划"中的大部分经济和民生目标未能落实。2012年12月，为应对埃及镑贬值和外汇减少，埃及中央银行实施新外汇政策，通过减少美元外汇拍卖次数、限制商业银行配额的方式收紧美元供应。但此举反而引发了民众挤兑美元，进一步加速了埃及镑贬值。美元兑埃及镑汇率从2012年7月穆尔西上台时埃及中央银行基准价的1∶6，一路贬值到2013年6月穆尔西下台时的1∶6.98，黑市汇率更跌至1∶7.5。埃及镑快速贬值引发了连锁反应，一方面使谷物、大豆、肉类等生活必需品的价格上涨了30%～40%，极大地加重了民众的经济负担；另一方面，埃及镑贬值使政府对低收入群体的补贴投入和进口支出大幅增加，埃及外汇储备剧减至150亿美元的危险线以下。进入2013年，埃及因外汇不足无力支付柴油、冷冻肉的进口款而接连出现"油荒""肉荒"，激起民众的强烈不满。最终，深受经济和金融改革之害的"沉默大多数"走向了穆尔西政权的对立面。穆尔西下台后，政治动荡继续拖累经济，2013/2014财年埃及经济增速仅为1%，民众盼望能够恢复政治稳定、实现经济发展的领导人。

（一）塞西经济改革与经济恢复

"二次革命"后的政治过渡期，塞西"乱世用重典"，强力扭转埃及的政治动荡，为其将施政重点转向经济改革和改善民生创造了有利条件。2014/2015财年，埃及经济主要依靠沙特等海合会国家提供的资金援助，实现了4.2%的高速增长。但到2015年，随着国内恐袭多发、外来援助减少

及世界经济整体低迷，埃及再次面临外汇储备缩水，政府债务和财政赤字攀升的局面，埃及开始寻求世界银行和国际货币基金组织的贷款援助。2016年4月和8月，埃及先后同世界银行和国际货币基金组织达成80亿美元和120亿美元的贷款协议，并接受国际货币基金组织所要求的货币、财政和经济结构性改革方案，塞西推行的全面经济改革也由此展开，其具体措施如下。

一是大力推行自由汇率改革。塞西掌管埃及政局后，首先着手应对埃及镑贬值和金融混乱的问题。2013/2014财年，美元兑埃及镑大体维持了1∶7的汇价稳定。进入2014年，为彻底消除官方汇价和黑市价格双轨并行的局面、扭转外汇短缺危机并提升出口竞争力，埃及开始逐步放开埃及镑汇率。2016年3月14日，埃及央行宣布埃及镑与美元脱钩，执行浮动汇率，当日美元兑埃及镑汇率从1∶7.73急跌至1∶8.85。埃及镑连续贬值引发了社会恐慌，埃及民众纷纷囤积美元，埃及镑黑市汇率一路贬至1∶14。为防止埃及镑贬值再度引发如2013年初的经济混乱，塞西政府强势介入金融市场，严厉打击美元投机和散布谣言的行为，但仍无法阻止埃及镑持续下跌。为满足国际货币基金组织关于汇率自由化的要求，埃及政府于11月3日宣布放弃对埃及镑汇率的控制，埃及镑汇率完全由市场决定；不再限制外汇在埃流通；金融部门接受各类货币的存款；取消对个人和公司外汇存取限制。① 当日美元兑埃及镑汇率急跌近50%至1∶17.6，基本同黑市汇价处于同一水平。汇率管制放开后，埃及随即陷入恶性通货膨胀，核心通胀率从2016年12月的13.56%增至2017年1月的30.8%，并在2017年7月达到了35.5%的顶峰。恶性通货膨胀直接造成大量制造业企业倒闭、商品价格翻倍、民众财富缩水一半。但随着黑市消失、汇市转稳、国际金融机构贷款到账、国际市场对埃及的美元或欧元国债需求转强等，埃及的外汇储备进入2017年后开始回升，到2017年末，埃及外汇储备达到了370亿美元，同比增长了52%，超过了"一·二五革命"前的水平。埃及的核心通胀率也在埃及镑企稳、

---

① 《埃及央行宣布实施浮动汇率 埃镑当日贬值近50%》，中国驻埃及使馆经商参赞处网站，http：//eg. mofcom. gov. cn/article/express/zdsj/201611/20161101587799. shtml。

央行加息、经济复苏的综合作用下逐渐下降，在 2018/2019 财年降至 10%，基本实现了预期目标。

二是削减补贴，增加税收，降低政府财政赤字。通过"福利补贴换取政治稳定"一直是埃及社会保持稳定局面的基本模式。随着埃及人口增长、经济增速放缓、粮食和油气价格攀升，埃及财政平衡面临严峻挑战。为落实国际货币基金组织的财政纪律要求，塞西首先大幅缩减了粮食和能源补贴，减少政府开支项目。从 2016 年 7 月开始，埃及政府在一年多时间里相继将燃油价格提高了 50%，将燃气价格翻倍；将居民用电价格、用水价格、公共交通价格改为阶梯价格，梯度涨幅在 40% ~ 80%；通过智能补贴卡制度清查民众的补贴发放，将不合格受补贴对象的福利全部削减。同时，埃及推出了加征收入税、加征消费税和进口商品关税、销售税改增值税等税务改革。仅增值税改革一项，就使政府税收从 2012/2013 财年的 2500 亿埃及镑增长至 2017/2018 财年的 6000 亿埃及镑。①

三是以大规模基建投资和能源枢纽工程为抓手，带动经济复兴。埃及经济增长主要靠投资拉动，塞西执政后即在 2015 年 3 月召开沙姆沙伊赫国际投资大会，并在国内研究推出了包括开发 26 个旅游胜地、新建 8 座机场、打造 22 座城市的大规模基础设施投资计划，特别是主抓三个国家级基础设施项目："苏伊士运河走廊"规划、新建行政首都②、开垦 150 万费旦农田的沙漠改造计划③。"苏伊士运河走廊"是包括开凿第二条苏伊士运河，并在 7.6 万平方公里的运河区内新开发 7 个物流区、5 个新海港、3 个新工业区的全面建设计划。运河收入是埃及外汇的重要来源，开凿一条新运河增加收入的计划自纳赛尔时代就在埃及酝酿，拖延已久，但塞西执政后仅两个月就签署了新运河的工程方案；不依靠外资，以年利率 12% 的国内债券筹措

---

① 戴晓琦：《塞西执政以来的埃及经济改革及成效》，《阿拉伯世界研究》2017 年第 6 期，第 41 页。

② 埃及政府计划投资 800 亿美元，建成可容纳 600 万人的新行政首都。

③ 1 费旦约合 1.038 英亩。埃及适宜经济社会发展的仅为尼罗河沿线平原和下游三角洲地区，9000 万埃及人生活在 4% 的国土上，水资源和可耕作面积有限，始终面临依赖粮食进口的经济安全问题。因此埃及希望增加近 20% 的全国耕地面积，从 800 万费旦增加到 950 万费旦。

了 640 亿埃及镑的建设资金；运河原定的三年工期被大幅缩减，一年即可完工。这些都使新苏伊士运河成为展现塞西"埃及救世主"形象的重大政绩工程。长期以来，埃及饱受油气和电力短缺之苦。塞西上台后，埃及在油气领域逐步放开了国内勘探市场，增大了勘探开发力度，与国际石油公司签订了上百项油气勘探合同，合同总额超过 200 亿美元。2015 年 8 月，意大利埃尼公司在埃及近海发现了祖哈尔超大型天然气田，埃及政府随即同国际石油公司投资 120 亿美元、分两期用十年的时间开发这一大型项目。到 2019 年祖哈尔一期建成时，埃及基本停止了液化天然气进口，并凭借本国的液化天然气基础设施优势，计划建成面向欧亚市场的东地中海天然气枢纽。在电力领域，2014 年以来，塞西政府在燃煤、燃气、核能、可再生能源领域均进行了大量投资，相关电力项目也成为埃及同多边金融机构合作的重点。埃及很快扭转了电力短缺局面，不仅国内电力经营扭亏为盈，而且目前正加紧电网建设，以将埃及建成地区的电力传输和交易中心。

（二）可持续发展理念与"2030 愿景"

除中短期的埃及经济刺激计划外，为实现埃及全面复兴，塞西于 2016 年 2 月推出了"可持续发展：埃及 2030 愿景"（简称"2030 愿景"）的中长期发展战略，在经济、社会、环境领域设定了全面的经济发展目标，整体目标是力争在 2030 年让埃及成为世界性经济强国，经济总量进入世界前 30 强之列。

在经济领域，"2030 愿景"提出 2015 年实现 4.2%、2020 年实现 10%、2030 年实现 12% 的高速经济增长目标，并提出到 2020 年实现埃及人均 GDP 超过 4000 美元，2030 年人均 GDP 超过 10000 美元的目标。为具体落实国际货币基金组织贷款所需的中长期经济改革要求，"2030 愿景"具体提出了埃及公共赤字占 GDP 的比重到 2020 年降至 85%、到 2030 年降至 75%，财政赤字占 GDP 比重到 2020 年降至 7.5%、到 2030 年降至 2.28% 的目标，在经常账户余额 GDP 占比、净外国投资上也都提出了具体的金额目标。此外，为展现埃及经济转型决心，"2030 愿景"在宏观经济世界排名、世界营商指数排名、全球竞争指数排名等国际综合排名上都设定了2030年达到全球前30强的目标，并设定了埃及到2030年时应达成的全球创新指数、公司创新能力、政府效率指数、反腐败指数等定性目标。

在社会领域，相较同一时期沙特、阿联酋等国提出的偏重宏观战略的2030年中长期愿景，埃及"2030愿景"提出了一整套社会发展规划，在具体项目指标上甚至十分细碎，但这样的社会目标正是为了让埃及民众看到切实的社会愿景，增强民众的获得感和对经济发展的信心。如"2030愿景"提出，到2030年时将人均寿命提高到75岁，产妇死亡率降至31%，人均公共医疗支出从152美元提高到600美元，文盲率从28%降至7%，18岁以下儿童辍学率从6%降至1%，技工类教育比例从4%提高到20%，失业人口中大学生占比从35.1%降至20%等，均切合了埃及社会治理的现实问题。

（三）经济结构性问题未解

单从埃及经济恢复和发展指标来说，塞西经济改革交出了令人满意的答卷。2017年后，埃及经济总体向好，旅游、侨汇、苏伊士运河和油气等外汇收入表现稳定，外汇储备不断增加，公共债务、通胀率和失业率均有所下降。2018/2019财年，埃及实现了5.6%的经济增速，达到2008年金融危机以来的最高水平，其中旅游（130亿美元）、运河（59亿美元）、侨汇（268亿美元）等领域的外汇收入均创下塞西执政以来的最高水平。但整体看，"塞西经济学"同穆巴拉克时期吸引内外投资、主导大规模基础设施建设的经济增长模式并没有本质不同，仍存在制约可持续发展的结构性问题。

第一，埃及制造业基础薄弱，国内供应长期处于较低水平。制造业的发展是一系列生产要素配置的系统工程，但穆巴拉克实行自由主义改革后，埃及制造业的竞争优势被不断弱化。以埃及著名的纺织工业为例，埃及曾拥有完备的纺织工业产业链，但随着埃及本土棉花种植业的衰落，纺织工业的上下游生产要素配置被打乱，出现了上游纺织及印染能力较弱、下游服装加工能力较强，因此下游加工业需要大量进口面辅料的倒挂局面。近年来，埃及国有控股的棉花和纺织工业公司亏损严重，近半棉纺厂被关闭，技术熟练工

人严重短缺，纺织工业已经成为无法离开政府扶持的"包袱工业"。此外，受限于《投资法》的限制，外国在埃及投资制造业并进行产品内销十分困难，[1] 这造成埃及"人口红利"和优越贸易条件无法转化成制造业优势。尽管埃及在"2030 愿景"中提出到 2030 年将制造业产值占 GDP 的比重从 12.5% 提高到 18% 的目标，但近年来制造业对埃及经济增长的贡献率一直不足 15%，远低于私人消费（占 70% 以上）对经济增长的贡献。其结果就是埃及经济增速越快，就越依赖消费增长，就越需要大量进口外国商品，本国的制造业相对优势则不断弱化，更加无法满足本国需求。

第二，埃及债务负担能力弱，内外债压力大。2017 年后，埃及财政状况逐步改善、外汇储备不断增加，但埃及经济的快速恢复建立在政府通过多边金融机构获得大量贷款、对外大量发放欧元和美元债的基础之上，一旦埃及经济增速放缓，其债务压力将迅速激增。目前埃及公共债务占 GDP 的比重仍在 80%~90% 的高位，债务利息占每年政府收入的比重已经超过 30%，其债务承受能力非常疲软。

第三，埃及地租型经济依赖难改。塞西推进经济改革的动因，并非是想从根本上改变埃及依赖油气、航运、旅游业的地租经济结构，而是想让民众迅速看到经济社会的变化，重燃民众民族自豪感，维护塞西执政的合法性。短期内，塞西政府通过恢复地租经济的方式恢复了经济高速增长，但从中长期来看，地租型经济仍会使埃及难以应对外部经济环境的变化，仍将依附于世界大国与国际市场。

（四）埃及未来发展展望

客观来看，埃及是中东变局后，在民众政治参与上出现重大倒退的负面典型。埃及在"二次革命"后，特别是在塞西实行汇率和经济改革中仍能保持政治稳定，更多是体现了塞西强大的控局能力和民众"乱后思定""告别革命"的心态，并不意味着埃及社会问题随着政治经济变动而得到根本

---

① 刘冬：《埃及制造业发展战略与中埃产能合作》，《西亚非洲》2020 年第 3 期，第 157 页。

解决。在中长期内，埃及政治、经济、社会领域仍存在一系列不确定性，并将对埃及未来发展产生长远影响。

在政治上，塞西执政地位稳固，但外部问题加剧内部政治矛盾的可能性逐渐增加。塞西执政以来取得的成就，与其说是"改革红利"，不如说是"稳定红利"。民众对政治民主诉求的热情减弱，更重视塞西经济改革的表现，使塞西一系列"新穆巴拉克"式的集权举动仍能为社会主流接受。在塞西获得军方支持的情况下，埃及国内尚无势力可以挑战其执政地位。但是，塞西执政后，埃及全面卷入了地区争端，如同土耳其、卡塔尔在东地中海海上专属经济区划界和利比亚内战问题上发生冲突，同埃塞俄比亚、苏丹在尼罗河复兴大坝等问题上存在矛盾。在后疫情时代，相关地区冲突都存在继续激化的可能，极端情况下可能促使埃及选择武力介入，这将直接破坏塞西执政带来的"稳定红利"。塞西执政后，军方势力整体处于恢复期，一旦军方更多参与对外决策，将直接带来埃及政治的不确定性，招致更大范围内的争议和反对。此外，在人权问题上，随着塞西执政时间延长，其必然会招致对国内外非政府组织、亲穆兄会力量的更多批评。

在经济上，疫情冲击地租型经济，埃及债务风险逐渐回升。2020 年以来，在全球疫情和低油价影响下，埃及的地租型经济受到了严重冲击，外国投资者迅速撤资，旅游业、侨汇、能源等行业收入同比减半。同时，疫情打乱了埃及原有的投资和经济改革安排，"2030 愿景"中涉及 2020 年的经济增速和降低公共债务、财政赤字等规划目标将无法实现。目前埃及已经采取增加对低收入民众补贴、寻求新的国际机构融资、发行国际债券、减少或免除部分公司税费等措施应对疫情带来的经济冲击，但埃及经济恢复不仅取决于埃及自身疫情的发展状况，更取决于中东地区和全球经济回暖的中长期前景。一旦疫情和低油价的影响持续到 2021 年，其旅游业、侨汇、能源等行业的收入势必继续走低，埃及将和其他国家一样需要大量新的资金来推动经济复苏，而埃及相比地区经济竞争对手，如海合会国家，并无更为突出的融资优势，届时埃及的存量债务压力也将更加凸显，埃及将面对财政赤字—融资成本高企—债务危机的恶性循环。塞西经济改革的原有安排可能面临重大

调整，如加快国企私有化、取消部分新建的投资项目等。

在社会问题上，埃及存在爆发民众抗议的风险。疫情使埃及大规模建设项目停工、旅游业进入全面寒冬，造成大量劳工和旅游从业者失业，绝大多数民众的生活水平迅速下降。虽然短期内民众仍能依靠政府补贴和积蓄支撑生活，但如果疫情持续至 2021 年后，在企业破产潮、就业矛盾不断累积和青年人失业率再次攀升的情况下，一旦埃及政府采取缩减补贴、增加税收等方式缓解财政危机，可能会突破民众忍受的底线，引发大规模民众抗议。

参考文献

1. Shashank Bengali, "U. S. Calls for Morsi Release in Egypt," *McClatchy-Tribune*, July 13, 2013.

2. Lally Weypouth, "Rare Interview with Egyptian Gen. Abdel Fatah al-Sissi," *The Washington Post*, August. 3, 2013.

3. Steven Simon, Jonathan Stevenson, "The End of Pax Americana," *Foreign Affairs*, Nov. /Dec. 2015.

4. Cullen S. Hendrix, Joseph K. Young, "State Capacity and Terrorism: A Two-Dimensional Approach," *Security Studies*, Vol. 23, Iss. 2, 2014.

5. 余建华主编《中东变局研究》（上、下卷），社会科学文献出版社，2018。

6. 王泰：《埃及的政治发展与民主化进程研究》，人民出版社，2014。

7. 马晓霖主编《中东观察（2011～2016）》，中国民主法制出版社，2016。

8. 商务部国际贸易经济合作研究院：《对外投资合作国别（地区）指南：埃及》，2014。

9. 唐志超：《新中东秩序构建与中国对中东战略》，社会科学文献出版社，2019。

10. 曾向红：《社会运动理论视角下的中东变局》，中国社会科学出版社，2018。

利比亚：挣扎在战争的泥潭之中

王金岩*

摘　要： 2011年利比亚战争爆发，在西方多国的军事干预下，实现政权更迭。此后，利比亚政治分裂，政权孱弱；经济倒退，民生凋敝；安全恶化，恐怖问题加剧。究其原因，既是利比亚数十年统治积弊的集中体现，也与各为私利的外部干预密切相关。利比亚持续多年的乱局对其所在的非洲和环地中海国家带来持续的负面影响。当前，新冠疫情在世界多地爆发并迅速蔓延，利比亚的确诊病例数也在不断攀升。从利比亚国内情况看，其医疗设备及能力都不足以应对疫情的发展，且冲突双方仍未停战。从外部来看，主要干预国都因各自国内疫情严重而暂时减少了对利比亚冲突的参与。利比亚多年乱局的状况表明：利比亚问题的最终解决需要国内冲突各方的和解，以及外部大国和国际组织无私的帮助，二者缺一不可。但从现在的情况看，这二者都不具备。因此，利比亚乱局恐仍将持续，前景难期。

关键词： 利比亚　战后乱局　外部干预

2011年中东剧变后，曾经相对稳定的利比亚陷入长期乱局，并沦为大

* 王金岩，博士，中国社会科学院西亚非洲研究所副研究员，社会文化研究室副主任，主要研究阿拉伯国家的政治、社会问题。

国的博弈战场。利比亚乱局的形成有其内部、外部多重原因，也为周边地区国家带来诸多负面影响。当前，利比亚冲突双方仍然以武力相向，外部力量的介入多夹带私利，联合国的斡旋屡屡受挫。利比亚局势仍是前景难期。

一 利比亚战后陷入长期乱局

2011年2月，在多个邻国抗议浪潮的影响下，利比亚也爆发了反政府的抗议示威运动，后演化为国内战争。以美、英、法为首的西方大国打着"联合国"的旗号，对利比亚实施军事干预，致其实现政权更迭。战后，利比亚未能实现预期的政治民主、经济繁荣和社会安定，而是陷入政治僵局、经济困局和安全乱局，并持续至今。

（一）政治权威碎裂

卡扎菲生前曾说，如果他的政权倒台，利比亚将会破碎。① 一语成谶，利比亚在战后未能建立起强有力的政治统治机构，而是陷入政治权威碎裂的状态。2011年3月，反对派建立"全国过渡委员会"作为战争期间的临时政府，11月，"过渡政府"正式成立，并完成前者向后者的权力移交。西方大国都在第一时间对临时政府和"过渡政府"都给予承认，并向其提供技术顾问和物质支持，以在利比亚推行西方民主政治制度。但利比亚的政治社会环境远未达到民主制度的要求，民主制度在利比亚遭遇水土不服。最终，利比亚非但未能建立起符合西方预期的稳定的政治架构和强有力的亲西方政府，而且陷入政权碎裂状态，多股政治力量争权夺利。

2012年7月，利比亚举行战后首次全国大选，产生出具有政治伊斯兰倾向的国民议会，并接管了国家权力。然而，此后临时政府的组阁和执政并不顺利，且缺乏稳定性。究其原因，利比亚在独裁政权猝然崩塌后，不同地

---

① 王金岩：《从独裁统治到权威碎裂——利比亚战争爆发四周年》，《当代世界》2015年第4期，第55页。

区各自为政，各行其是，教俗两派为权力与利益加剧竞逐，各种民兵武装争斗难休，部落之间的冲突不断发生，多重势力复杂交织，无法达成平衡与妥协。2014年2月7日，国民议会以既定任务尚未完成为由，在宗教势力的主导下自行延长任期，此举遭到国内其他派别的强烈反对。3月，国民议会迫于政治压力宣布将重新举行大选，选举出新的国家权力机关——国民代表大会——后将移交权力。但选举日期迟迟没有确定，引发世俗派的不满。5月18日，世俗派代表人物、退役将领哈里发·哈夫塔尔率领武装力量攻打国民议会。迫于压力，利比亚于2014年6月25日举行了战后第二次全国大选，产生出国民代表大会。然而，国民议会未履行移交权力的承诺，而是将国民代表大会逐出首都，后者被迫落户于东部地区。自此，利比亚陷于两个议会、两个政府在东、西两地并立的局面。①

为了弥合分裂局面，时任联合国利比亚问题特别代表马丁·科布勒②自2014年9月起在两个并立政府之间展开多轮斡旋，力图促成和解。双方于2015年12月17日在摩洛哥城市斯希拉特签署《利比亚政治协议》，一致同意结束分裂局面，组建民族团结政府。2016年1月9日，民族团结政府正式组建。马丁在协议签署仪式上表示："这只是（利比亚政治过渡）艰难行程的开始。"③此后的政治进程确实极为艰难。《利比亚政治协议》及据此组建的民族团结政府始终未能获得各个派别的广泛支持，协议中的各种政治安排也无法落实。更为严重的是，该协议的签署进一步加深了对立阵营之间的政治矛盾，并且在各阵营内部制造出新的分歧。东、西部分裂加剧，各自为提升自身的地位和势力而极力打压对手的合法性，并与所辖区域内的民兵组织，甚至极端组织联合。民族团结政府是有名无实，致使恐怖极端势力趁机做大。

---

① 王金岩：《利比亚部落问题的历史考察》，社会科学文献出版社，2018，第161页。
② 联合国利比亚问题特别代表即联合国利比亚支助特派团的团长。2011年9月16日，应利比亚"全国过渡委员会"的要求，联合国安理会通过决议，建立联合国利比亚支助特派团，代表国际社会为利比亚的过渡和重建进程提供帮助和支持。该组织首个任期为三个月，此后由于利比亚局势持续动荡，其任期被数度延长至今。
③ 《综述：利比亚政治进程重新开篇》，新华网，http：//www.xinhuanet.com/world/2015-12/18/c_1117503109.htm。

至今，利比亚仍然处于两个议会、两个政府在东、西两地并立对峙的局面：国民议会、民族团结政府与支持它的武装力量控制着包括首都在内的西部部分地区；国民代表大会与哈夫塔尔领导的"国民军"联盟控制着东部和中部地区、南部主要城市及部分西部城市。双方都有境外支持力量：土耳其、卡塔尔、意大利支持民族团结政府；埃及、阿联酋、沙特、法国等支持东部力量。[①] 虽然联合国、欧洲大国及利比亚的北非邻国在近年间多次展开斡旋，力促和谈，但双方始终没能实现真正的和解。

（二）经济不进反退

利比亚具有优越的能源禀赋，能源产业优势明显，潜力巨大。首先，能源储量大。已探明石油储量为 450 亿 ~ 500 亿桶，估计总储量可达 1000 亿桶；已探明天然气储量为 46.4 万亿立方米，估计总储量可达 70 万亿 ~ 100 万亿立方米，其中大部分尚未开发，一些地块甚至尚未进行勘探。[②] 其次，质量高。利比亚的原油质量轻，含硫量低，燃烧时更清洁和易于炼化。再次，开采易。能源分布区域地势平坦，油层埋藏较浅。最后，运输方便。石油港口和管线与有大量能源需求的欧洲距离较近，运输时间短，且不需要经过第三国。[③] 战争爆发前，利比亚财政收入的 80% 以上来自能源出口，是典型的"地租型"国家。

战后，临时政府依然以恢复能源产业作为其经济重建的第一步和最重要一步。战后初期，临时政府着力修复在战争期间遭损毁的能源设施，恢复产能。石油日产量一度达到 130 万桶/日的峰值，接近战前 160 万桶/日的水平。然而，由于利比亚的能源分布和输送管线及港口分别位于东、西两地，自 2014 年后，两个政府长期对立导致在能源开采方面不能形成合力，甚至相互掣肘，能源产量及收入锐减，一度跌至不足 20 万桶/日。能源收入的大幅减少使得其他经济领域的重建因资金不足而严重受阻，人民生活水平也受

① 王金岩：《埃及与土耳其在利比亚博弈前景几何》，《世界知识》2020 年第 14 期。
② 潘蓓英编《列国志·利比亚》，社会科学文献出版社，2007，第 126 页。
③ 王金岩：《利比亚部落问题的历史考察》，社会科学文献出版社，2018，第 187 页。

到极大影响。2014 年至今，利比亚一直呈现高失业、高通胀和高物价，其中失业率高达 30%，通胀率一度达到 20% 以上，消费者价格指数（CPI）在 300 左右。[①] 水、电、粮等基本生活物资也不能保障供应，民生之艰难可窥一斑。

（三）安全局势恶化

利比亚战争带来的暴力思维并未随战争的结束而终结，而是在战后一再延续。随着国家重建进程的不断受挫，安全局势持续恶化。战后初期，多重势力为争夺在国家战后重建中利益最大化而相互混战：一方面，前政权残余势力复辟之心犹存，不断以各种暴力方式——武装袭击、自杀爆炸等——为现政权的顺利执政设阻；另一方面，反对派在战时团结一致，同心应战，但在战后的共同执政尤其是利益分配中则相互争斗，甚至暴力相向；此外，不同部落武装间也不断爆发冲突，尤以中央政府管辖鞭长莫及的南部地区为甚。[②]

从普通民众层面看，多种形式的暴力事件频繁发生，严重扰乱社会稳定。如 2012 ~ 2013 年，南部多地多次爆发民兵与部落武装，以及部落武装之间的暴力冲突，造成大量人员伤亡。从国家政权层面看，一些派别或部落由于对政府不满，以暴力方式破坏重要的公共设施，如石油港口、天然气田、政府机关办公场所等，阻碍了政论的正常运转；一些武装分子绑架或暗杀政府官员，以此向当政者施压；[③] 另有一些武装分子袭击外国驻利比亚使馆、驻利比亚机构及外籍人士，以抹黑政府形象并制造更大的国际影响。

2014 年 6 月，"伊斯兰国"极端组织宣告成立，2015 年下半年以来，"伊斯兰国"趁利比亚乱局之机扩大势力，将利比亚打造为其"本土"以外最强的分支。利比亚境内及邻近非洲国家的一些武装组织、失业青年等对其

---

① 王金岩：《利比亚部落问题的历史考察》，社会科学文献出版社，2018，第 187 页。
② 更多内容参见王金岩《利比亚乱局对非洲安全的影响》，《阿拉伯世界研究》2015 年第 3 期。
③ 王金岩：《利比亚乱局对非洲安全的影响》，《阿拉伯世界研究》2015 年第 3 期，第 74 页。

宣传的极端思想产生共鸣，向其宣誓效忠。"伊斯兰国"在利比亚境内的鼎盛时期一度拥有约 7000 名武装分子①，在东、西、南三地都有势力存在。此外，该组织还将处于乱局的利比亚作为极端分子的招募中心、培训场所和敛财基地，其成员多次在利比亚多地发动恐怖袭击，进一步恶化了利比亚的安全局势。2016 年以后，虽然多个西方国家帮助利比亚对"伊斯兰国"实施严厉打击，致其主体力量被摧毁，但是，仍有为数不少的成员隐匿在利南部沙漠区域，伺机作乱。

自从利比亚陷入两个政权对立局面后，双方各有境内外的武装力量支持，为争夺国家的控制权武力相向。鉴于上述各种情况，利比亚战后十年间的安全局势一直十分严峻。

二　利比亚乱局的原因及影响

利比亚战后十年间乱局不断加剧，究其原因，既有利比亚数十年体制积弊的影响，也有外部干预的催化。鉴于全球政治、经济、社会、军事等诸方面互动密度②的提升，利比亚战后乱局也为其邻国地区和国家带来多方面的负面影响。

（一）利比亚乱局持续有其内外双重原因

探究利比亚战后长期乱局的原因，内外因素皆不能小觑。从其国内看，战前，利比亚在政治制度、统治方式、国家结构、社会问题等方面都已积弊严重。利比亚战争的爆发及战后乱局的持续都是其长期体制积弊的外现。从外部情况看，利比亚在战争期间及战后始终受到外部势力的干预，后者打着帮助利比亚重建之名谋求私利，不仅无助于利比亚乱局的解决，反而使之加剧。

---

① 王金岩：《利比亚已成为"伊斯兰国"的"新中心"》，《当代世界》2016 年第 6 期。
② 〔英〕巴里·布赞、〔丹麦〕琳娜·汉森《国际安全研究的演化》，余潇枫译，浙江大学出版社，2011，第 19 页。

1. 内因：长期体制积弊制约战后重建与发展

利比亚国家的形成不是民族自然演进的结果，而是由外部大国的意志所决定，属于"先国家后民族"的自上而下模式。殖民者根据自身利益和统治便利对原殖民地进行肆意分割，导致其在独立后面临错综复杂的种族、部落等矛盾。① 从独立后至战前，利比亚的两任统治者未能有效地将主观能动性与利比亚的客观国情相结合，使利比亚长期处在政治落后性、经济依赖性、社会离散性以及安全脆弱性的状态之下。利比亚战后，威权统治崩塌，长期的体制积弊也逐渐显现，严重制约了国家在战后的重建与发展。

首先，政治体制落后，制度残缺。② 利比亚独立后，从表面上看似乎具备了现代国家的形态，但其民族心理仍是以部落传统为基础的。③ 因此，利比亚始终是个结构松散的部落国家。卡扎菲自从执政之初就试图改变这种传统的松散的部落社会状况，但并没有成功。自其执政中期起，为了应对内部反对者的反抗和挑战以及外部大国的制裁和孤立，卡扎菲反而回归部落统治，依赖其所属的部落和支持他的大部落打压异己，整个国家充斥着部落间的恩怨情仇，政治现代化进程几乎没有对利比亚产生任何影响。从统治形式看，卡扎菲采取其独创的民众国体制，这在世界上是绝无仅有的。国家没有宪法和议会，禁止组建政党，这与当代世界上通行的政治统治方式严重脱节。④ 一位利比亚学者曾表达如下观点："在阿拉伯社会和政治体制的社会、经济、文化、政治发展中，部落主义和宗教（伊斯兰教）曾起过并仍然起着重要的和决定性的作用。它们如此交织在一起，以致它们被看作形成和决定阿拉伯政治文化和阿拉伯政治思想的最重要的因素。部落一直是一些阿拉伯国家的政治中心，许多国家不过是有旗帜的部落。"⑤ 利比亚即是如此，

---

① 闫伟、韩志斌：《部落政治与利比亚民族国家重构》，《西亚非洲》2013 年第 2 期。
② 王金岩：《利比亚战后政治重建诸问题探究》，《西亚非洲》2014 年第 4 期。
③ 托马斯·弗里德曼：《部落政治左右利比亚局势 酋长式管理随意性强》，《世界新闻报》2011 年 3 月 7 日。
④ 王金岩：《利比亚战后政治重建诸问题探究》，《西亚非洲》2014 年第 4 期。
⑤ 〔美〕塞缪尔·亨廷顿：《文明的冲突与世界秩序的重建》，周琪等译，新华出版社，2010，第 152 页。

至少有 18 个部落在国家发展中起着重要的作用。① 因此，当战后威权人物倒台，利比亚也就出现政权碎裂。

其次，经济依赖性强，非常脆弱、失衡，且分配不公。高额的能源出口收入使利比亚独立后的两任领导人都没有致力于经济多元化的发展，而使利比亚成为一个"地租型"国家。其特点为：经济上完全依赖外部世界，国内产业结构单一，政府成为经济运行的中心；国家的社会职能只限于财富的分配，国家与社会间的权利和义务关系被割裂。② 因此，利比亚的经济十分脆弱，极易受到国际油价、外部需求等外部相关因素的影响；且利比亚的经济从属于政治，经济政策由政治目标而非发展目标决定，生产得不到重视，能源作为一种武器被运用到政治斗争中，能源收入的分配带有明显的政治目的或意愿。③ 利比亚战争中及战后，能源设施遭损毁，石油产出量下降，收入减少；政权变更使分配方式和不同地区所获额度发生变化，引发部分派别不满，他们以阻挠石油开采和运输来表达不满，使得国家的能源产能严重下降。利比亚战后经济重建因此受到巨大影响。

最后，缺乏正规军队，武器流散。一方面，利比亚缺乏正规军队，武装分子成员混杂。卡扎菲执政中后期，国内发生了几次武装叛乱，使他不再信任正规军队，转而着力培养忠实于自己的精锐部队，主要包括其所属部落武装、其儿子麾下的武装、从邻近的非洲国家招募的雇佣军以及曾引起全世界瞩目的女子卫队。④ 战后，其精锐部队和部落武装的残余人员频繁在境内制造破坏活动，为新政权制造麻烦或恶意抹黑。另外，战争期间武器流散。卡扎菲执政后在国内建立起庞大的武器库，以应对内忧外患。进入 21 世纪以来，随着利比亚国内反政府势力的增强，卡扎菲又在一些公共区域和政府所在地存放了大量武器，一些武器存放点是随意设定的，甚至没有记录备案。

---

① Mohamed Zahi Mogberbi "Tribalism, Religion and the Challenge of Political Participation: The Case of Libya" *Economist*, 6 February 1988, p. 7.
② 王金岩：《利比亚部落问题的历史考察》，社会科学文献出版社，2018，第 186 页。
③ 王金岩：《利比亚部落问题的历史考察》，社会科学文献出版社，2018，第 186 页。
④ 王金岩：《利比亚部落问题的历史考察》，社会科学文献出版社，2018，第 217 页。

战争期间，卡扎菲呼吁民众捍卫其政权，打开武器库，将武器发放给普通民众。另有大量武器存放点遭到反政府武装、地方民兵武装、部落武装以及各类犯罪分子的劫掠，导致大量武器在战争期间及战后流散至全国各地，甚至流散到邻近地区国家。[1] 上述两方面的因素共同恶化了利比亚战后的安全局势。

2.外因：外部干预夹带私利

因占据优越的地理位置和拥有丰富的能源储藏，利比亚自古就是大国的必争之地。2011年，西方大国在利比亚战争中实施军事干预致其实现政权更迭。战后，外部干预仍未停止，而是以多种方式继续，其结果不仅没有对利比亚战后重建形成帮助，而且加剧了利比亚的动荡局面。外部干预的施行者采取的干预方式并非根据利比亚的实际需要，而是依据干预者的利益取向而调整和变化，其干预的目的昭然若揭。

战后伊始，西方大国大力扶植利比亚的政权机构，从政治、经济两方面对利比亚的重建施加影响，以体现西方的意志，满足西方的利益。政治上，利比亚在战后采取西方民主政治制度，但其社会环境尚未达到民主制度的要求，致使民主制度在利比亚未能实现软着陆。经济上，利比亚的经济重建主要依靠西方企业。西方大国因在利比亚战争中做出"决定性贡献"而获得在战后重建中多数重大经济项目的主导权和参与权。然而，战后几年内，利比亚没有建立起稳定、可行的政治架构和经济体系，而是因各方争权而陷入政权碎裂，因能源开采和运输方面的相互掣肘而陷入经济停滞，因武装组织间争斗不休而陷入安全乱局。西方国家在利比亚不仅没有获得预期的利益，其机构、企业和个人还成为当地武装分子袭击的重要目标。究其原因，一方面，当地民众将利比亚陷入战后乱局归咎于西方大国在战争中的军事干预；另一方面，民众认为这些国家通过参与利比亚重建攫取当地资源，并致力于对利比亚实现进一步控制。面对利比亚战后的政治乱局、经济困局和安全危局，西方大国选择撤离。它们先后关闭驻利使领馆和驻在机构，并撤离在利

[1] 王金岩：《利比亚部落问题的历史考察》，社会科学文献出版社，2018，第216页。

侨民。西方大国在不同形势下做出不同选择，趋利避害之意不言而喻。自此，利比亚以西方大国为主要干预者的阶段宣告结束，随后进入以地区大国为主要干预者的新阶段。

西方多国撤离后，利比亚陷入更加严重的混战乱局。多股力量经过多轮分化与重组，最终于 2014 年下半年起形成了两个议会在东、西两地割据并立的局面。在此情况下，利比亚所在的西亚北非及环地中海地区多国以帮助其实现稳定为由支持其中一方。土耳其、卡塔尔、意大利等国支持西部的民族团结政府；埃及、阿联酋、沙特、法国等支持东部武装力量。自此，利比亚的外部干预进入以地区国家为主要干预者的新阶段，利比亚成为上述地区国家博弈的新场所，其国内冲突随之演化成一场代理人战争。这些国家多以间接方式实施有限干预，没有直接的对抗和军事行动。在此情况下，利比亚对立两派间势均力敌、并立对峙的状态长期持续。

2019 年 4 月 4 日，哈夫塔尔率"国民军"对首都发起军事行动，与控制该市的民族团结政府争夺对首都的控制权，遭到后者奋力抵抗。双方间战事胶着数月，难分胜负。11 月 27 日，土耳其与利比亚民族团结政府签署了《安全与军事合作谅解备忘录》。根据这份备忘录，如果利比亚民族团结政府提出请求，土耳其可以向利比亚派兵。12 月 26 日，土耳其称收到了民族团结政府的派兵申请。2020 年 1 月 2 日，土耳其议会以 325 票赞成、184 票反对的投票结果，通过授权土耳其政府向利比亚部署军队的议案。① 土耳其对利比亚实施军事干预是出于其自身需要的考虑，这也使得暴力思维和外部干预在利比亚继续存续。

（二）利比亚乱局对周边多地带来负面影响

利比亚战后十年乱局对与之相关地区的总体局势及地区多国的稳定和发展带来不同程度的负面影响。首先，恶化了非洲安全局势。利比亚战后，

① 蒋真、任晓宇：《土耳其出兵利比亚加剧各方博弈》，《中国社会科学报》2020 年 1 月 16 日。

"伊斯兰国""基地组织马格里布分支"等恐怖极端组织的成员，利用利比亚战后边境管控松懈之机在利比亚境内及邻近地区和国家制造恐怖事件，恶化了非洲安全局势。近年，在西方大国和地区强国的打击下，上述恐怖组织的主体力量被击溃，化整为零的恐怖分子长期隐匿在利南部沙漠区域及其与多个非洲邻国的边境区域。2020 年以来，土耳其议会批准向利比亚进行军事部署后，已多次向利境内运送参战人员。他们中鱼龙混杂，既有土耳其的指挥官，也有叙利亚的反对派武装，还有为数众多来历不明的武装分子，他们将在利比亚接受培训后参战。本轮利比亚战乱过后，他们无疑将成为利比亚境内新的安全隐患，并在其邻近地区和国家间流窜，与当地的恐怖分子或争斗，或结合，这将致使整个非洲的安全局势进一步恶化。

其次，使欧洲难民危机进一步恶化。利比亚战争期间及战后催生出数以百万计的难民，阿尔及利亚、埃及和突尼斯这三个北非邻国接收了其中部分难民。大量难民涌入带来的严重经济社会负担使三国不堪重负。三国一度关闭与利比亚的边境，或在边境设置安全区，限制来自利比亚的人员入境。自此，利比亚难民多以欧洲国家为逃离目的地。由于利比亚与欧洲国家间交通便利，政权孱弱又致边境管控松懈，使利比亚成为非洲多国难民和移民非法穿越地中海进入欧洲的一条主要路线。这些难民和移民中人员混杂：既有流离失所的战争难民，也有趁机进入欧洲谋生的经济移民，还有趁乱潜入欧洲作案的恐怖极端分子。2014～2016 年间，欧洲多国遭遇第二次世界大战以来最大规模的难民潮，数百万来自非洲国家的难民和移民跨越地中海偷渡进入欧洲。① 大量难民的涌入为欧洲国家带来严重的政治、经济压力和安全威胁。

再次，加剧地中海地区博弈。2020 年 1 月 2 日，就在土耳其议会通过向利比亚部署军队议案当日，东地中海地区的希腊、以色列和塞浦路斯签署了东地中海天然气管线项目协议。根据该项目协议，相关国家将在 2020～

---

① 《难民危机 欧洲难以承受之重》，http://world.huanqiu.com/exclusive/2015-09/7434751. html。

2025 年间建成总长约 1900 公里的天然气管线，将以色列气田开采的天然气途经塞浦路斯和希腊输送至欧洲。[①] 此协议将使土耳其作为欧洲天然气进口枢纽的地位有所削弱，也将影响到其在东地中海的话语权。土外交部发言人指责该协议缔约方采取"恶性政治手段孤立土耳其"。[②] 2019 年 12 月 6 日，希腊对土耳其与利比亚民族团结政论签署的海上划界协议表示愤怒，称其"公然违反国际法"，因此将驱逐利比亚大使。[③] 2019 年 12 月和 2020 年 1 月，埃及两次在地中海上举行大规模军演，并公开力挺土耳其库尔德分离主义势力。[④] 本轮土耳其军事干预利比亚使东地中海地区国家间的博弈更趋激烈。

最后，加剧相关地区组织的分裂。从利比亚所属的阿拉伯国家联盟看，21 世纪以来，阿盟的凝聚力渐趋弱化，尤其是 2011 年中东剧变后，成员国间的裂痕进一步增大。本次土耳其决定军事介入利比亚后，2020 年 1 月 31 日，阿盟就该议题召开部长级紧急会议，最终通过决议"呼吁禁止'外国势力（指土耳其）'干预利比亚局势"。然而，利比亚常驻阿盟代表认为，阿盟在利比亚问题上执行双重标准，即利比亚"国民军"在外国的军事支持下对利合法政府进行了数月的攻击，阿盟对此保持沉默；本次土耳其派兵支持民族团结政府却被视为外部干预。他甚至表示利比亚可能因此退出阿盟。[⑤] 阿盟的力量和作用因此进一步弱化。从与利比亚隔地中海相邻的欧洲联盟看，在应对近年来的难民危机过程中，不同国家因对接收难民的态度和能力不同而矛盾丛生。本轮战乱又将产生出大量难民，欧盟恐将面临新一轮难民危机。难民问题成为欧盟分裂的一个催化因素，且欧盟大国对于当前利比亚乱局及土耳其的军事干预立场不一，法国支持东部的"国民军"，意大

① "اليونان وإسرائيل وقبرص توقع على اتفاق خط أنابيب غاز لشرق المتوسط"，https：//al – ain. com/article/greece – israel – cyprus – mediterranean – gas – pipeline，2020 – 1 – 2.
② 《希腊、以色列和塞浦路斯合作建造东地中海天然气管道，欲在孤立土耳其》，《文汇报》2020 年 1 月 5 日。
③ 《地中海划界争端持续发酵 希腊宣布驱逐利比亚大使》，《参考消息》2019 年 12 月 7 日。
④ 《向土耳其发信号？埃及军队在地中海连续搞"大动作"》，《参考消息》2020 年 1 月 7 日。
⑤ 《不满阿盟"外国势力"干预决议，利比亚威胁"退群"》，《环球时报》2020 年 1 月 2 日。

利支持民族团结政府，德国反对军事干预，主张欧盟大国统一立场，共同对利比亚危机实施斡旋。利比亚乱局恐将长期成为造成欧盟分裂的因素之一。

三　利比亚局势走向

从利比亚战后十年间的情况看，其国内乱局与外部干预是一对悖论。后者是前者的重要原因、消极结果和解决条件。外部干预使利比亚陷入乱局，其国内乱局又为外部干预提供可乘之机，但是利比亚问题又难以在不借助外力的条件下获得解决。当前，无论从利比亚国内两派的做法看，还是从外部干预的态度看，都尚未出现能够结束冲突的条件。

（一）外部干预具有局限性

自土耳其对利比亚实施军事干预以来，世界大国、利比亚的地区邻国、联合国等都以各自的方式做出反应和参与其中，有的用行动抗议，有的参与斡旋，有的主导和谈。

首先，双方的外部支持力量都加大了支持力度。阿联酋增加了向"国民军"提供武器装备的数量；埃及将翼龙Ⅱ无人机部署到了西部靠近利比亚边境的军事基地；苏丹向利比亚境内输送了更多的雇佣兵和武器。利比亚乱局，以及中东地区局势因此更加紧张和复杂，暴力思维强化，国家间博弈加剧。

其次，西方大国致力于对利比亚实施斡旋，尤以德国的表现最为突出。2014~2016年，欧洲多国遭遇第二次世界大战以来最大规模的难民潮，数百万来自非洲国家的难民和非法移民跨越地中海偷渡进入欧洲。其中，德国接收的难民数量最大，仅在2015年内就超百万人。难民问题已成为以德国为首的欧洲多国政治分裂的推力、经济发展的压力和实现安全的阻力。战后长期乱局使利比亚成为难民和移民进入欧洲的一条优选通道。因此，德国希望积极参与利比亚斡旋，从源头上遏制难民潮，保护国家安全。德国也致力于借此契机提升本国在欧盟内的领导力和扩大在国际上的影响力。

2020 年 1 月 19 日，德国政府在柏林主办利比亚问题国际会议，邀请利比亚冲突双方、世界多个大国及相关国际组织的领导人或高级别代表参会。经过艰难磋商，与会各方达成共识：同意遵守对利比亚实施武器禁运、终止对冲突各方的军事支持，并共同促使冲突各方将停火转化为长久和平。① 然而，该共识并没有被切实执行，而是很快就被相关国家用行动撕毁。在2020 年 2 月 14～16 日召开慕尼黑安全会议期间，德国国防部部长卡伦鲍尔倡议：英、法、德、意四国联合起来，共同参与解决利比亚冲突。② 然而，法、意分别支持冲突的不同方，英国自身也面临脱欧后的困境，难以在利比亚问题上发挥应有的作用。欧洲多国立场不一致，无法形成合力支持德国的倡议。西方大国的斡旋难以收获实效。

再次，联合国通过相关决议，主导冲突双方和谈。安理会于 2020 年 2 月 12 日通过了认可柏林会议成果的第 2510 号决议，并据此主导利冲突双方在政治、经济、军事三条轨道上展开和谈，以达成全面和解。最先启动的是军事和谈。柏林会议期间，双方就在外部力量的促成下达成了成立一个"5+5"模式的联合军事委员会的意向，即"国民军"和民族团结政府各派 5 名代表参加，就利比亚全面停火进行谈判。2 月 17 日，冲突双方的代表抵达日内瓦准备参加就组建联合军事委员会议题进行的会谈。18 日，"国民军"部队用数枚火箭榴弹轰炸的黎波里港口，意在摧毁该港口的设施、设备和内部泊位。民族团结政府宣布因"国民军"数次违反停火协议而暂停谈判。双方间的和谈再次被迫停止，至今尚未重启。时任联合国利比亚问题特别代表加桑·萨拉姆也称因个人身体健康状况，无法继续承受压力，向联合国秘书长提出免职要求。目前，联合国在斡旋利比亚冲突问题上陷入暂时停滞状态，难于向前推进。

---

① "利比亚问题柏林会议：德国或为最大赢家"，http：//www. oushinet. com/voice/commented/20200123/339571. html，2020－1－123。
② "Munich Security Conference could present new hope for Libya"，https：//www. thenational. ae/opinion/comment/munich－security－conference－could－present－new－hope－for－libya－1. 979448，2020－2－15。

最后，利比亚的地区邻国多年来一直受到其乱局的袭扰，在本轮外部斡旋无果后，开始探索从内部解决利比亚问题。2020年1月23日，利比亚7个周边国家的外长或代表在阿尔及利亚首都阿尔及尔举行会议，一致呼吁国际社会允许利比亚人民自己解决目前的危机，不要进行任何形式的外来干预。① 2020年2月2日，阿尔及利亚总统阿卜杜勒 - 马吉德·特本与到访的突尼斯总统凯斯·赛义德讨论利比亚局势时再次呼吁：唯有在利比亚人的主导下，以利比亚人选择的方式才能解决利比亚问题。两国将共同致力于促成利比亚冲突各方的直接会谈②，但直至今日仍未见有实际的进展。

（二）利比亚国内冲突仍在升级

由于外部干预或夹带私利，或力度不足，或效果不佳，因此，至今不仅没能帮助利比亚解决冲突和危机，反而使问题更加复杂难解。当前，外部大国以及联合国斡旋的首要目标都是实现停火和外部力量停止对冲突方的援助。然而，冲突双方对于停火是口惠而实不至，每次达成的停火协议都会在短时间内被冲突行为所破坏，而外部势力对冲突方的支援也从未能真正停止过。

2020年以来，新型疫情突发并迅速在全球多地蔓延。截至目前，对该病症的研究仍在进行中，尚未研制出专门的治疗方法及对症的药物。当前，西亚非洲多国的疫情形势仍在恶化中。

从利比亚国内看，仍有疫情暴发的风险，从而加剧其国内乱局。2020年3月以来，随着利比亚周边国家和与之有密切交往的国家相继暴发疫情以来，利比亚就开始未雨绸缪。利比亚疾病预防与控制中心主任白德尔·丁·纳杰尔在2020年3月17日接受新华社记者专访时说："虽然利比亚现在还没有确诊病例，但政府（民族团结政府）已宣布国家进入紧急状态，关闭

---

① 《利比亚周边国家外长会议呼吁利比亚冲突各方停火》，http：//www. xinhuanet. com//world/2020 - 01/24/c_ 1125498586. htm，2020 - 1 -24。
② "وديعة جزائرية لتونس.. الرئيسان التونسي والجزائري يقترحان استضافة لقاءات لفرقاء أزمة ليبيا"，https：//www. aljazeera. net/news/politics/2020/2/2/，2020 - 2 - 2.

海陆空边境 3 周，并做出相应拨款以应对疫情。"① 事实上，当前利比亚的医疗能力不足以应对疫情。在利比亚战争期间及战后乱局中，包括医院、诊所在内的基础设施遭到严重损毁，近半数医疗机构因冲突、供电不足或建筑物受损而被迫关闭，各种医疗服务都受到影响，能力严重减弱。利比亚的医疗能力对于满足民众日常生活的需要已是捉襟见肘，根本不具备应对新冠肺炎疫情的能力。埃及、阿尔及利亚、突尼斯等利比亚的邻国正处于疫情的暴发和蔓延期，这些国家的医疗能力也很有限，已经以各自的方式向中国请求援助。尤为严重的是，一定数量的意大利、西班牙等国公民长期在利比亚工作或往返于两国之间，且利比亚境内仍有为数不少的土耳其军事人员、叙利亚武装人员，以及多个非洲国家的雇佣兵往来于西亚非洲地区国家之间，他们的频繁流动成为利比亚疫情发展的隐患。虽然当前利比亚的确诊病例数并不多，双方交战的武装人员也都采取了戴口罩等防护措施，但利比亚仍存在疫情进一步暴发的潜在风险，这将使其动荡局势更加复杂。

从外部力量看，多国忙于应对疫情，利比亚处于外力真空。意大利、土耳其、德国等利比亚乱局的参与国、干预国和斡旋国都暴发了较为严重的疫情。当前及今后相当长的一段时期内，这些国家都将聚焦于应对疫情而无暇他顾，利比亚将因此处于外部力量真空期。上文已述，当前利比亚冲突双方无力在没有外部帮助的情况下解决问题。更为严重的是，哈夫塔尔已宣称将利用西方大国全力抗疫期间加紧进攻，争取攻下首都。2020 年 3 月中旬以来，"国民军"向首都发起了自 2019 年 4 月以来最猛烈的进攻，仅 2020 年 3 月 18 日就向民族团结政府控制区域内发射了数百枚迫击炮弹，其军事力量也在向首都中心地带持续推进。② 外部力量真空为利比亚冲突双方的对抗留出更大的空间，对抗烈度显著增强。

利比亚战后经历表明：其乱局的最终解决需要内部冲突各方之间的和

① " وروناك فـيروس مجابهة علـى قـادرة غير يجعلهـا وضـع فـي ليبيـا :لنجـارا " ， https：//www. libya - news. com/libya - news/826446/，2020 - 3 - 28.
② " التصـــعيد من بمزيـــد يســـتـقبله وحفـتر ليبيـــا إلى يصـل كورونـا شـبح " ， https：//www. trtarabi. com/now/24890，2020 - 3 - 26.

解，以及外部相关国家和国际组织无私的帮助，二者缺一不可。然而，从当前情况看，两者都不具备，且都处于恶化趋势：国内冲突双方间的战事不断升级，外部干预国或者对其无暇顾及，或者仅为私利。因此，利比亚战后乱局仍将持续。

参考文献

1. 潘蓓英编《列国志·利比亚》，社会科学文献出版社，2007。
2. 〔英〕巴里·布赞、〔丹麦〕琳娜·汉森：《国际安全研究的演化》，余潇枫译，浙江大学出版社，2011。
3. 〔美〕塞缪尔·亨廷顿：《文明的冲突与世界秩序的重建》，周琪等译，新华出版社，2010。

Y.9
叙利亚：因变生乱，危机僵局难解

刘 冬*

摘 要： 叙利亚危机爆发前，叙政府积极推进经济、政治改革，尽管改革行动让叙得以改善与西方国家关系，但由于经济改革未能有效提升居民获得感，贫困人口的生活水平反而持续下降，而政治改革又降低了执政集团凝聚力，削弱了执政集团的基层联系，这些为后来危机的全面爆发埋下了伏笔。叙危机爆发后，全球性大国与地区强国强势介入，逐步成为引导危机发展的主要力量，叙危机也从大规模群众性游行示威运动发展成为全面内战，直到 2015 年 9 月，在俄罗斯武装力量的支援下，叙政府才开始进入战略反攻，叙国内形势开始向稳定方向发展。然而，叙危机的持续发酵，严重激化了叙国内教派、民族之间的矛盾，给叙国民经济发展带来毁灭性打击，也推动中东国家之间关系以及大国中东政策的深刻调整。尽管截至 2020 年 3 月底，叙政府已收复大部分国土，然而伊德利卜地区战事的久拖不决，也标志着叙国内局势正在陷入僵局。当前，只有俄罗斯、土耳其、美国等主导叙局势发展的域外力量达成共识，叙才有可能结束战争状态，开启政治重建，备受关注的叙难民问题也才能得到根本解决。

关键词： 叙利亚危机 内战 演变

* 刘冬，经济学博士，中国社会科学院西亚非洲研究所副研究员，经济室副主任，主要从事欧佩克石油供给、中国与阿拉伯国家产能合作的研究。

一 叙利亚变局的缘起

尽管从危机的演变来看，全球大国与地区强国的介入对于叙国内局势的发展有着重要影响。然而，叙危机的缘起并非外因，而是源自其国内经济、政治矛盾的不断激化。

（一）国际环境因素

危机爆发之前，由于巴沙尔政府在国内推进"有限改革"，叙同西方国家，特别是与法国的关系迅速升温。2008～2010年，叙总统巴沙尔·阿萨德与时任法国总统尼古拉·萨科齐密集展开4次元首互访；2009～2011年，时任美国参议院外事委员会主席约翰·克里多次访问叙利亚；2011年1月，时任英国外交大臣威廉·黑格访问叙利亚。而且，危机爆发前，叙利亚同周边国家关系的发展也十分迅速。2004年，叙总统巴沙尔·阿萨德与时任土耳其总理雷杰普·塔伊普·埃尔多安进行互访；2009～2010年，在土耳其的斡旋下，叙利亚启动与以色列的和平谈判。

从叙利亚与欧美等西方国家以及与土耳其、以色列等地区强国的关系来看，危机爆发前，叙利亚的地区影响力正处于上升时期，在国际层面和地区层面，都不存在挑战巴沙尔·阿萨德执政地位的外部力量。因此，叙危机的缘起并非源自国际层面，而是源自叙国内经济、政治矛盾的迅速激化。

（二）国内经济因素[①]

在国内经济方面，叙利亚政府自2006年开始启动市场经济改革，改革行动有效推动了叙经济增长，2005～2010年，叙经济实现年均4.9%的高速

[①] 关于国内经济因素的更多内容参见刘冬《叙利亚危机的经济损失》，李新烽主编《中东发展报告（2017～2018）》，社会科学文献出版社，2018，第171～176页。

增长。然而，经济发展的总体活跃却未能带动居民获得感的同步提升。失业、贫困、地区经济发展差距等固有的经济矛盾以及持续多年的旱灾，都为叙危机的最终爆发埋下了十分严重的经济隐患。

首先，危机爆发前，叙失业问题依然十分严重。2006 年，经济改革启动后，叙失业率并没有显著下降，2006~2008 年，叙失业率由 8.2% 上升至 10.9%，此后虽有回落，但到 2010 年，失业率却依然保持在 8.6% 的水平，高于经济改革之前。而且，与总体失业率相比，叙青年人失业问题更为严重。2006~2008 年，叙 15~24 岁青年人失业率由 17.4% 上升至 22.8%，此后虽然略有下降，但到 2010 年，仍高达 20.1%。[①]

其次，危机爆发前，叙国内贫困问题依然十分严重。根据联合国开发计划署的报告，危机爆发前，叙经济改革不但未能有效降低国内贫困率，国内贫困问题反而愈发严重。根据这份报告，1997~2004 年，叙贫困发生率总体呈下降趋势，其中，总体贫困发生率从 1997 年的 33.2% 降至 2004 年的 30.1%，极端贫困发生率则从 1997 年的 14.3% 降至 2004 年的 11.4%。而与 2004 年相比，2007 年，叙极端贫困的发生率却由 11.4% 上升至 12.3%，而总体贫困发生率则从 30.1% 上升至 33.6%。从绝对值来看，2007 年，叙总体贫困发生率甚至要高于 1997 年的水平（详见表 1、表 2）。

表 1　1997~2007 年叙利亚贫困发生率

单位：%

年份	1997			2004			2007		
地区	城市	农村	全国	城市	农村	全国	城市	农村	全国
极端贫困	12.6	15.9	14.3	8.7	14.2	11.4	9.9	15.1	12.3
总体贫困	31.5	35.0	33.2	28.5	31.8	30.1	30.8	36.9	33.6

资料来源：Khalid Abu-Ismail and et, *Poverty and Inequality in Syria*, UNDP Arab Development Challenges Report Background Paper 2011/15, 2011, p.7；刘冬：《叙利亚危机的经济损失》，李新烽主编《中东发展报告（2017~2018）》，社会科学文献出版社，2018，第 171~176 页。

---

① World Bank, *WDI Database*, http：//databank.worldbank.org/data/reports.aspx? source = world - development - indicators.

表2　1997～2007年叙利亚各地区贫困指标

单位：%

年份	不卫生的水	文盲率	贫困儿童发生率	贫困指数	不卫生的水	文盲率	贫困儿童发生率	贫困指数
	南部城市				南部农村			
1997	18.1	10.1	9.4	13.8	15.9	14.7	13.7	14.8
2004	21	10.1	4.9	15.1	18.6	15.5	8.2	15.3
2007	24	5.1	9.2	17	22.6	9.7	12.4	16.8
	东北部城市				东北部农村			
1997	10.2	21.1	14.6	16.6	55.7	36.1	12.9	42
2004	0.6	16.8	9.3	12.3	44.3	29.2	14.3	33.7
2007	0.4	8.8	10.3	8.4	40.1	18.9	15.4	29.2
	中部城市				中部农村			
1997	5.7	10.6	12.2	10.2	40.7	16.8	20.1	29.9
2004	1.1	11.3	7.6	8.6	6.4	16.6	6.8	12
2007	0.8	5.3	6.1	5	7.3	10.2	5.3	8.1
	沿海城市				沿海农村			
1997	1.6	10.6	9.1	8.6	20.3	14.6	6.2	15.7
2004	1.2	12.1	10	9.7	25.8	14.1	4.8	18.8
2007	0.6	7	4.4	5.2	18	9.8	5.7	13.2
	全国城市				全国农村			
1997	10.8	14.5	12.2	12.7	35.6	22.7	13.9	27.1
2004	8.7	13.1	7.5	10.4	28.9	22.2	11	23
2007	10.1	6.7	8.9	8.8	27.9	14.2	12.1	20.6

资料来源：Khalid Abu-Ismail , *Poverty and Inequality in Syria* , UNDP Arab Development Challenges Report Background Paper 2011/15，2011，p. 14；刘冬：《叙利亚危机的经济损失》，李新烽主编《中东发展报告（2017～2018）》，社会科学文献出版社，2018，第171～176页。

再次，危机爆发前，叙依然存在十分严重的城乡发展差距问题。根据联合国开发计划署的数据，2007年，叙农村地区的人类贫困指数高达20.6，是城市地区人类贫困指数的2.34倍，其中，东北部农村地区的贫困指数甚至是该地区城市地区贫困指数的3.5倍。而叙危机爆发的源头德拉所处的南部地区，便是农村贫困发生率上升幅度较大的地区，而叙危机爆发之初，走上街头的也正是该地区贫困问题最为严重的农民。

最后，危机爆发前，持续多年的旱灾也构成叙经济发展的隐患。尽管从1998年开始，叙利亚便频繁遭受旱灾侵扰，但叙在2007～2008年度遭遇的旱灾，却是该国自1931年以来遭遇的最为严重的旱灾。[①] 干旱导致叙粮食作物大幅减产，牲畜大量死亡以及国内粮价大幅上涨，从而严重削弱了国民特别是贫困人口的获得感。此外，旱灾还导致南部地区大约150万农业人口丧失生计，涌入城市地区，加之2003～2007年从伊拉克涌入叙利亚南部的120万～150万名难民，给叙南部城市的就业带来巨大压力，更是加大了当地的社会压力。[②]

（三）国内政治因素

从国内政治层面来看，中东变局得以向叙利亚国内蔓延并且危机爆发后，外部力量能够对叙局势施加重要影响，也与叙国内存在复杂的政治、族权与教派矛盾有着重要关联。

首先，危机爆发前，叙国内依然存在着十分严重的教派、民族矛盾。从叙教派构成来看，叙阿萨德家族以及复兴党精英所属阿拉维派在叙国民构成中属于少数派，根据叙利亚官方统计，2015年，作为执政集团支柱的什叶派中的阿拉维派仅占到叙穆斯林人口的15%和全国人口的11.5%，作为国民主体，逊尼派占到叙穆斯林人口的80%和全国人口的68%。[③] 而逊尼派在政治和社会发展中缺少话语权，逊尼派精英缺乏上升空间，民众对阿拉维派政治、军队精英腐败问题怀有强烈不满，这些均埋下了后来国家逐渐走向分裂的种子。此外，叙利亚政府一直以来采取弱化库尔德民族意识、打压库

① Colin P. Kelley, Shahrzad Mohtadi, Mark A. Cane, Richard Seager and Yochanan Kushnir, "Climate Change in the Fertile Crescent and Implications of the Recent Syrian Drought," https://academiccommons. columbia. edu/download/fedora_ content/download/ac: 184900/CONTENT/Kelley_ et_ al_ PNAS. pdf, 2015, pp. 2 - 4.

② Khalid Abu-Ismail, Poverty and Inequality in Syria, UNDP Arab Development Challenges Report Background Paper, 2011/15, 2011, p. 25.

③《叙利亚国家概况》，中国外交部网站，https://www.fmprc. gov. cn/web/gjhdq_ 676201/gj_ 676203/yz_ 676205/1206_ 677100/1206x0_ 677102/，上网时间：2020年5月16日。

尔德势力的政策，也导致库尔德民族问题始终处于紧张状态。2003 年伊拉克战争爆发后，"伊拉克库尔德人的地位大幅度提高，土耳其库尔德工人党活动日益频繁，同时带动叙利亚库尔德政治活动走向活跃，出现了库尔德流亡议会和流亡政府之类组织，而这也让库尔德力量成为叙变局中的重要参与者"[①]。

其次，危机爆发前，叙当局的执政基础相对变窄。由于推进政治改革，自 2005 年复兴党叙利亚地区委员会第十次代表大会开始，叙总统巴沙尔·阿萨德大量起用接受过西方教育、具有改革精神的青年官员，而其提拔的青年干部大都出生于城市地区，缺乏治国经验，没有从军经历，并且与阿拉维派部落缺乏紧密联系，从而在一定程度上削弱了执政党执政的基层基础。而 2010 年，巴沙尔辞退大批具有群众工作经验的基层和中层干部，则更进一步削弱了叙政府化解族群、教派矛盾的能力。此外，叙危机爆发前，巴沙尔采取的废除军人司法豁免权、禁止军方通过商业走私获取经济利益的行动也引起了军方的不满。[②]

总体来看，危机爆发前，叙在政府、军队部门采取的一系列行动，造成精英阶层的分裂以及精英阶层与普通民众的分离，从而削弱了叙政府动员精英力量、化解国内危机的能力。

二　叙利亚变局的演变

从 2010 年 2 月，叙国内出现大规模游行示威至今，已超过十年时间，在这十年里，叙危机经历了群众游行示威、内战全面爆发以及叙政府反攻与恢复稳定等三个阶段。

---

① 唐志超、王利莘：《叙利亚库尔德问题的现状与未来》，李新烽主编《中东发展报告（2017～2018）》，社会科学文献出版社，2018。
② 王新刚、张文涛：《叙利亚政党制度与政治稳定研究》，《外国问题研究》2018 年第 2 期，第 63 页。

（一）游行示威阶段（2011年2月至2011年7月）

2010 年 12 月 17 日，发源于突尼斯"茉莉花革命"的中东地区局势动荡很快传至叙利亚国内。2011 年 2 月，叙利亚南部重镇德拉市街头出现反政府涂鸦，叙政府很快将涂鸦作者——一群 13 ~ 15 岁青少年逮捕。随后，德拉开始出现群众游行示威运动，要求政府释放被捕的青少年。3 月 15 日，叙首都也开始出现反政府的群众游行示威运动。3 月 18 日，德拉省一些部落首领组织了有上千人参加的游行示威活动，呼吁政府加快改革，取消紧急状态，然而，主要是由农民发起的群众游行示威活动却遭到了叙利亚军警的暴力对待，叙军警向示威群众开枪射击。随后，叙国内形势迅速恶化，德拉市居民焚毁了阿拉伯复兴社会党委员会、司法以及警察机构所属建筑，叙出动安全部队封锁德拉，政府镇压造成大量示威群众伤亡。为声援德拉游行示威运动，从 3 月 25 日开始，游行示威活动蔓延至叙全国，呈现全面爆发的态势。

面对国内不断升级的游行示威活动，以奥特里总理为首的叙利亚内阁 3 月 29 日向总统巴沙尔·阿萨德递交辞呈，内阁集体辞职。[①]3 月 30 日，巴沙尔·阿萨德发表讲话，称要加速改革。[②] 然而，叙政府改组内阁的行动未能缓解国内紧张状态，4 月 8 日，叙德拉市、大马士革农村省、北部拉塔基亚市和中部霍姆斯市等省市爆发大规模抗议游行示威活动，造成至少 20 人死亡。尽管 4 月 21 日，叙利亚政府宣布取消实施长达 48 年的紧急状态，同时宣布叙利亚政府将给予人民"举行和平示威的权利"，但此举未能平息国内矛盾。4 月 22 日，叙多个省市举行了名为"伟大星期五"的示威游行活动，示威引发严重流血冲突，造成至少 75 人死亡。4 月 23 日，示威者在多个城市为前一天在大规模示威中的死者举行葬礼，随后有报道

---

① 《叙利亚爆发大规模游行抗议、内阁集体辞职》，国际在线，http://news.cri.cn/gb/27824/2011/03/30/782s3202691.htm，上网时间：2020 年 5 月 30 日。

② 《叙利亚：总统巴沙尔讲话称支持改革》，http://news.cntv.cn/20110330/112600.shtml，上网时间：2020 年 5 月 30 日。

称，一些情绪失控的民众与安全部队发生冲突，造成数十人死伤。①5 月，德拉一名 13 岁男孩哈马兹·卡提卜被叙情报机构虐待致死的消息传出后，叙国内紧张局势继续恶化。此后，首都大马士革、大马士革农村省、南部德拉市、中部霍姆斯市、哈马市，北部阿勒颇市和哈萨克省卡米什利市，东部代尔祖尔市和阿布卡迈勒镇等地区频繁出现大规模游行示威活动，叙政府对游行示威活动采取的压制政策导致示威群众与安全部队发生激烈冲突，造成大量人员伤亡。

（二）内战全面爆发（2011年7月至2015年9月）

叙利亚危机爆发后，在地区大国和全球强国的干预下，包括叙利亚自由军等反政府武装、"伊斯兰国"等宗教极端势力迅速崛起。叙国内形势开始由大规模群众示威活动陷入叙政府军、反对派武装、极端组织武装相互厮杀的混战之中。叙利亚内战爆发后，叙国内形成的主要反政府武装派别如下。

叙利亚自由军（Free Syria Army，FSA） 2011 年 7 月 29 日，叙利亚自由军的成立标志着叙利亚内战的正式开启。内战爆发初期，自由军是叙最为重要的反政府武装力量，自由军得到土耳其、海合会以及西方国家的支持。2011 年底 2012 年初，大量叙利亚军官变节并加入自由军，自由军实力也得以迅速扩大。2012 年 12 月，自由军领导层经整合组建最高军事指挥部，建立由 30 人组成的管理委员会，分别代表叙北、中、东、南、霍姆斯五大战区，以加强各反对派武装间的协同作战。② 然而，到 2013 年底，自由军因内部矛盾以及其他反政府武装的挤压，实力和影响力开始迅速下降。③

① 《叙利亚危局回顾》，http：//sjb. qlwb. com. cn/html/2011 - 04/30/content_ 120343. htm？div = -1，上网时间：2020 年 5 月 30 日。
② Aron Lund，"Syria's Salafi Insurgents：The Rise of the Syrian Islamic Front，" The Swedish Institute of International Affairs，March 2013.
③ Vera Mironova，Loubna Mrie and Sam Whitt，"Why Are Fighters Leaving the Free Syrian Army？" The Washington Post，May 12，2014.

叙利亚伊斯兰阵线 2013 年 11 月 22 日，主要是在大马士革、大马士革农村省、霍姆斯、拉塔基亚、哈马、伊德利卜、阿勒颇、代尔祖尔等地与政府军对抗的"自由沙姆人伊斯兰运动""伊斯兰军""统一旅""库尔德伊斯兰阵线"等 7 个伊斯兰武装派别宣布组建叙利亚伊斯兰阵线。① 该组织是叙重要的反政府武装力量，同时也与"伊斯兰国"保持敌对关系。伊斯兰阵线各武装派别主要是得到了中东国家，特别是海湾国家和土耳其的支持。

"伊斯兰国" 2013 年 4 月 9 日，"基地"组织伊拉克分支"伊拉克伊斯兰国"与"胜利阵线"联合，称为"伊拉克和黎凡特伊斯兰国"（ISIL），即"伊拉克和大叙利亚伊斯兰国"（Islamic State of Iraq and al Shams，缩写为 ISIS），其宣布定都在叙利亚拉卡。该组织在叙利亚境内主要以叙北部拉卡省首府拉卡为大本营，控制了叙北部和东部一些地区，势力范围北达叙土边境、南至霍姆斯省东部地区，西到阿勒颇省并向东直逼伊拉克首都巴格达，2015 年 5 月控制叙中部古城巴尔米拉后，"伊斯兰国"占据了叙半壁以上江山，所控面积约 9.5 万平方公里。②此后，在叙利亚各派力量以及在俄、美、欧空中力量打击下，"伊斯兰国"的实力和影响力开始快速下降。

库尔德武装组织 叙利亚危机爆发后，叙库尔德各派政治力量快速发展，并纷纷建立自己的独立武装。其中影响力最大的是隶属于民主联盟党的"人民保卫军"，该组织主要活跃于库尔德人聚居的叙北部地区，占领了叙北部靠近土耳其边境的大片地区，该组织获得美国支持，但土耳其政府将其视其为库尔德工人党的分支，并不断对其据点实施炮击。③

在内战初期，叙利亚政府军主要是得到了伊朗和黎巴嫩真主党武装的支

---

① 《在叙作战的伊斯兰武装派别宣布组成统一阵线》，新华网，http：//www. xinhuanet. com/world/2013 –11/23/c_ 118260817. htm，上网时间：2020 年 5 月 20 日。

② 《背景资料：叙利亚交战各方的最新态势》，新华网，http：//www. xinhuanet. com/world/2016 –02/23/c_ 1118134794. htm，上网时间：2020 年 5 月 20 日。

③ 《背景资料：叙利亚交战各方的最新态势》，新华网，http：//www. xinhuanet. com/world/2016 –02/23/c_ 1118134794. htm，上网时间：2020 年 5 月 20 日。

持。然而，由于在这一时期，叙反对派与宗教极端力量都将叙政府军作为主要打击对象，在各派反政府武装的打击下，叙政府军节节败退，首都大马士革一度岌岌可危。巴沙尔政权实际控制的区域一度仅占叙国土面积的 20% 左右，主要包括以首都大马士革至霍姆斯市公路为轴的中部地区以及拉塔基亚省沿海地区。随着战事发展，被视为巴沙尔政权大后方的拉塔基亚省也一度战事告急。直到 2015 年 9 月底俄罗斯的军事介入，叙内战局势才发生"转机"。在俄空军支援下，叙政府军转守为攻。①

（三）叙政府反攻与恢复稳定（2015年9月至今）

从 2015 年 9 月底开始，国际层面发生了有利于叙利亚政府的变化。首先，2015 年 9 月 30 日上午，俄罗斯联邦委员会（议会上院）批准总统在国外动用俄武装力量。② 该决议的推出在法律上扫除了俄罗斯武装力量介入叙利亚危机的制度阻碍。此后不久，联合国安理会在 2015 年 11 月 21 日一致通过决议，促请有能力的会员国根据国际法，在叙利亚和伊拉克境内受"伊斯兰国"控制的领土上，采取一切必要措施，特别防止和打击"伊斯兰国"和"胜利阵线"的恐怖主义行为，摧毁它们在伊拉克和叙利亚建立的庇护所。③ 联合国此项决议的推出，在实际上造成了叙反对派武装与伊斯兰极端组织的分离。

从 2015 年 9 月底开始，一方面由于俄罗斯军事介入壮大了叙政府军的实力；另一方面，包括叙利亚自由军、叙利亚伊斯兰阵线、库尔德"人民保卫军"等叙其他反政府武装也加强了对"伊斯兰国"的攻势，从而导致叙反政府武装力量的分散。叙政府军开始进入战略反攻阶段。2015 年 9 月 30 日，俄议会上院通过批准总统在国外动用俄武装力量的决定发布之后，

---

① 《背景资料：叙利亚交战各方的最新态势》，新华网，http://www.xinhuanet.com/world/ 2016 - 02/23/c_ 1118134794.htm，上网时间：2020 年 5 月 20 日。

② 《新闻分析：俄罗斯闪电空袭"伊斯兰国"有何意图》，新华网，http://www.xinhuanet. com/world/2016 - 02/23/c_ 1118134794.htm，上网时间：2020 年 5 月 24 日。

③ 《新闻分析：俄罗斯闪电空袭"伊斯兰国"有何意图》，新华网，http://www.xinhuanet. com/world/2016 - 02/23/c_ 1118134794.htm，上网时间：2020 年 5 月 24 日.

仅在数小时内，俄航空航天部队在叙空军配合下，共出动约 20 架次飞机对极端组织"伊斯兰国"在叙境内的 8 处地面目标实施空袭，打死数十名武装分子，并摧毁大量军事设施及武器装备。① 此后，在俄空军力量的支援下，叙地面部队开始全面收复失地，2016 年 3 月 2 日，叙政府军宣布从"伊斯兰国"手中成功收复叙中部古城巴尔米拉。② 2016 年 12 月底，叙利亚政府军宣布在盟军帮助下收复被叛军占领的叙利亚第一大城市阿勒颇。③ 2017 年 11 月，叙利亚政府军、黎巴嫩真主党及其盟友武装攻下极端组织"伊斯兰国"在叙利亚的最后一座主要据点——阿布卡迈勒。④ 2018 年 1 月，叙政府军收复阿布杜胡尔空军基地。⑤ 2018 年 7 月，叙政府军全面收复最早爆发危机的德拉市。⑥ 2019 年 10 月，叙政府军完全控制叙北部重镇曼比季和邻近的居民点。⑦

尽管在俄罗斯军事支持下，叙政府军自 2015 年 9 月开始，逐渐控制了国内大片领土。然而，其他大国，特别是土耳其、美国的介入，却使叙政府实现全国统一的目标面临巨大困难。2018 年 1 月 20 日，土耳其发起"橄榄枝"行动，并将叙利亚阿夫林地区牢牢控制在自己手中。而在土耳其及其支持的叛军抵抗下，叙政府军联合俄罗斯发起的伊德利卜军事行动至今无实质性推进。

---

① 《新闻分析：俄罗斯闪电空袭"伊斯兰国"有何意图》，新华网，http：//www.xinhuanet. com/world/2016 – 02/23/c_ 1118134794. htm，上网时间：2020 年 5 月 24 日。

② 《叙利亚政府军收复古城台德穆尔》，新华网，http：//www.xinhuanet. com/world/2016 – 03/ 27/c_ 1118454891. htm，上网时间：2020 年 5 月 24 日。

③ 《拿下阿勒颇并不意味叙利亚内战走到尽头》，新华网，http：//www.xinhuanet. com//world/ 2016 – 12/24/c_ 129418444. htm，上网时间：2020 年 5 月 24 日。

④ 《叙政府军攻下"伊斯兰国"最后据点》，新华网，http：//www.xinhuanet. com/world/ 2017 – 11/10/c_ 129737071. htm，上网时间：2020 年 5 月 24 日。

⑤ 《叙政府军收复阿布杜胡尔空军基地》，新华网，http：//www.xinhuanet. com/video/2018 – 01/22/c_ 129796208. htm，上网时间：2020 年 5 月 24 日。

⑥ 《叙政府军收复阿布杜胡尔空军基地》，新华网，http：//www.xinhuanet. com/video/2018 – 01/22/c_ 129796208. htm，上网时间：2020 年 5 月 24 日。

⑦ 《俄国防部称叙政府军已完全控制叙北部重镇曼比季》，新华网，http：//www.xinhuanet. com/ mil/2019 – 10/16/c_ 1210313817. htm，上网时间：2020 年 5 月 24 日。

三 叙利亚变局的影响

叙利亚危机持续发酵加剧了叙国内各派政治力量的分离，对叙经济发展造成严重冲击，并给地区国家关系的深刻调整带来重要影响。

（一）政治影响

叙利亚危机爆发，特别是内战爆发以后，叙国内陷入了实际上的分裂状态。俄罗斯在叙采取军事行动之前，叙国内呈现叙政府军、"伊斯兰国"等宗教极端武装、叙反对派武装、库尔德武装等多方混战的局面。2015年第三季度俄罗斯在叙采取军事行动，以及联合国通过打击"伊斯兰国"决议之后，叙宗教极端势力大幅削弱，并最终形成了叙政府军、叙反对派武装和叙库尔德武装三方割据的新局面。[①] 总体来看，叙国内政治已经呈现"两小一大"的分割状态。目前，叙国内政治各派力量中，实力最强的是叙利亚政府，在收复阿勒颇、霍姆斯以及东古塔等全国主要城市后，叙政府已经控制了全国70%以上的人口和60%以上的国土，自身实力已经显著增强。而与叙政府抗衡的叙反对派、库尔德武装控制区域已被不断压缩，其中，叙反对派武装控制区已被压缩至西北部伊德利卜省和南部少数地区，库尔德武装则控制着包括拉卡在内的东北部地区。[②]

尽管从叙国内各派政治力量之间的实力对比来看，叙政府力量已是一家独大，然而，由于反对派和库尔德势力得到土耳其、美国等地区强国和全球大国的支持。叙政府想要结束国内分裂的局面也并不容易。因此，在国际舞台上，通过促成叙各方展开和谈来解决国家分裂的问题被提上议程。然而，由于叙国内各派对于国内政治安排，例如，修改宪法、阿萨德下台等问题存在严重分歧，各类和谈均未取得实质性成果。由此来看，即使借助国际社会开展和谈，短期内也很难促成叙利亚的重新统一。

---

① 唐志超：《叙利亚战争与大国的地缘政治博弈》，《当代世界》2018年第11期，第51页。
② 张文涛、马帅：《2018年叙利亚政治形势》，王新刚主编《叙利亚发展报告（2019）》，社会科学文献出版社，2020，第36页。

（二）经济影响①

叙利亚危机爆发后，叙宏观经济稳定性受到严重影响，叙经济增长、物价、就业、政府财政、外部经济均受到严重负面冲击。

1. 危机爆发导致叙经济大幅收缩

在经济增长方面，根据英国经济学人智库的估测，2010～2016 年，叙名义 GDP 总量由 601.9 亿美元降至 174 亿美元，年均降幅高达 18.7%。按照真实 GDP 进行计算，2012 年和 2013 年叙经济收缩最为严重，这两年，叙真实 GDP 同比降幅分别达到 22.4% 和 24.7%。此外，受危机影响，叙人均 GDP 也出现了大幅收缩，按照购买力平价计算，2011～2016 年，叙人均 GDP 由 5625 美元降至 3418 美元，其中，2012 年和 2013 年，叙人均 GDP 的降幅最大，这两年，叙人均 GDP 的同比降幅分别达到 18.7% 和 18.1%。不过，从 2017 年开始，在俄罗斯支持下，叙政府军开始发起反击，叙政府控制区域经济开始好转，叙经济恶化趋势已被遏止，从 2017 年开始，叙名义 GDP 和人均 GDP 持续上涨，2018～2019 年，叙真实 GDP 增长率也出现正值。

2. 危机爆发给叙带来十分严重的通胀问题

在物价方面，危机爆发前，除个别年份外，叙物价水平总体保持稳定。但危机的爆发却将叙置于战时经济状态，国内物资的短缺引发了严重的通胀问题。根据英国经济学人智库的估计，2012～2013 年和2015～2016 年，叙消费物价指数变化率均超过了 30%，其中，2013 年，叙消费物价指数增幅更是高达 83.3%。直到 2017 年在俄罗斯的支持下，叙政府军开始发起反击，叙政府控制区域的经济开始好转后，叙通胀水平才被压制下来（详见表 3）。

---

① 关于国内经济因素的更多内容参见刘冬《叙利亚危机的经济损失》，李新烽主编《中东发展报告（2017～2018）》，社会科学文献出版社，2018，第171～176页。

表3 2010～2019年叙利亚主要经济数据

年份	2010	2013	2016	2017	2018	2019
名义GDP(亿美元)	601.9	349.8	174	187.7	226.8	272.7
真实GDP增长率(%)	3.2	-24.7	-2.5	-1.5	2.7	4.8
人均GDP(美元)	5625	3538	3418	3507	4033	4042
消费物价指数变化率(%)	4.4	83.3	47.7	19.4	0.9	11.2
货物商品出口(亿美元)	122.7	21.3	17.1	17.9	19.9	19.9
货物商品进口(亿美元)	159.4	82.9	55	63.6	70.7	72.7
净单边经常项目转移支付(亿美元)	9.5	13.6	17.4	25.4	31.3	32.9
经常项目账户余额(亿美元)	-3.7	-54.7	-20.8	-20.5	-19.8	20.5
登记失业率(%)	8.6	35	50	48	43.5	50
政府总收入/GDP(%)	23.5	4.6	2.4	5.8	5.8	6.0
政府总支出/GDP(%)	24.9	20.6	19.1	19.2	19.8	19.7
政府净债务/GDP(%)	18.9	50.6	68.7	79.2	93.2	99.5
外债总额(亿美元)	42.9	47.7	43.7	46.1	45.9	53.4
汇率(叙镑:1美元)	46.8	140.81	498.8	436.5	436.5	436.5
外汇储备(亿美元)	195.2	19	5.1	4.1	5.4	6.3
人口规模(万人)	2150	1910	1740	1710	1690	1660

资料来源：EIU, *Country Report：Syria*, 2015 - 2020。

3. 危机爆发导致叙人口大量减少，失业率居高不下

在人口方面，叙利亚危机爆发以后，该国人口大幅减少，在危机爆发前的2010年，叙人口总量为2150万人，而截至2019年底，叙人口规模降至1660万人，人口规模降幅高达22.8%。此外，受危机爆发影响，叙失业率也在大幅攀升，根据英国经济学人智库的数据，2010年，叙登记失业率还仅为8.6%，但此后开始迅速攀升，2015～2016年，叙登记失业率都维持在50%，尽管2017～2018年，叙失业率出现短期下降，但到2019年，又重新升至50%的高位。

4. 危机爆发严重冲击叙政府财政平衡

在经济内部平衡方面，危机爆发导致叙政府财政严重失衡，债务水平迅速激增。

首先，从叙政府财政来看，危机的爆发导致叙财政收入大幅削减，政府

财政严重失衡。危机爆发前，叙财政收入与 GPD 之比一直维持在 20% 以上，而危机爆发之后，叙财政收入与 GDP 之比开始迅速下降，2012 年下降至 11.6%，2013 年进一步下降至 4.6%，2014～2016 年，则一直维持在 2.5% 左右。尽管从 2017 年开始，叙财政收入与 GDP 之比有所回升，但始终未能突破 6%。然而，在财政收入大幅下降的同时，叙财政支出水平却保持刚性，从而导致叙赤字率快速上升，危机爆发前，叙财政状况十分稳健，2010 年，叙赤字率仅为 1.4%。然而，危机爆发后，叙赤字率却迅速攀升，并长期保持在 15% 左右。

此外，危机的爆发也导致叙政府债务水平显著上升，危机爆发前，叙政府净债务与 GDP 之比仅为 18.9%，但到 2019 年，该指标迅速上升至 99.5%。

5. 危机的爆发也给叙经济的外部平衡带来严重负面冲击

首先，危机的爆发导致叙货物进出口贸易出现大幅收缩。2010～2016 年，叙货物进出口贸易额由 282.1 亿美元降至 72.1 亿美元，年均降幅为 20.3%，其中，叙货物出口贸易额由 122.7 亿美元降至 17.1 亿美元，年均降幅为 28.0%，叙货物进口贸易额由 159.4 亿美元降至 55 亿美元，年均降幅为 16.3%，而从货物贸易的发展来看，2012 年和 2013 年，叙货物贸易的收缩最为严重，2012 年，叙货物进出口贸易额同比出现 40.2% 的降幅，其中，货物出口贸易额同比降幅高达 59.3%，2013 年，叙货物进出口贸易额同比出现 37.4% 的降幅，其中，货物出口贸易额同比降幅高达 49.0%。2017 年，叙扭转了货物进出口贸易持续下滑的局面，尽管 2019 年，叙货物进出口贸易上升至 92.6 亿美元，较 2016 年的最低值高出 28.4%，但仍然大幅低于危机前的水平。

其次，危机的爆发导致叙货币大幅贬值。危机爆发前，叙利亚镑对美元汇率一直为 1 美元兑换 46.76，但叙危机集中爆发后，叙利亚镑陷入快速贬值通道。到 2016 年，叙利亚镑对美元汇率跌至 1 美元兑 498.8，2010～2016 年，叙利亚镑对美元汇率年均贬值幅度高达 48.3%。直到 2017 年，叙利亚镑币值才重新稳定在 1 美元兑 436.5 的水平。

最后，危机爆发导致叙外汇储备大幅下降。危机爆发前的 2010 年，叙外汇储备规模为 195.2 亿美元，然而，危机爆发后，叙外汇储备水平持续下降，2017 年，叙外汇储备规模降至 4.1 亿美元的超低水平，2010~2017 年，叙外汇储备年均降幅高达 42.4%。尽管从 2018 年起叙外汇规模开始有所回升，但 2019 年 6.3 亿美元的外汇储备规模，与危机爆发前相比，依然相去甚远。

（三）对地区国家关系的影响

由于身处中东核心地带，国内教派、民族矛盾错综复杂，叙利亚危机爆发后，地区强国和全球大国的深度介入，也给中东地区国家关系以及大国与中东国家之间关系带来深远变化。

首先，叙利亚危机的爆发进一步激化了中东地区逊尼派与什叶派的矛盾。尽管叙执政集团阿拉维派属于什叶派，但在危机爆发之前，叙长期执行温和外交政策，特别是在巴沙尔·阿萨德执政时期，叙政府积极改善与土耳其、沙特等逊尼派国家关系，叙政府执行的温和外交政策，也在一定程度上起到了缓和逊尼派与什叶派之间关系的作用。然而，叙利亚危机集中爆发之后，叙国内以逊尼派为主体的反对派力量与阿拉维派政治精英之间的矛盾迅速激化，从而导致中东地区逊尼派和什叶派间的教派之争上升到白热化阶段，达到了 1979 年伊朗伊斯兰革命以来的最高点。[①] 叙反对派得到了土耳其、海合会等逊尼派国家的支持，而叙政府则得到伊朗、黎巴嫩真主党的支持，从而加剧了中东地区逊尼派和什叶派两大阵营的进一步分裂。

其次，在大国与中东国家关系方面，叙危机爆发为俄罗斯加强在中东地区的影响力提供了机会。美国一直以来都是影响中东地区地缘政治变化最为重要的外部力量，俄罗斯对中东地区事务的影响力十分有限。然而，叙利亚内战的爆发，却为俄罗斯提升其在中东地区的影响力提供了难得的机遇。2015

---

① 余国庆：《叙利亚问题对中东地区格局的影响》，李新烽主编《中东发展报告（2017~2018）》，社会科学文献出版社，2018。

年9月，俄出兵叙利亚之后，俄罗斯在中东地区的影响力和话语权得到迅速提升。目前，俄罗斯已经成为影响叙利亚局势发展最为重要的外部力量，而凭借在叙利亚问题上影响力的提升，俄罗斯与伊朗、土耳其等地区强国之间，也形成了更为紧密的联系。

最后，在叙利亚危机发生和发展的过程中，美国—沙特—以色列逐渐构成对抗俄叙联盟的重要力量。尽管在叙危机的发生与发展过程中，与俄罗斯相比，美国的介入相对比较收敛，但对于叙局势的发展，美国仍然起着至关重要的作用。2015年9月，俄罗斯出兵叙利亚后不久，美国时任总统奥巴马便于2015年10月30日授权向叙利亚派遣"少于50名"的作战人员，协助叙反政府武装打击"伊斯兰国"力量。[1] 此后，美国陆续向叙利亚增兵，至今已有2000名美军在叙反政府武装控制区开展行动，为叙反对派武装提供军事支持。而沙特则主要是通过提供资金和物资来支持叙反对派武装开展活动。此外，还有以色列借助空中优势，通过对叙政府军的军事设施实施空袭来削弱政府军的行动能力。因此，在叙利亚危机不断发展的过程中，中东地区也逐渐形成了美国坐镇、沙特出钱、以色列采取定点打击的叙反对派支持同盟。

四 叙利亚变局的前景

叙利亚政府在军事方面逐渐占据优势的同时，叙国内形势也已开始逐渐恢复稳定。然而，由于全球大国和地区强国的介入，叙利亚危机的未来发展，并非掌握在叙利亚政府手中。当前，叙利亚内战何时能够结束？国家何时能够重归和平与统一？叙各派如何通过和谈确立战后政治制度？战后叙将采取何种政体？流落各地的难民何时能够回归？又以何种方式回归？这些都是悬而未决且备受关注的重要问题，这些问题的解决将会对叙利亚危机的未来走向产生至关重要的影响。

---

① 《奥巴马出兵叙利亚给谁看？》，新华网，http://www.xinhuanet.com/world/2015-11/01/c_128381326.htm，上网时间：2020年5月20日。

（一）叙利亚战争的走向

尽管在俄罗斯武装力量的支援下，叙利亚政府在军事方面得以扭转败局，收复大片领土。然而，全球大国和地区强国在该地区的强力介入，特别是土耳其、美国出兵叙利亚，无疑极大增加了叙政府借助武力统一全国的难度与复杂性，而叙利亚内战的胶着也集中体现在伊德利卜战事中。

由于受到域外力量的阻挠，俄叙联军在伊德利卜开展的军事行动迟迟未能取得进展，并最终转移到由域外力量主导的谈判桌上。2017 年 9 月，俄土伊三国在阿斯塔纳①会议上达成协议，在伊德利卜等地设立冲突降级区。依据协议，土耳其军队以监督停火名义在叙利亚西北部设立 12 个观察点。② 然而，叙利亚政府反对该项协议，声明该项协议的签订不能使土耳其在叙利亚的军事存在合法化。由于叙利亚政府不愿放弃全国统一，俄土伊三国在阿斯塔纳会议上通过的决议并未能有效缓解伊德利卜地区的紧张局势。

2018 年 8 月下旬，叙政府军再次开始在伊德利卜省周边密集部署兵力，对盘踞在那里的反对派武装据点发动空袭和炮击，这些行动一度被外界视作一场大规模军事进攻的前奏。③ 然而，由于美国与土耳其态度十分强硬，最终还是将即将爆发的冲突转移到由域外力量主导的谈判桌上。2018 年 9 月 17 日，俄罗斯总统普京和土耳其总统埃尔多安在索契会晤，俄土双方经协商决定，于 2019 年 10 月 15 日前在叙利亚伊德利卜地区的政府军与反政府武装之间建立纵深 15～20 公里的非军事区，并把"胜利阵线"等极端组织赶出这一区域，叙利亚反对派武装于 10 月 10 日前将坦克、火炮等重武器撤出这一地区，非军事区将分别由土耳其军人和俄罗斯军警人员组成的机动巡

---

① 哈萨克斯坦首都阿斯塔纳已于 2019 年 3 月更名为努尔苏丹。
② 《俄土伊峰会聚焦叙利亚局势 土方寻求伊德利卜停火》，新华网，http：//www. xinhuanet. com/world/2019 – 09/17/c_ 1210282356. htm，上网时间：2020 年 5 月 20 日。
③ 《伊德利卜之战暂时打不起来？》，新华网，http：//m. xinhuanet. com/mil/2018 – 09/16/c_ 129954375. htm，上网时间：2020 年 5 月 20 日。

逻队监管。①

土耳其与俄罗斯在索契达成协议后，随即增兵叙利亚，并派军进驻伊德利卜，2020年2月，叙利亚政府军和土耳其军队在伊德利卜首次爆发直接冲突，双方发生多次交火，各有伤亡。土耳其称，叙政府军若不后撤，土方将"采取必要措施"，叙军则无视这一警告继续对叙反对派武装控制地区展开收复行动。②伊德利卜地区形势的再度紧张，又一次将土耳其与俄罗斯拉回到谈判桌上，2020年3月5日，俄罗斯总统普京在莫斯科与到访的土耳其总统埃尔多安举行会谈，双方就在伊德利卜地区停火问题达成协议。根据协议，从当地时间3月6日零时起，叙利亚伊德利卜地区交战各方结束目前战线上的所有军事行动；将横贯伊德利卜的战略要道M4公路南北两侧各6公里范围内设为"安全走廊"；自3月15日起俄土双方沿公路进行联合巡逻。③

而从伊德利卜战事的发展来看，由于叙利亚政府坚持国家统一，不愿意接受伊德利卜分离于叙政府控制之外，同时叙政府又缺乏足够军事实力，难以单独对抗土耳其以及土耳其支持下的叙反对派武装，从而导致伊德利卜战事陷入僵局，国内和平迟迟难以恢复。而伊德利卜战事的未来发展，显然已经脱离了叙利亚政府的控制，伊德利卜战事以及叙利亚内战的全面结束，将更多取决于俄罗斯、土耳其、美国等全球大国与地区强国之间的相互博弈。

（二）叙利亚政治重建

与叙利亚内战走势密切相关的，还有叙利亚政治重建与战后政治制度的安排。从大规模游行示威活动爆发至今，叙危机持续时间已超过十年，其间，叙国内民族矛盾、教派矛盾、执政集团与普通民众之间的矛盾迅速激化

---

① 《俄土将在叙伊德利卜省建立非军事区》，新华网，http：//www.xinhuanet.com/world/2018 – 09/18/c_ 1123444118.htm，上网时间：2020年10月14日。

② 《叙土冲突升级，伊德利卜局势将向何方》，新华网，http：//m.xinhuanet.com/2020 – 02/ 07/c_ 1125542263.htm，上网时间：2020年5月20日。

③ 《土俄就叙利亚伊德利卜停火细节达成一致》，新华网，http：//www.xinhuanet.com/world/ 2020 – 03/13/c_ 1125710001.htm，上网时间：2020年5月20日。

和升级，这也决定了叙各个相互对抗的派别实现和解、重新确立有效政治治理模式的艰难。

叙利亚政治重建议题主要是以阿斯塔纳和谈、叙利亚全国对话大会以及联合国框架下的叙利亚问题维也纳和谈三个平台展开。其中，俄、土、伊三国倡导，于 2017 年 1 月举行的阿斯塔纳和谈，曾经是协调叙各派政治立场最为重要的平台，截至 2019 年底，和谈已经举办了 14 轮。阿斯塔纳和谈设立的初衷是要"帮助叙利亚政府和反对派制定谈判协议并提供担保"①。然而，会议在调节叙国内各派立场方面，却未能取得实质效果，以阿斯塔纳和谈为基础形成的阿斯塔纳调节机制，更多成为俄土等域外势力协调伊德利卜战事等重要问题的平台。

由于阿斯塔纳和谈对于推动叙国内各派力量和解发挥的作用有限，2018 年 1 月底，在俄罗斯的支持下，由叙利亚主导的全国对话大会在俄罗斯索契召开。尽管会议的举行一波三折，并遭到部分叙反对派的抵制，但在这次为期仅一天的会议上，最终还是通过了成立宪法委员会的决定。联合国秘书长叙利亚问题特使德米斯图拉和俄罗斯外长拉夫罗夫在会后表示，宪法委员会的名单既包括本次会议上选举出来的代表，也包括未能出席索契大会的各派别代表；既有来自叙利亚政府的代表，也有来自反对派的代表。会后，俄外长拉夫罗夫还强调，索契会议成果将转交联合国，以推动叙利亚和谈进程。② 而全国对话大会做出成立宪法委员会的决定，无疑意味着叙政治重建取得了初步突破，正式走向宪法制定的轨道。

联合国本应是调解叙利亚国内各派争端的主要渠道，然而，联合国框架下的叙利亚问题和谈却因各方争执，始终未能发挥应有作用。2017 年 11 月，在经过多次延期之后，第八轮叙利亚问题日内瓦和谈举行。叙反对派组

---

① 《俄、土、伊准备帮叙政府与反对派制订谈判协议并提供担保》，中国新闻网，https://world.huanqiu.com/article/9CaKrnJZhqK，上网时间：2020 年 5 月 29 日。

② 《俄罗斯叙全国对话大会在索契召开 大会决定成立叙宪法委员会》，央视网，http://news.cctv.com/2018/01/31/ARTIeZZ3a1E4R8Nps7jjUMho180131.shtml，上网时间：2020 年 5 月 29 日.

成联合代表团，仍坚持以巴沙尔总统下台作为启动政治进程的前提，和谈陷入僵局，不欢而散。① 2018 年 1 月 25 日，新一轮叙利亚和谈在维也纳召开，叙政府代表团与反对派都拒绝直接谈判，联合国秘书长叙利亚问题特使德米斯图拉分别与双方进行会谈，围绕新宪法等问题展开讨论，因分歧巨大谈判无果而终。② 然而，索契举行的全国对话大会结束后，叙政治重建重新回到联合国主导下的和谈轨道上来，2019 年 10 月 30 日，由叙利亚政府、反对派和民间人士代表组成的叙利亚宪法委员会在日内瓦正式启动，开始就宪法改革事宜展开工作，会议的举行也标志着叙利亚危机朝着政治解决的方向迈出了重要一步。③ 然而，叙利亚危机持续至今已有十年时间，叙国内各派矛盾难以调和，各方诉求有着极大差异，叙政治重建的进程，必然也会与国内战争全面结束相似，将面对重重阻碍。

（三）叙利亚难民回归

叙利亚危机爆发后，持续不断的军事冲突给叙国民的生命安全带来严重威胁，而战争造成的基础设施损毁和国内物资短缺，也导致叙国民生活水平大幅下降。在重重压力之下，大批叙利亚国民跨越边境，成为国际难民。从难民流向来看，叙利亚难民主要涌入土耳其、黎巴嫩、约旦、伊拉克等邻近国家以及埃及，此外，还有少数难民通过地中海，流入德国、希腊、奥地利等欧盟国家。根据联合国难民署发布的《全球趋势报告》，截至 2018 年底，叙难民人数多达 670 万人，占到全球难民总数的 1/4 多。④

大量难民的涌入，给难民接收国带来沉重的经济负担，引发大量社会矛

---

① 王林聪：《叙利亚问题及其新变化、新特征和新趋势》，李新烽主编《中东发展报告（2017～2018）》，社会科学文献出版社，2018。

② 王林聪：《叙利亚问题及其新变化、新特征和新趋势》，李新烽主编《中东发展报告（2017～2018）》，社会科学文献出版社，2018。

③ 《叙利亚宪法委员会在日内瓦正式启动》，新华网，http://m. xinhuanet. com/2019 - 10/31/c_ 1125173820. htm，上网时间：2020 年 5 月 20 日。

④ UNHCR，"Global Trends 2018，" https：//www. unhcr. org/globaltrends2018/，上网时间：2020 年 5 月 29 日．

盾与冲突，宗教狂热分子夹杂在难民中，也增加了难民接收国的反恐压力，叙利亚难民回归已成为国际社会关切的重要议题。目前，叙利亚难民问题仍在不断发酵之中，从叙利亚国内人口数据来看，2019 年，叙人口规模较 2018 年下降了 30 万人，这也表明，叙难民问题在 2019 年仍处于恶化之中。

在难民回归的问题上，联合国采取的是自愿回归政策，但从严格意义上来说，当前的叙利亚仍然处于战时状态，即使叙政府控制区域安全形势已有大幅好转，叙国内物资紧缺的状况依然未有缓解，而这恰恰是离家在外的难民迟迟不愿回归的重要原因。因此，叙难民问题的解决也与叙国内和平、政治重建进程密切相关，只有叙国内尽快恢复和平与政治稳定，国家经济重建大规模启动，改变国内物资短缺的状态，叙难民问题才能够得到彻底解决。

Y.10

也门：深陷战乱的旋涡之中

朱泉钢*

摘　要： 也门前总统萨利赫统治后期，也门深陷由政治、经济和社会
　　　　　困境构成的多重复合治理危机。随着"阿拉伯之春"蔓延至
　　　　　也门，萨利赫最终在内外交困中下台，也门进入转型时期。
　　　　　也门的国家转型安排既没有充分限制前总统萨利赫的权力，
　　　　　又没有确保胡塞运动和南方运动等边缘群体的利益，最终胡
　　　　　塞武装使用武力攫取国家政权，也门国家转型彻底失败。随
　　　　　着沙特领导的国际联军介入，也门陷入血腥内战，也门战争
　　　　　表现出动态演变性、内外联动多重博弈性、严重破坏性诸特
　　　　　征。也门问题的解决需要首先恢复和平秩序，然后解决治理
　　　　　问题，这并不容易。

关键词： 也门　治理　战争　和平进程

　　也门剧变的爆发有着深刻的结构性根源，即萨利赫统治后期的多重复合
治理危机。萨利赫下台后也门的国家转型进程不仅未能解决国家的治理问
题，而且导致也门再次爆发内战，战争目前仍在继续。中东剧变十年来，也
门问题从之前的治理赤字问题逐渐演化为当前的安全赤字问题。

---

　　* 朱泉钢，法学博士，中国社会科学院西亚非洲研究所助理研究员，主要从事中东政治、中东
　　国际关系、也门国别问题研究。

一 国家治理能力的下降与也门剧变的爆发

2000 年之后，萨利赫政府的国家治理问题逐渐凸显，这也是也门在 2011 年爆发大规模民众抗议的深层次结构性原因。第一，也门宏观经济结构中存在的问题不断累积。20 世纪 90 年代中期，受困于国家主义经济模式的弊端，也门面临政府高赤字、高外债、高通胀、低增长的问题，因而被迫接受国际货币基金组织提出的"以改革换贷款"的要求，并从 1995 年开始实施新自由主义经济调整政策。其政策核心是"华盛顿共识"倡导的私有化、自由化和稳定化，主要目标是激发国家经济活力，释放国家经济潜能。然而，受到也门国内既有政治结构、经济结构和社会结构的制约，国家经济发展的活力十分有限。一方面，国家经济仍然严重依赖石油部门，并深陷"资源诅咒"之中。2000 年之后的"全球高油价时代"，也门借助石油资源每年获得 30 亿美元的收入，这阻碍了也门政府发展其他产业的动力。到 2010 年，也门 33% 以上的国内生产总值（GDP）、50% 的政府收入、90% 的出口收入依赖石油资源。[1] 另一方面，经济私有化进程导致严重的裙带资本主义问题，造成大量的国有资产流失。政府在电力、水、食品等领域进行私有化改革，虽然降低了政府负担，却以牺牲国家利益为代价使少数人群致富。[2] 改革的受益者主要是与萨利赫总统关系密切的群体，包括萨利赫家族成员、部落领袖、安全部门高层和商业精英等。这意味着，也门经济结构调整并未实现国家经济健康、稳健、公平的可持续发展。

第二，萨利赫政府的传统威权统治模式逐渐衰落，国家的政治稳定问题越发凸显。长期以来，萨利赫政权的生存依赖于两大支柱：一是赋予传统部落精英特权以换取他们的支持；二是政府实行低水平的国家主义政策换取普

---

① World Bank Group, *The Economics of Post-Conflict Reconstruction in MENA*, Washington, DC: World Bank Publications, 2017, p. 31.

② Nora Ann Colton, "Yemen: A Collapsed Economy," *Middle East Journal*, Vol. 64, No. 3, Summer 2010, p. 423.

通民众的支持。然而,到了 2000 年之后,这两个支柱都出现了明显松动。一方面,萨利赫的统治越来越依赖自己的家族成员,疏离了传统的部落精英盟友。萨利赫 1978 年上台的时候,与也门最大的部落联盟——哈希德部落联盟的领袖艾哈迈尔·谢赫,以及也门装甲部队总司令穆森将军(Ali Mohsen al-Qadhi al-Ahmar)达成协议,二人支持萨利赫,穆森将军在萨利赫之后出任总统,同时萨利赫确保二人的势力在安全、司法和经济领域的高度自主权。2000 年之后,萨利赫越来越依赖自己的家族成员担任党、政、军要职,他培植自己的长子艾哈迈德·萨利赫作为接班人,实现"家天下"的野心越发明显,这引起了传统盟友的不满。[①] 另一方面,私有化改革意味着"以满足民众基本生活来换取民众政治沉默"的传统"社会契约"不再有效。也门的私有化改革意味着政府降低了维护民众最基本生活保障的责任,民众日益下降的生活水平导致他们对政府的合法性认同降低,国家不稳定加剧。根据世界银行"全球治理指标项目"的数据,与 2000 年相比,萨利赫政府 2010 年在政府透明度与责任、政治稳定和无暴力、政府效力三项指标的得分(该项目各项治理能力指标的得分最高是 2.5,最低为 - 2.5)分别从 - 0.8、- 1.1、- 0.8 下降到 - 1.3、- 2.4、- 1.0,表明政府的政治治理水平显著下降。

第三,也门贫困问题日益突出,青年失业问题十分严重。由于相对恶劣的地理条件、国家轻视农业和工业建设的发展战略、国家急速的私有化改革、未能为底层民众提供最起码的社会保障等,也门贫困问题不断加剧。根据世界银行划定的贫困线(按购买力平价计算,每人每天 1.9 美元)标准,也门的贫困人数占全国总人口的比例从 1990 年的 44.9% 增加到 2010 年的 46%,而每天生活费不足 4 美元的人在 2010 年约占全国总人口的 85%。也门还是世界上营养不良率最高的国家之一,2012 年,5 岁以下的儿童中,有将近 60% 的儿童患有慢性营养不良症,13% 的儿童患有严重的营养不良症。

---

① Michael Knights, "The Military Role in Yemen's Protests: Civil-Military Relations in the Tribal Republic," *Journal of Strategic Studies*, Vol. 36, No. 2, 2013, p. 265.

此外，也门还面临着严重的失业问题，尤其是青年失业问题。中东是全球生育率最高的地区，也门是中东地区生育率最高的国家之一，每个也门妇女平均生育 5.4 个孩子，也门的人均增长率超过 3%。然而，也门宏观经济的恶化意味着国家难以提供足够的工作机会，造成高失业问题。2010 年前后，也门 18 岁以下的人口约占总人口的 50%，而 25 岁以下的人口占总人口的比例高达 70%。这些大量的年轻人在就业中往往处于劣势，因而造成较高的青年失业率问题。也门的失业率从 2000 年的 12.6% 上升到 2010 年的 17.8%，其中，青年失业率已经高达 60%。① 可见，萨利赫政府的社会治理问题十分明显。

总之，萨利赫政府统治后期，也门政治、经济、社会领域的治理存在复杂的互动关系，并形成了复合性治理危机。简单来讲，也门实施的新自由主义经济政策，未能解决国家的经济发展问题，还造成底层民众的生活压力增大。这些底层民众对于政府的经济政策十分不满，并试图表达自己对政治的不满，而萨利赫政府日益僵化的政治体系无力回应民众的民生诉求，民众对政府越来越失望。在中东剧变洪流的冲击下，"也门之春"在 2011 年 1 月 15 日爆发。

二 从民众抗议到转型失败

"也门之春"爆发之后，萨利赫总统在内外压力下最终下台。哈迪领导的国家转型进程并不成功，也门最终陷入血腥的内战之中。截至 2020 年初，也门战争仍难看到结束的迹象。

（一）民众抗议、精英分裂与萨利赫下台

2010 年底突尼斯爆发"茉莉花革命"，并在整个阿拉伯世界发展为声势

---

① World Bank Group, *The Economics of Post-Conflict Reconstruction in MENA*, Washington, DC: World Bank Publications, 2017, p. 31.

浩大的民众抗议浪潮——"阿拉伯之春"。在突尼斯的本·阿里总统逃往沙特之后的第二天，也门爆发了大规模的民众抗议。

抗议率先在首都萨那爆发，一群年轻人集会，抗议政府的腐败、国家经济不发展和政治体系僵化等问题。随后，抗议活动迅速扩展到南部的亚丁、中部的伊卜和塔伊兹等地。全国范围内的抗议活动逐渐在"萨利赫总统下台"的诉求和"也门不能错过历史性变化"的期待下形成了合流，也门的人权组织、反对党也门联盟（al-Mushtarrak）、萨那的青年学生、南方的分离主义运动、萨达省的胡塞运动等力量搁置争议，摒弃前嫌，联合行动。①在2月25日那天，数十万人参加了在塔伊兹的抗议活动，数万人在塔伊兹和亚丁进行示威抗议活动，民众的抗议将萨利赫政权置于严重的生存危机之中。

萨利赫采取"胡萝卜加大棒"的政策，试图平息民众的不满。一方面，萨利赫"以退为进"，试图维系政治生涯。萨利赫表态，自己将不再参加2013年的总统大选，也不会将权力移交给自己的长子艾哈迈德。然而，这对于抗议民众来讲更像是"空头支票"，他们认为，两年时间足以确保萨利赫重新加强对政权的控制并收回之前的承诺。另一方面，萨利赫加强政治镇压，试图恐吓抗议民众。2月底，萨利赫政权明显加强了强制力量的使用，一些抗议民众被杀害，抗议领导人被逮捕。然而，这不仅未能使抗议分子屈服，而且造成了统治集团内部的分裂。

随着民众抗议不断加剧，政权中的一些传统精英开始选择背叛政权，甚至支持民众抗议。起初，执政党人民大会党（GPC）的一些议员宣布辞职，抗议萨利赫的暴力行径。3月初，哈希德部落联盟的领袖艾哈迈尔家族的成员纷纷宣布与萨利赫决裂，萨利赫丧失了部落支持。改革党（Islah）领袖萨迪克·艾哈迈尔发表声明，要求萨利赫尊重民众要求并下台。超级富商哈米德·艾哈迈尔告诉《纽约时报》说："也门政府已沦为

---

① Holger Albrecht, "Cain and Abel in the Land of Sheba: Elite Conflict and the Military in Yemen," in Holger Albrecht, Aurel Croissant, and Fred H. Lawson（eds.）, *Armies and Insurgencies in the Arab Spring*, Philadelphia: University of Pennsylvania Press, 2016, pp. 130 – 131.

黑帮。"前人民大会党成员侯赛因·艾哈迈尔要求其部落支持者联合其他反对派推翻政府。① 3 月 18 日，亲政府的安全力量在变革广场上杀害了 50 多名抗议者，这引起了民众的愤怒，也加速了政权精英的背叛。以穆森将军为代表的高级军官发表声明称，军队将履行保卫民众的责任，支持民众的抗议诉求。部分军队高层及其指挥的军队选择背叛，这对于萨利赫政权来讲是致命的，因为这意味着政权无法依靠暴力手段成功镇压民众抗议。

与此同时，沙特领导的海湾合作委员会在 4 月提出了也门转型倡议。其核心内容是萨利赫下台，临时总统继任后两月之内举行总统大选。同时，萨利赫及其家族成员享受豁免权。萨利赫起初表示接受协议条款，但最终拒绝签署文件，也门陷入低烈度冲突当中，6 月，萨利赫遭到炮弹袭击，受伤严重，并前往沙特接受治疗。9 月，也门暴力对抗加剧，引起了国际社会的担忧。10 月 21 日，联合国安理会通过决议，要求萨利赫接受海合会提出的转型倡议。萨利赫表示自己会接受倡议，但只会将权力移交给自己信任的人。在数周讨价还价之后，萨利赫于 11 月前往沙特首都利雅得签署了协议。自此，萨利赫正式下台，也门开启转型进程。

（二）艰难转型及其失败

2011 年 11 月 23 日，也门各方签署了转型文件《海合会倡议及其实施机制》，标志着也门转型正式拉开序幕。② 该文件的主要内容包括：哈迪将作为总统领导也门两年期的转型进程；在此期间，国家将由民族团结政府管理，萨利赫领导的人民大会党、也门联盟和抗议民众的代表按相同比例进行分配，最终要建立国家新的治理机构；转型期间的核心任务是召开民族对话会议、组织制宪委员会和进行安全部门改革。然而，在一系列因素的制约

① Lin Noueihed, Alex Warren, *The Battle for the Arab Spring：Revolution, Counter-Revolution and the Making of a New Era*, New Haven and London：Yale University Press, 2012, pp. 201 – 202.

② Helen Lackner, *Yemen in Crisis：Autocracy, Neo-Liberalism and the Disintegration of a State*, London：Saqi, 2017, pp. 33 – 66.

下，转型最终走向彻底失败。

第一，民族对话会议机制存在缺陷，难以确保转型顺利开展。在565名民族对话会议成员中，萨利赫领导的人民大会党有112名代表，以改革党为骨架的也门联盟有129名代表，而在民众抗议中发挥重要作用的青年，仅仅占据了20%的席位。显然，这种人员构成表明萨利赫时期的政治精英仍掌控权力，旧有的权力结构并没有发生体系性的变革。此外，在民族对话会议成员中，来自南方的代表占据了56%的席位，而作为传统权力中心的北方力量的代表仅占44%，这并未代表也门传统的南北权力格局。最终，也门转型仍是在一批传统精英主导下进行的，大多数部长都是人民大会党和改革党成员，使他们能够继续依靠政府资源维持庇护自己的网络和高额收入。2014年1月，民族对话会议结束，产生了包括1800余项内容的文件，然而一些关键性的问题仍悬而未决，如联邦国家结构、南方问题、军队改革、制宪委员会成员构成等。

第二，国际社会对也门转型提供了支持，却无力也无意愿从根本上推动其转型。虽然西方国家与海合会国家在一些事务上存在差别，但它们整体上保持了高度的一致，主要关注也门的反恐事务和也门继续执行新自由主义经济政策的问题。然而，海合会的君主国并不真心支持也门的民主化进程，国际社会也没有足够的政治动力和提供财政支持来帮助也门解决深层次的经济和社会问题。① 此外，国际社会设定的也门转型时间只有两年，根本不可能产生新的有组织的进步性政治力量，制宪、政府改革、安全改革等任务都要求在两年内完成，这是很不切实际的安排。事实上，西方国家和海合会国家更关注的是也门的基本稳定，以及它们与也门的经济合作，这些符合它们的国家利益，至于2700万也门人民的根本利益并不是它们的主要关注点。

第三，前总统萨利赫在也门政治体系中依然强势，这阻碍了转型进

---

① Hussein Askary, "The Miracle of Yemen's Reconstruction and Connection to the New Silk Road," *EIR*, June 2018, p. 24.

程。海合会倡导的协议不仅保障了萨利赫及其家族成员享有司法豁免权，而且允许萨利赫继续待在也门并担任也门重要政治力量——人民大会党的党魁，这注定了转型很难顺利进行。一方面，萨利赫势力形成了"国中之国"，阻碍也门转型进程。以军事领域为例，萨利赫家族的武装力量破坏了也门安全部门的改革进程，其子艾哈迈德统领着前共和国卫队的武装，其侄子塔里克统领着前中央安全组织的武装，共约 3 万人，而且装备精良，资金雄厚，实力强大，他们并不听从哈迪政府的指挥。[①] 另一方面，萨利赫视自己为也门的"救世主"，一直伺机进行报复和再次夺权。萨利赫不仅支持相互敌对的政治派别，而且与胡塞武装建立策略性联盟，破坏也门转型进程。2014 年 6 月，萨利赫支持胡塞武装攻占阿姆兰省首府和其他地区，报复艾哈迈尔家族对自己的背叛，公开暴露了其与胡塞武装结盟的事实。同年 9 月，萨利赫支持胡塞武装攻陷首都萨那。虽然，联合国最终调停也门政府与胡塞运动达成《民族和平伙伴协议》，但并未从根本上解决双方的敌对问题。

2015 年 1 月，哈迪颁布新宪法草案，导致胡塞武装进攻总统府，并迫使哈迪总统逃往亚丁，这也标志着也门转型彻底失败。

三 也门战争及其特征

胡塞武装的快速崛起引起了沙特的不安，沙特在 2015 年 3 月组织国际联军在也门发动"果断风暴"军事行动。联军的军事行动未能击败胡塞武装，反而导致也门深陷内战泥潭，也门战争表现出动态演变性、内外联动多重博弈性、严重破坏性等特征。

（一）也门战场形势具有动态性和演变性

也门战争已经历时五年，胡塞武装与反胡塞武装之间的对抗是其主要矛

---

① 朱泉钢：《也门多重武装力量崛起问题及其治理困境》，《阿拉伯世界研究》2019 年第 4 期，第 41 页。

盾。也门战场形势大体经历了胡塞武装快速扩张、胡塞武装被反胡塞武装有限推回、双方深陷战略僵局三个阶段。

严格来讲，胡塞武装在也门的扩张并不是从 2015 年开始的，而是可以追溯到 2011 年前后。胡塞运动起初是一个伊斯兰教什叶派分支——栽德派的宗教复兴运动，主要目标是抵制逊尼派意识形态在萨达省的扩张，但从 2004 年开始逐渐军事化，并与政府爆发了六轮武装冲突，其下属的武装力量——胡塞武装逐渐声名鹊起。在中东剧变的刺激下，胡塞武装在 2011 年控制了萨达省，并在 2014 年 9 月占领萨那的行动中，趁机将控制权向南扩展至伊卜省，向西扩展至荷台达省。从 2015 年 1 月开始，胡塞武装在萨利赫家族领导的武装力量的支持下，不仅完全占领萨那，而且将控制范围向南扩展到阿比扬省、拉赫季省和亚丁省。胡塞武装的迅速扩张得益于以下因素：胡塞武装与政府长期作战淬炼出的战斗经验，也门北部民众对政府的不满和对胡塞运动的好感，与萨利赫集团结盟带来军事实力的提升，也门政府军的极度虚弱等。①

2015 年 3 月，胡塞武装兵临亚丁，哈迪总统被迫逃亡沙特。经过与沙特高层密切协商之后，哈迪在 3 月 24 日向海合会提出"军事干预以支持也门政府，保护民众免遭胡塞武装进攻"的请求，沙特在 3 月 26 日领导联军（沙特、阿联酋、科威特、巴林、卡塔尔、埃及、约旦、摩洛哥、塞内加尔、苏丹十国，之后索马里、厄立特里亚加入）发动"果断风暴"军事行动，主要通过空中打击、海上封锁、地面进攻等手段打击胡塞武装。沙特决定进行军事干预，主要出于领土安全、教派政治、地区声誉、地缘政治竞争、国内政治等因素的考量。② 总的来看，沙特主要负责也门北部和红海沿岸战事，阿联酋负责也门南部战事。经过近四个月的武装对抗，联军中止了胡塞武装的扩张势头。胡塞武装逐渐被逐出南部，标志性的事件是阿联酋率

---

① 朱泉钢：《外部军事干预以来的也门局势及其走向》，杨光主编《中东发展报告（2015～2016）》，社会科学文献出版社，2016，第 233 页。

② May Darwish, "The Saudi Intervention in Yemen: Struggling for Status," *Insight Turkey*, Vol. 20, No. 2, 2018, pp. 125 – 141.

领反胡塞武装在 7 月 19 日收复亚丁，并且从胡塞武装手中收复了达里、拉赫季、阿比扬和夏卜瓦的大部分地区。

从 2015 年秋开始，胡塞武装与反胡塞武装逐渐陷入战略僵持，双方虽互有得失，但整体上都无法发动实质性的战略进攻，也无法获取显著的战略优势，更无力彻底击败对方。截至 2020 年 4 月，双方的战略僵持主要维持在以下几条战线：在也门第三大城市塔伊兹，地方民兵虽然将胡塞武装击退，但他们一直没能彻底打破胡塞武装的包围；在红海沿线，反胡塞武装利用萨利赫集团与胡塞武装同盟关系在 2017 年底的破裂，向北推进到荷台达地区，但一直无力彻底攻克荷台达；反胡塞武装巩固了对北部马里卜省的控制，但持续遭受胡塞武装的进攻，近期的战略压力有所增大；在中部，双方大体上沿着贝达、达里、夏卜瓦、阿比扬和拉赫季战线保持对峙。形成这种战略僵局的原因包括：反胡塞武装的装甲优势在北部山地无法发挥作用；反胡塞武装内部的分裂和斗争；南部武装人员不愿奔赴北部作战；胡塞运动在也门北部有较好的支持基础等。

（二）也门战争具有多重博弈和内外联动的特征

也门战争的实质是各种势力争夺权力和资源的斗争。越来越多的学者承认，也门战争虽然以胡塞武装与反胡塞武装之间的斗争为主要特征，但是蕴含着全球层面的反恐战争、地区层面的战略竞争、也门国内的政治斗争等色彩，是一场多行为主体参与的大博弈，[①] 并且这些主体之间的关系相互交织、错综复杂。

在国内层面，也门战争展现了也门长期存在和新近出现的数组矛盾。一是胡塞武装与中央政府之间的矛盾。也门政治结构具有深厚的部落政治特征，国家权力长期被哈希德部落联盟的成员把持，胡塞武装作为也门第二大部落联盟——巴基勒部落联盟的成员，在国家的政治体系和资源分配体系中

---

① Marie-Christine Heinze, "Yemen's war as seen from the local level," in Pomeps, *Politics, Governance, and Reconstruction in Yemen*, 2018, p. 34.

长期处于边缘地位，这也是胡塞武装寻求体系外武装反抗中央政府的重要原因，在当前的也门战争中表现为胡塞武装与哈迪政府之间的冲突。二是南方运动崛起反映出也门南北矛盾和南方运动与中央政府之间的矛盾。也门南北差异具有很深的历史原因，1990年北也门和南也门统一后于1994年爆发内战，战争以北方获胜告终。之后，南也门精英和民众认为北方长期剥削和欺压南方，一些南也门的军政人士在2007年成立"南方运动"，寻求南方更大的自治权。随着胡塞武装的南下，南方运动在阿联酋的支持下武装化程度不断提高，分离主义倾向也越发严重，并在2017年成立了"南方过渡委员会"①。其下辖武装于2018年1月、2019年8月在亚丁两次与哈迪政府军爆发武装冲突，虽然在沙特和阿联酋的斡旋下双方和解，但根本矛盾并未消除。2020年4月，双方再次爆发武装冲突。三是也门政治伊斯兰力量之间的矛盾。在也门，除了教俗矛盾之外，伊斯兰力量内部也充满矛盾和斗争，这主要表现在以下三股势力之间的矛盾：带有穆斯林兄弟会色彩的改革党所代表的温和伊斯兰力量、"基地组织也门分支"和"'伊斯兰国'也门分支"代表的极端伊斯兰力量、胡塞武装代表的栽德派宗教复兴运动。在也门战争中，这些力量既合作又冲突。四是也门部落之间的矛盾，彼此为争夺资源、财富和权力而敌对。也门战争爆发之后，"不安全文化"扩散导致部落的不安全感加剧，部落进一步武装化。此外，一些部落为了保护自己的部落利益和部落荣誉，与胡塞武装展开激战。例如，在哈贾省附近，哈吉尔部落（Al-Hajour）的武装在沙特支持下，与胡塞武装爆发了数月之久的暴力冲突②，虽然最终被击败，但暴露出部落力量对胡塞武装统治的不满。

在国际层面，地区大国和域外大国积极介入也门战争，争夺地区权力和影响力。一是沙特、阿联酋为一方，伊朗和黎巴嫩真主党为另一方的地缘政治竞争，这组冲突还带有逊尼派与什叶派之间教派冲突的色彩。沙特、阿联

① Robert Forster, "Toward a Comprehensive Solution? Yemen's Two-Year Peace Process," *The Middle East Journal*, Vol. 71, No. 3, Summer 2017, p. 479.
② 朱泉钢：《〈斯德哥尔摩协议〉后的也门局势进展及其对海湾地区安全的影响》，李新烽主编《中东发展报告（2018~2019）》，社会科学文献出版社，2019，第196页。

酋积极扶植代理人参与也门战争，对抗胡塞武装，其代理人包括苏丹、塞内加尔和部分海湾君主国的军队，以及哈迪政府军、"南方过渡委员会"的武装、前总统萨利赫去世之后忠诚于萨利赫的武装、穆森将军领导的军队、极端主义势力、一些部落武装等。伊朗向胡塞武装提供轻武器和导弹技术，许多军事专家认为，胡塞武装的导弹技术突飞猛进得益于伊朗提供的装备和技术。此外，伊朗还对胡塞运动提供政治和经济支持。2020 年一个值得注意的动向是，土耳其正义与发展党政府通过扶植与其意识形态接近的改革党，对也门事务的干预程度有所提高。二是美国不仅积极支持传统盟友沙特和阿联酋对抗胡塞武装，而且还在也门长期进行打击恐怖主义的战争。在中东地区，消灭至少是削弱敌视美国的非国家武装力量（以"基地"组织和"伊斯兰国"为代表），被美国视为其重要的国家利益。因此，美国长期在也门进行反恐战争。自 2002 年以来，美国在也门进行了 372 次打击恐怖分子的战斗，打死 1500 余名恐怖分子①，其中包括"基地组织也门分支"头目雷米及其炸弹专家阿斯利等。

（三）也门战争的影响具有高破坏性和长时段性

也门战争的参战主体复杂，并且破坏性极大，对于也门和海湾地区的传统安全和非传统安全均造成较大影响。

第一，也门战争加剧了海湾地区的安全困境，地区紧张局势不断升温。一是也门国内的冲突迟迟无法平息。胡塞武装与哈迪政府经过了数轮谈判也未能达成和平协议，当前双方仍在紧张对峙。南方分离主义问题进一步恶化，"南方过渡委员会"与哈迪政府不时爆发武装冲突，加剧了也门局势的紧张。此外，对于也门安全更长久的影响或许是也门社会的不安全文化和不信任文化进一步加剧，既不利于实现整体和平，也不利于维持和平状态。二是胡塞武装与沙特政府的敌意深化，沙特的不安全心态加剧。虽然沙特对胡塞武装享有整体的军事优势，尤其是在空军领域享有绝对优势，但胡塞武装

---

① Jeremy M. Sharp, *Yemen：Civil War and Regional Intervention*，CRS，R43960，2020，p. 11.

依靠导弹和无人机等技术，逐渐建立起了不对称威慑能力。据报道，从2016年7月到2019年7月，胡塞武装共向沙特发动了250余次袭击。[①]2019年9月14日，胡塞武装使用无人机成功袭击沙特阿美石油公司的阿布盖格石油炼化设施（世界上规模最大的石化厂）与胡赖斯油田（沙特国内的第二大油田），造成沙特产油能力骤降，震惊了全世界。之后，双方关系有所缓和，但2020年3月底以来，胡塞武装再次向沙特首都利雅得，以及沙特南部目标发动无人机和导弹袭击，声称这是报复沙特对胡塞武装据点的空袭，显示出双方"以眼还眼，以牙还牙"的冲突逻辑。三是伊朗与美国及其盟友之间的敌对加剧。特朗普上台后，美国对伊朗的战略压力增大，着重关注伊朗的核技术、导弹技术、地区扩张问题。美国认为，伊朗支持胡塞武装是其地区野心的重要表现，也是美国对伊朗实施"极限施压"战略的原因之一。面对美国的施压，伊朗则以"极限抵制"与其对抗。进入2019年，海湾局势陡然紧张，5月和6月，数艘商船在阿曼湾被击毁；6月，伊朗击落美国无人侦察机，差点引起美国的军事报复；7月，英国和伊朗互扣对方油船；9月，沙特阿美公司遭无人机袭击；2020年前后，美国与伊朗支持的伊拉克民兵组织紧张关系加剧，2020年1月3日，美国在巴格达国际机场公然袭杀伊朗伊斯兰革命卫队"圣城旅"指挥官卡西姆·苏莱曼尼少将，招致伊朗五天之后的报复，伊朗向美国驻伊拉克的两处军事基地发射数十枚导弹，美方以无人员伤亡为由没有进行报复，但美伊双方的紧张关系仍在继续。[②]值得注意的是，面对海湾紧张局势加剧，阿联酋试图与伊朗缓和关系，并从2019年6月开始陆续从也门撤军。

第二，也门战争恶化了海湾地区的非传统安全问题。一是也门人道主义危机严重，平民安全无法得到保障。截至2020年3月，也门战争致死人数超过10万，其中有1.2万人是平民。此外，战争还造成360万人流离失所。

---

① Seth G. Jones，*Iran's Threat to Saudi Critical Infrastructure*，Washington D. C. : CSIS，2019，p. 3.

② 王林聪、余国庆、朱泉钢：《中东地区形势分析与展望》，谢伏瞻主编《中国社会科学院国际形势报告（2020）》，社会科学文献出版社，2020，第131页。

也门80%的人口（2400万人）需要人道主义援助，其中1430万人急需人道主义援助。在2019年联合国开发计划署人类发展指数（HDI）排名中，也门在189个国家中排名第177位，也门人的平均预期寿命为66.1岁，平均受教育年限为3.2年，人均收入为1433美元。联合国开发计划署的最新报告指出，自2015年以来，也门的贫困率从47%增至2019年底的75%，如果战争持续到2022年，也门将成为全球最贫穷的国家。① 2020年新冠疫情暴发以来，也门虽然患病人数不多，但致死率较高。鉴于也门几乎没有管控疫情的能力，疫情的潜在风险不容低估。二是也门恐怖组织借内战之际加强实力。根据澳大利亚经济与和平研究所的数据，2019年也门的恐怖主义问题属于高度严重级别，恐怖主义严重程度在全球居第8位。也门战争爆发之前（2012～2014年）和爆发之后（2015～2018年）的恐怖主义指数年平均得分分别为7.09和7.69，表现出明显的上升趋势。② 在也门战争期间，"基地组织半岛分支"以对抗胡塞武装为名，获得了也门中部和南部一些逊尼派部落的支持，扩展了实力、影响力和控制范围，甚至在2015～2016年控制了穆卡拉港一年之久。此外，"'伊斯兰国'组织也门分支"在2015年之后也试图扩张在也门的势力范围，但整体上进展有限。三是战争造成的环境破坏或将长期困扰也门人民。战争期间，无限制的使用炸弹造成大量的有毒化学物质残余，不仅弥漫在空气中、渗透到土壤中和沉淀在水源中，而且随风和雨直接降落到人的身上，造成严重的健康伤害。此外，战争恶化了也门的用水状况，民众缺水问题十分严重，大约70%的人缺乏干净的饮用水。战争还造成大量的森林资源被毁，这对也门整个生态平衡和生物多样性安全危害极大，造成的影响也将是长期的。

中东剧变十年以来，也门局势不断恶化，不仅最初的国家治理问题没有得到解决，而且造成了严重的暴力冲突和战争。目前，也门的当务之急是实现和平，恢复秩序。长远来看，也门问题的最终解决需要提升国家的治理能

---

① "Yemen Humanitarian Crisis," April 16, 2020, https://disasterphilanthropy.org/disaster/yemen-humanitarian-crisis/, 上网时间：2020年4月20日。

② The Institute for Economics & Peace, *Global Terrorism Index 2019*, Sydney：IEP, 2019, p.8.

力和实现治理体系的现代化。

在也门战争期间，国际社会为实现也门的和平进行了许多努力，但几乎都以失败告终。在沙特领导的国际联军军事干预也门之后不到一个月的时间，联合国安全理事会通过了关于也门问题的第 2216 号决议，要求冲突各方进行和平谈判。在此基础上，哈迪政府与胡塞武装进行了四轮和谈：2015年 6～12 月进行了两轮日内瓦和谈，2016 年 4～8 月进行了科威特和谈，2018年 12 月进行了斯德哥尔摩和谈。然而，前三次和谈均无果而终，第四次和谈虽然促使哈迪政府和胡塞武装签署了《斯德哥尔摩协议》，主要解决战俘交换、荷台达停火、塔伊兹地位谈判三个问题，但在协议执行过程中仍是问题重重，也门和平迟迟未能到来。

也门和平进程缓慢的原因是复杂的，但整体上可以归纳为以下三点。①一是冲突的利益攸关方并未被完全纳入和平进程。沙特、阿联酋和伊朗代表的外部势力并未直接参与和平进程，这既不能反映三国在也门战争中的参与情况，又无法明确三国在也门和平进程中的具体作用。此外，"南方过渡委员会"已经发展为也门冲突中的重要力量，他们对于无法参与和平进程心怀不满，这也是他们在 2019 年 8 月与哈迪政府爆发冲突的重要原因。虽然在沙特的斡旋下，"南方过渡委员会"与哈迪政府在 2019 年 11 月达成了《利雅得协议》，但双方的矛盾并未得到根本解决。二是谈判方的妥协难题。理论上讲，和平协议的达成往往以谈判方的相互让步为基础，而让步需要以最终能确保自身利益为前提，这在缺乏互信的情况下很难进行。在 2016 年的和谈中，哈迪政府由于担心自身未来的政治地位不能得到保障，所以并不想达成协议，而《斯德哥尔摩协议》的执行困难同样是因为双方都担心过早让步会增加对手的优势。三是和平协议内容的模糊性问题。观察《斯德哥尔摩协议》和《利雅得协议》的达成可以发现，这两个协议都只是确立了和谈方向，而对于具体的执行问题涉及有限。以《利雅得协议》为例，

---

① 朱泉钢：《地缘政治视角下也门危机僵局及其出路》，《当代世界》2018 年第 4 期，第66 页。

对如何保证"南方过渡委员会"的利益并没有特别具体的规定，这也导致他们的不满加剧，并于2020年4月再次与哈迪政府爆发冲突，并宣布南方自治。因此，内容模糊的协议只不过是把问题暂时压下去而已，并不能真正解决问题，冲突很可能在未来再次爆发。

2020年4月8日，沙特单方面宣布，受新冠疫情影响，反胡塞武装联军从4月9日开始在也门战场上停火两周时间，显示出沙特试图退出也门战争的意愿。鉴于也门战争的内外联动性，也门和平进程有赖于国际社会、地区国家和也门国内力量共同努力，建立多层次协调机制，推动也门和平进程。中国作为负责任的全球性大国，在也门问题上一直奉行劝谈促和的方针，支持也门合法政府和联合国的斡旋作用，并对也门提供大量人道主义援助。此外，中国政府近年倡导的提高国家治理能力的理念，符合也门战后重建及其国家发展的内在需要。

Y.11
海湾国家：变革和转型面临新挑战

余国庆　陈　瑶*

摘　要： 始于2010年底的"阿拉伯之春"给中东地区带来巨大变化。海湾阿拉伯国家也受到严重影响，但总体上避免了"阿拉伯之春"带来的政权垮台冲击。中东剧变后，海湾阿拉伯国家经济、政治和社会改革略有成效，但因面临诸多阻碍而逐渐陷入停滞。海合会内部矛盾日益突出，"卡塔尔断交危机"严重冲击海湾一体化进程。海湾阿拉伯国家介入地区冲突，与伊朗之间的对抗加剧，美、俄等域外大国在地区博弈增加，导致海湾地区安全形势不断恶化。面对当前地区新一轮政局动荡，海湾阿拉伯国家有能力维持政局稳定，但是受到低油价、改革阵痛期、复杂的地区安全形势，以及诸如新冠疫情等非传统安全威胁等越来越多的冲击和挑战。"阿拉伯之春"十年后，海湾阿拉伯国家的内政外交形势不容乐观。

关键词： 中东剧变　海湾阿拉伯国家　海合会

2010年底爆发的中东剧变已经过去十年，但其依然影响着中东地区政治经济社会的发展和地缘政治格局。利比亚、叙利亚、也门、伊拉克仍陷于内乱和僵持，突尼斯、埃及国内政局恢复稳定但元气大伤。中东剧变期间，

---

* 余国庆，中国社会科学院西亚非洲研究所研究员，研究方向为中东国际政治和国际关系；陈瑶，中国社会科学院大学（研究生院）西亚非洲研究系2018级硕士生。

海湾阿拉伯国家并未出现严重的政治动荡，但在中东剧变十年后，海湾阿拉伯国家正日益陷于内忧外患之中。

一 海湾阿拉伯国家政局总体稳定

中东剧变至今，海湾阿拉伯国家政局一直保持稳定，并未出现严重的政治动荡。在中东示威抗议浪潮中，海湾阿拉伯国家以石油财富为支撑实现了国内政局的基本稳定。王位继承的有序开展进一步稳定了海湾阿拉伯国家的君主制。

（一）海湾阿拉伯国家成功抵御"阿拉伯之春"第一波冲击

2010年底突尼斯"茉莉花革命"引发的反政府示威浪潮迅速席卷中东地区，埃及、利比亚、也门、叙利亚等国出现严重政治动荡。海湾阿拉伯国家也受到波及，各国内部开始出现小规模抗议示威活动，要求当局进行政治民主化改革。其中，除巴林外，其他海湾国家受影响程度相对较小。海湾阿拉伯国家反应迅速，一方面严厉镇压国内的游行示威活动，另一方面通过增加社会福利等措施团结上层精英和安抚民众。

沙特东部什叶派穆斯林聚居地盖提夫省自2011年2月起频繁发生小规模示威活动，要求政府进行民主改革。部分沙特青年通过社交网络号召在3月11日举行全国"愤怒日"大游行。面对国内日益高涨的改革呼声，阿卜杜拉国王于2月23日宣布总额约360亿美元的改善民生措施。沙特内政部于3月5日宣布禁止一切形式的游行、示威和静坐活动；在"愤怒日"游行当天向各大城市部署大批军警力量。3月18日，阿卜杜拉国王发表电视讲话，再次宣布多达1000亿美元的惠民政策。

巴林是中东剧变期间受影响最严重的海湾阿拉伯国家。巴林自2011年2月起出现大规模示威抗议活动，什叶派示威者甚至提出推翻逊尼派王室的要求。巴林国王宣布为每个家庭发放1000第纳尔（约合2650美元）的补贴，但是对民众的安抚作用有限，国内形势迅速恶化。鉴于巴林局势濒临失

控，沙特和阿联酋在经海合会批准后，于 3 月 14 日联合派出"半岛之盾"部队进入巴林协助平息民众抗议。此后，虽然巴林依然有大规模示威抗议活动出现，但无法动摇君主的统治基础。

海合会不仅军事介入巴林局势，还向经济状况不佳的成员国提供经济援助，成功阻断了"阿拉伯之春"在海湾阿拉伯国家的蔓延。海合会宣布向巴林和阿曼提供 200 亿美元的十年期援助资金，主要用于完善住房和基础设施。为了避免地区其他君主国出现严重政治动荡并发生传导效应，海合会向约旦和摩洛哥提供了 50 亿美元的援助基金，并宣布接纳两国为海合会新成员国。

以美国为首的西方国家为海湾阿拉伯国家提供外交支持，是后者能在中东剧变中保持政局稳定的重要外部因素。自"阿拉伯之春"爆发以来，美国在对巴林、埃及和利比亚示威抗议活动的表态上实行"双重标准"。在巴林示威抗议活动爆发之初，美国持谨慎和中立的态度；而随着巴林局势恶化，美国事实上支持巴林政府的行动。[①] 2011 年 5 月，美国与阿联酋、巴林、科威特和卡塔尔举行联合军演，再度展示美国对海湾国家政权的坚定支持。

此后，尽管仍时有小规模的抗议示威活动发生，但海湾阿拉伯国家政局基本恢复稳定。除巴林外，"阿拉伯之春"并未对海湾阿拉伯国家的政权稳定造成实质性影响。在以美国为首的西方国家支持下，海湾阿拉伯国家采取"胡萝卜加大棒"的方式迅速稳定政局，并在海湾地区和君主制国家内部实现"抱团取暖"，成功抵御"阿拉伯之春"第一波冲击。

（二）海湾阿拉伯国家领导人继承过程相对稳定

海湾阿拉伯国家实行君主制，在领导人继承程序上较为稳定。2011 年至今，卡塔尔、沙特和阿曼三国先后完成领导人更替。海湾各国王位继承较为平稳，并未导致政治危机出现。

2015 年 1 月，沙特国王阿卜杜拉逝世，萨勒曼国王继位。萨勒曼国王

---

① Andrew F. Cooper, Bessma Momani & Asif B. Farooq, "The United States and Bahrain: Interpreting the Differentiated U. S. Responses to the Arab Spring," *Digest of Middle East Studies*, Vol. 23, No. 2, 2014, pp. 366, 369.

先后两度废黜王储，最终于 2017 年 6 月任命其子穆罕默德为新王储。此举打破了沙特"兄终弟及"的王位继承惯例，对王室内部的团结造成了一定程度上的破坏。当前王储穆罕默德顺利继承王位的阻碍正日益减少。首先，王储穆罕默德在王室内部的支持基础逐渐稳固。王储穆罕默德获得王室效忠委员会的支持，又通过反腐行动和主导经济改革在王室内部确立了权威。其次，王储穆罕默德在沙特青年群体中支持率较高，其年轻、改革者的形象深受沙特青年欢迎。"阿拉伯青年调查"（Arab Youth Survey）在 2018 年进行的民意调查显示，在受访的 18 ~ 24 岁沙特青年中，90% 的人认为王储穆罕默德正带领沙特迈向正确的方向。[①] 由于萨勒曼国王年事已高，王储穆罕默德已然成为掌管沙特内政外交的实际领导人。

2020 年 1 月 11 日，阿曼卡布斯苏丹逝世，其堂弟海塞姆于当日宣誓继任为新苏丹。由于卡布斯苏丹没有兄弟和直系后裔，在生前也未公开指定继承人，外界曾一度担忧阿曼可能因王位继承问题而出现政治危机。海塞姆曾任阿曼遗产和文化大臣，更在 2013 年被卡布斯苏丹任命为阿曼"2040 愿景"委员会主席，在阿曼享有较高的声望。新苏丹继位后，阿曼局势并未出现明显动荡，政治生活有条不紊。卡布斯苏丹在位 50 年，深受阿曼人民爱戴，新苏丹继位后在短期内不会对卡布斯苏丹的国内外政策进行较大的改动。海塞姆苏丹在继位后的演讲中提到将"依循已故苏丹的路线"[②]，目前阿曼内政外交政策未见明显变化。

科威特、巴林、阿联酋阿布扎比和迪拜两个酋长国的王位继承制度较为完善，且都有公开指定的王位继承人。因此，海湾阿拉伯君主国将来因王位继承问题而出现政治危机的可能性较小。领导人继承能够顺利稳定进行，对于维持海湾阿拉伯国家政局稳定有着重要作用。

---

① "Saudi Crown Prince Wildly Popular Among Arab Youth, Survey Shows," Arabian Business, May 8, 2018, https：//www. arabianbusiness. com/politics – economics/396003 – saudi – crown – prince – wildly – popular – among – arab – youth – survey – shows.

② "Video：First Speech of HM Sultan Haitham," Oman Observer, February 19, 2020, https：// www. omanobserver. om/video – first – speech – of – hm – sultan – haitham/.

二 海湾阿拉伯国家政治改革和经济发展稳定推进

在国内抗议示威浪潮逐渐平息后，海湾阿拉伯国家曾做出一系列经济和政治改革承诺，以缓解社会矛盾和维护政权稳定。中东剧变以来，改革成为海湾阿拉伯国家的关键词之一。巴林"2030 经济愿景"、阿联酋"2021 愿景"、沙特"2030 愿景"、卡塔尔"国家愿景 2030"、科威特"2035 愿景"和阿曼"2040 愿景"等国家发展战略目标的提出，为海湾国家的经济和政治改革规划了蓝图。经济转型是海湾国家改革的重心所在，政治、宗教和社会等全方位改革服务于经济转型。

（一）低油价冲击与经济多元化改革

"阿拉伯之春"在 2011～2012 年进入高潮时，国际油价正处于高位。海湾阿拉伯国家在石油财富的支撑下得以迅速稳定国内局势，经济改革进程让位于维持社会稳定。然而，受到美国页岩油的冲击，国际油价自 2014 年起不断下滑，导致海湾产油国的财政收入大减。在此背景下，海湾产油国开始加速经济改革进程。

减少对石油出口的依赖、实现经济多元化发展是各国推行经济改革的首要目标。其中，沙特在 2016 年推出的"2030 愿景"经济改革方案最具有代表性。"2030 愿景"中涉及经济改革的内容包括将公共投资基金发展为全球最大的主权财富基金、大力发展私营经济和扶持中小型企业、扩大对外开放程度等。沙特经济改革稳步推进，取得了一定的效果。沙特阿美石油公司于 2019 年 12 月将 1.5% 的股份在沙特国内进行了首次公开募股（IPO）。沙特非石油部门迅速发展，2019 年非石油经济增长 3.3%。2017 年 10 月，沙特宣布将投资 5000 亿美元建设"NEOM 未来城"，与此同时，沙特大力发展旅游业，于 2019 年 9 月正式开始向包括中国在内的 49 个国家的公民签发旅游签证。

然而，海湾阿拉伯国家的经济转型进展总体比较缓慢。改革资金短缺是海湾阿拉伯国家在经济改革过程中面临的最大阻碍。海湾国家的经济改革以油气收入作为资金基础，国际油价持续疲软导致海湾国家财政资金紧张，经济转型被迫放缓。此外，海湾阿拉伯国家制定的经济转型目标忽视了其工业结构单一、工业基础薄弱的客观现实，也难以跨越人力资本短缺的严重阻碍。①

（二）政治改革略有成效但进展缓慢

相较于经济改革的大刀阔斧，政治改革的力度相对有限。为了应对示威抗议浪潮，阿曼、科威特和巴林等海湾国家首先通过裁撤政府官员等方式安抚民众，也做出了深化政治改革的承诺。海湾阿拉伯国家适当扩大了议会权力以回应民众对政治改革的要求。2012年，巴林修改宪法扩大众议院权力，规定国王解散议会前需要征求议会上下院领导人的意见。阿曼于2011年修订《国家基本法》，在王位继承、国防等内政事务上赋予协商会议更多的权力。

海湾阿拉伯国家女性政治地位提升是政治改革的重要成果。沙特协商会议于2013年首次出现女性议员，并规定女性议员比例不得低于20%。沙特在2015年首次允许女性参与地方选举，有19名女性候选人当选为市政议员。2019年2月，沙特任命第一位女性驻外大使。阿联酋的女性政治参政率相对较高，2015年联邦议会选举产生第一位女性议长，成为阿拉伯世界首位女性议长。阿联酋本届议会中的女性议员比例已增加至50%，成为全球女性议员比例最高的国家之一。但根据"各国议会联盟"在2020年公布的数据显示，海湾阿拉伯国家中仍有三个国家的女性议员比例不足10%，分别是卡塔尔（9.8%）、科威特（6.3%）和阿曼（2.3%）。②

总体而言，海湾阿拉伯国家政治改革略有成效。然而，海湾阿拉伯国家

---

① 林海虹：《沙特经济转型：愿景与挑战》，《国际问题研究》2018年第3期，第117~118页。

② Inter-Parliament Union, "Women in Politics: 2020," January 1, 2020, https://www.ipu.org/resources/publications/infographics/2020-03/women-in-politics-2020.

君主的权力依然没有得到有效限制；至今仍未解禁政党活动，民众表达需求和政治参与的途径相对单一；对反对派的严厉镇压也引发西方国家和相关组织的批评。尽管海湾国家政治改革和民主转型进程缓慢，但是保持政治稳定、为经济改革提供良好的政治环境才是海湾阿拉伯国家政治改革在现阶段的首要任务。

（三）宗教和社会改革为经济转型提供宽松的社会环境

海湾阿拉伯国家在进行经济转型的同时，实施宗教温和化改革和社会改革，以减少保守的社会环境对经济改革的束缚，吸引外国投资。为了给予经济改革更多空间，沙特以限制宗教警察"劝善戒恶委员会"的执法权力为开端，在宗教和社会思想文化上进行了较大力度的改革。2017年10月，沙特王储罕默德在"未来投资大会"上宣布，沙特将回归"温和、向世界开放的伊斯兰"，奠定了沙特宗教温和化改革的基调。沙特逐步解禁娱乐表演和商业电影院。妇女地位提高和权利增加是沙特社会改革的重要成果之一。2018年6月，沙特正式放开女性驾车禁令，截至2019年3月，已经向超过7万名妇女签发驾照。①

阿联酋提出一系列促进宗教宽容的措施。阿联酋在2015年7月颁布《反歧视和仇恨法令》，于2016年6月设立"幸福宽容部"，并启动"国家宽容计划"。阿联酋政府将2019年定为"宽容之年"，当年2月，罗马天主教教皇方济各对该国进行了历史性访问。阿联酋的宗教宽容政策得到了各宗教团体的支持和认可，吸引了大量外资和侨民流入。

海湾阿拉伯国家宗教保守势力根深蒂固，宗教和社会改革依然任重道远。在沙特妇女地位得到提升的同时，沙特政府逮捕了多名女权活动家和人权活动家。

---

① "70000 Women Obtain Saudi Driving Licenses," *Saudi Gazette*, March 19, 2019, https: // saudigazette. com. sa/article/561569/SAUDI – ARABIA/70000 – women – obtain – Saudi – driving – licenses.

三 海湾阿拉伯国家内部分裂加深

自中东剧变以来，海湾阿拉伯国家之间的矛盾日益加深。海湾各国在争夺对海湾地区，乃至对整个中东地区的主导权时出现越来越多的摩擦，导致海合会内部分裂加剧。

（一）海湾阿拉伯国家的地区主导权之争愈演愈烈

巨额石油财富提升了经济地位后，海湾阿拉伯国家日益谋求成为"政治大国"，进一步扩大在地区的话语权和影响力。自中东剧变以来，埃及因政治动荡而导致实力下降，伊拉克深陷战争和内乱，叙利亚饱受内战之苦。阿拉伯世界的传统领导力量不断衰退，中东地区的地缘政治格局被进一步打破。以沙特为代表的海湾阿拉伯国家在稳定国内政局后，加快争夺地区主导权，不断提升在阿拉伯世界和中东地区的影响力。海湾阿拉伯国家参与地区事务的方式从单一的经济援助过渡到经济援助、政治影响和军事介入等多种方式并举。

作为海湾阿拉伯国家中国土面积最大、经济实力最强的国家，沙特在争夺地区主导权上具备天然优势。中东剧变期间，沙特主导的"半岛之盾"部队进入巴林，领导了阻止"阿拉伯之春"在海湾地区蔓延的行动，进一步强化了沙特对海湾地区的领导权。[1] 2013 年 10 月，沙特以联合国安理会在叙利亚问题和巴以问题上持双重标准为由，拒绝接受联合国安理会非常任理事国席位。沙特此举得到阿盟和伊斯兰合作组织的支持，展现出沙特作为阿拉伯世界利益代言人的形象。2015 年 12 月，沙特牵头成立"伊斯兰反恐联盟"打击"伊斯兰国"武装，巩固了其在伊斯兰世界的领导地位。

除沙特外，阿联酋和卡塔尔也在日益提升自身的地区影响力。近年来，

---

[1] Mehran Kamrava, "The Arab Spring and the Saudi-Led Counterrevolution," *Orbis*, Vol. 56, No. 1, 2012, p. 99.

阿联酋和卡塔尔通过开展"金元外交"不断增加其在地区事务上的影响力和话语权，对沙特的领导地位形成挑战。此外，阿联酋和卡塔尔还长期参与斡旋地区热点问题，提升自己的政治影响力，阿联酋多次斡旋也门胡塞武装问题，卡塔尔是苏丹达尔富尔问题的重要调解方。

中东剧变以来，阿联酋和卡塔尔积极参与域内外大国主导的军事行动并扩大在地区的军事存在。阿联酋和卡塔尔在2011年直接参与北约对利比亚的空袭行动，卡塔尔甚至向利比亚派遣地面部队。此后，两国又加入北约空袭"伊斯兰国"的"国际反恐联盟"以及沙特组建的"反胡塞联盟"和"伊斯兰反恐联盟"。阿联酋更是通过介入也门问题增加其在红海周边的军事存在。目前，阿联酋已经在也门索科特拉岛和丕林岛、厄立特里亚的阿萨布港和"索马里兰"柏培拉港设立了军事基地，能够有效覆盖曼德海峡和红海地区。

海湾阿拉伯国家内部因争夺地区主导权而出现的矛盾日益增多。卡塔尔支持以穆兄会为代表的政治伊斯兰势力，在地区问题上与沙特和阿联酋存在严重分歧。埃及穆兄会上台后，海湾国家或减少或拖延对埃及的经济援助，而卡塔尔在穆尔西执政期间向埃及提供了50亿美元的经济援助。穆尔西下台后，沙特、阿联酋和科威特宣布向埃及提供120亿美元经济援助。阿联酋和卡塔尔在利比亚也因支持不同的政治派别而展开激烈竞争。沙特、阿联酋和卡塔尔之间的矛盾不断加深，最终导致了2017年"卡塔尔断交危机"的爆发。

（二）"卡塔尔断交危机"暴露海湾阿拉伯国家内部分裂加剧

中东剧变以来，海湾阿拉伯国家之间的矛盾日益突出，其中突出表现为沙特、阿联酋和巴林三国与卡塔尔之间的矛盾。2014年3月，沙特、阿联酋和巴林三国指责卡塔尔违反2013年11月达成的《利雅得协议》，宣布从卡塔尔召回大使。在卡塔尔签署《利雅得补充协议》后，三国于当年11月重新向卡塔尔派回大使。然而，沙特等三国与卡塔尔之间的矛盾并未得到根本解决。2017年6月5日，沙特、阿联酋和巴林宣布与卡塔尔中止外交关系，关闭与卡塔尔的边境，并要求卡塔尔公民限时离境，引发海湾地区外交危机。

卡塔尔支持以穆兄会为代表的政治伊斯兰势力且与伊朗关系日益走近，导致其与沙特等国交恶。"卡塔尔断交危机"发生后，沙特、阿联酋和巴林等国提出 13 点复交条件，包括要求卡塔尔关闭半岛电视台、宣布穆兄会为恐怖组织、与伊朗切断关系等，遭到卡塔尔的拒绝。尽管美国、法国、科威特和土耳其等域内外大国积极斡旋"卡塔尔断交危机"，但由于双方立场强硬，至今仍处于僵持状态。

沙特等国对卡塔尔的封锁并未对后者经济造成严重影响。卡塔尔天然气出口未受封锁影响，对沙特、阿联酋和巴林的天然气出口也正常进行。2017 年 7 月，卡塔尔计划将天然气产能提高 30%。当前"卡塔尔断交危机"仍在发酵，沙特与卡塔尔之间的"斗法"更加激烈。2018 年 5 月，卡塔尔宣布禁止进口和销售来自沙特、阿联酋、巴林和埃及的产品。"卡舒吉事件"后，沙特国际形象严重受损，卡塔尔趁机利用此事制造舆论优势。据称卡塔尔方面曾试图游说巴黎市政府以卡舒吉的名字来命名一条街道。①

"卡塔尔断交危机"后，卡塔尔与土耳其和伊朗的关系日益升温，加剧了其与沙特等三国的矛盾。在卡塔尔遭沙特等三国封锁后，土耳其在当年 6~8 月对卡塔尔的出口量同比增加 84%。② 土耳其与卡塔尔之间的军事合作愈加紧密。断交风波爆发两天后，土耳其议会批准向卡塔尔部署军队；此后土耳其更在卡塔尔建立军事基地。2018 年土耳其深陷"里拉危机"期间，卡塔尔向土耳其提供 150 亿美元直接投资。卡塔尔与伊朗走近是诱发断交风波的重要因素，但是断交风波却使卡塔尔与伊朗关系愈加密切。在卡塔尔遭

---

① "Qatar Proposes Naming Street in Paris After Late Journalist Khashoggi-Reports," *Sputnik News*, April 19, 2019, https：//sputniknews.com/middleeast/201904191074286136 – qatar – khashoggi – street/.

② Satish Kanady, "Turkey's export volume to Qatar jumps 84%," *The Peninsula*, September 7, 2017, https：//www.thepeninsulaqatar.com/article/07/09/2017/Turkey's – export – volume – to – Qatar – jumps – 84.

到"封锁"后，伊朗每日向卡塔尔运送 1100 吨食物以稳定后者物资供应。①
2020 年 1 月，卡塔尔埃米尔访问伊朗，并向后者提供 30 亿美元，用于伊朗
失误击落乌克兰客机的赔偿事宜。②

（三）海合会与欧佩克内部分裂加剧

中东剧变给海湾阿拉伯国家带来的安全威胁曾一度促使海合会国家
深化合作。2012 年 11 月，海合会六国正式签署《海合会安全保障协
议》。根据协议，各成员国可以对干涉其他成员国内政的本国公民采取法
律行动。在 2012 年海合会峰会上，除阿曼外的五个成员国就组建"海湾
联盟"达成共识，寻求将海合会发展为更加紧密的政治、经济和安全联
合体。

然而，近年来海湾阿拉伯国家之间对于地区领导权的争夺导致海合会内
部分裂加剧。"卡塔尔断交危机"暴露出海湾阿拉伯国家内部分裂不断加
剧，是自 1981 年海合会成立以来其面临的最严重危机。海合会事实上已经
分裂为三个阵营：沙特、阿联酋和巴林敌视封锁卡塔尔，卡塔尔"离心"
倾向明显增强，科威特和阿曼保持中立并积极斡旋。"卡塔尔断交危机"发
生后，当年的海合会峰会仅有科威特和卡塔尔两国元首出席。次年，卡塔尔
埃米尔塔米姆回绝沙特国王萨勒曼的邀请，拒绝参加在利雅得举行的海合会
峰会。

但值得注意的是，海合会在相当长的一段时期内依然能够维系并发挥
作用。尽管卡塔尔遭阿盟"开除"，但是海合会并未剥夺卡塔尔的会员国
资格，卡塔尔也没有主动退出海合会。从中可以看出，"卡塔尔断交危机"
并未从根本上动摇海湾阿拉伯国家之间的联盟基础，海合会各成员国对于

---

① "Iran Sends 1100 Tonnes of Food to Qatar Daily: Report," *Al-monitor*, June 22, 2017, https://www.al-monitor.com/pulse/afp/2017/06/iran-qatar-exports-politics.html.

② "Qatari Emir to Compensate Iran for Ukrainian Plane Crash in Visit," *The Arab Weekly*, January 12, 2020, https://thearabweekly.com/qatari-emir-compensate-iran-ukrainian-plane-crash-visit.

维持该组织正常运作存在共识。然而，"卡塔尔断交危机"暴露出海合会作为地区组织的不稳定性和脆弱性，也引起对海合会未来作用和角色的再思考。①

除了沙特、阿联酋与卡塔尔之间的矛盾，沙特与阿联酋之间的潜在矛盾也不可忽视。尽管当前沙特与阿联酋合作紧密，但是两国在地区问题上存在利益分歧。在也门问题上，虽然沙特和阿联酋都有打击胡塞武装的共同目标，但是沙特支持哈迪政府，而阿联酋则支持也门"南方过渡委员会"。由于哈迪政府与"南方过渡委员会"之间的冲突不断加剧，沙特与阿联酋在也门的军事合作也遭到挑战。沙特与科威特之间因共有油田权益分配问题而出现的争端也需要予以关注。

除海合会外，沙特等海湾产油国主导的石油输出国组织（欧佩克）也面临着内部分裂。国际油价持续低迷导致欧佩克内部出现对沙特增产政策的不满。沙特、阿联酋和科威特凭借强大的国家实力，在 2014 年下半年通过增产打压俄罗斯和美国的原油出口，但其他实力较弱的欧佩克成员国却因此而陷入困境。国际油价下滑导致产油国财政收入大幅减少，甚至对一些产油国的经济和政治稳定造成严重损害。欧佩克与俄罗斯等非欧佩克产油国在 2016 年末就提振油价达成减产协议。然而，欧佩克+减产协议的实施效果并不显著。一方面美国趁机增产并扩大国际市场份额；另一方面，一些欧佩克成员国未能切实履行协议规定的减产配额。由此可见，欧佩克内部也是矛盾重重。

海湾阿拉伯国家内部矛盾外溢导致欧佩克内部分裂加剧。2018 年 12 月，卡塔尔宣布将于次年 1 月退出欧佩克。由于卡塔尔出口的能源产品主要是天然气而非石油，其退出对欧佩克造成的影响相当有限，但在一定程度上损害了以沙特为首的海湾产油国在该组织中的领导权威。2019 年 10 月，厄瓜多尔宣布退出欧佩克以扩大石油生产，进一步削弱了欧佩克的影响力。由于欧佩

---

① Abdullah Baabood, "The Future of the GCC Amid the Gulf Divide," *Divided Gulf: The Anatomy of a Crisis*, Palgrave Macmillan, 2019, p. 170.

克持续减产对实力较弱的成员国经济造成严重冲击，欧佩克内部分化严重，其他成员国退出欧佩克的可能性增加，这会进一步削弱欧佩克的内部协调能力。随着美国页岩油的崛起，欧佩克对国际石油市场的影响力相对下降，2019年欧佩克在国际石油市场的份额仅占41.5%。① 欧佩克的影响力下降也将削弱海湾产油国对世界能源市场以及中东地区的影响力。

四 海湾地区安全形势不容乐观

中东剧变后，利比亚、叙利亚、伊拉克和也门相继陷入冲突和战乱。海湾阿拉伯国家或主动或被动地卷入其中，安全风险外溢导致海湾地区安全形势恶化。海湾阿拉伯国家与伊朗的矛盾升级成为当前海湾地区最严重的安全威胁。

（一）海湾阿拉伯国家卷入利比亚与叙利亚冲突后果严重

中东剧变后，海湾阿拉伯国家一方面"软硬兼施"，维持国内政局稳定；另一方面趁机干涉政局动荡的地区国家，企图推翻对海湾国家不友好的政权，扶植符合其利益的政治力量，以增加其地区影响力。

利比亚危机爆发后，海湾阿拉伯国家在经济、政治和军事上全面支持反对派，其中阿联酋和卡塔尔深度介入利比亚问题。海湾国家主导阿盟推动安理会通过在利比亚设立禁飞区的决议，并参与北约对利比亚的军事行动，推翻卡扎菲政权。然而，卡塔尔支持的利比亚伊斯兰主义者与沙特和阿联酋支持的世俗主义反对派争夺统治权力，将利比亚拖入第二次内战。沙特和阿联酋支持哈夫塔尔领导的利比亚国民军，卡塔尔支持利比亚穆兄会和利比亚民族团结政府，使利比亚国内形成混战和割据的局面。

2011年叙利亚政局动荡之初，海湾阿拉伯国家公开要求巴沙尔下台，并为叙利亚反对派提供资金援助和外交支持。海湾阿拉伯国家希望促成美国等西方国家军事介入叙利亚问题，在叙利亚复制"利比亚模式"，快速推翻

---

① BP, *BP Statistical Review of World Energy 2019*, June 2019, p. 16.

巴沙尔政权。然而，域内域外多重力量博弈使得叙利亚国内政局日益碎片化。随着俄罗斯强势介入叙利亚局势，海湾阿拉伯国家在叙利亚问题上的影响力相对下降。

海湾阿拉伯国家干涉利比亚与叙利亚冲突导致恐怖主义滋生，给海湾地区带来了沉重的安全压力。叙利亚和利比亚乱局下的"安全真空"催生和助长了以"伊斯兰国"为代表的恐怖组织和极端组织势力。"伊斯兰国"在地区乃至全球制造了多起恐怖主义袭击，严重威胁海湾阿拉伯国家本土和海外利益安全。特别是"伊斯兰国"针对什叶派发动的恐怖袭击，挑拨海湾地区本就紧张的教派矛盾。2015 年 5 月，"伊斯兰国"对沙特东部一座什叶派清真寺实施炸弹袭击，造成 21 人死亡，是沙特近十年来遭受的最严重恐怖袭击。同年 6 月，"伊斯兰国"对科威特什叶派清真寺发动自杀式袭击，造成 27 人死亡，227 人受伤。沙特在 2015 年 12 月组建"伊斯兰反恐联盟"，空袭叙利亚和伊拉克境内的恐怖主义目标。

（二）海湾阿拉伯国家与伊朗的矛盾难以调解

中东剧变以来，海湾阿拉伯国家与伊朗之间的矛盾日益深化，突出表现为沙特与伊朗之间的矛盾。中东剧变期间，沙特和巴林政府指责伊朗向巴林输出革命，煽动和支持该国什叶派民众举行反政府示威活动。"半岛之盾"部队持续驻扎在巴林以应对伊朗威胁，引发伊朗方面抗议。海湾阿拉伯国家在国内政局恢复稳定后，将抗衡伊朗作为其地区政策的主要目标。

伊朗在地区持续扩张势力和军事存在是其与海湾阿拉伯国家矛盾难以调和的根本原因。其中，沙特与伊朗对于地区主导权的争夺是沙伊矛盾的焦点所在。中东剧变后，中东地区什叶派政治力量上升，不仅使得伊朗在地区的影响力大增，也对以海湾阿拉伯国家为代表的逊尼派统治构成严峻挑战。2016 年 1 月，沙特处决什叶派教士尼米尔（Nimir）引发伊朗抗议者冲击沙特驻伊使馆，前者随即宣布与伊朗断交。随后巴林也宣布与伊朗断交，阿联酋和卡塔尔则宣布召回驻伊朗大使。

一方面，海湾阿拉伯国家希望西方国家在伊朗核问题上加紧制裁伊朗，

以削弱伊朗的国家实力。"伊核协议"的达成导致海湾阿拉伯国家与美国奥巴马政府关系恶化。2015 年 4 月，伊核问题各方达成框架协议后，除科威特和卡塔尔外，其他海湾国家首脑拒绝参加当年 5 月举行的"戴维营峰会"。特朗普上台后对伊朗实施"极限施压"政策。沙特等海湾阿拉伯国家积极与美国改善关系，与美国达成巨额军售订单和投资意向，拉拢特朗普政府打压伊朗。特朗普于 2018 年 5 月宣布退出"伊核协议"，并重启和升级对伊朗的制裁。

另一方面，海湾阿拉伯国家与伊朗在地区问题上采用"代理人"策略进行对抗。沙特与伊朗在黎巴嫩、叙利亚、也门和伊拉克扶植并支持各自的代理人争夺该国的统治权力。伊朗及其盟友的军事力量在地区的渗透程度不断加深。在叙利亚问题上，伊朗伊斯兰革命卫队和黎巴嫩真主党的武装力量进入叙利亚作战支持巴沙尔政权。在也门问题上，沙特前期支持哈迪政府与伊朗支持的胡塞武装进行"代理人战争"，后于 2015 年 3 月直接进入也门打击胡塞武装。在黎巴嫩问题上，沙伊博弈搅动黎巴嫩政局，导致黎巴嫩总统一职空悬两年。黎巴嫩总理哈里里在 2017 年 11 月访问沙特期间宣布辞职，并指责伊朗干涉黎巴嫩内政，后在法国斡旋下撤回辞职申请。尽管海湾阿拉伯国家与伊朗在短期内发生大规模军事冲突的可能性较低，但是在地区热点问题中的矛盾越来越突出，双方"擦枪走火"的可能性增加。

海湾阿拉伯国家与伊朗在中东地区的对抗导致海湾地区军备竞赛愈演愈烈。2014～2018 年，沙特武器进口量较前五年同期增加 192%，成为世界第一大武器进口国；卡塔尔武器进口总额同比增加 225%。[①]"伊核协议"达成后，俄罗斯开始向伊朗提供 S - 300 防空导弹系统，两国达成超过 100 亿美元的军售合同。美国退出"伊核协议"后，海湾地区出现核军备竞赛的可能性增加。2019 年 2 月，美国宣布已经批准向沙特转让 7 项民用核技术。与此同时，伊朗不断突破"伊核协议"限制，提高浓缩铀丰度和安装新型离心机。

---

① Pieter Wezeman and Alexandra Kuimova，"Military Spending and Arms Imports by Iran，Saudi Arabia，Qatar and The UAE，" SIPRI，May 2019，https：//sipri. org/sites/default/files/2019 - 05/fs_ 1905_ gulf_ milex_ and_ arms_ transfers. pdf.

（三）海湾阿拉伯国家面临的安全困境

中东剧变后海湾地区安全形势不断恶化，海湾阿拉伯国家采取更加强势的地区政策，甚至直接进行军事介入也门问题，抗衡伊朗，却导致海湾阿拉伯国家日益陷入安全困境。

1. 沙特深陷也门困局难以脱身，威胁本土安全

2015 年 3 月，沙特组建"反胡塞联盟"，在也门发动代号为"果断风暴"的军事行动，打击受伊朗支持的胡塞武装。然而，沙特联军打击胡塞武装的军事行动未能有效削弱后者的实力，却暴露出沙特军事实战能力的弱点。随着在也门军事行动时间的延长，沙特面临着沉重的财政负担，还引发相关国家和国际组织对其造成严重人道主义危机的批评和制裁。"反胡塞联盟"内部的分歧也不断扩大，卡塔尔、巴基斯坦、阿联酋、苏丹和摩洛哥等国先后宣布从也门撤军，沙特联军的力量受到严重削弱。美国参议院于 2018 年通过停止支持沙特在也门军事行动的决议，尽管特朗普否决了这一决议，但也无法扭转沙特在也门军事行动日益受限的趋势。

胡塞武装无人机和导弹袭击威胁沙特本土安全。除了在也门本土进行军事对抗，胡塞武装还频频向沙特境内发射火箭弹和导弹，对沙特南部边境构成严重安全威胁。胡塞武装甚至多次向利雅得等沙特主要城市发射导弹，袭击目标包括王宫、机场和输油管道等，造成沙特人员伤亡和财产损失。2019 年 9 月，胡塞武装使用无人机袭击沙特阿布盖格炼油厂和胡赖斯油田，导致沙特原油供应减半。也门战局在短期内难以出现根本性的突破，也门成为沙特难以脱身的地缘政治困局。

2. 海湾阿拉伯国家与以色列为抗衡伊朗"危险走近"

为了抗衡伊朗在地区的势力扩张，海湾阿拉伯国家与以色列的关系不断走近。近年来海湾阿拉伯国家与以色列之间的交往日益公开化。2018 年 10 月，以色列总理内塔尼亚胡访问阿曼是一个重要标志。为了突破与以色列实现关系正常化的障碍，海湾阿拉伯国家调整对巴以问题的立场。对于美国承认以色列对戈兰高地主权、将美驻以大使馆迁至耶路撒冷等偏袒以色列的行动，

海湾阿拉伯国家反应平淡。在特朗普政府推出"世纪协议"后，海湾阿拉伯国家不仅提供资金支持，甚至企图施压和"收买"巴勒斯坦民族权力机构接受"世纪协议"。①

然而，海湾阿拉伯国家与以色列关系的走近存在潜在的安全风险。首先，阿拉伯民族主义者对海湾阿拉伯国家的不满情绪日益高涨。在巴林"和平促繁荣"研讨会结束翌日，伊拉克民众举行示威抗议活动，并闯入巴林驻伊拉克使馆，巴林随后谴责示威活动并宣布召回驻伊大使。海湾阿拉伯国家内部也出现反对与以色列关系正常化的示威活动。其次，以色列与伊朗及其盟友之间的直接军事冲突会增加海湾阿拉伯国家的安全压力。以色列多次空袭叙利亚政府军、黎巴嫩真主党、伊朗伊斯兰革命卫队和伊拉克什叶派民兵的军事目标。以色列与伊朗之间的武装冲突存在外溢风险，可能导致海湾阿拉伯国家受到伊朗及其盟友的报复和袭击。因此，海湾阿拉伯国家与以色列的关系短期内不会在公开层面有大的突破，前者需要谨慎对待与以色列的关系正常化进程。

3. 海湾地区航行自由和安全受到地区局势严重影响

海湾阿拉伯国家与伊朗之间的紧张关系威胁霍尔木兹海峡等海域的航行安全。海湾阿拉伯国家与伊朗矛盾升级后，伊朗多次威胁将关闭霍尔木兹海峡，海湾地区邻近水域也频繁发生油轮遇袭事件。2019 年 5 月，有四艘油轮在阿联酋水域遭到袭击；6 月，又有两艘油轮在阿曼湾遇袭。美国和沙特指责伊朗方面发动袭击，但遭到后者否认。2019 年 7 月，伊朗扣押英国油轮"史丹纳帝国号"，以回应英国早前在直布罗陀海峡扣押伊朗油轮的行动。

红海航行安全问题日益受到域内外国家关注。2018 年 7 月，也门胡塞武装袭击两艘沙特油轮，沙特暂停了经过曼德海峡的石油运输航线。2019 年 11 月，胡塞武装在曼德海峡扣押两艘韩国船只和一艘沙特船只。此外，胡

---

① Khaled Abu Toameh, "Saudi Arabia Offered Abbas ＄10 Billion To Accept Trump's Peace Plan-Report," *The Jerusalem Post*, May 2, 2019, https：//www.jpost.com/Middle – East/Saudi – Arabia – offered – Abbas – 10 – billion – to – accept – Trumps – peace – plan – report – 588294.

塞武装还在红海水域布置了大量水雷，曾发生因渔船误触水雷而造成 3 名埃及渔民遇难的事件。

霍尔木兹海峡和红海是海湾国家石油外运的重要通道。海湾地区周边水域频繁发生船只遇袭和被扣押事件，引发国际社会对海湾安全形势恶化的担忧。2019 年 7 月，美国牵头在海湾地区组建"护航联盟"，除阿曼外的海合会国家均表态加入。美国主导的"护航联盟"增加了低烈度冲突和战略误判导致冲突的可能性，加剧了美国与伊朗之间对抗的外溢程度，导致中东局势恶化。[①] 2020 年 4 月，特朗普下令可以击毁骚扰美方舰只的伊朗舰艇，进一步加剧了海湾地区周边水域的安全风险。此外，法国也有意组建欧版"护航联盟"，域外大国在海湾地区的竞争将更加激烈。

4. 对大国的安全依赖使海湾阿拉伯国家陷入安全困境

中东"俄进美退"的地缘政治变化对海湾阿拉伯国家的安全具有深刻影响。长期以来，海湾阿拉伯国家依赖于美国的安全保护。美国在中东地区持续实行"战略收缩"，而海湾阿拉伯国家则希望美国军事力量能留在中东地区，以威慑和抗衡伊朗。

一方面，美伊关系的进一步恶化使得海湾阿拉伯国家面临更大的安全压力。虽然美国有意联合海合会国家、埃及和约旦打造"中东版北约"以应对伊朗威胁，但是美国对地区进行直接军事干预的意愿不断下降。沙特国内石油设施遇袭后，美国仅宣布向沙特和阿联酋增兵威慑，并未对胡塞武装和伊朗进行军事打击。2020 年 1 月，美国"定点清除"伊朗"圣城旅"指挥官苏莱曼尼后，伊朗报复性袭击美国在伊拉克境内的军事基地。当前，美伊关系呈现出低烈度摩擦常态化的趋势。海湾阿拉伯国家作为美国的地区盟友，境内设有美军基地，可能成为伊朗实施军事打击的目标之一。

另一方面，与美国的安全同盟成为海湾阿拉伯国家的安全枷锁。海湾国

---

① 钮松、伍睿：《美国的中东"护航联盟"及其走向》，《现代国际关系》2019 年第 12 期，第 44～45 页。

家高度依赖美国出口的军备和美国驻军的保护，却也因此受到美方的牵制。特朗普在 2018 年 10 月曾公开表示，若是没有美国军方的支持，沙特国王的统治将无法撑过两周。① 据报道，在沙特与俄罗斯进行石油"价格战"期间，特朗普以将美军撤离沙特为筹码，威胁后者减产。2020 年 5 月，美国宣布从沙特撤出"爱国者"导弹防御系统和多架战机，进一步向沙特施压。

近年来，海湾阿拉伯国家加强了与俄罗斯、英国、法国和德国等域外大国的军事联系。2018 年，英国在巴林建立永久军事基地。然而，引入其他大国的军事力量不仅不能使海湾阿拉伯国家摆脱对美国的安全依赖，反而将导致海湾地区局势更加复杂化。

五　海湾阿拉伯国家未来面临的挑战

当前中东地区形势愈加复杂，海湾阿拉伯国家面临着国内要求深化改革、地区安全形势恶化和国际格局变化的多重挑战。

（一）面对中东新一波政局动荡冲击，海湾阿拉伯国家能否独善其身

自中东剧变以来，各国国内的抗议示威活动一直没有停息，近两年甚至有愈演愈烈之势。当前中东地区正掀起新一波示威抗议浪潮，黎巴嫩、伊拉克等国的示威抗议活动不断升级，在苏丹和阿尔及利亚更是出现政权更迭。约旦、摩洛哥、巴林和科威特等君主国也受到严重影响，国内出现大规模示威抗议活动。

尽管海湾阿拉伯国家受到的压力增加，但依然有能力抵御新一轮政局动荡的冲击。本轮示威抗议浪潮首先在已经出现经济危机和严重失业问题的国

---

① Tamara Qiblawi, "Trump Says Saudi King Wouldn't Last 'Two Weeks' Without US Support," CNN, October 7, 2018, https: //edition. cnn. com/2018/10/03/politics/trump – saudi – king – intl/index. html.

家爆发，主要诉求是进行经济改革和改善民生，相比于 2011 年，其规模和影响程度都有所减弱。当前海湾阿拉伯国家财政资金相对充足，如果国内出现大规模示威抗议活动，海湾阿拉伯国家依然有能力通过严厉镇压和增加社会福利等手段安抚民心。实力较强的海湾阿拉伯国家也会继续向经济状况不佳的君主国提供援助以应对危机。2018 年 6 月，沙特、阿联酋和科威特向约旦提供 25 亿美元援助，又于当年 11 月向巴林提供 100 亿美元经济援助。此外，海湾阿拉伯国家反对派的政治组织脆弱，缺乏有力的革命领导力量，民众难以从根本上动摇君主权威。

以美国为首的西方国家将继续支持海湾阿拉伯国家政府应对本轮示威抗议浪潮。虽然当前美国等西方国家与海湾阿拉伯国家之间存在诸多分歧，但是双方在能源安全和地缘政治上的合作基础依然稳固。"卡舒吉事件"发生后，特朗普政府力排众议，坚定维护沙特政府和王储穆罕默德。由此可见，当海湾阿拉伯国家遭受示威抗议浪潮冲击时，西方国家至少会持中立不干预的态度，或者为现政权提供强有力的外交支持。

面对当前中东地区新一轮的示威抗议浪潮，海湾阿拉伯国家出现严重政治动荡的可能性较小。但从长期来看，海湾阿拉伯国家抵御政治冲击的能力正不断下降。高福利政策只能推迟政治危机的爆发，无法解决海湾阿拉伯国家发展和治理的根本问题，且"福利换稳定"的政策难以长期维系。即便海湾阿拉伯国家政府可以通过"收买民心"安然度过本轮政治动荡冲击，但其统治权威将进一步受到削弱。

（二）海湾阿拉伯国家未来面临的几大挑战

在百年未有之大变局下，海湾阿拉伯国家在未来将面临越来越多的挑战，特别是来自国内对其治理能力的质疑，严重威胁到海湾国家政局稳定。

1. 低油价冲击持续，海湾阿拉伯国家面临严重财政压力

自 2014 年以来国际油价持续下滑，海湾阿拉伯国家一方面因国际油价持续疲软而财政收入大减，另一方面又面临经济改革和维持高福利政策的财政压力。国际货币基金组织（IMF）在 2019 年预测，当油价达到 80 ~ 85 美元/桶时，沙

特才能实现财政收支平衡。① 2020 年初肆虐全球的新冠肺炎疫情和沙特与俄罗斯的石油"价格战"叠加,导致国际油价大跌,甚至首次出现期货合约"负油价"现象,对海湾国家经济造成严重冲击。阿联酋和科威特等海湾产油国也不得不宣布增产和降低石油出口价格。尽管欧佩克与非欧佩克产油国达成减产协议,但在国际石油市场供过于求的结构性变化作用下,低油价还将维持相当长的一段时间。

低油价常态化首先使得海湾阿拉伯国家面临更大的财政压力。财政收入减少将使得海湾阿拉伯国家大幅削减社会福利,影响海湾阿拉伯国家的政治和社会稳定。其次,低油价不利于经济改革的推行。由于海湾产油国的经济多元化改革以石油收入为基础,低油价将进一步阻碍经济改革进程。受国际油价持续走低的影响,沙特 2020 年财政预算赤字高达 1870 亿里亚尔(约合498.7 亿美元)。当前沙特采取财政紧缩政策,宣布从 2020 年 7 月起将增值税率从 5% 大幅提高至 15%,并取消多项补贴,"NEOM 未来城"的建设计划也被迫推迟。

2. 能否实现改革"阵痛期"的平稳过渡关系到海湾国家的前途命运

海湾阿拉伯国家正在进行经济改革,但海湾阿拉伯国家内部进行经济转型的工业基础和人力资源条件并不成熟,且缺乏和平稳定的外部环境。受低油价冲击,目前海湾国家的经济转型进程陷入停滞状态。

经济改革前景的不确定性导致民众对改革"阵痛期"的耐受能力不断下降。民众对改革的支持取决于他们对改革的预期,当无法从改革的红利分配中获益时,民众就会反对改革。② 当前,海湾阿拉伯国家正面临着实现经济转型的迫切需要和社会承受程度较低之间的矛盾。经济改革的红利尚未出现,但民众享受的社会福利却在不断削减,容易引发民众的不满和反对。沙

---

① Tsvetana Paraskova, "IMF: Saudi Arabia Needs $80 – 85 Oil Price To Balance 2019 Budget," Oil Price, February 12, 2019, https://oilprice.com/Latest – Energy – News/World – News/ IMF – Saudi – Arabia – Needs – 80 – 85 – Oil – Price – To – Balance – 2019 – Budget.html.

② 〔美〕亚当·普沃斯基:《民主与市场——东欧与拉丁美洲的政治经济改革》,包雅钧、刘忠瑞、胡元梓译,北京大学出版社,2005,第 130 页。

特削减公务员薪资和补贴、减少燃油、水电费等补贴，并开始征收增值税和加征消费税。沙特削减水费补贴并提高水价后，民众在社交媒体上提出抗议，沙特国王不得不罢免水电大臣并重新调整水价。

由于经济转型受阻，严重的青年失业问题日益成为影响海湾阿拉伯国家政治和社会稳定的不良因素。海湾阿拉伯国家人口结构相当年轻，公民多数在公共部门就业，严重依赖国家财政支出。海湾国家的经济改革就是希望通过发展私营部门，创造更多就业岗位以解决青年就业问题。由于私营部门发展仍不成熟，可以提供的新增工作岗位有限，海湾阿拉伯国家的青年失业问题日益严峻，甚至威胁社会稳定。其中，阿曼青年失业率高达49%[1]，严重的青年失业问题在阿曼引发大规模示威抗议，迫使政府颁布为期6个月的《外籍劳工禁令》。

3. 海湾阿拉伯国家需要提高应对传统安全和非传统安全威胁的能力

由于美伊矛盾愈发紧张，海湾阿拉伯国家与伊朗之间的对抗不断升级，海湾地区安全形势日益恶化。海湾阿拉伯国家介入地区热点问题产生外溢效应，威胁本土安全和石油航运安全。然而，海湾阿拉伯国家对域外大国的安全依赖使得其抵御外来安全威胁的能力相对较弱。从海湾阿拉伯国家在地区的军事行动不难看出，尽管海湾国家拥有先进的军备，但实战能力不佳，依然寄望于以美国为首的西方国家提供安全保护。随着美国持续在中东地区实行"战略收缩"，其军事介入海湾地区的意愿不断减弱。面对日益严峻的地区安全形势，海湾阿拉伯国家一方面需要继续加强与美国等域外大国的安全合作，寻求建立和强化地区内部的安全合作机制；另一方面又需要逐步实现安全"自给自足"。

近年来，恐怖主义、气候变化、毒品走私、传染病等非传统安全问题对海湾地区的威胁不断增加，但海湾阿拉伯国家对这类问题重视程度不足，应对能力有限。恐怖主义是海湾阿拉伯国家面临的主要非传统安全威胁，尽管

① "Oman's Economic Outlook-April 2018," World Bank, April 16, 2020, https：//www.worldbank.org/en/country/gcc/publication/economic – outlook – april – 2018 – oman.

"伊斯兰国"在中东地区遭遇军事失败，但是恐怖分子回流、极端主义思想传播等问题威胁海湾国家的安全与发展，当前地区反恐形势依然严峻。

2020年初暴发的新冠疫情将促使海湾阿拉伯国家更加重视非传统安全威胁。除土耳其和伊朗外，海湾地区是中东新冠疫情最严重的区域。疫情和各国采取的严格防疫措施影响了海湾阿拉伯国家内政外交的方方面面。在经济层面，国际市场对油气的需求因疫情大幅下降，导致产油国财政收入锐减；对海湾地区的旅游业和金融业也造成严重破坏。海湾阿拉伯国家在抗疫过程中不断暴露出国家治理能力不足的弊病，加剧了民众对当局的质疑和不满。不过新冠疫情不仅检验和提高了海湾阿拉伯国家应对公共卫生危机的能力，更使其开始正视非传统安全问题可能带来的严重危害。

近十年来，海湾阿拉伯国家在中东剧变第一波示威抗议浪潮中得以独善其身，在短期内通过镇压示威活动和提高社会福利实现国内政局稳定。然而，在十年间，海湾阿拉伯国家面临着日益复杂的内外形势。新冠疫情使海湾阿拉伯国家的处境愈发恶化。低油价冲击和新冠疫情的叠加效应甚至威胁海湾阿拉伯国家的政治和社会稳定。中东地区出现的新一轮示威抗议浪潮开始对海湾阿拉伯国家产生不利影响。但可以预见的是，短期内海湾阿拉伯国家不会出现严重的政治动荡，各国财政有能力支撑当局维持社会稳定的措施。然而，长期维持政局稳定还是需要各国加快经济和政治改革进程，探索出符合自身国情的发展道路。

展望未来，中东地缘政治格局出现"俄进美退"和阿拉伯国家力量相对下降等重大变化，新冠疫情对中东和海湾地区带来不容忽视的影响。疫情进一步延缓了海湾地区一体化进程，更是引发地区对"全球化"的再思考。疫情期间，美国、欧盟和俄罗斯等域外力量对海湾地区抗疫的支持相对缺失，中国派遣专家组、分享抗疫经验等举动巩固和加强了中国与海湾阿拉伯国家的友好关系。疫情之后，海湾阿拉伯国家将加速调整对外政策。作为在海湾地区具有重大利益和重要影响的国家，中国需要密切关注相关变化，加强与海湾阿拉伯国家在各领域的交流，进一步推动共建"一带一路"合作。

土耳其：内政和外交的全面转型

魏　敏*

摘　要： 中东剧变给土耳其带来了前所未有的机遇和挑战。十年来，土耳其在正义与发展党领导下，在政治层面实现了从议会制到总统制的政治体制变革，在经济层面抵御了因未遂政变、里拉货币危机带来的巨大冲击，在外交层面成功完成了由传统的凯末尔主义到"新战略纵深主义"的战略转型。面对冲突不断、危机四伏的中东地区局势，土耳其充分发挥其地缘政治优势和政治智慧，运用将外交手段和军事打击相结合的方式，以小博大，实现了其在叙利亚北部建立安全区、清除库尔德人势力的战略意图。

关键词： 中东剧变　土耳其　政治体制变革　外交政策

土耳其以及"土耳其模式"作为中东民主化的典范，在"阿拉伯之春"爆发的初期曾受到突尼斯、埃及等发生动荡国家的推崇。随着埃及"二次革命"和叙利亚内战的爆发，土耳其的中东政策发生重大转向，以时任总理埃尔多安在埃及人民广场发表讲话为标志，土耳其在阿拉伯国家中的典范形象达到顶峰。但随后，正义与发展党与居伦运动分裂导致土耳其内部政治生态发生变化，在地区局势和国内政治分裂的双重因素作用下，土耳其开始

---

* 魏敏，博士，中国社会科学院西亚非洲研究所研究员，主要研究土耳其政治和社会经济、中东经济发展问题。

了政治体制和治理模式的重大改革。中东剧变十年，叙利亚、也门、利比亚等国深陷战乱和动荡，而土耳其政治制度与外交政策变化之大、经济所遭受的短期冲击之频繁、社会撕裂之严重也令世界瞩目，无论是与中东国家相比，还是与世界其他新兴经济体与发展中国家相较，土耳其都有其独特性。可以说，中东剧变后，在全球政治经济格局悄然改变的大背景下，土耳其的政治变革以及对发展道路的艰难选择和大胆尝试，不仅给中东国家，也给世界其他新兴经济体和发展中国家谋求发展、选择发展路径提供了参考，也提出了思考。

一　中东剧变助推土耳其政治经济与外交政策调整

19 世纪晚期以来，土耳其的政治体制经历了从奥斯曼帝国时期的君主制到君主立宪制再到共和国建立后议会共和制的多次转型，也经历了独裁政府让位给民主政府与多党竞争政治制度发展的过程，这在发展中国家是颇为罕见的。[1] 正义与发展党（下称正发党）执政后，土耳其又启动了由议会制到总统制的政治转型。这场政治体制变革充分体现了正发党扩大其政党影响力、增强其执政地位的政治意愿。中东剧变不仅改变了中东地区的地缘政治格局，也推动了土耳其由议会制到总统制的政治变革，以及其对经济发展政策和外交政策的一系列调整。可以说中东剧变对土耳其政治、经济、社会和外交都产生了深远影响。

（一）中东剧变助推土耳其政治体制转型

中东剧变前夕，土耳其已经开启了渐进式政治改革实践。土耳其先于 2007 年 10 月通过全民公投的形式通过宪法修正案，将议会选举总统改为全民直选，总统任期也由七年减少为五年，并取消了之前总统不得连任的规

---

① 〔土〕戴维森：《从瓦解到新生：土耳其的现代化历程》，张增健、刘同舜译，上海学林出版社，1996，第 1 页。

定，允许总统可连任一届。2010 年 5 月，正发党又提出了多达 26 项的宪法修正案，内容不仅涉及土耳其共和国司法体系，还限制了军方的权力。此次修宪是对 1980 年军政府颁布的宪法的一次大调整，最终以全民公投并获得 58% 的得票率得以通过，这在一定程度上也显示了正发党高超的政治智慧。通过此次修宪，从法理上削弱了土耳其军方的权力和司法独立权，长期被视为土耳其世俗主义主要捍卫者的军方和最高法院遭受重挫。

"阿拉伯之春"在中东多个国家爆发并呈现蔓延之势时，土耳其正发党于 2011 年 6 月再次赢得议会选举并独立组阁，埃尔多安连任政府总理。2014 年 8 月，土耳其举行历史上首次总统直接选举，埃尔多安以"国家意志、国家权力"作为竞选口号，并提出一旦自己当选，将强化总统权力，绝不会做一个礼仪性的总统。埃尔多安成功当选后，明确提出将通过修宪扩大总统职权，将土耳其变为总统制国家。随着埃尔多安个人政治威望日盛，土耳其已经在一定程度上出现了总统制雏形。

正义与发展党执政后充分发挥选举制度赋予的政治合法性优势，凭借经济高速增长和民生改善积累的政治经济资源和民意基础，实现了从议会制到总统制的重大变革。此次政治体制变革强化了总统权力，提高了政府效率，为土耳其进一步的发展奠定了制度基础。

（二）中东剧变增强了土耳其与地区国家的经济贸易联系

在全球化和经济一体化浪潮推动下，在结构调整所获成就不断释放的利好环境下，正发党执政下的土耳其步入经济快速发展时期。"土耳其模式"一度成为转型国家民主化和结构调整的榜样。2002～2013 年，土耳其国内生产总值年均增长率约为 8.96%，以美元计价的人均 GDP 从 2002 年的 3580.71 美元，增长到 2013 年的 12480.37 美元，增长了 2.4 倍，也正是凭借经济增长业绩，土耳其步入经济合作与发展组织国家行列，并且成功进入"展望 5 国""灵猫 6 国""新钻 11 国"新兴经济体行列。

长期以来，中东国家，如阿联酋、沙特、伊朗、伊拉克、埃及等都是土耳其的重要贸易伙伴，尤其是该地区的石油输出国更是土耳其外国直接投资

的重要来源国。2011 年中东剧变后，土耳其相继与埃及、利比亚、沙特关系交恶，并且在卡塔尔与沙特关系危机中站在了卡塔尔一边，引发海合会国家对土耳其投资锐减。2018 年里拉货币危机后，只有卡塔尔承诺向土耳其投资 170 亿美元，帮助其解燃眉之急。一方面，中东剧变强化了土耳其与中东国家的贸易关系。土耳其 2010 年与中东国家的贸易额为 441.59 亿美元，其中，出口占土耳其出口总额的 16.63%，进口占土耳其进口总额的 4.47%，实现贸易顺差 126.42 亿美元。中东剧变后，2018 年，土耳其与中东国家的贸易额达 586.34 亿美元，其中，出口占土耳其出口总额的 21.88%，进口占土耳其进口总额的 9.8%，实现贸易顺差 149.02 亿美元。2010~2018 年，土耳其与中东国家贸易年平均增长率为 4.09%。[①] 虽然土耳其的主要贸易伙伴是欧洲和中亚国家，但对于长期处于贸易逆差的土耳其来说，中东是土耳其贸易顺差的主要来源地。再加上中东剧变引发的战乱和冲突扩大了武器需求，土耳其军工产品的出口急速增长也推动了土耳其的经济增长。在迅速发展的国防工业的帮助下，土耳其与中东国家的经贸关系日趋紧密。

另一方面，受国内政局和地缘政治影响，土耳其经济频频遭受冲击。2013 年，土耳其偿清了国际货币基金组织的贷款，决心不再受外来因素的左右，走一条自主的经济发展道路。一方面，进一步开发市场，建立健全制度体系，营造良好的投资环境；另一方面加快私有化进程，激发市场活力。然而，2016 年 7 月 15 日土耳其发生未遂军事政变，当年国内生产总值实际增长率（支出法计算）从 2015 年的 6.09% 下降到 3.18%，是自正发党执政后除 2009 年外最低的增长水平。2018 年 8 月，美国制裁再次引发里拉货币危机，致使土当年国内生产总值实际增速（支出法计算）从 2017 年的 7.3% 降为 2.83%，2019 年为 0.88%。[②] 里拉货币危机的溢出效应再加上新

---

① World Integrated Trade Solution (WITS), https://wits.worldbank.org/CountryProfile/en/Country/TUR/Year/2010/TradeFlow/EXPIMP/Partner/by-region，上网时间：2020 年 6 月 1 日。

② Wind 资讯。

冠疫情的影响致使土耳其经济目前仍处于衰退期，土耳其要摆脱当前的经济困境，需要缓解与地区国家关系，吸引中东国家投资以解决巨大的资金缺口，然而，目前尚未看到土耳其与这些国家关系缓和的迹象。经济增长停滞很可能诱发土耳其政治社会动荡，也可能引发土耳其新的社会和政治重构。

（三）中东剧变与土耳其外交政策调整

中东剧变颠覆了包括利比亚在内的之前与土耳其保持友好关系的中东政权，也极大地考验了正发党的"零问题"外交政策。围绕中东剧变后叙利亚危机的不断升级，土耳其的外交政策经历了两次重大调整。一次是叙利亚问题产生后，土耳其对叙外交政策的重大调整，即抛弃巴沙尔·阿萨德政权，支持反政府力量，同时打击库尔德人势力，阻断叙利亚库尔德人与土耳其库尔德人的联系。另一次是从俄罗斯军事介入叙利亚后，土耳其由最初的与俄罗斯对抗到与俄罗斯战术联盟的逐步确立。2017年"伊斯兰国"被击溃后，土耳其采取更为积极主动，甚至可谓激进的外交政策取向，以期在叙利亚问题的发展走向及战后叙利亚政治局势重构中发挥作用和影响。[1]

与大国关系层面，在中东地区未来的大国博弈中一方是土耳其的传统盟友美国和北约，另一方是强势重返中东后的俄罗斯，土耳其的选择和外交倾向为纷繁复杂的中东变局再添变数，也增加了中东局势的复杂性。2005年12月，土耳其启动加入欧盟进程，虽然成为欧盟成员一直是正发党政府的主要目标，并且在其执政期间进行了重大的社会和经济改革，但降低农业成本，对农产品实施政府采购和人员自由流动的难度非常巨大。中东剧变后产生的难民问题和欧盟对土耳其威权政治的不满致使土耳其入盟困难重重。中东剧变后，土耳其与美国的矛盾最初体现在美国在叙利亚危机中对库尔德武装的支持以及土耳其发生未遂军事政变后美国对"居伦运动"的庇护，随后土耳其与俄罗斯关系趋近且土耳其做出购买俄罗斯 S-400 防空导弹系统

---

① Yakış, Yaşar, "Turkey after the Arab Spring: Policy Dilemmas," *Middle East Policy*, Volume 21, No. 1, Jan. 1, 2014.

的决定。新冠疫情暴发后，土耳其借故推迟了购买 S—400 防空导弹系统的时间，同时为美国提供大量防疫物资和设备，尤其是在利比亚问题上与美国接近，因此，不排除土耳其与美国重修旧好联合应对俄罗斯的可能。

在地区国家关系层面，首先，土耳其对伊拉克库尔德人采取了激进主义的外交政策，通过空袭等手段对伊拉克库尔德工人党武装实施打击。2015 年底，土耳其开始在伊拉克北部库尔德自治区驻军。其次，土耳其发动了"幼发拉底河之盾""橄榄枝""和平之泉"三场军事行动对叙利亚库尔德武装进行打击。在 2017 年 3 月的战斗任务结束后，土耳其军队仍留在叙利亚北部以维持缓冲区并保护那里的叙利亚反政府军，此举引发俄罗斯与伊朗的不满。最后，在海合会危机中土耳其与卡塔尔结盟，并试图削弱沙特的影响力，与沙特争夺中东地区主导权。目前来看，中东剧变后并没有出现土耳其所期望看到的有利局面，即一方面，随着中东国家民主化进程的推进，它们会将土耳其视为可靠的合作伙伴；另一方面，土耳其也可发挥自身优势，帮助中东国家更好地适应国际社会。① 土耳其已充分认识到，积极参与叙利亚问题可以在国际社会和北约组织内部凸显土耳其的重要性，同时也有助于土耳其的经济社会发展，这将极大缓解土耳其目前在中东地区面临的外交孤立。

二　土耳其内政外交政策变化的根源

长期以来，欧盟和美国依然对土耳其的外交政策具有重大影响，甚至决定着土耳其的外交政策走向。尤其是在 20 世纪 90 年代，土耳其的经济发展严重依赖欧盟资金，加入欧盟被视为土耳其政治和经济发展并实现现代化的重要途径。因此，在土耳其非常关切的库尔德人问题上，欧盟一再要求土耳其对库尔德工人党保持克制，美国针对库尔德人问题也对土耳其

---

① Ahmet Davutoglu, "Zero Problems in a New Era," https: //foreignpolicy.com/2013/03/21/zero – problems – in – a – new – era/，上网时间：2018 年 4 月 26 日。

施加了很大压力。中东剧变后，土耳其内政外交政策的变化，尤其是在中东和东地中海问题上采取的激进的外交政策背后有其深刻的内外部原因。

（一）土耳其政治体制重塑与正发党外交理念的变化

正发党执政后不久就开启了对土耳其政治体制的改革。2007年修宪成功不仅削弱了军方权力和司法独立权，也强化了政治体制中的政府权力。埃尔多安于2014年8月通过全民直选当选总统后，重申土耳其将采用人道主义和以良知为主的方式实施更加积极有效的外交政策。[①] 2015年，正发党在议会选举中失利，随后又再次赢得议会选举并获得独立组阁权。土耳其的外交理念逐渐转向以多元价值为基础构建土耳其全球地位的"新战略纵深主义"[②]。

在"新战略纵深主义"外交思想指导下，土耳其一方面寻求摆脱与北约、美国和以色列的传统结盟关系对土耳其外交的束缚；另一方面加强与中东地区国家的联系。土耳其表示坚决支持巴勒斯坦人民的权利，不赞成以色列2008~2009年对加沙地带的袭击，并开始寻求与伊朗和叙利亚这两个美国在中东最反感的国家进行接触。尽管坚定的世俗主义仍然是现代土耳其意识形态的主流，但历届政府已经无法抵制通过控制宗教机构对土耳其社会施加影响的诱惑。同时，土耳其还意图建立一个现代化的伊斯兰教国家样板，扩大其在伊斯兰世界的话语权和影响力。[③] 土耳其外交理念的变化，促使其由先前相对谨慎的外交政策转向激进。土耳其大国民议会于2012年10月授权政府对叙利亚采取军事行动，这也成为中东剧变后土耳其激进外交政策的发端。

---

① "Presidency of The Republic of Turkey：Turkey's First President Elected by Popular Vote," https：//www. tccb. gov. tr/en/news/542/3205/turkeys – first – president – elected – by – popular – vote. html，上网时间：2018年4月10日。

② Birce Bora，"More of the Same Foreign Policy under Ak Party?" *Al – Jazeer*，November 9，2015.

③ Jenny White，*Muslim Nationalism and the New Turks*，Princeton，NJ：Princeton University Press，2013，p. 5.

（二）大国中东政策的改变削弱了其对土耳其的影响力

西方国家中东政策的改变使其对土耳其外交的影响力下降。首先，2008年的金融危机和"阿拉伯之春"后的难民问题成为欧盟很难处理的重大经济、社会和政治问题。而且，随着英国脱欧，极右势力在欧洲各国迅速崛起，欧盟一些成员国的经济已经开始停滞不前，尤其对于欧洲各国政府来说，没有什么比叙利亚、伊拉克或阿富汗难民更恐怖的事情了。欧盟目前的状态表明，它已经失去了对土耳其内政外交政策的影响力，只能通过批评土耳其的独裁表达对土耳其未来政治发展的忧虑以及自身的无能为力。土耳其对欧盟的现状和需求非常清楚，埃尔多安总统曾扬言："除非欧盟为土耳其的叙利亚政策做更多的事情，否则土耳其就要打开防止难民的闸门。"其次，美国对土耳其的影响力也在下降。由于美国国会的抵制和五角大楼没有放弃对叙利亚库尔德武装的支持，土耳其在无法获得"爱国者"（PAC-3）防空导弹系统的情况下选择购买俄罗斯S-400防空导弹系统，而这一购买决定激怒了美国国会，美国威胁土耳其必须放弃购买俄罗斯导弹，否则将对其进行制裁。美国国会甚至搬出"通过制裁法打击美国对手法案"来严厉警告土耳其。土耳其不仅未对美国的威胁表现出畏惧，而且以土耳其将关闭对美国具有战略意义的因吉尔利克空军基地和库雷克雷达站作为回应。土耳其表示不仅将购买俄罗斯的导弹，而且还有意购买俄罗斯的Su-35战斗机。土耳其与西方大国权力均势的这种变化增加了土耳其在中东和东地中海的影响力。近期，对于土耳其在塞浦路斯岛周围进行的炮舰外交，欧盟所能做的只是对土耳其进行口头谴责。欧盟各国正忙于解决欧盟内部及各自国内的问题，无暇顾及地中海东部的海军力量博弈。

（三）土耳其国内发展的需要

正发党执政后，充分运用选举制度，通过一次次的选举实现其政治体制变革的目标。但在历次选举和公投中，为了能够胜选，政府出台了大量刺激经济的举措和满足选民需求的福利政策，致使政府支出缺口巨大，政府债务占 GDP 的比重长期处于 30% 左右，政府的刚性支出使得土耳其政府调控经济发展的能力大幅度下降，造成经济增长缓慢。2013 年至今，土耳其面临经济增速下滑，通胀率和失业率高企不下的经济发展困境，其主要原因是土耳其经济本身存在的结构性问题和埃尔多安总统对经济问题的过度干预。2018 年 8 月爆发的里拉货币危机给转为总统制后的土耳其一个沉重的打击，使得土耳其成为继阿根廷和南非之后，出现严重经济问题的第三个新兴经济体。此次货币危机凸显土耳其经济高通胀、高利率、高贸易逆差和高外债且债务结构不合理的痼疾，其溢出效应不仅造成政府财政的沉重负担，而且严重影响微观企业债务偿付能力以及银行业稳定，其对土耳其政治社会的深刻影响会在今后逐步显现。因此，土耳其需要进一步扩大开放，改善投资环境，以发展经济，保障民生。

（四）埃尔多安的强人领导风格

塔伊普·埃尔多安（Tayyip Erdogan）于 1994 年步入政治舞台。在埃尔多安任总理到任总统期间，土耳其跻身世界主要新兴经济体之一，并且成功实现从议会制到总统制的转型。埃尔多安任职后，土耳其逐渐放弃了现代土耳其创始人穆斯塔法·凯末尔（Mustafa Kemal）在 20 世纪 20 年代初期采取的谨慎保全和培育新生共和国的外交政策。埃尔多安总统倡导建立所谓的"新奥斯曼主义"，渴望重新建立土耳其对巴尔干，中东和北非地区的影响力。中东剧变后，凯末尔提倡的"国内和平、世界和平"的外交理念被新的积极有力的外交政策所取代，土耳其外交政策发生了根本性的转变，并惯于在威胁发生之前采取先发制人的行动。这不仅体现在外交政策中，也体现在埃尔多安应对国内政治转型的一系列举措中。最为典型的是 2018 年 6 月的提前大选，当时为了应对经济挑战和日益复杂的叙利亚局势，避免各种不确定因素，埃尔多安宣布与民族主义政党结盟，推动政治体制向强有力的总统制转型。埃尔多安善于把握时机和果断的行事作风使其成为在土耳其最受欢迎的政治人物。埃尔多安对于国内政治和国际趋势的把握及决策，进一步巩固了他的权力，也扩大了土耳其的影响力。

三 中东剧变对土耳其的影响

在中东剧变后十年的时间里，土耳其运用一系列外交和军事手段成为影响中东局势走向的重要力量。目前来看，土耳其通过军事打击削弱了叙利亚库尔德武装力量对土耳其国家安全以及领土完整构成的威胁，实现了其在叙利亚北部建立安全区的目标。然而，中东剧变后地区地缘政治的变化也为土耳其未来政治经济的发展埋下了隐忧。

（一）土耳其实现了对叙利亚北部的实际控制

中东剧变尤其是叙利亚危机造成土耳其实际控制了叙利亚北部地区的现实。叙利亚目前的分裂状态为政治解决叙利亚问题制造了障碍。2019 年 10 月 30 日，叙利亚政府、叙利亚反对派和各个民间社会团体约 150 名代表在日内瓦召开了叙利亚新宪法大会。联合国秘书长叙利亚问题特使吉尔·彼得森（Geir Pedersen）在开幕词中强调，为了制定"可信，包容和非宗派治理的新宪法"，谈判各方必须在联合国安理会第 2254 号决议的基础上设立叙利亚政治过渡进程。然而，土耳其在叙利亚北部的军事存在成为各派达成新宪法的主要问题之一。

（二）土耳其国内安全面临新的挑战

土耳其的军事行动虽然在目前会迫使叙利亚的库尔德人武装撤离，但从长期来看，库尔德人会尽其所能捍卫自己的领土，新的军事冲突不可避免。同时，现在叙北部库尔德人控制区内关押"伊斯兰国"恐怖分子的监狱中，约有 1 万多因犯，其中有 2000~3000 名外籍因犯。若土耳其不能有效控制这些监狱，恐怖分子有可能重返中东其他国家以及欧洲、中亚及其他地区，对地区局势和安全造成新的威胁。在叙利亚外部，域外大国美国、俄罗斯以及欧洲国家和地区大国伊朗等都在尽最大可能使得局势朝有利于自身的方向发展。在叙利亚内部很难形成统一立场，巴沙尔政府、各类反对派武装以及极端组织"伊斯兰国"相互之间存在复杂的利益纠葛，叙利亚爆发新的军事冲突以及"伊斯兰国"恐怖组织卷土重来的可能性依然存在，土耳其将面临新的安全挑战。

（三）土耳其反恐形势依然严峻

"伊斯兰国"的影响和分支机构依然存在，且存在发动报复性恐怖主义袭击的可能。巴格达迪自 2010 年掌控"伊斯兰国"恐怖组织后，迅速在伊拉克北部和叙利亚西北、东北等地壮大，并在 2014 年宣布建立一个地域横跨叙伊边境的"伊斯兰国"。据联合国研究报告内容，"伊斯兰国"的筹融资渠道依然在运行，支持恐怖袭击的资金约有 3 亿美元。此外，"伊斯兰国"在中东、北非、东南亚等地建有 12 个分支机构。虽然在美国、俄罗斯、土耳其等国政府和库尔德武装的相互配合下已将巴格达迪击毙，"伊斯兰国"武装"政权化"的存在被终结。但是，滋生恐怖主义意识形态和行为方式的环境依然存在，并且，巴格达迪在传播和实践其恐怖主义理论的过程中，已经发现和培养了一批骨干分子、地区领导人和潜在接班人，巴格达迪之死有可能引发新一波报复性袭击浪潮，未来土耳其反恐形势依然严峻。

（四）难民安置缺乏资金支持

事实再次证明了一句古老的谚语，即没有强劲的经济就无法实行积极的外交政策。虽然土耳其军队在叙利亚和利比亚表现强劲，正发党大胆外交政策的主张已经实现，但是安卡拉却缺乏维持其高成本的资金。土耳其于 2019 年 10 月 9 日发动"和平之泉"军事行动，目的是要在土叙边境设立长约 100 公里、纵深 30 公里的安全区。在这一安全区得到巩固后，再沿边境线建立总长 480 公里、纵深 30 公里的安全区，并将目前分散于土耳其各地的约 350 万名叙利亚难民中的 250 万人安置于此。而其最终目的，是要与 2016 年的"幼发拉底河之盾"行动和 2018 年的"橄榄枝"行动已经形成的态势相呼应，彻底摧毁库尔德人在叙北部形成的势力，消除土耳其

国家安全面临的最大隐患。从经济方面来看，土耳其并不具备回迁安置叙利亚难民的实力。经测算，回迁安置计划将需要 240 亿欧元，即约相当于 260 亿美元的巨额资金。自 2018 年里拉货币危机后，土耳其国内经济长期不振，截至 2019 年底，土耳其国内经济增长率为 0.8%，同比下降 1.9%，通胀率为 15.26%，失业率为 13.9%，青年人失业率高达 27.1%，并且外部债务居高不下。[①] 2015 年叙利亚难民危机爆发后，土耳其已经利用欧洲的支持在叙利亚北部建立了 140 个新村庄，每个村庄安置 5000 人，并在 50 个地区安置 100 多万叙利亚人，每个地区安置 30000 人。到目前为止，欧洲国家不可能对土耳其在叙利亚北部进行的反库尔德人的尝试再次提供援助，回迁和安置叙利亚难民的资金来源将成为土耳其建立安全区的主要障碍。

四　未来前景

中东剧变给土耳其带来了新的机遇和挑战。埃尔多安总统及其所领导的正发党在土耳其政坛长期占据主导地位，与深陷战争和动荡的地区其他国家相比，土耳其无论在国内政治体制变革还是对外政策上，都无疑是成功的。但应该看到，埃尔多安总统及其领导的执政联盟面临的政治斗争形势也日趋严峻。一方面，在野党及其政治新秀已经在土耳其地方事务中发挥越来越重要的作用；另一方面，执政党分裂和新政党崛起使土耳其政坛充满不确定性。土耳其前总理艾哈迈德·达武特奥卢于 2019 年底成立了未来党，而由商人贝迪里·亚林领导的安纳托利亚团结党成为 2020 年成立的首个新党，前副总理阿里·巴巴詹于 3 月 9 日创建了民主进步党，反对延迟退休决定政策的人员成立了希望党。此外，安纳托利亚统一党、光明未来党、中央母亲党、和平与平等党、统一力量党、社会自由党、再统一党和新道路党均为新成立的政党。据土耳其媒体报道，在过去的五个月里，该国新成立了 10 个

---

① Wind 资讯。

新政党，全国范围内政党总数增加至 91 个。如果经济衰退得到遏制，经济增长重新回到快速发展的轨道，埃尔多安总统继续执政至 2023 年几无悬念，然而，新冠疫情的肆虐恐将使土耳其经济和社会发展面临更多的不确定性，土耳其能否在 2023 年共和国成立 100 周年之时进入世界前十大经济体行列，埃尔多安总统及其领导的执政联盟能否在土耳其政坛继续占据主导地位，仍须观察。

热　点　篇

Hot Issues

Y.13
巴以问题新变化及其前景

王 建　苏文军*

摘　要： 过去的一年中，两件事对巴以局势产生了重大影响，一是美
国总统特朗普正式公布酝酿达三年之久的"世纪协议"；二
是以色列陷入长达一年多的组阁危机，最终在新冠疫情危机
和经济危机的双重压力下，内塔尼亚胡和甘茨被迫组建联合
政府。"世纪协议"颠覆了国际社会就解决巴以问题达成的
共识，为以色列单方面兼并约旦河西岸部分地区开了绿灯。
以色列联合政府的成立，进一步强化了右翼政治力量在以色
列政坛的优势地位，以色列解决巴以问题的立场将更趋强硬。
巴勒斯坦民族权力机构宣布停止履行与美国和以色列达成的
所有协议，包括停止履行"安全义务"，希望以此反制以色

---

* 王建，中国社会科学院西亚非洲研究所副研究员，研究领域为中东国际关系；苏文军，中国
社会科学院大学研究生院 2019 级硕士研究生。

列单方面的兼并行动。巴以局势面临紧张动荡的危险，巴以
和平的希望愈加渺茫。

关键词： "世纪协议"　和平促繁荣　以色列大选　两国方案　巴以和平

2020 年 1 月 28 日，美国总统特朗普正式公布酝酿达三年之久的"世纪协议"。2020 年 5 月 17 日，以色列第 35 届政府在议会正式宣誓就职，结束了持续一年多的组阁危机。这两件事情使近年来在中东逐渐被边缘化的巴以问题重又引起世人的关注。"世纪协议"颠覆了国际社会就解决巴以问题达成的共识，为以色列单方面兼并约旦河西岸部分地区开了绿灯。内塔尼亚胡和甘茨组建联合政府，进一步强化了右翼政治力量在以色列政坛的优势地位，以色列解决巴以问题的立场将更趋强硬。巴勒斯坦民族权力机构宣布停止履行与美国和以色列达成的所有协议，包括停止履行"安全义务"，巴以局势或将再度紧张，巴以和平的希望愈加渺茫。

一　特朗普"世纪协议"颠覆了国际社会
解决巴以问题的共识

2020 年 1 月 28 日，美国总统特朗普正式公布酝酿三年多的"世纪协议"，即以"和平促繁荣"为名的中东和平计划（Peace to Prosperity——A Vision to Improve the Lives of the Palestinian and Israeli People）。"世纪协议"颠覆了以往巴以和谈的理念、原则、路径与方式，因其极为偏向以色列而遭到巴勒斯坦的断然拒绝，也受到国际社会的广泛反对与质疑。

（一）"世纪协议"的主要内容

"世纪协议"的英文文本共 181 页，由"政治框架"和"经济框架"两大部分组成，每个部分又分成正文和附件两部分。文本取其要点如下。

巴以边界　以概念地图的方式划定以色列和未来巴勒斯坦国的边界。以色列主权延伸至约旦河谷及约旦河西岸的犹太人定居点，大约占约旦河西岸面积的30%。约旦河西岸70%的土地是未来巴勒斯坦国的领土，包括 A 区和 B 区及 C 区一部分。另有几处土地交换：一是以色列—埃及边界靠近加沙的几小块土地划给巴勒斯坦；二是将以色列阿拉伯人聚居的被以色列称为"三角地带"的地区划入未来的巴勒斯坦国。这是巴以和谈进程中首次明确了以色列与巴勒斯坦两国的边界，并给出了一幅边界概念图。

耶路撒冷地位　耶路撒冷"仍将是以色列国拥有主权的首都，并应继续是一个不可分割的城市"。巴勒斯坦国的首都应位于东耶路撒冷的一部分，依托目前在以色列安全隔离墙之外的耶路撒冷北部和东部的以色列阿拉伯人居民区，即阿布迪斯等城镇。

犹太人定居点　以色列将保留约旦河谷和约旦河西岸的犹太人定居点，其范围不是指每个定居点的市政边界，而是指它们的安全边界。此外，15个孤立的定居点将成为最终成立的巴勒斯坦国境内的以色列飞地。以色列在今后四年不得新建定居点或扩建现有定居点。以色列国防军将有权进入孤立的定居点。

安全安排　以色列将控制巴勒斯坦地区从约旦河到地中海的所有安全事务，包括海、陆、空的全方位安全，控制以色列与未来巴勒斯坦国的所有边界。以色列国防军将不必离开约旦河西岸。

巴勒斯坦国　继承了"两国方案"，但不是立即建立巴勒斯坦国，相反，为巴勒斯坦建国设置了极为苛刻的前提条件，如巴勒斯坦当局停止资助恐怖分子和煽动恐怖主义，哈马斯和伊斯兰圣战组织放下武器，摒弃腐败、尊重人权、宗教自由和新闻自由。满足以上条件后，美国将承认巴勒斯坦国。为了保证巴勒斯坦国不会成为以色列的安全威胁，它将是一个非军事化的国家。

巴勒斯坦难民　拒绝了巴勒斯坦难民的回归权，只有少数巴勒斯坦难民及其后代将获准进入巴勒斯坦国，但不能进入以色列。

经济援助　为巴勒斯坦人勾勒出建立巴勒斯坦国并得到美国承认后的经

济发展前景，承诺未来十年帮助巴勒斯坦人民实现从和平到繁荣的愿景，计划筹措 500 亿美元投资和援助巴勒斯坦，新增 100 万个就业岗位，将贫困率降低一半，失业率降至个位数，提高供电和供水能力。

（二）"世纪协议"颠覆了国际社会解决巴以问题的共识

巴以问题是影响中东地缘政治稳定的根源性问题，国际社会为推动巴以和平付出了不懈的努力，并达成了广泛共识。美国作为巴以问题的主要调解方，历届政府也曾提出许多和平方案或设想。特朗普的"世纪协议"完全颠覆了国际社会的共识和美国历届政府坚持的理念、原则、路径及方法。

第一，原则改变，将援助与和平挂钩。特朗普认为美国以往调解巴以问题失败的根本原因是没有顾及巴以问题的现实，"土地换和平"的原则与现实相悖，约旦河西岸犹太人定居点和耶路撒冷的现实已经不能通过"土地换和平"原则来改变。"世纪协议"提出"援助换和平"的原则，如果巴勒斯坦方面满足美国提出的建国条件，未来的巴勒斯坦国将得到 500 亿美元的经济援助或投资。

第二，理念改变，以以色列安全为首要。美国数十年来调解巴以问题，虽因偏袒以色列而遭诟病，但从卡特到奥巴马的历任美国总统都未曾在约旦河西岸的领土划分上如此偏袒以色列，他们公开宣称的理念是公平、公正地解决巴以问题。奥巴马任总统时还曾指责内塔尼亚胡为以色列和巴勒斯坦之间达成两国方案附加了太多的条件，使之不可能实现。如今，特朗普对内塔尼亚胡为解决巴以问题设置的前提条件几乎照单全收，将保证以色列的安全作为解决巴以问题的首要前提，称："至关重要的是，向两国方案过渡的提议不会给以色列带来任何安全风险，……和平需要妥协，但我们永远不会要求以色列在安全上妥协。"[1]

第三，路径改变，从最终方案着手。以往的巴以谈判是双方就巴勒斯坦

---

[1] Toi Staff, "Full Text of Trump Speech: This Could Be The Palestinians' Last Opportunity," January 28, 2020, https://www.timesofisrael.com/full-text-of-trump-speech-this-could-be-the-palestinians-last-opportunity/, 上网时间：2020 年 1 月 30 日。

最终地位所涉及的两国边界、犹太人定居点、难民回归和耶路撒冷地位等核心问题进行谈判。美国是居间调解者，只是把双方拉到谈判桌旁，虽然有时也提出方案，但只是初步设想。特朗普认为以前的巴以和谈都归于失败，证明其路径是错误的，他要为解决巴以问题"找到一条建设性的道路"，即"基于事实的解决办法"和"精确的技术解决方案"。① 于是，"世纪协议"反其道而行之，直接给出最终解决方案，并且是迄今为止最详细的方案，不再有模糊概念，巴以双方只有接受或不接受的选择（美国虽表示可以有改动，但只能是个别细节的改动）。

第四，方法改变，允许以色列单方面行动。以往的巴以谈判是寄希望于双方达成最终协议，反对任何一方的单独行动。特朗普宣布将美国驻以色列大使馆从特拉维夫迁往耶路撒冷后，巴勒斯坦方面切断了与美国的联系，此后，美国"世纪协议"的起草团队再未与巴勒斯坦方面进行磋商，阿巴斯拒绝出席和平计划公布仪式。"世纪协议"的最终文本是美国与以色列一方协商的结果，不仅满足了内塔尼亚胡的要求，而且为以色列单方面在约旦河西岸的定居点和约旦河谷行使主权打开了绿灯。

（三）特朗普出台中东和平计划的多重考量

首先，美国国家利益的考量。调解巴以问题是美国总统的常规课题。美国作为中东事务的主导者，尤其是作为巴以问题的调解者，推进巴以和平是开启中东和平进程后历任美国总统的重要外交议题，一方面这是美国主导中东事务的重要抓手；另一方面是每位总统都希望留下载入史册的外交遗产。整体而言，特朗普在中东实施收缩战略，但其上任伊始就组建了"世纪协议"起草团队，足见其对解决巴以问题的重视。特朗普希望巴以问题取得突破，推动以色列和阿拉伯国家关系正常化，最终实现地区的和平与繁荣。如此，既可以最大限度地减轻美国的负担，又不失去美国对中东事务的主导

---

① Toi Staff, "Full Text of Trump Speech: This Could Be The Palestinians' Last Opportunity," January 28, 2020, https://www.timesofisrael.com/full-text-of-trump-speech-this-could-be-the-palestinians-last-opportunity/, 上网时间：2020 年 1 月 30 日。

权，从而助推美国全球战略的调整，贯彻"美国优先"和"美国第一"的理念。

其次，特朗普竞选连任的考量。其一，迎合美国福音派选民的宗教理念，巩固福音派选民票仓。信奉基督再次降临以色列的福音派是共和党的传统选民，占美国选民26%的福音派基督徒在2016年大选中有81%的人支持特朗普。其二，争取犹太财团的支持。美国犹太人选民传统上是民主党的支持者，2016年特朗普只获得24%的犹太人选票，但得到犹太富商阿德尔森1亿美元的资金支持，条件是当选后将美国驻以色列使馆从特拉维夫迁往耶路撒冷。特朗普此次正式推出"世纪协议"后，有共和党筹款人表示，预计阿德尔森将捐赠至少1亿美元，用于支持特朗普2020年的连任竞选以及共和党人竞选国会议员。[①] 特朗普组建了一个以犹太人为主的团队，包括团队负责人库什纳、美国驻以色列大使弗里德曼、美国国际谈判特别代表格林布拉特等人皆为犹太人或犹太后裔。在"世纪协议"起草过程中，犹太富翁阿德尔森和多位福音派领袖均施加了巨大影响。起草团队耗时三年才完成起草工作。

再次，以色列国内政治考量。特朗普就任总统后在巴以问题上采取的一系列行动，如将美国使馆从特拉维夫迁往耶路撒冷，宣布不再认为以色列在约旦河西岸的定居点违反国际法，直至公布"世纪协议"，就是旨在为内塔尼亚胡领导的利库德集团争取更多的选票。尽管以色列政坛是右翼政党力量占优，但极右翼政党如贝内特领导的统一右翼党反对建立巴勒斯坦国，反对特朗普的"世纪协议"。在特朗普政府看来，只有内塔尼亚胡继续担任总理才能保证"世纪协议"的实施。因此，在以色列陷入政治僵局期间，特朗普对内塔尼亚胡给予了巨大支持，目的就是增加落实"世纪协议"的可靠性。

最后，中东地缘政治格局的考量。阿拉伯国家调整对以色列的政策为特

① Peter Stone, "Adelson to Donate $100 million to Trump & Repubs, Fundraisers say," *The Guardian*, February 12, 2020, https://israelpalestinenews.org/sheldon-adelson-donate-100m-to-trump-republicans-fundraisers-say/.

朗普出台"世纪协议"铺平了道路。其一，近年来，伊朗的安全威胁取代巴以问题成为逊尼派阿拉伯国家外交战略的首要问题，并与以色列形成共同对付伊朗的战略同盟。巴以问题已经不再是这些阿拉伯国家外交政策考虑的首要问题。其二，阿拉伯国家的经济多元化战略，需要以色列的合作，希望巴勒斯坦方面能够尽早与以色列达成最终协议，故而频频向巴勒斯坦方面施压接受美国的"世纪协议"。就特朗普政府而言，即便"世纪协议"得不到巴勒斯坦方面支持，甚至彻底失败，但只要阿拉伯国家对其持开放态度，阿拉伯国家和以色列的关系就会持续改善，从而有利于美国实施在中东的收缩战略，让中东盟国承担起更多的地区安全责任。

二 以色列从组阁危机到成立联合政府

2018年12月26日，在议会表决通过解散议会的决议后，以色列陷入了长达一年多的组阁危机，历经三次选举而组阁难成。在右翼政党力量占优的以色列政坛出现如此严重的组阁危机，根本原因是各政党就受到起诉的内塔尼亚胡能否继续担任总理形成支持和反对的两大对立阵营，都意图利用以色列特有的议会选举制度谋取党派及个人利益。两个阵营在竞选中聚焦于候选人的人品进行相互攻击，而非就安全政策这一传统的竞选核心问题展开辩论。新冠疫情危机及其引发的经济危机迫使内塔尼亚胡和甘茨暂时搁置党派和个人利益争斗，组建联合政府。联合政府的成立虽然结束了组阁危机，但争夺党派及个人利益的斗争不会平息，以色列政局发展仍然充满不确定性。甘茨与内塔尼亚胡的联手进一步强化了右翼政治力量在以色列政坛的优势地位，以"两国方案"解决巴以问题的前景更加渺茫。

（一）以色列陷入组阁危机的原因

建国七十余年来，以色列政党力量对比变化的趋势是：以工党为代表的左翼政党日渐式微，以利库德集团为代表的右翼政党愈益强盛，其表现是右翼政党集团在议会中的席位呈稳定多数，右翼政党的政策主张成为以色列社会的主流意识形态；左翼政党在议会中的席位呈下降趋势，面临被边缘化的窘境。2019 年 4 月、9 月和 2020 年 3 月三次大选，包括宗教政党在内的右翼政党集团获得的议会席位分别是 65 席、63 席和 65 席，以蓝白党为主的中左翼政党分别获得 45 席、44 席和 40 席，阿拉伯政党分别获得 10 席、13 席和 15 席。[①]从三次选举结果看，右翼政党集团均获得超过 61 个议会席位的多数，内塔尼亚胡理应可以组成一个右翼政府，但为何会出现组阁危机呢？原因主要有以下几点。

1. 右翼政党集团分裂是组阁危机的诱因

2018 年 11 月 13 日，以色列与哈马斯等加沙地带的巴勒斯坦武装达成停火协议，向来主张对哈马斯施行严厉军事打击的以色列国防部部长、以色列家园党领导人利伯曼对此极为不满，称停火协议是"向恐怖主义投降"，并于次日辞职。实际上，利伯曼早有辞职之念，但根本原因不是内塔尼亚胡同意与哈马斯停火，而是作为右翼的世俗民族主义者，利伯曼长期要求废除极端正统派经学院学生免服兵役特权的主张未能得到内塔尼亚胡的支持，并为此与内阁中的极端正统派政党尖锐对立。辞职后的利伯曼站到内塔尼亚胡的对立面，宣称为了结束"内塔尼亚胡时代"，其"对与他曾经回避的左翼政党一起担任政府官员抱有新的开放态度"[②]。利伯曼辞职后率以色列家园党退出执政联盟，导致右翼政党集团分裂，是将以色列拖入长达一年多组阁危机的诱因。

2. 围绕党派及个人利益的争斗是组阁危机的根本原因

此番三次选举实质上是支持和反对内塔尼亚胡的两个阵营的较量，而非传统的左翼和右翼的对峙。利伯曼与甘茨联手组成了从右翼到左翼横跨以色列政治光谱的反对内塔尼亚胡阵营，利库德集团和其他右翼政党及宗

---

① 根据以色列议会网站公布的结果整理，https：//knesset. gov. il/，上网时间：2020 年 3 月 25 日。

② Aron Heller, "Israel's Gantz Vows To Form Government Without Netanyahu," February 16, 2020, https：//www. washingtontimes. com/news/2020/feb/16/israels – gantz – vows – to – form – government – without – neta/，上网时间：2020 年 2 月 18 日。

教政党组成支持内塔尼亚胡阵营，双方在三次大选中争辩的核心话题是近年腐败丑闻缠身的内塔尼亚胡能否继续担任总理，而选民最为关注的安全政策问题则退居其次。两个对立阵营在竞选中相互攻击候选人的人品，竞选已经"不是一场思想上的较量，而是一场人气上的比拼"①，背后则是党派利益和个人利益的争夺。内塔尼亚胡是右翼政党集团的领军者，除了他尚未有人能擎起右翼的旗帜，因此他能否继续担任总理已经不是他个人的事，而是关系到整个右翼政党集团的利益，而甘茨阵营只有扳倒内塔尼亚胡，方可掌握权力和收获利益，双方毫不退让，致使三次大选难解组阁危机。

3. 以色列选举制度是组阁危机的制度原因

以色列议会为一院制，设 120 个席位，是国家最高权力机构。议员由普选产生，选举采用单一选区比例代表制，候选人以政党为单位参加竞选，选民只需将选票投给其支持的政党，各政党根据得票多少按比例分配议席。建国伊始，为保证各类人群的政治权利，让各类人群都有代表进入议会，设计了实行至今的议会选举制度。这一制度使以色列公民拥有充分的民主权利，但在实践中暴露出其过于民主的弊端：一是进入议会的政党过多，组阁困难；二是小党要挟大党，动辄退出执政联盟，致使政府频繁解散。为革除弊端，进入议会的政党门槛一再提高，从最初获得选票的1% 提高到了现在的 3.25%，旨在限制进入议会的政党数量，保持政府的稳定。但事与愿违，进入议会的政党少了，小党的作用反而更大了，甚至往往具有决定性作用。在此番三次选举中，利伯曼领导的以色列家园党分别获得 5 席、8 席和 7 席，但利伯曼坚持不与内塔尼亚胡及宗教政党合作，缺少了以色列家园党的右翼政党集团未及议会半数无法成功组阁，而甘茨率领的中左翼政党即便加上以色列家园党也无法达到成功组阁的 61 席，除非有阿拉伯政党的支持。以色列议会选举制度的弊端在此次长达一年多

---

① Herb Keinon, "BiBi-Fatigue Sets in-Analysis," April 10, 2019, https://www.jpost.com/Israel－Elections/BiBi－fatigue－sets－in－analysis－586313，上网时间：2019 年 4 月 11 日。

的组阁危机中显露无遗。

4. 甘茨的竞选策略失误使组阁危机难以化解

右翼政党集团分裂，为甘茨赢得选举提供了绝好机会，但甘茨竞选策略的失误使其未能实现登上权力顶峰的夙愿。一是集中攻击内塔尼亚胡涉嫌腐败，未能削弱利库德集团的选民基础。在竞选期间，甘茨集全力在涉嫌腐败、破坏民主、撕裂社会这三点上抨击内塔尼亚胡，同时将自己打造成清廉、团结和民主的形象。但是，腐败从来不是大选期间选民最为关注的话题，在 2019 年 4 月 9 日大选前的一项民调显示，受访者在八个问题中选择最为关注的问题时，选择安全问题的受访者最多，其后依次是就业、教育、腐败、保健、民主、缺乏和平进程和区域合作。①右翼选民不会因为甘茨对内塔尼亚胡涉嫌腐败的抨击而转向蓝白党。二是甘茨的安全政策无新意，未能吸引中间偏右的选民。甘茨若想在大选中击败内塔尼亚胡，唯有让足够多的中间偏右选民支持蓝白党，从而提高中左翼政党在议会的席位，这就需要提出能够吸引中间偏右选民的安全政策。但是，甘茨在选举中既"没有高举两国方案的大旗"，又"和他想要取代的人在伊朗问题上没有区别"②，这让中间偏右选民非常失望。三是左翼政党反对特朗普"世纪协议"的态度软弱，流失大量阿拉伯选民。工党和梅雷兹党作为传统的左翼政党，在奥斯陆和平进程失败论的阴影中一蹶不振，政治影响日渐式微。阿拉伯选民曾是工党和梅雷兹党的重要票源，美国总统特朗普公布"世纪协议"后，激怒了以色列的阿拉伯选民，但工党和梅雷兹党未能发出强烈的反对声音，致使阿拉伯选民抛弃了工党和梅雷兹党，把票转投给了阿拉伯政党。流失阿拉伯选民的工党和梅雷兹党难以支持甘茨成功组阁。

---

① Gil Hoffman, "Extensive Survey: Israelis Vote on Security," March 26, 2019, https://www.jpost.com/Israel – Elections/Extensive – survey – Israelis – vote – on – security – 584582，上网时间：2019 年 3 月 27 日。

② Herb Keinon, "BiBi-Fatigue Sets in-Analysis," April 10, 2019, https://www.jpost.com/Israel – Elections/BiBi – fatigue – sets – in – analysis – 586313，上网时间：2019 年 4 月 11 日。

（二）甘茨获得组阁权后面临巨大的政治风险

根据以色列法律规定，议会的 120 名议员向总统推荐总理人选，获得推荐者多的人选，由总统授权组阁，议会第一大党领袖并不能自动获得组阁权。2020 年 3 月 2 日选举后，内塔尼亚胡获得 58 名议员的推荐，甘茨获得 61 名议员的推荐。3 月 16 日，总统里夫林正式授权甘茨组建新一届政府。竞选期间，甘茨代表中左翼政党向选民做出了三项重要承诺，即不在被起诉的内塔尼亚胡领导的政府中任职，不组建由阿拉伯政党支持的少数党政府，避免举行第四次选举。但是，获得组阁授权的甘茨不仅面临着不得不违背竞选承诺的尴尬境地，而且面临着巨大的政治风险。

共有 8 个政党或政党联盟进入议会，包括支持内塔尼亚胡阵营的利库德集团、沙斯党、犹太圣经联盟和统一右翼党，反对内塔尼亚胡阵营的蓝白党、工党 - 桥党 - 梅雷兹党联盟、以色列家园党和阿拉伯联合名单，甘茨有四种组阁选择。

第一是拉拢内塔尼亚胡阵营的右翼政党入阁，组成包括右翼和中左翼政党的政府。但统一右翼党和两个宗教政党的议员誓言永不加入甘茨领导的政府。① 此选择不可实现。第二是组建包括中左翼政党和以色列家园党的少数党政府，阿拉伯政党不加入政府，但在议会支持政府。这不仅要违背竞选诺言，还要冒极大的政治风险，寻求阿拉伯政党支持将成为甘茨难以承受的政治负资产，在未来的选举中有被犹太选民抛弃的危险，加之对内塔尼亚胡的审判结果尚未可知，甘茨的政治生命甚至可能会在内塔尼亚胡之前结束。第三是在法律规定时间内组阁失败，进行第四次选举。现实情况表明进行第四次选举似乎已不可避免，但这对甘茨非常不利，一方面是选情变化不可控，内塔尼亚胡极有可能依照特朗普的中东和平计划宣布正式

---

① Jeremy Sharon, "Yamina, Ultra-Orthodox Parties Pledge Never to Join Gantz Gov't," March 9, 2020, https://www.jpost.com/Israel - News/Politics - And - Diplomacy/Yamina - ultra - Orthodox - parties - pledge - never - to - join - Gantz - govt - 620286, 上网时间：2020 年 3 月 10 日。

兼并约旦河西岸定居点和约旦河谷，从而争取到更多的选民；另一方面是在新冠疫情导致的公共卫生危机和经济危机双重打击下，继续执拗于党派利益和个人利益的争夺，将会置甘茨于违背民意的境地。第四是与内塔尼亚胡组建联合政府。鉴于蓝白党内盟友拉皮德和亚阿隆及蓝白党外盟友利伯曼的强烈反对，这将导致反对内塔尼亚胡的阵营瓦解，蓝白党也将解体。甘茨手中的组阁权犹如烫手的山芋，无论做何种选择，其面对的政治风险都是巨大的。

（三）新冠疫情为化解组阁危机提供了机会

就在手握组阁权的甘茨纠结于如何化解组阁危机时，暴发了新冠病毒疫情。面对严峻的公共卫生危机和经济危机，作为以色列政坛老手的内塔尼亚胡展示了其高超的政治手腕和对政局的准确把握。首先，他以过渡政府总理身份出台一系列应对措施，既展现了他的领导力，赢得政治加分；又借禁止10人以上聚集的防疫措施，推迟了其涉嫌腐败案的开庭审理日期。其次，他对政局做出准确判断，甘茨成功组阁无望，第四次选举势在必行，公共卫生危机和经济危机双重压力下的以色列民众对此极为不满，甘茨承受着巨大的政治压力。于是，内塔尼亚胡顺势而为，主动向甘茨发出组建联合政府抗击新冠疫情、拯救国家经济的呼吁。内塔尼亚胡从而再次掌握了左右以色列政局的主动权。

在组阁危机、公共卫生危机和经济危机叠加的非常时期，甘茨做出了果断的决定。2020年3月26日，甘茨告知其竞选伙伴拉皮德和亚阿隆，他准备与内塔尼亚胡组建紧急团结政府，以色列媒体称甘茨的决定为"政治地震"[1]。甘茨意在表现其作为政治家在国家危难之际的责任担当，他说："现在是领导人做出正确抉择的时候了，应该把悬而未决的问题和个人恩怨放在

---

[1] Dov Eilon, "Dramatic Political Shake-Up Leaves Netanyahu in Power," March 27, 2020, https://www.israeltoday.co.il/read/dramatic-political-shake-up-leaves-netanyahu-in-power-for-now/, 上网时间：2020年3月28日。

一边。”① 甘茨此举不仅将他从尴尬的境地中解脱出来，还受到多数选民的支持，是一个获得政治加分的务实选择。于是，长达一年多的组阁危机被突如其来的新冠疫情危机戏剧般地化解了。

（四）以色列未来政局发展

经过数周紧张的谈判和讨价还价，内塔尼亚胡和甘茨终于在 4 月 20 日晚签署了组建全国紧急团结政府的协议。协议主要内容包括如下几点。其一，政府为期 36 个月，内塔尼亚胡首先出任 18 个月总理，然后无须投票和表决，自动轮换甘茨出任 18 个月总理。双方互为对方的"代理总理"，国家为总理和代理总理提供官邸。其二，双方平分内阁职位，利库德集团议员出任议长，甘茨对议会议长的任命拥有否决权。其三，在最初的 6 个月里，团结政府将集中精力应对新冠病毒疫情，不通过与处理疫情无关的重大立法，不对需要政府批准的关键职位做出任命，比如总检察长和警察局局长等。其四，从 2020 年 7 月 1 日起，内塔尼亚胡将被允许在特朗普"世纪协议"的基础上，就兼并约旦河西岸部分地区举行政府和（或）议会投票，而后采取行动。其五，为确保总理职位按照协议移交，需要修改部分立法或立新法；如果内塔尼亚胡在前 18 个月内解散议会，甘茨将在选举前的过渡时期担任总理；如果高等法院裁决内塔尼亚胡因被起诉不能担任总理，议会将解散，甘茨在过渡时期担任总理。其六，选举以色列最高法院法官的委员会由司法部部长与利库德集团和蓝白党各一名议员组成，右翼拥有潜在否决权；内塔尼亚胡对总检察长和国家检察官的任命有否决权。

从内容看，协议完全是内塔尼亚胡和甘茨围绕权力和利益达成的妥协，证明造成组阁危机的根本原因是党派利益和个人利益的争斗，而绝非安全政策的分歧。协议让甘茨获得了权力以及走向权力顶峰的机会，内塔尼亚胡则借协议延续了其政治生命并获得最终摆脱腐败嫌疑的机会。2020 年 5 月 17

---

① "Gantz Said Hoping To Oust Health Minister, Prevent Edelstein's Return As Speaker," March 27, 2020, https://www.timesofisrael.com/gantz－said－to－try－oust－health－minister－prevent－speakers－return－in－unity－govt/，上网时间：2020 年 3 月 28 日。

日，以色列第 35 届政府在议会正式宣誓就职，结束了持续一年多的组阁危机，但以色列各政党将在新的政党格局下围绕权力和利益继续展开较量，政局发展仍具有不确定性。

首先，右翼政党集团的优势地位将进一步加强。蓝白党因甘茨的决定而解体，甘茨的以色列韧性党保留使用蓝白党的名称。自称为右翼分子的豪泽尔和亨德尔从亚阿隆领导的国家民族运动中分裂出来，组建埃雷兹党（Derech Eretz Party），携手蓝白党进入联合政府。在前 18 个月担任联合政府总理的内塔尼亚胡将大力推动兼并约旦河西岸部分地区的行动，以使之取得实质性的进展，赢得更多的选民支持。力量的此消彼长将使拥有强大社会基础的以色列右翼势力进一步壮大，其在以色列政坛的优势地位将进一步加强。

其次，内塔尼亚胡和甘茨之间的竞争并未随着联合政府的成立而结束，将会以一种新的形式出现。他们的斗争将从选举中的相互攻击转移到联合政府内的争斗。可以预见，待新冠疫情结束，内塔尼亚胡和甘茨及其所代表的阵营将在一系列问题上展开争斗，如总检察长和最高法院法官的人选、有关兼并约旦河西岸部分地区的法律程序和具体措施等。尽管在双方的协议中对内塔尼亚胡提前解散政府设置了诸多限制，但并未完全禁止其提前解散政府，联合政府能否完成其 36 个月的任期充满了变数，不排除掌握先机的内塔尼亚胡在选情看好的情况下解散政府，提前进行大选，以色列的政治生态或将进一步恶化。

再次，左翼政党面临消亡的危险。曾经的议会第一大党工党和传统左翼政党梅雷兹党在以色列政坛已经被边缘化。工党主席佩雷茨为避免工党被彻底排除在以色列政坛主流之外，决定同蓝白党一起进入联合政府。4 月 6 日，甘茨和佩雷茨宣布蓝白党和工党将合并，第一步是在议会协调合作，为未来的议会选举做准备。佩雷茨对《国土报》说，与蓝白党联合对工党是"非常重要的进程。……一旦两党完全合并，我们将是一个大党，我们在议会的影响力将更大"①。在以色

---

① Chaim Levinson and Jonathan Lis, "Netanyahu, Gantz Agree on West Bank Annexation Proposal as Unity Deal Nears," April 6, 2020, https://www.haaretz.com/israel - news/elections/. premium - netanyahu - gantz - agree - on - west - bank - annexation - as - unity - deal - nears - 1.8745742, 上网时间：2020 年 4 月 7 日。

列兼并约旦河西岸部分地区势在必行、"两国方案"名存实亡的情况下，工党为了生存不得不调整其政策，调整的方向就是向右翼靠拢。蓝白党和工党的合并很有可能为昔日的左翼大党画上句号。

三 特朗普"世纪协议"和以色列联合政府
对巴以问题的影响

特朗普的"世纪协议"和以色列成立联合政府均对巴以问题产生了重大影响。"世纪协议"严重损害了巴勒斯坦人的权利，为以色列采取单方面的行动提供了绝好机会。甘茨同意与内塔尼亚胡组建联合政府，清除了以色列国内推行兼并政策的最后羁绊。巴勒斯坦人宣布停止履行与美国、以色列签署的所有协议，包括停止履行"安全义务"，巴以局势再度陷入紧张动荡，和平前景渺茫。

（一）"世纪协议"改变了游戏规则，巴勒斯坦处境艰难

首先，"世纪协议"为以色列单方面兼并约旦河西岸部分地区打开了绿灯，颠覆了美国以往的巴以政策，为美国未来的巴以政策定了基调。2020 年 5 月 6 日，美国驻以色列大使弗里德曼在接受媒体采访时表示，如果以色列在未来几周内宣布在约旦河西岸部分地区行使主权，华盛顿准备承认以色列在争议地区的主权。① 以色列势必会抓住这一历史机遇，在最短的时间内将以色列的主权延伸至约旦河西岸的犹太人定居点和约旦河谷，1967 年前的分界线将彻底成为历史。即便是特朗普的"世纪协议"以失败告终，以色列成功兼并约旦河部分地区后的既成事实将不可逆转，以后的美国政府也只能在此基础上继续调解巴以问题。

其次，"世纪协议"给未来的巴勒斯坦国设置了严苛的条件，严重损害

---

① TOI Staff, "US Ambassador Says Washington 'Ready to Recognize Annexation' within Weeks," May 6, 2020, https: //www. timesofisrael. com/us – ambassador – says – washington – ready – to – recognize – annexation – within – weeks/, 上网时间：2020 年 5 月 8 日。

了巴勒斯坦人民的合法权利。从表面上看，"世纪协议"坚持了"两国方案"，并且为巴勒斯坦人勾勒出巴勒斯坦国未来的繁荣景象。但实质上，"世纪协议"在耶路撒冷地位、两国边界、犹太人定居点和巴勒斯坦难民回归等问题上，都严重损害了巴勒斯坦人的权利，而且为了以色列的安全，巴勒斯坦国只能是一个对自己国家海陆空没有控制权的非军事化的国家，因此"世纪协议"遭到巴勒斯坦方面坚决反对。2020 年 5 月 19 日，阿巴斯宣布，巴勒斯坦停止履行与美国和以色列达成的所有协议，以及基于这些协议的所有义务，其中包括安全义务。① 哈马斯领导人哈尼耶也表示："哈马斯拒绝任何损害巴勒斯坦人民固有权利的协议。"②

再次，舆论压力有向巴勒斯坦方面转移的迹象。长期以来，国际社会普遍认为处于强势地位的以色列为以两国方案解决巴以问题设置了太多的条件，以色列因此受到国际社会的谴责，承受着国际舆论的压力。从"世纪协议"的起草阶段到最后正式出台，起草团队在舆论宣传上刻意强调希望巴勒斯坦不要拒绝"世纪协议"，否则要为和平进程失败承担责任。现在，以色列接受了"世纪协议"，巴勒斯坦断然拒绝，受起草团队舆论宣传的影响，已出现对巴勒斯坦不利的舆论氛围，特别是在一些阿拉伯国家的自媒体出现要求巴勒斯坦接受"世纪协议"的声音，巴勒斯坦在舆论上陷入被动地位。

最后，阿拉伯世界因"世纪协议"进一步分裂，阿拉伯世界已不再是巴勒斯坦人的重要支持力量。虽然阿拉伯国家联盟声明反对"世纪协议"，但这并不代表每个阿拉伯国家的真实态度。具体到每个阿拉伯国家，可以分为谨慎支持、强烈反对和沉默三类。谨慎支持的国家包括海湾阿拉伯国家、埃及、摩洛哥，但表态略有不同。强烈反对的国家有约旦、伊拉克、叙利亚、黎巴嫩、突尼斯、阿尔及利亚等。利比亚和苏丹等国正忙于内部事务，

① 《巴勒斯坦宣布停止履行与美以达成的所有协议》，新华网，http://www.xinhuanet.com/world/2020-05/20/c_1126008182.htm，上网时间：2020 年 5 月 21 日。
② "هنية يؤكد رفض حماس أي اتفاق يتعارض مع الحق الفلسطيني," 29 يناير 2020, https://www.aljazeera.net/news/politics/2020/1/29/هنية-حماس-فلسطين-عباس. 上网时间：2020 年 1 月 30 日。

无暇顾及巴以问题，以沉默回应。

  阿拉伯国家对"世纪协议"的态度有一个特点，越是对解决巴以问题具有影响力的国家，越是表现出谨慎的支持（约旦除外），这是中东地缘政治变化的结果。面对伊朗的安全威胁，沙特、阿联酋、埃及等与巴勒斯坦关系密切的国家调整了自己的国家安全战略，与以色列达成抵制伊朗战略扩张的共识，巴以问题已不再是这些国家外交的首要问题。同时，这些国家正在积极推动国家经济多元化战略，面临诸多社会转型期的问题，希望尽快解决巴以问题，营造良好的发展环境。沙特、阿联酋、埃及的外交部分别发表声明，赞赏特朗普政府为制订巴以全面和平计划所做的努力，① 它们强调在巴勒斯坦被占领土上建立一个主权独立的巴勒斯坦国家，但未提及巴勒斯坦国的边界。有媒体称埃及外交部的声明修改多次，最后删除了坚持"以 1967 年边界为基础、以东耶路撒冷为首都建立一个巴勒斯坦国"的提法。② 这些国家要求的只是巴勒斯坦独立建国这一形式，其他问题已不重要。

  巴以问题与约旦的利益密切相关，但约旦目前的处境非常尴尬。数次阿以战争造成大量巴勒斯坦难民涌入约旦，目前在约旦全国 1062 万人口中约 60% 是巴勒斯坦人。约旦外交部部长萨法迪表示，约旦"拒绝以色列吞并巴勒斯坦被占领土的任何举措"③，约旦国王阿卜杜拉二世称，约旦和以色列的关系处于"历史最低点"④。实际上，这些都是说给约旦境内的巴勒斯坦人听的，担心约旦境内巴勒斯坦人的抗议浪潮会危及哈希姆家族政权的稳

---

① Omri Nahmias, "Saudi Arabia, Egypt, Qatar, UAE Welcome Trump Peace Plan," January 29, 2020, https：//www. jpost. com/Middle－East/Saudi－Arabia－Egypt－Qatar－UAE－welcome－Trump－peace－plan－615752，上网时间：2020 年 1 月 30 日。

② "مدى مصر: هكذا عدلت الرئاسة بيان خارجيتها بشأن خطة ترامب للسلام" ، 30 يناير 2020، https：//www. aljazeera. net/news/politics/2020/1/30/الرئاسة-المصرية-تحذف-القدس-من-بيان-الخارجية-حول-صفقة-القرن.

③ Tovah Lazaroff, "Jordan Rejects Any Israeli West Bank Annexation Steps," April 9, 2020, https：//www. jpost. com/israel－news/jordan－rejects－any－israeli－west－bank－annexation－steps－624175，上网时间：2020 年 4 月 10 日。

④ Amin Farhad, "Is the Peace Treaty with Jordan in Jeopardy？" December 11, 2019, https：//www. jpost. com/opinion/is－the－peace－treaty－with－jordan－in－jeopardy－610647，上网时间：2019 年 12 月 13 日。

定。自1994年与以色列签署和平协议以来，约旦一直是依靠以色列和美国提供安全保障，以色列国家安全局前局长阿米·阿亚龙（Ami Ayalon）曾经透露："大多数约旦安全机构希望以色列国防军留在约旦河谷。"[1] 从安全、政治、经济各个角度考虑，约旦必须一方面对"世纪协议"持反对态度，但这不是为了巴勒斯坦人的利益而反对，而是出于自身利益的考虑；另一方面要避免损害与美国和以色列的关系，约旦经济严重依赖以色列，且与以色列有水资源和天然气协议，同时严重依赖美国的财政援助。

（二）以色列联合政府的成立或将终结"两国方案"

面对以色列将实施兼并行动的现实威胁，在阿拉伯国家已不再将巴以问题作为首要问题的境况下，巴勒斯坦方面缺乏有效的反制措施。巴勒斯坦总统阿巴斯先后向阿拉伯国家联盟、伊斯兰合作组织、非洲联盟以及欧洲联盟发出了呼吁，阻止以色列的兼并行为，但各方的回应均是口惠而实不至。尤其是沙特、埃及、阿联酋等在巴以问题上具有影响力的阿拉伯国家，无论是在国家层面，还是在民间层面，都不再会为了巴勒斯坦的利益而与以色列发生争端或冲突。

在以色列联合政府宣誓就职两天后，巴勒斯坦总统阿巴斯于5月19日深夜宣布，巴方停止履行与美国和以色列达成的所有协议，包括停止履行"安全义务"。根据奥斯陆和平进程，巴以安全部队长期以来在巴勒斯坦控制的约旦河西岸地区进行安全合作，维持当地治安。巴勒斯坦与美国中央情报局有情报合作协议，共享反恐情报。此前，阿巴斯多次宣称切断与以色列的合作关系，但安全合作始终未断。阿巴斯的此次表态是巴勒斯坦反击以色列兼并行动的最后手段，也是最无奈的选择，因为这对巴勒斯坦民族权力机构是一把双刃剑。一方面，它能够给以色列制造麻烦。巴方停止履行与美国和以色列达成的所有协议，包括停止履行"安全义务"，意味

---

[1] Tovah Lazaroff, "Will Annexation Destroy Israeli-Jordanian Peace, Set Kingdom Aflame?" May 1, 2020, https：//www. jpost. com/middle - east/will - annexation - destroy - israeli - jordanian - peace - set - kingdom - aflame -626104, 上网时间：2020年5月3日。

着巴勒斯坦民族权力机构放弃了对约旦河西岸的安全责任，同时也就放弃了与这种责任相伴而生的权利，即根据与以色列和美国达成的协议而获得未来独立建国的权利。若此，以色列将重新成为约旦河西岸的占领当局，重新面对巴勒斯坦人的抗争。拉宾当初同意与巴解组织签署《奥斯陆协议》，目的之一就是要卸掉数百万巴勒斯坦人这个包袱。现在，以色列政府将极有可能再度面临巴勒斯坦人的因提法达（起义）。另一方面，它可能会使巴勒斯坦民族权力机构的核心力量法塔赫丧失在约旦河西岸巴勒斯坦人中的领导权。近年来，法塔赫和哈马斯内斗激烈，哈马斯一直觊觎取代法塔赫控制约旦河西岸地区，对阿巴斯及巴勒斯坦民族权力机构构成极大的安全威胁。正是有了与以色列和美国的安全合作，巴勒斯坦民族权力机构多次粉碎了哈马斯的夺权行动。巴勒斯坦民族权力机构停止履行"安全义务"将使约旦河西岸出现安全真空，加沙的哈马斯和杰哈德等派别会趁机向约旦河西岸渗透，加剧巴勒斯坦人的内斗，不排除法塔赫在内斗中落败的可能。因此，巴以问题面临"两国方案"终结，巴勒斯坦人面临爆发新抗议浪潮的危局，巴以和平的希望愈加渺茫。

随着"世纪协议"的出台和以色列联合政府的成立，巴以问题重新引起国际社会的关注。由于中东地缘政治格局的变化，右翼政治力量在以色列政坛处于优势地位，特朗普颠覆国际社会解决巴以问题的共识，诸多因素造成巴以问题的解决在朝着有利于以色列的方向发展，巴勒斯坦人处境艰难。在"两国方案"或将被终结的情况下，巴以和平之路究竟在哪里呢？

Y.14
伊朗问题的新变化及其影响

陆　瑾*

摘　要： 自2019年5月后，美国从强化制裁、军事威胁和外交孤立三个方面对伊朗"极限施压"。伊朗被迫调整政策，从"战略克制"转向"极限抵抗"。美伊在波斯湾和伊拉克明争暗斗，奉行战争边缘政策，并呈现出地区代理人战争升温的特征。在美国退出"伊核协议"一周年后，伊朗分五个阶段逐步中止履行"伊核协议"的义务。受美国制裁、新冠疫情和国际油价暴跌叠加作用的影响，伊朗经济和政府财政状况持续恶化，未来很可能会通过升级紧张局势来摆脱被美国围堵的困境。为赢得总统连任，特朗普将加大对伊朗施压，国际社会围绕伊核问题和"伊核协议"的斗争将会更加激烈。因此，2020年伊朗问题是最有可能成为导致地区紧张局势升级的危险因素。美伊关系、伊核问题和伊朗经济的变化值得关注。

关键词： 极限施压　战略克制　极限抵抗　伊核协议

伊历1398年（2019年3月至2020年3月）对于伊朗来说，是异常艰难的一年。这一年以一场席卷全国多数省份的大洪水开始，又以新冠病毒疫情蔓延至全境结束。在这一年里，伊朗人民还经历了美国严厉的经济和金融

---

* 陆瑾，博士，中国社会科学院西亚非洲研究所政治研究室副研究员，中国海湾研究中心副秘书长，主要研究方向为伊朗政治、经济、社会和外交问题以及中伊关系。

中东黄皮书

制裁、汽油调价引起的抗议骚乱以及苏莱曼尼将军殉难带来的伤痛，而这些事件都与美国全面加强对伊朗"极限施压"有内在的关联。自2019年5月后，美国从强化制裁、军事威胁和外交孤立三个方面对伊朗加大施压力度，迫使伊朗从"战略克制"转向"极限抵抗"。2020年对于伊朗是更具考验的一年，美伊关系、伊核问题和伊朗经济的变化充满不确定性。

一 伊朗以"极限抵抗"应对美国"极限施压"

2018年5月，美国退出"伊核协议"并开始对伊朗进行"极限施压"，以削弱伊朗的综合国力，改变伊朗的地区行为，迫使伊朗签署有关限制其导弹计划和地区活动的新核协议，推动伊朗伊斯兰政权更迭。美国实现这些政策目标主要是通过经济制裁、军事威慑和外交孤立等手段。过去两年多来，美国对伊朗在不同时期使用的手段和施压的力度不尽相同，但不断扩大经济制裁是其贯穿始终的核心手段。

美国在退出"伊核协议"的第一年里，分阶段重启了对伊经济制裁，并取得超出预期的效果，伊朗经济一度陷入严重混乱，各地行业性抗议和示威活动增加，政治和社会分裂加剧。但是，美国对伊朗进行的外交孤立却未见成效。自2011年中东剧变以来，以沙特为首的逊尼派阵营与以伊朗为核心的什叶派阵营地缘政治权力博弈日趋激烈，双方在海湾地区、伊拉克、也门、叙利亚、巴勒斯坦和黎巴嫩展开代理人战争和意识形态对抗。美国推动组建阿拉伯版北约——"中东战略联盟"，拉拢地区盟友结成反伊统一战线和在多条战线上协同配合遏制伊朗。但伊朗和地区亲伊朗伊斯兰势力的抵抗运动和伊朗在地区的影响力并未因美国"极限施压"而显著减少，伊朗也没有如特朗普所愿的那样回到谈判桌前就新协议展开谈判。

在美国退出"伊核协议"的第一年里，伊朗对于美国的"极限施压"保持了极大限度的"战略忍耐"，亦可称为"战略克制"。伊朗国内政治精英就以下三种应对政策选项进行了公开辩论。一是以"克制"和"忍耐"回应美国的压力，"等待"特朗普总统连任失败、民主党上台执政；二是在地区开展更积极的反美斗争，也可以退出"伊核协议"；三是与美国重新开始进行直接谈判。对于做何选择，伊朗决策层精英存在严重分歧。主张对美强硬派支持以下观点："克制"和"忍耐"不能消弭或缓解伊朗的内外安全困境，而且在美国限制伊朗石油出口和外汇收入减少后，伊朗的宏观经济和民生会面临更严重的风险；"等待"特朗普下台以及寄希望于欧洲在经济上力挺伊朗都将被证明是战略性偏离，伊朗只有以更强有力的姿态应对美国激进的反伊政策才能维护国家利益和领土安全。鲁哈尼及其改革派和温和派的政治盟友们则认为，伊朗应坚持"温和路线"，任何具有进攻性的反击行动不仅不会保证伊朗的利益，而且还会增加伊美之间的军事对抗，加大国际社会达成反伊共识的风险。事实上，在美国退出"伊核协议"将近一年的时间里，伊朗在应对特朗普的"极限施压"时采取了"克制"和"拖延"的策略，相对减少了导弹试射，与"伊核协议"其他签约方积极互动维护该协议，自身完全遵守了"伊核协议"的义务。与此同时，鲁哈尼政府致力于整肃伊朗国内消费市场和金融投资的混乱局面，恢复经济秩序和确保国家经济体系正常运转。

但从美国退出"伊核协议"第二年起，伊朗放弃了"战略克制"，以"极限抵抗"取而代之，并逐步升级"抵抗行动"。伊朗进行政策调整的动因包括以下几点。

首先，美国从经济、军事和外交三个方面不断加强对伊"极限施压"力度。进入 2019 年后，叙利亚内战接近尾声，在中东问题的优先排序中，伊朗问题超过打击"伊斯兰国"恐怖组织成为特朗普政府首先要解决的问题。美国盟友以色列针对遏制伊朗开辟了叙利亚、黎巴嫩和巴勒斯坦三个战场，并在也门暗中支持沙特打击伊朗的代理人。伊朗在叙利亚的军事设施遭到以色列持续猛烈的袭击，损失惨重。2 月中旬，美国主导的"推进中东和平与安全未来部长级会议"在波兰华沙举行，将伊朗这个中东重要国家排除在外，其组建国际同盟孤立伊朗的意图明显。4 月 8 日，特朗普政府认定伊朗伊斯兰革命卫队为"外国恐怖组织"并施加制裁，这是美国第一次将外国军队列为"恐怖组织"。5 月 3 日，美国停止了对所有进口伊朗石油国

家的制裁豁免，欲切断伊朗政府的主要外汇来源。5 月 5 日，美国宣布将在中东地区部署一支新的航母战斗群和一个轰炸机特遣队，加大对伊朗的军事威慑。5 月 7 日，美国国务卿蓬佩奥访问伊拉克，要求伊拉克政府确保美国在伊拉克的利益。5 月 8 日，美国宣布对伊朗的铁、钢、铝、铜等产业进行制裁，不允许伊朗相关行业产品出口。美国对伊"极限施压"得到反伊盟友的大力配合，新增制裁的靶向对准伊朗经济的核心领域，石油出口"清零"政策已超出伊朗能够忍受的"底线"。能矿产品出口是伊朗政府外汇收入的主要来源，石油更是伊朗的经济命脉。总统鲁哈尼和伊斯兰革命卫队高级指挥官多次发出警告，如果伊朗不能出口石油，那么这个地区"谁都别想做石油买卖"，必要的时候，伊朗将"封锁霍尔木兹海峡"。

其次，美国对伊经济制裁使伊经济发展遭到极大的破坏。一方面，受制裁影响，伊朗进出口贸易严重受阻，汇率持续飙升，通货膨胀增幅重新回到两位数，国内生产、市场销售出现严重混乱局面，走私、腐败活动再度猖獗，经济持续衰退困窘，民生凋敝。石油和石化产品出口收入是伊朗政府财政支出以及进口原材料和设备以维持生产所需外汇的主要来源，而这成为美国制裁重点攻击的目标。即使这些产品得以出售，美国金融制裁也制约着伊朗银行直接的外汇结算。另一方面，尽管欧洲三国即英、法、德没有跟随美国退出"伊核协议"，欧洲由德、法、英三国牵头建立了 INSTEX 机制以绕过美国制裁及解决与伊朗之间的贸易支付问题，但迫于美国的压力，INSTEX 金融机制未涵盖伊朗的银行业务和石油出口。伊朗认为该渠道不足以解决问题，欧洲没有履行"伊核协议"的责任，只是在拖延时间。从双方贸易量上看，2018 年上半年欧盟和伊朗之间的贸易总额为 106.7 亿欧元，2019 年上半年双方的贸易总额只有 25.6 亿欧元，减少了近 3/4，其中伊朗对欧洲的出口更是从 61 亿欧元减少到 4.2 亿欧元。① 可见，尽管美国对伊单边制裁遭到其他签约国的坚决反对，但仍产生了很强的效力。如果这种状

---

① "Iran's Trade with EU Drops to One Quarter of Last Year," Radio Farda, August 20, 2019, https://en.radiofarda.com/a/iran-s-trade-with-eu-drops-to-one-quarter-of-last-year-/30119417.html.

况继续下去，必将给伊朗经济带来灾难性的后果。

再次，伊朗国内主张对美强硬的势力逐渐占据上风。特朗普出尔反尔和"退约"，使伊朗国内反对达成"伊核协议"的强硬派的话语权得到提升，他们强烈反对继续留在"伊核协议"里。一些支持留在协议中的人也认为，与其被美国逼得"无路可走"，不如更积极地反抗。违反"伊核协议"中的某些部分、对美国在中东地区的利益实施报复性打击行动，实施扰乱波斯湾及红海出口贸易的方法也成为公开讨论的议题。

为破解美国"极限施压"带来的经济和安全困局，2019年5月8日，时值美国退出"伊核协议"一周年之际，鲁哈尼总统宣布伊朗将分步中止履行"伊核协议"部分条款，标志着伊朗在反击美国制裁与施压方面出现重大的政策转变，即以更具进攻性、冒险性的"极限抵抗"政策取代"战略克制"。应该指出的是，"极限抵抗"是伊朗对应美国"极限施压"使用的一种语言表述方式，所谓"极限抵抗"并非伊朗失去理性和"底线"地与对手进行斗争和带领地区盟友无所顾忌地制造各种冲突。事实上，伊朗的反击行动充满理性、智慧和谨慎，遵循"对等回应"原则，仍保持着相当的"克制"。

二 美伊"斗法"升级，地区代理人战争升温

自美国对伊朗石油出口实施"清零"政策后，伊朗在波斯湾地区和伊拉克与美国及其盟友的较量升级，呈现出地区代理人战争升温的特征。为回应伊朗的"极限抵抗"，在2019年5~10月，美国向波斯湾地区增兵1万多人。[1]

（一）美伊在海湾地区明争暗斗

海湾地区是中东地缘政治的关键点。美国在波斯湾及其周围地区部署着

---

[1] Clayton Thomas, "U. S. Killing of Qasem Soleimani: Frequently Asked Questions," Congressional Research Service, January 8, 2020, p. 17.

由 60000 ~ 80000 人组成的部队和大量军事设施,包括在海湾合作委员会国家沙特、科威特、阿联酋、卡塔尔、阿曼和巴林以及伊拉克的军事基地。2019 年,美国采取了向海湾地区持续增派军事人员的谨慎防御措施,以在必要时应对可能发生冲突。[1] 伊朗占据着海湾地区优越的地理位置,由负责波斯湾地区防务安全的伊斯兰革命卫队控制着国际航运和石油贸易的重要通道——霍尔木兹海峡。毋庸置疑,伊朗有能力封锁霍尔木兹海峡,但这被视为破釜沉舟的危险选项。为寻求突破美国经济制裁和海上封锁,2019 年 5 月以来,伊朗同美国及其地区盟友在海湾地区进行了激烈的"封锁"与"反封锁"斗争。

2019 年,在海湾地区发生了多起针对国际航运和石油生产设施的袭击事件,美伊之间相互指责,但结果都查无实据。5 月 12 日,四艘商船(其中两艘是沙特阿拉伯油轮)在阿联酋富查伊拉海岸附近的阿曼湾遭遇袭击。该港口是阿联酋唯一可以绕过霍尔木兹海峡将石油直接输送到印度洋的港口,而且这里有世界上最大的船舶加油站。5 月 14 日,沙特通往红海延布港的一条主要石油管道遭无人机袭击,两座泵站严重受损并影响到正常运行。也门胡塞武装宣称是己所为,美国则指责伊朗是"幕后主使"。沙特和阿联酋是伊朗的地区战略竞争对手,坚决支持特朗普的遏伊政策,伊朗以攻击敌方船只作为对美国制裁的回应是合乎逻辑的推理,但被攻击方将袭击归罪于伊朗,却拿不出令人信服的证据。相反,伊朗新闻网站发布了两名反伊朗恐怖组织和圣战组织分子之间的通话记录,音频材料显示沙特与圣战组织分子相互勾结,欲诬陷伊朗袭击油轮。在日本首相安倍晋三前往伊朗意图为美伊紧张关系降温期间,6 月 12 日凌晨,沙特艾卜哈国际机场遭也门胡塞武装导弹袭击,并造成人员受伤。次日,两艘油轮在阿曼湾靠近伊朗一侧海域遭遇水下武器的攻击发生爆炸,其中一艘是日本油轮。美国再次将事件归咎于伊朗。伊朗否认,并指认美国做局陷害。9 月 14 日,全球最大的石油

---

[1] Clayton Thomas, "U. S. Killing of Qasem Soleimani: Frequently Asked Questions," Congressional Research Service, January 8, 2020, p. 17.

公司沙特阿美公司的两处石油设施遭到18架无人机和7枚巡航导弹的袭击,导致19处目标被击中,沙特当日石油产量减半。也门胡塞武装声称对袭击事件负责,但其制造如此高性能无人机和巡航导弹的能力饱受质疑。沙特和美国都指认伊朗是袭击的元凶,但没有确凿的证据,最多能够证实伊朗为胡塞武装提供了技术和装备方面的帮助。10月11日,在沙特港口城市吉达附近的红海海面上,伊朗油轮公司(NITC)一艘正在行驶中的油轮被两枚导弹击中,造成该船的主要储油库受到严重破坏和石油泄漏。

除了这类隐秘的暗斗外,伊朗与美国及其盟友之间也有公开的较量。6月20日,伊朗伊斯兰革命卫队使用国产"雷声"防空系统在霍尔木兹海峡附近击落一架美国RQ-4"全球鹰"无人机。美伊双方就这架飞行器是在伊朗领空还是在国际水域上空被击落各执一词,但据伊方公布的细节显示,美军RQ-4"全球鹰"无人机是在进入伊朗南部霍尔木兹甘省上空时被伊朗防空系统击落的。7月4日,英国皇家特种部队在英属直布罗陀扣押伊朗油轮"格雷斯1号",理由是"该油轮涉嫌向叙利亚偷运石油",违反了欧盟的制裁,伊朗要求英国放船、放人未果。同月19日,伊朗伊斯兰革命卫队在霍尔木兹海峡以未遵守国际海事法规为由,扣留了英国油轮"史丹纳帝国"号。显而易见,这是伊朗针对英国实施的报复行动。

美国要求德黑兰对5月和6月发生在波斯湾和阿曼湾的两次油轮袭击负责,并于7月中旬提出组建波斯湾"护航联盟",以"确保霍尔木兹海峡和曼德海峡内的自由航行"。按照特朗普政府的构想,力争在11月实现由55艘舰船组成的海上监视体系,在霍尔木兹海峡、曼德海峡、阿曼湾等航道要地对付伊朗可能的潜在攻击。伊朗认为美国推动组建"护航联盟"旨在联合更多国家在海上围堵自己,坚决反对并发出警告。当月末,美国国务卿蓬佩奥呼吁英、法、德、日、韩和澳大利亚等盟国加入"护航联盟",但响应者寥寥。截至9月,仅有英国、澳大利亚、巴林、沙特、阿联酋五国宣布加入美国主导的"护航联盟"。科威特、芬兰、拉脱维亚三国表示有意向位于巴林的"护航联盟"司令部派遣工作人员。有报道称以色列将为信息收集提供支援,但并未正式宣布。

针对美国组建"护航联盟"，9月，伊朗总统鲁哈尼在联大提出"霍尔木兹海峡和平倡议"（Hormoz Peace Endeavor），以及由八个海湾国家（阿曼、伊拉克、卡塔尔、科威特、阿联酋、沙特阿拉伯、巴林和伊朗）组建"希望联盟"，在国际监督下实现海湾地区永久和平的建议。该联盟基于相互尊重、共同利益、平等地位、对话与谅解、尊重主权和领土完整、国际边界不受侵犯、和平解决所有争端等原则，其中最重要的是互不侵犯和互不干涉内政两项基本原则，以促进地区所有国家的稳定及发展为宗旨，包括联合安全保障、自由航行、在海峡双向自由运输石油及其他资源。

美伊在海湾地区的危险对峙导致双方擦枪走火的风险不断上升，但最终并未引发战争，表明美伊拥有默契。无论美国还是伊朗，都在避免摩擦升级为直接的军事冲突，这是双方博弈的"底线"。一方面，美国的军事力量远远超过伊朗，伊朗不会主动与美国开战；但伊朗军队有捍卫国土安全和抵御外来入侵的能力，而且有进行"不对称战争"的充足准备，在海湾地区已形成足够的威慑力量，可以游刃有余地与美军玩"猫捉老鼠的游戏"。另一方面，特朗普不想打仗，对动武选项保持谨慎。美国无人机被伊朗打下后，他曾考虑攻击伊朗境内目标进行报复，但在最后一刻叫停了任务，理由是伊朗的行动并没有对美国公民或军方人员构成直接伤害。沙特阿美石油设施遭袭后，美国向沙特增兵约1800人，包括两个战斗机中队、一支空军远征联队，并增加装备，包括两套"爱国者"防空系统和一套"萨德"反导系统，[①] 显然这不是在寻求与伊朗发生军事冲突。

特朗普上台后极力渲染"伊朗威胁"，制造恐慌，目的是谋求美国利益最大化，既可推动海湾国家争相购买美国武器，又可依靠地区盟友打造遏制伊朗的联盟。但与伊朗敌对的沙特和阿联酋都很清楚，尽管自己拥有大量的先进武器装备，但仍无力与伊朗进行军事对抗，自身安全离不开美国的保护。在海湾国家油轮以及沙特阿美石油公司的设施遭袭后，美国没有对伊朗实施军事报复行动，让沙特和阿联酋认识到特朗普靠不住。阿联酋一个代表

---

① 《美国继续向沙特增兵》，《光明日报》2019年10月13日。

团悄然访问伊朗,双方签署了一项监测相关航道的协议,以防出现冲突,伊朗人在阿联酋的账户被放松了管制。沙特常驻联合国代表一周内两次提议与伊朗对话,并表示沙特准备与伊朗建立"阿拉伯合作关系"①。沙特还悄然与伊朗在伊拉克、也门和叙利亚的代理人进行了接触。

(二)美伊在伊拉克奉行战争边缘政策

美国把伊朗伊斯兰革命卫队列为恐怖组织和对伊朗石油出口实施"清零"政策后,美伊在伊拉克的代理人战争急剧升温。2019年5月中旬,巴格达"绿区"美国驻伊拉克使馆附近地区遭火箭弹袭击,据信是由伊朗支持的伊拉克什叶派民兵组织所发射。随后特朗普总统发推特警告伊朗"不要再威胁美国"。9月23日,类似的袭击事件再次在巴格达"绿区"发生。自10月起,伊拉克多地爆发反政府抗议示威活动,其中一些示威者将矛头指向伊朗。在11月初和11月末,伊拉克示威者纵火袭击了位于卡尔巴拉和纳杰夫的两处伊朗领事馆,抗议伊朗政府干涉伊拉克内政,并要求"伊朗滚出去"。伊朗和亲伊朗的伊拉克武装派别领导人认为是美国策划和煽动了这些针对伊朗的抗议活动。12月27日,美国和伊拉克军队所在的一处军事基地遭火箭弹袭击,一名美国平民承包商遇难身亡,另有几名美国士兵受伤,触及了特朗普不能死美国人的"底线"。12月29日,美军采取报复行动,对伊拉克与叙利亚境内多处"人民动员组织"下属的什叶派民兵武装"真主旅"发动报复性空袭,造成该组织至少25人死亡、51人受伤。12月31日,数千名"人民动员组织"的成员及其支持者进入"绿区",在美国驻巴格达使馆门前抗议示威,焚毁美国国旗和使馆检查站。随后,特朗普发推特表示:伊朗对发生在伊拉克首都巴格达的袭击美驻伊使馆事件负有全责,伊朗将为此付出沉重代价。美国还向巴格达增派了特种兵以保护使馆,气氛一时十分紧张。

---

① 《沙特阿拉伯一周内第二次声明准备与伊朗"互动"》,伊朗外交网站(波斯语),http://www.irdiplomacy.ir/fa/news/1985128/,上网时间:2020年6月10日。

2020 年 1 月 3 日，美国无人机在巴格达机场附近袭杀了伊朗伊斯兰革命卫队"圣城旅"高级指挥官苏莱曼尼将军，同时遇害的还有伊拉克"人民动员组织"副指挥官穆汉迪斯。在未获得国会授权的情况下，特朗普发出袭击令，其理由是苏莱曼尼即将实施一个阴谋，计划对美国的四个使馆发动袭击。然而，从伊拉克政府方面传出的消息说，苏莱曼尼"携带着伊朗对沙特有关会谈邀请的正式回复"前往巴格达，欲通过伊拉克缓和与沙特的关系。

美国"定点清除"苏莱曼尼将军对伊朗是个战略打击。苏莱曼尼负责协调伊朗与中东地区盟友之间的事务及伊朗中东外交战略的策划和实施，他不仅管理着伊朗的海外代理人网络，也管理着这些代理人各自的活动。苏莱曼尼领导的"圣城旅"在伊拉克、黎巴嫩、叙利亚和也门扶植"代理人"，实现了伊朗地区影响力的迅速提升。美国政府宣称"圣城旅"向地区主要盟友黎巴嫩"真主党"、叙利亚巴沙尔政府军队、伊拉克什叶派民兵"人民动员组织"和也门胡塞武装，以及巴勒斯坦伊斯兰圣战组织哈马斯和杰哈德和阿富汗塔利班等地区武装组织提供资金支持。① 苏莱曼尼在打击"伊斯兰国"、努斯拉阵线和"基地"组织方面的贡献得到国际社会的肯定。他为国奉献，作风清廉，不参与国内政治派系争斗，在伊朗广受民众的欢迎。

伊朗最高领袖哈梅内伊誓言要对美国进行"严厉的报复"，伊朗军方领导人表态也十分强硬。数百万伊朗各阶层民众自发参加葬礼活动，哀悼苏莱曼尼将军，向外传递出强烈的反美和复仇情绪。但伊朗最高国家安全委员会仍对此做出两项策略：一是不采取挑衅行为；二是对美国的各种行为做出对称的回应。1 月 7 日，伊朗议会通过决议，将美国军队列为恐怖组织。8 日凌晨，伊斯兰革命卫队在苏莱曼尼遇袭的同一时间点，向伊拉克安巴尔和埃尔比勒的两个美军基地发射了数十枚导弹进行报复。卫星照片显示，伊朗导弹损坏或摧毁了美国位于伊拉克的阿萨德空军基地内的 7 座建筑。在伊朗的

---

① Clayton Thomas, "U. S. Killing of Qasem Soleimani: Frequently Asked Questions," *Congressional Research Service*, January 8, 2020, pp. 5 – 6.

报复性导弹袭击中，没有任何美国人死亡，但有超过百人受到创伤性脑损伤。伊朗不想与美国发生正面军事对抗，特朗普也没有升级对抗的意愿，只以祭出新制裁回应伊朗。伊朗誓言要把美国赶出伊拉克，但美国不可能把伊拉克拱手让给伊朗。伊拉克国民议会通过决议，要求美国从伊拉克撤军。

三　伊核问题再升温，伊朗经济承受重压

（一）伊朗中止履行"伊核协议"，美国扩大对伊制裁

"美国袭杀苏莱曼尼事件"成为伊朗最终迈出中止履行"伊核协议"这一步的原因和引爆点。为回应美国单方面退出协议及欧洲国家没有履行协议义务，2019年5月8日，鲁哈尼宣布伊朗将中止履行"伊核协议"部分条款。6月27日，伊朗迈出中止履行"伊核协议"部分条款的第一步，将浓缩铀库存提高至300公斤以上，并宣布将在接下来两个半月内提升重水库存至130吨以上。7月1日，伊朗宣布浓缩铀存量突破300公斤，8日，宣布铀浓缩丰度突破"伊核协议"规定的3.67%上限，9月6日，宣布放弃遵守核能研发方面的承诺，不再遵守协议有关离心机的限制。从迈出第一步起，伊朗每隔60天减少一次其所履行的"伊核协议"义务，等待欧洲拿出保护伊朗利益的具体方案。苏莱曼尼将军遇袭后，伊朗迈出了中止履行"伊核协议"的第五阶段也是最后一步，即不再接受对其"离心机数量的限制"，伊朗的核计划将不再受到任何限制（包括浓缩能力、浓缩百分比、浓缩物质的数量和研发）。伊朗同时强调，伊朗仍将一如既往地与国际原子能机构合作，如果取消制裁，并满足伊朗的利益，伊朗将恢复履行"伊核协议"。

美国穷尽各种手段扩大对伊制裁，并施压欧洲国家配合其行动。欧盟反对特朗普退出"伊核协议"和重启制裁，在政治上维护"伊核协议"，但未能使其对伊朗承诺的贸易机制发挥作用，也未履行十一项承诺中的任何一项，欧洲人承认无法摆脱美国的影响。伊朗对欧盟一直软硬兼施，要求其履行承诺，维护"伊核协议"框架下伊朗的经济利益。伊朗迈出中止履行

"伊核协议"的第五阶段后,法、英、德三国迫于美国的压力宣布激活争端解决机制,虽最终没有落实,但显示出与美国立场的不同。

对于伊朗来说,达成"伊核协议"实现了以下主要目标:第一,伊朗的核能力和核设施得以保存,并将继续在本土开展核计划;第二,协议执行后,美国、欧盟针对伊朗的全部经济、金融制裁都将废除;第三,有关伊核问题的联合国制裁将被取消;第四,伊核问题将不再根据《联合国宪章》第七章有关规定加以处理。[①] 在美国退出"伊核协议"两年后,只有第二项没有得到全面执行,其余三项都还有效。在被取消的联合国制裁中,包含有制裁伊朗导弹和伊斯兰革命卫队的内容。《联合国宪章》第七章则涉及对伊朗动武的合法性问题。因此,恢复第二、第三项对伊朗是很不利的。而且在伊朗看来,如果美国民主党上台执政,美国有可能重返"伊核协议",并重新开始执行第二项。

(二)伊朗经济承受美国制裁和新冠疫情双重压力

美国退出"伊核协议"后,不断扩大制裁欲使伊朗经济崩溃。在过去两年里,美国对伊朗经济各部门进行了各种各样的制裁,制裁对象与日俱增,涵盖矿产、工程、航运、科技、金融、食品药品、手机应用程序、革命卫队、现任和前任国家官员,甚至包括伊朗最高领袖哈梅内伊及外长扎里夫等,而且还以关联性为由对外国公司及人员进行制裁。美国国务卿蓬佩奥宣称对伊经济实施的制裁切断了伊朗大约80%的石油收入,并使伊朗政权失去了2000亿美元的外来收入及投资。[②]

尽管美国没能实现将伊朗的石油出口降至零点,但其制裁导致伊朗石油产量和出口大幅度下降,鲁哈尼政府的实际财政收入远低于预算收入。相对

---

① 《伊朗总统说伊方主要核谈目标得到实现》,新华网,http://www. xinhuanet. com/world/2015 – 07/14/c_ 128019990. htm,上网时间:2015 年 7 月 14 日。

② 《美国务卿蓬佩奥就伊朗问题发表演讲》,中华人民共和国商务部网站,http://www. mofcom. gov. cn/article/i/jyjl/j/202001/20200102930741. shtml,上网时间:2020 年 6 月 10 日。

于沙特等中东产油国来说，伊朗财政对石油的依赖程度较低，但在国家财政预算中石油收入仍占有十分重要的分量，如 2017 年占 35.8%，2018 年占 36%，2019 年占 35%。① 2017 年伊朗石油产量超过 500 万桶/天，2018 年为 350 万桶/天。2019 年 12 月，伊朗的石油产量下降至约 200 万桶/天，国内消费量约 100 万桶/天，出口约 30 万桶/天，出口量比美国制裁前减少了 90%。② 2019 年 3 月，伊朗遭遇百年不遇的特大洪水，给受灾省份造成超过 21 万亿土曼的损失，政府为此支付了近 18 万亿土曼。3~9 月，出现近 60 亿美元的财政赤字。但美国的制裁仍在增加，鲁哈尼政府被迫采取削减各类补贴的政策。11 月 15 日，伊朗上调汽油价格，实施新的配给制度，计划用超出汽油配额的收入对 6000 万中下等收入和贫困人口进行生活补贴，但引发部分不满群众上街抗议示威。一些示威民众非法打砸银行、焚烧加油站等公共设施，与军警和民兵发生暴力冲突。

自 2020 年 2 月新冠疫情暴发以来，伊朗经济的艰难程度可谓四十年来居首。鲁哈尼说，伊朗要跟两个病毒做斗争，除了新冠病毒，还有"美国制裁"这个更致命的病毒。③伊朗是中东新冠疫情暴发和大流行最早的国家，感染和死亡的人数一直居高不下。其中一个重要的原因是美国制裁导致医疗资源严重不足，对伊朗救治新冠病人的能力产生影响。美国制裁大幅减少了伊朗的外汇收入，从而限制了伊朗购买医疗资源、药物资源的能力。尽管涉及药品、医疗器械、食品等人道主义物资不在美国制裁范围内，但贸易结算的困难与风险严重打压了其他国家与伊朗交易的意愿，造成伊朗医疗设备不足和落后。伊朗暴发新冠疫情危机后，美国声称药品没有受到制裁，但要求伊朗进口药品和医疗设备要有其授权，许多国际公司准备向伊朗提供病毒测

---

① 《没有石油的经济》，伊朗闪亮新闻网站，https：//www.tabnak.ir/fa/news/957927/，上网时间：2020 年 6 月 10 日。
② 《一月份伊朗没有买主的石油已达 1 亿桶》，美国明天新闻网站（波斯语），https：//www.radiofarda.com/a/iran‐oil‐no‐costumer‐kpler/30418846.html，上网时间：2020 年 6 月 10 日。
③ 《鲁哈尼：预算监督应该常态化》，伊朗伊斯兰通讯社网站（波斯语），https：//www.irna.ir/news/83751426/，上网时间：2020 年 6 月 10 日。

试盒，但伊朗无法支付款项。为规避美元结算，2019 年 1 月，法、德、英三国设立了 INSTEX 结算机制，在美国百般阻挠下，直到 2020 年 3 月才成功完成首笔交易，实现医疗物资从欧洲出口至伊朗。①

伊朗 10 个领域的活动受新冠疫情严重影响，其中旅游业、服务业、资源性产业损失最大。截至 6 月 8 日，已有 70 多万人符合申领政府失业救济金条件。伊历 1398 财政年度（2019 年 3 月至 2020 年 3 月），伊朗服务业、工业和农业部门的就业人数分别占全国总就业人口的 50.3%、32% 和 17.7%。服务业就业人口 1220 万人，② 旅游业直接雇用了 24 万人，间接雇用了 55 万人。③

美国制裁、新冠疫情和国际油价暴跌三大因素导致 2020 年伊朗外汇收入进一步下降。第一，边境贸易下降直接影响伊朗的外汇收入。尽管伊朗与周边国家的贸易受到美国制裁的打击，但其仍是伊朗出口和创汇的重要途径。根据伊朗工矿贸易部数据，伊朗计划伊历 1398 年全年出口 480 亿美元，前 10 个月（2019 年 3 月 20 日至 2020 年 1 月 20 日）共向邻国出口 203 亿美元。伊朗与七个陆上邻国总计 31 个边境口岸在疫情严重时全部被关闭。土耳其作为进口伊朗商品能力最强的邻国，在 2020 年前四个月与伊朗的双边贸易额仅为 7.2 亿美元，较 2019 年同期下降约 75%。④ 第二，美国制裁和国际油价暴跌导致伊朗石油外汇收入减少。疫情使世界经济陷入严重衰退，对石油和石化产品需求减少，且国际市场供应充足。伊朗石油出口在遭遇低油价的同时，出口数量更因美国制裁降至三十年来最低。第三，伊朗非石油产品出口同样受到疫情的影响，外国进口商对伊朗石化产品需求已降至历史最低水平。疫情缓解和边境解禁后，4 月 20 日至 5 月 20 日，伊朗非油出口

① 《法德英向伊朗出口医疗物资》，人民网，https：//baijiahao.baidu.com/s？id = 1662829 400349233842&wfr = spider&for = pc，上网时间：2020 年 4 月 2 日。
② 《伊过去 3 个月已有 84 万人申请失业救济》，中华人民共和国商务部网站，http：// ir.mofcom.gov.cn/article/jmxw/202006/20200602973707.shtml，上网时间：2020 年 6 月 13 日。
③ 《伊朗旅游业过去两个月损失约 12 亿美元》，中华人民共和国商务部网站，http：// ir.mofcom.gov.cn/article/jmxw/202004/20200402960794.shtml，上网时间：2020 年 4 月 30 日。
④ 《今年 1~4 月伊土贸易额下降 75%》，中华人民共和国商务部网站，http：//ir.mofcom. gov.cn/article/jmxw/202006/20200602969936.shtml，上网时间：2020 年 6 月 2 日。

量较上个月增加了 60%，但同比 2019 年下降了 50%。① 第四，美国加大对伊朗的金融制裁和监管导致伊朗外汇收入返回国内更加困难。截至上一财年末，伊朗出口商还有 200 亿美元收入未能汇回国内。②

严峻的经济形势迫使鲁哈尼政府让"经济"优先于"防疫"。自美国对伊朗重启制裁后，伊朗经济连续两年负增长，伊历 1398 年通货膨胀率为34.8%。③ 制裁和疫情叠加对经济产生的冲击快速传导至伊朗社会中下层。持续的高通胀使中产阶级的资产严重缩水，生活水平迅速下跌。低收入人群受新冠疫情影响最大，他们为了生存不得不冒着感染病毒的风险出门工作。与此同时，美国对伊制裁有增无减，而且尚看不到制裁结束的前景。面对日益严重的经济和社会问题，鲁哈尼政府只能冒着疫情第二轮大暴发的风险宣布全面"复工复产"。

四　伊朗问题的发展前景

2020 年是美国大选年，特朗普为谋取连任将加大对伊朗施压，并力图废除"伊核协议"。受美国制裁和新冠疫情等因素影响，伊朗经济和财政形势仍将恶化。因此，在未来几个月，伊朗问题是最有可能导致中东地区紧张局势升级的危险因素，以下问题尤其值得关注。

（一）伊朗经济前景不容乐观

经济发展是当下伊朗政府和民众最大的关切，也是最不容易破解的难题。根据国际货币基金组织（IMF）预测，伊历 1399 年伊朗的流动性将增

① 《伊历二月非油出口量月环比增长 60%》，中华人民共和国商务部网站，http：//www.mofcom.gov.cn/article/i/jyjl/j/202001/20200102930741.shtml，上网时间：2020 年 6 月13 日。

② 《伊央行寻求外汇兑换商帮助稳定外汇市场》，中华人民共和国商务部网站，http：//ir.mofcom.gov.cn/article/jmxw/202005/20200502967981.shtml，上网时间：2020 年 5 月 29 日。

③ 《伊朗上财年通胀率为 34.8%》，中华人民共和国商务部网站，http：//ir.mofcom.gov.cn/article/jmxw/202003/20200302947573.shtml，上网时间：2020 年 3 月 23 日。

长 19.5%，失业率将从 13.6% 增长到 16.3%，经常账户余额将从负 3 亿美元增长到负 182 亿美元，[①] 经济负增长将达到 5.3%，[②] 这意味着 2020 年伊朗的经济较上一年度更加艰难。

为应对美国制裁和新冠疫情给经济造成的困境，伊朗最高领袖哈梅内伊提出"生产飞跃"口号，其核心要义是加倍发展生产，使生产在人民生活中发挥作用。哈梅内伊指出，伊朗存在许多经济问题，包括"银行、关税和税制改革"和"改善商业环境"，但随着生产的启动和利用好国内 8000 万人口的消费市场以及加强与国外市场的销售联系，伊朗经济肯定会走出困境。美国的制裁将迫使伊朗变得自给自足，伊朗将从中受益。

鲁哈尼政府和议会确定实现"生产飞跃"的路径是利用资本市场促进生产，创造就业机会，并最终促进经济实体部门的发展。政府外汇实际收入的减少带来财政预算赤字增加，扩大股票市场的融资成为鲁哈尼政府筹集生产活动资金的重要金融工具。德黑兰证券交易所数月来保持着强劲的上涨势头，数百万伊朗民众投资股市，谋求远高于银行储蓄的回报率。在美国制裁的压力下，鲁哈尼政府急于将国有企业私有化，通过在交易所出售国有资产来筹集资金。

伊朗经济形势恶化，资本市场充满风险。外汇短缺和市场炒作导致自 5 月以来伊朗自由市场美元汇率持续上涨，进而增加了原材料和中间商品进口的成本，物价进入新一轮上涨，迫使伊朗央行动用外汇储备控制市场汇率和通货膨胀。伊朗外汇储备有限，这种做法是不可持续的。经济学家担心，伊朗股票市场存在严重泡沫，广大股民风险意识不足，股市一旦崩盘，将会引发社会剧烈动荡。

---

① 《国际货币基金组织发布多项伊朗宏观经济数据预测》，中华人民共和国商务部网站，http://ir. mofcom. gov. cn/article/jmxw/202005/20200502968032. shtml，上网时间：2020 年 5 月 29 日。

② 《世界银行最新预测伊朗 2020 年经济负增长 5.3%》，中华人民共和国商务部网站，http://ir. mofcom. gov. cn/article/jmxw/202006/20200602972961. shtml，上网时间：2020 年 6 月 11 日。

（二）美伊关系仍将紧张对峙

伊朗竭力摆脱美国不断扩大经济制裁带来的困境。一方面，伊朗加大挑战美国的频率，双方紧张对抗。4 月 22 日，伊朗宣布成功发射首颗军事卫星。之后，多艘伊朗舰艇在波斯湾水域"危险地接近"美军舰艇。特朗普通过推特向伊朗发出警告，称已下令美国海军击毁所有"骚扰"美方舰只的伊朗舰艇。5 月，伊朗无视美国发出的军事威胁，用五艘油轮向委内瑞拉运送对方急需的汽油以及炼油所需化学试剂，遭到美国对其数十艘油轮的制裁。6 月 11 日，伊拉克首都巴格达"绿区"遭到一枚火箭弹袭击，美国驻巴格达大使馆及国际联军营地拉响了警报。另一方面，美伊出现相互示好的迹象。5 月 7 日，美国宣布从沙特撤出"爱国者"导弹防御系统，并考虑减少在沙特的其他军事部署。有观点认为，这是美国在退出"伊核协议"两周年之际送给伊朗的"礼物"。6 月，美伊成功交换人质。特朗普发推文感谢伊朗，并表示期待在美国大选前与伊朗做成大交易，引发外界对双方缓和关系的猜想。未来，伊朗很可能会以给美国制造更多的麻烦和谋求紧张局势升级来增加与特朗普讨价还价的筹码。

鲁哈尼与特朗普直接谈判受到太多现实的制约，看不到可期待的前景。伊朗方面，伊朗最高领袖哈梅内伊禁止政府各级官员与美国政府谈判，坚称与美国谈判徒劳无益，其结果一定是任何压力和制裁都不会减少；美国的欲望无止境，一旦伊朗同意与其就地区抵抗活动、导弹等问题进行谈判，它还会提出新的要求和强加新的条件；伊朗拥有射程达 2000 公里的精确制导导弹，如果按照美国人的要求将其最大射程限制在 150 公里以内，伊朗将会遭到毁灭性的打击，如果不接受美国人的要求，仍将会维持现状。最高领袖的代表兼最高国家安全委员会秘书阿里·沙姆哈尼将军在其个人推特上写道："交换囚犯不是谈判的结果，将来也不会进行谈判。"[①] 此外，任期仅剩一年

[①] 《沙姆哈尼：换囚不是谈判的结果，将来不会进行谈判》，伊朗大学生通讯社网站（波斯语），https://www.isna.ir/news/99031609415/，上网时间：2020 年 6 月 10 日。

的鲁哈尼政府会急于解除美国制裁，改善经济和民生，但伊朗新议会持对美强硬立场。伊朗新任议长卡利巴夫也表示，新一届议会将遵循与美国抗争的策略，把与美国谈判或和解视为徒劳无益的行为。为继续赢得2021年6月的总统选举，强硬派将会加大对鲁哈尼的掣肘。而且伊朗上下普遍认为特朗普出尔反尔，根本无法信任他会遵守新协议的承诺。伊朗强调，对美立场也不会因2020年美国总统选举结果而改变，也不会接受美国利用伊朗防疫压力逼迫的谈判。美国总统选举后，无论是民主党人还是共和党人执掌白宫，只要不放弃对伊朗的霸权、制裁和恐怖行为，伊朗就不会与之进行任何会谈，伊朗只会在P5＋1框架内与美国谈判。但接受美国重新回到协议中来的前提条件是，解除对伊朗的所有制裁，并对特朗普政府重启制裁以来伊朗的经济损失做出补偿。在美国方面，"取消制裁换谈判"不利于特朗普的选情，反而对伊朗施压用力越大，特朗普越能争取到更多美国犹太人和福音派的选票。

未来，美伊关系仍会有紧张对抗与相对缓和交替出现的局面。值得注意的是，2020年是美国总统选举年，受新冠病毒疫情影响美国经济衰退，各种不确定性因素包括战争风险正在增加。当选情对特朗普连任明显不利时，共和党为了赢得选举或将选择发动一场战争来扭转被动局面，这曾是美国政治家惯用的伎俩。自从1980年以来，美国大选年的10月份总会发生影响选情的突发事件。2020年2月美国众议院、3月参议院通过限制特朗普对伊动武的决议，要求总统在未获得国会授权情况下不得对伊朗采取军事行动。5月6日，特朗普否决国会限制自己对伊朗动武的决议。7日，由共和党控制的国会参议院再次举行投票，试图推翻总统的否决。特朗普不喜欢以战争方式解决问题，但他经常不按常理出牌，而且反复无常，一会儿要无条件与伊朗谈判，一会儿又要加大对伊制裁。

（三）"伊核协议"有破局的危险

首先，美国在联合国安理会推动延长对伊朗武器禁运。根据联合国安理会第2231号决议，联合国对伊朗的武器禁运将于2020年10月18日解除。

美国声称自己仍是"伊核协议"的原始"参与者",可以触发"伊核协议"的"快速恢复制裁"机制,从而恢复联合国对伊朗的制裁和延长对伊武器禁运。伊朗强调美国已单方面退出"伊核协议",因此对安理会第2231号决议不再有发言权。美国已在私下宣布了联合国安理会关于扩大伊朗武器禁运的决议草案,并希望欧洲国家支持该计划。目前欧洲人对此反应冷淡,坚称该决议草案将被俄罗斯和中国否决。伊朗威胁说,如果联合国安理会推动延长对伊朗武器禁运伊朗将完全退出"伊核协议"。

其次,特朗普废除"伊核协议"的意欲增强。新冠疫情给美国大选结果带来新的不确定性,特朗普需要防止民主党人入主白宫后美国重返"伊核协议"。毕竟,美国退出"伊核协议"两年后,伊朗仍在继续进行浓缩铀活动,并已恢复对先进离心机的研发,还扩大了其核燃料储备,这足以表明现行的对伊"极限施压"政策在损害伊朗经济的同时,也促使伊朗增加了核活动。"极限施压"还损害了华盛顿的信誉。美国国务卿蓬佩奥将会使用一切外交手段确保联合国对伊武器禁运在美国大选后仍然有效。如果美国向联合国安理会提交决议草案这项计划失败,华盛顿很可能会以伊朗违反了"伊核协议"为由,单方面根据安理会第2231号决议的规定启动"快速恢复制裁"机制,进而恢复对伊朗的所有制裁。

再次,联合国制裁重启是伊朗退出"伊核协议"的"红线"。尽管伊朗至今未能如愿以偿地从"伊核协议"中获得经济利益,但联合国制裁重启无异于完全否定了伊朗过去几年来的核政策,继续留在"伊核协议"中将毫无意义。6月5日,国际原子能机构发布了两份伊朗核问题最新报告,分别指出伊朗继续违反"伊核协议"关键核领域的限制,而且伊朗仍拒绝向国际原子能机构提供两处地点的核查准入问题。显然,美国正在向国际原子能机构施压。

有人形容伊朗的"战略忍耐"犹如编织地毯,需要极大的耐心和毅力,但最终将会创造出精美的杰作。美国从退出"伊核协议"起,就在等待伊朗被激怒而退出"伊核协议"的那一刻。然而两年时间过去了,美国对伊"极限施压"只实现了经济方面的目标,"伊核协议"依然存在,其他签约

国在政治上仍坚决支持伊朗，反对美国的单边主义和霸权行径。伊朗认为，留在"伊核协议"中等待变化才是上策。国际原子能机构最新报告确认，伊朗继续就执行全面协议接受机构监督核查，迄今并未实施第五阶段减少履约措施，且未将宣布的核材料转用于其他目的。由此可见，伊朗在谨慎、克制地推进本国核计划。伊朗外交政策的重点将是积极维护"伊核协议"和避免联合国制裁重启，力争平安度过美国选举年。

未来一段时间，国际社会围绕伊核问题和"伊核协议"的斗争将会更加激烈，美伊矛盾有可能会激化，但最大的不确定性在于欧洲是否会屈服于美国，改变立场。自伊朗不再遵守"伊核协议"后，英、法、德三国多次对伊朗施压，要求其恢复履行"伊核协议"，与美国重新谈判，而且欧洲国家在导弹问题上与美国观点趋同。近期，中俄都已公开表态反对延长对伊朗的武器禁运，不认同美国在安理会推动延长对伊朗武器禁运。作为"伊核协议"退约者，美国已经丧失协议参与方资格，无权要求安理会启动"快速恢复制裁"机制。中俄都将站在伊朗一边，坚持这一立场。

Y.15
土耳其的地区政策及其影响

章 波*

摘　要： 以土耳其对叙利亚、以色列、利比亚等国家的政策为例，探讨土耳其的地区政策及其影响。为了打击库尔德武装、在叙利亚北部建立"安全区"，2019 年 10 月，土耳其对叙利亚库尔德武装发动"和平之泉"军事行动。该行动受到多方反对，土叙军队发生正面冲突，反映出土耳其军事和经济等实力的局限性。土耳其还受到美俄等大国的牵制。2019 年 11 月 27 日，土耳其与利比亚民族团结政府签署了军事合作和划分地中海海上边界的谅解备忘录。2020 年 1 月，土耳其出兵利比亚。在叙利亚和利比亚两线作战和在东地中海争夺资源等政策使土耳其树敌过多。土耳其批评美国和以色列一系列伤害巴勒斯坦人权益的政策主张，使土耳其与以色列等国关系紧张。

关键词： 土耳其　叙利亚　东地中海资源

近年来，土耳其以军事手段等硬实力介入地区冲突和秩序重建，土耳其强化与卡塔尔和伊朗的合作，与伊朗在叙利亚和伊拉克问题上开展合作，与穆斯林兄弟会关系密切。2018 年 10 月"卡舒吉事件"后，土耳其在与沙特

* 章波，博士，中国社会科学院西亚非洲研究所助理研究员，主要研究中东国际关系。

阿拉伯的角力中胜出一筹。①土耳其与以色列、沙特等美国地区盟友之间矛盾重重。土耳其明确反对美国退出"伊核协议",继续保持与伊朗的经贸往来。此外,土耳其与卡塔尔保持密切互动和战略合作,两国的准盟友关系更为凸显。②近年来,土耳其在叙利亚、利比亚和巴以等中东地区热点问题上多方出击,虽然在一定程度上提升了其地区大国地位和国家影响力,但同时也树敌较多。

在 2019 年地方选举中,正义与发展党(简称正发党)在多个城市失利凸显土耳其内政面临的挑战。正发党整体上处于防守地位。6 月 23 日,土耳其最大反对党共和人民党候选人伊马姆奥卢在重新举行的伊斯坦布尔市长选举中以明显优势胜出。相比 3 月 31 日选举中伊马姆奥卢仅仅以微弱多数领先,6 月 23 日这次选举结果差距明显拉大。三个月内赢得两次选举,西方媒体称伊马姆奥卢"走上了挑战埃尔多安之路"③。伊斯坦布尔时隔二十五年来首次从正义与发展党手中"易主"。选举结果令埃尔多安及正发党承受了前所未有的压力。伊马姆奥卢成为埃尔多安的危险挑战者。国内政局的困境和压力促使土耳其为转移国内矛盾而在地区政策上铤而走险。

一 土耳其加大对叙利亚的军事干预力度

近年来,土耳其通过多次越境军事行动,控制了叙利亚北部部分地区。叙利亚政府谴责土耳其与美国一起变本加厉地侵犯叙利亚主权,谴责土耳其有扩张主义野心。2015 年以来,土耳其对叙利亚的主要目标由推翻巴沙尔政权转向遏制和打击叙利亚库尔德人。土耳其在库尔德问题上有四个主要目标:阻滞叙利亚库尔德人继续坐大,防止其走向独立;反对叙利亚建立包含

---

① 李秉忠:《土耳其外交政策调整的动力:安全诉求和地缘政治抱负》,《当代世界》2018 年第 1 期,第 59 页。

② 邹志强:《土耳其的外交政策走向及困境》,《中国社会科学报》2019 年 6 月 13 日。

③ 喻晓璇:《挑战埃尔多安的人:伊斯坦布尔新市长的颠覆、爱与背叛》,澎湃新闻,https://www.thepaper.cn/newsDetail_ forward_ 3859032。

库尔德人自治的联邦制；斩断土耳其库尔德工人党与叙利亚库尔德武装的联系，防止其影响土耳其库尔德地区的安全与稳定，反对并阻止美国对库尔德人的支持。①

2019 年 1 月，土耳其总统埃尔多安访问俄罗斯，劝说俄罗斯支持土耳其在叙利亚北部建立"安全区"。土耳其呼吁美国尽快从叙利亚撤军。土耳其谋求在沿土叙边界叙利亚一侧建立不能有库尔德武装"人民保护军"存在的"安全区"。叙利亚谴责土耳其有关安全区的提议是对叙利亚主权和库尔德自治的侵犯，不可接受。俄罗斯则表示，叙利亚政府必须控制叙北部。② 10 月 6 日，特朗普发推特，称他决定让美军撤出叙利亚，美国实际上默许了土耳其出兵叙利亚的行动。

1. 土耳其"和平之泉"军事行动招致多方反对

土耳其无法容忍叙利亚库尔德武装的发展壮大。2019 年 10 月 9 日，土耳其军队对叙利亚库尔德武装发起代号为"和平之泉"的军事行动。为此，德、法等国停止或冻结了对土耳其的武器出口；美国宣布制裁土耳其，提升与土耳其的钢材贸易关税，停止与土耳其的贸易谈判；俄罗斯和叙利亚等国反对土耳其的"和平之泉"军事行动。

叙利亚库尔德武装的崛起让土耳其深感威胁。土耳其发动"和平之泉"军事行动出于以下考虑：打击被其视为心腹之患的叙利亚库尔德武装，压制叙利亚库尔德民主联盟党的武装分支"人民保护部队"，保障土叙边境的安全；试图在叙利亚建立"安全区"，为遣返滞留土耳其境内的数百万叙利亚难民创造条件；在叙利亚未来的地缘政治博弈中争取利益和发言权。③ 然而，土耳其的地区抱负受制于全球秩序的演变。美国不会从中东地区完全退出，这与土耳其追求的独立和担任地区领袖的抱负多有冲撞。④ 10 月 22 日，

① 唐志超：《叙利亚战争与大国的地缘政治博弈》，《当代世界》2018 年第 11 期，第 55 页。

② 周䡖：《叙利亚和平进程再添新变数》，《人民日报》2019 年 1 月 24 日。

③ 邹志强：《土耳其出兵叙利亚的背景、影响及局势走向》，《中国社会科学报》2019 年 11 月 14 日。

④ 李秉忠：《土耳其外交政策调整的动力：安全诉求和地缘政治抱负》，《当代世界》2018 年第 1 期，第 60 页。

俄土就叙利亚局势签署了谅解备忘录，美国也解除了对土耳其的制裁。

2. 土耳其与叙利亚军队的正面冲突凸显土耳其叙利亚政策的困境

叙利亚内战初期，土耳其积极援助叙反政府武装，企图推翻巴沙尔政权。从 2015 年开始，叙利亚库尔德武装逐渐在反"伊斯兰国"战争中发展壮大，土耳其遂将打击叙利亚库尔德武装作为对叙利亚政策的首要目标。2017年，土耳其积极改善与俄罗斯的关系，加入俄主导的阿斯塔纳机制，同时对叙利亚库尔德武装发动多次军事打击行动。2019 年 12 月，叙政府军在俄罗斯和伊朗的帮助下再次向伊德利卜地区发起攻击，但是遭遇重大伤亡。叙政府军和土耳其军队爆发冲突。

2020 年 2 月，叙政府军收复了大片领土，土叙军队在叙利亚西北部发生激烈交火。叙政府军的行动目标是收复叙领土、打通交通命脉。2 月 27 日，土耳其军队在叙利亚伊德利卜省遭到叙政府军空袭，土耳其多名士兵死伤。随后，土耳其政府称将不再阻止叙利亚难民进入欧洲。叙利亚伊德利卜省日益严重的武装冲突造成了新的人道主义危机。①

2020 年 3 月 1 日，土耳其宣布对叙利亚政府军发起"春天之盾"军事行动。土叙各自宣称击落了对方的战斗机，叙政府军随后宣布关闭伊德利卜省的领空。叙政府的盟友俄罗斯强调，在此情形下，俄方无法保证土军战机在叙领空内的安全。土耳其希望俄罗斯履行其作为担保国的承诺，利用自身对叙利亚政府的影响力，制止叙政府军继续对土军发动攻势，撤退到 2018 年 9 月土俄达成协议规定的分界线。② 土耳其采取激进政策，希望通过扶植所谓温和的伊斯兰反对派，在叙利亚推行新版"土耳其模式"，即伊斯兰民主模式，这与土耳其长期支持埃及穆斯林兄弟会的政策一致。③

3 月 5 日，俄罗斯总统普京与土耳其总统埃尔多安就叙利亚伊德利卜省

---

① 王峰：《土耳其称 8 万多名非法移民越境进入欧洲》，《人民日报》2020 年 3 月 3 日。
② 胡甄卿：《土耳其与叙利亚战事升级，"春天之盾"会否令土俄两国撕破脸》，https://www.thepaper.cn/newsDetail_ forward_ 6275057。
③ 刘中民：《土耳其把伊德利卜当"杠杆"》，《环球时报》2020 年 3 月 4 日。

停火问题达成协议。根据协议，从 3 月 6 日起，伊德利卜省交战方结束战线上的所有军事行动；将 M4 公路南北两侧各 6 公里范围设为"安全走廊"。[①] 土耳其被迫接受叙政府军近期在叙西北部收复大片土地的现实。从 3 月 15 日起，俄土双方沿 M4 公路进行联合巡逻。

土耳其在叙利亚发起的"幼发拉底河之盾"军事行动（2016 年）、"橄榄枝"军事行动（2018 年）与"和平之泉"军事行动（2019 年）是其激进外交的典型案例。军事行动和军事介入成了土耳其新外交的重要工具。叙利亚问题的主动权在某种程度上掌握在俄罗斯人手中。俄罗斯支持叙利亚巴沙尔政权，土俄在叙利亚的战略利益存在根本性的矛盾。土耳其对叙利亚反对派的支持，也使俄罗斯难以容忍。土耳其与欧盟围绕难民问题的争吵还会持续。[②]土耳其的叙利亚政策受到土耳其自身实力和世界大国及地区国家的牵制，面临一定的困境。

二 土耳其积极介入利比亚内战

2019 年以来，土耳其逐渐加大了对利比亚的军事投入，不仅改变了利比亚地面战场的力量对比态势，而且引发东地中海和北非地区局势紧张升级。东地中海天然气之争加剧了土耳其与塞浦路斯、希腊等相关国家的冲突。土耳其派军舰阻止塞浦路斯勘探开发资源、土耳其出兵利比亚等一系列举动直接触发了东地中海紧张局势。[③]

2019 年 11 月 27 日，土耳其政府与利比亚民族团结政府签订了一份谅解备忘录，就两国在地中海海上边界划线达成一致。塞浦路斯、希腊和埃及表示反对，谴责土方这一行径违反了国际法。[④]土耳其和利比亚海上划界备忘

① 李潇、王传宝：《俄土协议为叙西北部紧张局势降温》，《人民日报》2020 年 3 月 9 日。
② 李秉忠：《土耳其外交的"人道主义"取向》，《现代国际关系》2020 年第 4 期，第 40 页。
③ 唐志超：《天然气大发现引发东地中海之争》，《世界知识》2020 年第 4 期，第 53 页。
④ 王宏彬：《土耳其利比亚划定海上边界 邻国不承认并谴责土方》，新华网，http://www.xinhuanet.com/world/2019-12/01/c_1210376023.htm。

录损害了以色列等地中海沿岸国家的战略和经济利益，受到地中海沿岸多个国家的反对。

沙特指责土耳其干涉利比亚内政、威胁阿拉伯地区安全稳定。出于支持政治伊斯兰力量的考虑，土耳其一直站在利比亚民族团结政府一方，联合卡塔尔对其施以援手。土耳其出兵利比亚，一是要冲破"东地中海困局"，争夺油气资源。近年来，塞浦路斯、希腊、意大利、以色列、约旦、巴勒斯坦、埃及等国加强了在东地中海天然气开发等方面的合作，土耳其被排斥在外。土耳其需要扩大在东地中海的影响力并争取经济权益。二是要冲破"叙利亚困局"，准备对俄谈判筹码。①三是要冲破"国内困局"。2019年的地方选举中，埃尔多安领导的正义与发展党丢掉了对伊斯坦布尔和安卡拉等重要城市的控制权。2019年9月，土耳其前总理达武特奥卢退出正发党。12月，达武特奥卢誓言要恢复议会民主并扩大权利与自由。他创建了从正义与发展党分裂出来的"未来党"。他认为总统制赋予埃尔多安太多的权力。土耳其前副总理阿里·巴巴詹也宣布了组建新党的计划。这些人是埃尔多安昔日的盟友、今天的对手。埃尔多安政府还要应对国内的经济衰退和高失业率问题。②埃尔多安希望将矛盾向外部转移，重新凝聚民众的支持，缓解国内压力。

2020年1月2日，土耳其议会通过一项议案，授权土耳其政府向利比亚部署军队。土耳其共和人民党、好党、库尔德人民民主党对此予以反对。埃及等国对土耳其的决定表示强烈反对，特朗普也对埃尔多安提出警告。埃及外交部批评土耳其的做法威胁埃及的安全，影响地中海地区的稳定。阿盟秘书长盖特表示了对土方决定可能引发严重后果的担忧。出兵利比亚加剧了土耳其与沙特、埃及和阿联酋的对立。③

土耳其曾支持利比亚反对派武装推翻卡扎菲政权。自利比亚陷入东西两派对峙后，出于意识形态取向以及历史原因，土耳其和卡塔尔等国支持代表政治伊斯兰派别的利比亚民族团结政府和国民议会。埃及、沙特、阿联酋等

① 李亚男：《土耳其出兵利比亚：突围还是陷入?》，《世界知识》2020年第6期，第50页。
② 《土前总理建新党挑战埃尔多安》，《参考消息》2019年12月15日。
③ 黄培昭、王逸：《特朗普打电话警告埃尔多安》，《环球时报》2020年1月4日。

国支持利比亚东部哈夫塔尔领导的国民军。① 土耳其对利比亚的军事干涉色彩浓厚。2020年1月16日，土耳其总统埃尔多安宣布正式向利比亚派兵。土耳其介入利比亚内战，除为了争夺经济利益和支持穆斯林兄弟会外，另一个重要考量是扩大其在地中海、非洲的影响力。土耳其在利比亚的军事行动是其在叙利亚军事行动的延续。土耳其对利比亚的干预激化了中东地区的阵营对立，即以土耳其、卡塔尔为一方和以沙特、阿联酋、埃及为另一方的两大阵营之间的对立。土耳其和利比亚签署的东地中海海上划界协议，影响到塞浦路斯、以色列、希腊和意大利等国在东地中海的利益。②

土耳其军事干预利比亚的目标不仅是维护其在利比亚的经济利益，争夺东地中海的油气资源，而且还要转移国内矛盾，提高正发党的支持率。近年来，土耳其对叙利亚的军事干预受到许多国家的反对。土耳其试图通过出兵利比亚打破外交僵局，争夺地区领导权。土耳其对利比亚的军事干预被沙特等国家称为"新奥斯曼主义"的一次体现。③

土耳其的地区政策建立在民族主义与伊斯兰主义意识形态之上。美国俄克拉荷马大学叙利亚问题专家约书亚·兰迪斯（Joshua Landis）说，哈夫塔尔和巴沙尔把他们的对手（土耳其人和土耳其支持的民兵组织）描绘成类似"伊斯兰国"的宗教狂热分子，因为土耳其将数千名叙利亚雇佣兵送往利比亚，支持利比亚民族团结政府。④

阿联酋等海湾国家与利比亚和叙利亚加强合作以对付土耳其。阿联酋和叙利亚的外交、经济和军事关系越来越密切。土耳其在叙利亚和利比亚等国家的军事冒险加剧了地区局势的紧张，为土耳其树立了更多的敌人。⑤ 2020年

---

① 王金岩：《利比亚战后乱局的外部干预》，《现代国际关系》2020年第3期，第59页。
② 李秉忠：《土耳其外交的"人道主义"取向》，《现代国际关系》2020年第4期，第41页。
③ 王金岩：《利比亚战后乱局的外部干预》，《现代国际关系》2020年第3期。第62页。
④ "Sayed Abdel-Meguid, Erdogan's East Mediterranean Game, Might Erdogan's Military Meddling in Libya Ultimately Have a Domestic Goal?" *Al-Ahram Weekly*, 21 May 2020，参见《埃尔多安的东地中海游戏》，微信公众号"中东观察"2020年5月23日。
⑤ "Sayed Abdel-Meguid, Erdogan's East Mediterranean Game, Might Erdogan's Military Meddling in Libya Ultimately Have a Domestic Goal?" *Al-Ahram Weekly*, 21 May 2020，参见《埃尔多安的东地中海游戏》，微信公众号"中东观察"2020年5月23日。

5月11日，法国、埃及、希腊、塞浦路斯和阿拉伯联合酋长国五国外交部部长发表联合声明，指责土耳其"军事干涉"利比亚局势。声明说，土方行为对利比亚的邻国构成威胁。土耳其当天予以驳斥，说五国意欲组成反对土耳其的联盟。①

2020年6月4日，利比亚民族团结政府总理法耶兹·萨拉杰访问土耳其。埃尔多安和萨拉杰否认哈夫塔尔为利比亚人民的合法代表，他们指责哈夫塔尔犯有战争罪，呼吁亲哈夫塔尔的外部力量停止支持利比亚国民军。埃尔多安呼吁解除对利比亚的制裁，让利比亚民族团结政府恢复石油出口。埃尔多安称，土耳其对利比亚民族团结政府的支持将会继续，土耳其将为利比亚民族团结政府提供军事顾问，还将在的黎波里周围建立永久军事基地，巩固利比亚民族团结政府取得的军事胜利。② 利比亚民族团结政府授权土耳其公司在东地中海和利比亚钻探开发。利比亚民族团结政府总理萨拉杰还为土耳其和利比亚的合作提供了一个新机遇，他邀请土耳其的公司参与利比亚的重建。自从2011年卡扎菲政权倒台以来，土耳其公司在利比亚建筑业领域就很活跃，土耳其希望和利比亚开展长期的合作。③

法国和土耳其关系恶化。6月29日，法国总统马克龙指责土耳其向利比亚大规模输送"圣战"分子，称土耳其对利比亚的干涉是"犯罪"。哈夫塔尔领导的利比亚国民军得到阿联酋、埃及和俄罗斯的支持，法国官员一再表示，土耳其的干涉行动只能使俄罗斯在利比亚进一步站稳脚跟。④ 土耳其的利比亚政策遭遇多国反对和抵制。

① 吴宝澍：《土耳其驳斥"军事干涉"利比亚指责》，新华网，http：//www. xinhuanet. com/world/2020 – 05/14/c_ 1210617100. htm。

② Serkan Demirtas, "Turkish-Libyan Alliance Built on a Long-term Vision," June 6, 2020, https：//www. hurriyetdailynews. com/opinion/serkan – demirtas/turkish – libyan – alliance – built – on – a – long – term – vision – 155387.

③ Serkan Demirtas, "Turkish-Libyan Alliance Built on a Long-term Vision," June 6, 2020, https：//www. hurriyetdailynews. com/opinion/serkan – demirtas/turkish – libyan – alliance – built – on – a – long – term – vision – 155387.

④ 《马克龙指责俄土干涉利比亚》，《参考消息》2020年7月1日。

三 土耳其反对美以在巴勒斯坦问题上的政策

土耳其反对美国承认耶路撒冷为以色列首都和把美驻以使馆迁移到耶路撒冷。2017 年 12 月 6 日，美国总统特朗普宣布承认耶路撒冷为以色列首都。12 月 13 日，土耳其召集伊斯兰合作组织特别峰会，反对特朗普政府承认耶路撒冷为以色列首都的决定。2018 年 5 月 14 日，美国正式将驻以色列使馆迁往耶路撒冷。5 月 18 日，土耳其在伊斯坦布尔再次召开伊斯兰合作组织特别峰会，谴责美国和以色列。土以关系急剧恶化。2019 年 3 月 25 日，特朗普宣布承认以色列对戈兰高地的"主权"。土耳其外长恰武什奥卢谴责美国再度漠视国际法，称特朗普的这项决定将阻碍中东和平，加剧区域紧张。[1] 2019 年 11 月 18 日，特朗普改变了美国历年来在约旦河西岸犹太人定居点问题上的立场，称以色列在约旦河西岸建立犹太人定居点不违反国际法。土耳其指出，特朗普关于约旦河西岸犹太人定居点问题上的言论在国际法上是无效的。11 月 19 日，土耳其外长恰武什奥卢谴责美国在约旦河西岸犹太人定居点上的立场。他说，没有任何国家可以超越国际法。土耳其总统府发言人易卜拉欣·卡林（Ibrahim Kalin）说，美国的政策忽视巴勒斯坦人的权利和国际法。[2] 2018 年 7 月 19 日，以色列议会通过《犹太民族国家法案》。土耳其批评以色列变成一个基于"种族隔离"原则的国家，指责以色列忽视了以色列阿拉伯人的权利。土耳其总统府发言人易卜拉欣·卡林指责《犹太民族国家法案》是迈向"种族主义"的一步，是想从法律上剥夺巴勒斯坦人和巴勒斯坦领土的联系。[3] 2019 年 9 月 24 日，埃尔多安

---

① 《美承认戈兰高地属于以色列 土耳其批其漠视国际法》，中国新闻网，http：//www.chinanews.com/gj/2019/03 – 26/8790378.shtml。

② "Turkey Slams US Policy Shift on Illegal Israeli Settlement," *Hurriyet Daily News*, November 19, 2019, http：//www.hurriyetdailynews.com/turkey – slams – us – policy – shift – on – illegal – israeli – settlement – 148858.

③ AFP and TOI Staff, "Turkey Accuses Israel of 'Apartheid' over 'Jewish Nation-State' Law," *Times of Israel*, July 19, 2018, https：//www.timesofisrael.com/turkey – accuses – israel – of – apartheid – over – jewish – nation – state – law/.

在第 74 届联合国大会上发言公开谴责以色列不断掠夺巴勒斯坦人的土地。他谴责特朗普政府想要用"世纪协议"来"消灭"巴勒斯坦国和巴勒斯坦人民。①埃尔多安在联合国大会发言时通过地图展示不同时期的以色列和巴勒斯坦领土变化,批评以色列的领土扩张行为。②土耳其积极支持巴勒斯坦,土以关系长期紧张,但土耳其在巴以问题上的言行为其在伊斯兰世界赢得了声誉。

四 土耳其地区政策的特征和前景

20 世纪 90 年代至今,土耳其外交政策的发展经历了从注重硬实力到注重软实力再回到注重硬实力的一个循环。在 20 世纪 90 年代,土耳其通过积极的军事手段推行地区政策。土耳其对库尔德工人党在伊拉克北部的基地发动军事行动,土耳其几乎同希腊和叙利亚发生军事冲突,土耳其威胁要对塞浦路斯和伊朗发动军事行动,土耳其因此被称为"后冷战时期的斗士"(post-Cold War warrior)。③这期间,土耳其曾与以色列结成准军事同盟,以联手对付阿拉伯国家。

从 2002 年埃尔多安领导的正发党上台到 2010 年之前,土耳其更多地通过外交、贸易和文化交往等手段展示其软实力,土耳其和中东国家关系处于黄金时期。这一时期,土耳其和中东几乎所有的国家建立了政治、经济和文化联系,但自 2010 年以来,军事介入再次成为土耳其展示实力的常用手段。土耳其积极军事介入叙利亚、伊拉克、卡塔尔、科威特和索马里等国家。2013 年,埃及穆斯林兄弟会政府被推翻,这给政治伊斯兰的未来蒙上了阴影。在新的地区秩序

---

① Tovah Lazaroff, "Turkey's Erdogan: Israel was Originally Mostly Palestinian," *The Jerusalem Post*, September 24, 2019, https://www.jpost.com/International/Tukeys - Erdogan - Israel - was - originally - mostly - Palestinian - 602719.

② TOI Staff, "Israel Angrily Rrejects Holocaust-Gaza Comparison from Turkey's Erdogan," *Times of Israel*, September 24, 2019, https://www.timesofisrael.com/israel - angrily - rejects - holocaust - gaza - comparison - from - turkeys - erdogan/.

③ Gönül Tol, Birol Baskan, "From 'Hard Power' to 'Soft Power' and Back Again: Turkish Foreign Policy in the Middle East," November 29, 2018, https://www.mei.edu/publications/hard - power - soft - power - and - back - again - turkish - foreign - policy - middle - east.

中，埃及、沙特阿拉伯和阿联酋将穆斯林兄弟会视为恐怖组织，而土耳其对穆斯林兄弟会的持续支持让土耳其与有关国家的关系雪上加霜。土耳其奉行以军事行动为支撑的强硬地区政策，军事介入已成为土耳其向中东施展影响力的首要工具。土耳其人和阿拉伯人之间长达一个世纪的偏见和敌意再次回归。①

"阿拉伯之春"后，土耳其正义与发展党政府在中东推广土耳其模式，积极参与地区事务，直接介入利比亚和叙利亚两场战争，干预伊拉克内部事务，支持沙特发动也门战争，支持穆尔西政府，反对塞西政权。土耳其与美、欧、俄均产生严重分歧。土耳其对地区形势严重误判、战略失误较多，多方树敌。而库尔德人成为"阿拉伯之春"以及中东大动荡的最大受益者之一。② 在土耳其国内，埃尔多安领导的正义与发展党受欢迎度下降，在外交舞台上，土耳其从未如此孤立。土耳其同西方盟友关系紧张，同埃及、以色列剑拔弩张，同希腊和塞浦路斯等国争吵不断。

土耳其试图增强地区影响力的抱负受到两个不利因素的制约：一个是库尔德问题；另一个是土耳其内部日益深化的世俗与宗教力量之间的矛盾。伊斯兰认同和伊斯兰民主输出是土耳其重返中东的王牌，土耳其利用伊斯兰文化的身份认同积极参与中东事务。③ 土耳其在诸多外交领域主动出击，着意提升国际地位。埃尔多安政权长期奉行政治伊斯兰路线，试图以此作为土耳其争夺势力范围的抓手，但是，随着 2013 年以来沙特、埃及等阿拉伯国家联手打击政治伊斯兰势力，加上 2019 年苏丹巴希尔政权的倒台，"土耳其模式"在中东特别是在阿拉伯世界遭遇了严峻挑战。"土耳其模式"的吸引力加速衰减。④

---

① Gönül Tol, Birol Baskan, "From 'Hard Power' to 'Soft Power' and Back Again: Turkish Foreign Policy in the Middle East," November 29, 2018, https://www.mei.edu/publications/hard - power - soft - power - and - back - again - turkish - foreign - policy - middle - east.

② 唐志超：《新中东秩序构建与中国中东战略》，社会科学文献出版社，2019，第71~73页。

③ 余建华、汪舒明、罗爱玲、傅勇：《中东变局研究》（下卷），社会科学文献出版社，2018，第297~298页。

④ 涂龙德：《新冠疫情将加速中东局势深刻变化》，中国社会科学院西亚非洲研究所网站，http://iwaas.cass.cn/xslt/zdlt/202005/t20200515_5129515.shtml。

近年来，土耳其加速"回归中东"，实行强硬和安全化色彩浓厚的地区外交政策。土耳其通过与卡塔尔的政治和安全合作介入海湾地区事务。2017年沙特与卡塔尔的断交危机给了土耳其新的契机。土耳其与卡塔尔意识形态相通。土耳其加强在叙利亚、卡塔尔等国的军事存在。[①]土耳其中东外交表现出强硬特征，明显地倾向于使用硬实力，积极采取四面出击的军事冒险行动。

自2016年以来，土耳其推行所谓"积极进取的人道主义"外交，主要的试验对象是叙利亚、利比亚等国家，其重要工具包括军事干涉、人道主义援助、高层交往和贸易关系等。2018年以来进取主义逐渐被确立为土耳其外交的核心原则，区别于先前低调务实的中东外交政策。土耳其开始更多地推崇硬实力，强调通过军事等手段高调介入区域事务。[②]土耳其的新外交摈弃了防御性特征，潜藏着众多风险。

在叙利亚和利比亚，土耳其和俄罗斯各自支持相对立的一方。但是俄土伊建立了叙利亚问题阿斯塔纳和谈机制，这种合作模式对俄土两国来说是一种双赢的局面。土耳其在利比亚的利益主要与经济有关。土耳其想要从利比亚获得利润丰厚的油气合同。土俄在利比亚除了寻求政治解决方案之外别无选择。土俄可能会拿出一个类似阿斯塔纳模式的方案。[③]土耳其与利比亚民族团结政府签订谅解备忘录，与东地中海沿岸国家争夺利益，触动了以色列、希腊、塞浦路斯等国以及欧美能源巨头的蛋糕；与俄罗斯在利比亚开辟新的利益交换平台，导致土与欧盟、北约的关系加速恶化。[④]2020年6月15日，土耳其外交部部长恰武什奥卢表示，土耳其与俄罗斯将继续为利比亚实现永久停火进行合作，土耳其和俄罗斯在有关利比亚问题的核心原则上没有分歧。[⑤]

---

① 邹志强：《土耳其的中东地缘三角战略：内涵、动力及影响》，《国际论坛》2018年第6期，第17～19页。
② 李秉忠：《土耳其外交的"人道主义"取向》，《现代国际关系》2020年第4期，第37页。
③ Sinem Cengiz，"Can Astana-type peace process work for Libya?" June 5，2020，https：//arab.news/2qrdv.
④ 李亚男：《土耳其出兵利比亚：突围还是陷入？》，《世界知识》2020年第6期，第51页。
⑤ 王峰：《土耳其外长：土俄将继续为利比亚实现永久停火进行合作》，新华网，http：//www.xinhuanet.com/2020－06/16/c_1126118064.htm.

然而，土耳其的军事实力恐难支撑其在叙利亚和利比亚双线投入。土耳其支持利比亚民族团结政府，激化了土耳其与沙特、阿联酋、埃及等国的矛盾。以色列军方的评估报告称，土耳其总统埃尔多安在中东地区的进攻性（aggressive policies）政策已成为以色列 2020 年面临的主要挑战和危险之一。[①]

从长期来看，土耳其外交面临的挑战多于机遇。一方面，土耳其"积极进取的人道主义"外交凸显了土耳其外交的独立性，土耳其、美国、俄罗斯和欧盟在叙利亚各有所求，却又彼此牵制，各方都需要土耳其的支持与配合，土耳其在四方争夺中处于某种居中位置。另一方面，土耳其的区域大国地位远未夯实，国际社会对土耳其多有批评，倾向于支持穆斯林兄弟会的政策实践在一定程度上成为土耳其外交的软肋，海合会成员多数对此种政策持批评态度。从土耳其国内形势看，土耳其通过军事硬实力展示土耳其的地区影响力，遭到国内一些反对党人士的批评。土耳其外交甚至被称为"炮舰外交"。土耳其新外交并未成为主要政党的共识。[②]

2020 年 6 月 14 日和 17 日，土耳其军队对伊拉克北部的库尔德工人党武装分别发动代号为"鹰爪行动"的空袭行动和代号为"虎爪行动"的地面行动，旨在消灭库尔德工人党武装力量，防止其袭击土耳其警察和军事基地。6 月 29 日，土耳其国防部部长阿卡尔说，土耳其军队在伊拉克北部的"虎爪行动"中打死 41 名库尔德工人党武装人员，并缴获大量武器弹药。阿卡尔表示，土耳其尊重邻国伊拉克的领土完整，土耳其的目标只是打击恐怖分子。[③] "虎爪行动"是土耳其在从伊拉克北部、叙利亚北部到以色列、卡塔尔、利比亚和索马里等国施展军事影响力的一部分。

土耳其在叙利亚的主要目标是打击传统的敌人库尔德工人党及有关武装

---

① Judah Ari Gross, "In First, Turkey Leader's Hostility Noted as 'Challenge' in Annual Intelligence Report," *Times of Israel*, January 14, 2020, https://www.timesofisrael.com/in - first - turkey - included - as - threat - in - idfs - annual - intel - assessment/.

② 李秉忠：《土耳其外交的"人道主义"取向》，《现代国际关系》2020 年第 4 期，第 42 ~ 43 页。

③ 郑思远、施洋：《土军在"虎爪行动"中打死 41 名库尔德工人党武装人员》，新华网，http://www.xinhuanet.com/mil/2020 - 06/30/c_ 1210682726. htm。

分子。但是，土耳其更深层的目标是支持叙利亚反对派反对巴沙尔政府。土耳其向叙利亚西北部投入军事力量和资金，以加强土耳其在该地区的影响力，并向巴勒斯坦哈马斯提供支持。土耳其负责对外援助等方面事务的合作与协调署（the Turkish Cooperation and Coordination Agency）主导了对巴勒斯坦的支持与援助。土耳其还通过其在耶路撒冷老城的土耳其文化中心每年向巴勒斯坦提供数千万美元的支持。在东地中海，土耳其与利比亚民族团结政府的合作旨在争夺油气资源。支持利比亚民族团结政府对于土耳其有地缘战略和意识形态的双重意义。土耳其推行积极进取的地区政策。①

由上观之，土耳其的地区政策具有更加明显的四面出击的进攻性特征。近年来土耳其与以色列、沙特阿拉伯、阿联酋、欧盟、美国等国之间的争斗不断。在中东地区，库尔德人势力的壮大成为土耳其的心腹之患，土耳其争夺中东地区霸权的制约因素在加大。土耳其与地中海沿岸多国的矛盾激化。土耳其的地区政策虽然展示了其地区大国的实力和形象，但是面临较大的阻力和困境。在当前和未来一段时期内，土耳其会处于多组紧张关系的中心。

参考文献

1. 刘中民：《当代中东国际关系中的伊斯兰因素研究》，社会科学文献出版社，2018。
2. 余建华、汪舒明、罗爱玲、傅勇：《中东变局研究》（下卷），社会科学文献出版社，2018。
3. 唐志超：《新中东秩序构建与中国中东战略》，社会科学文献出版社，2019。

---

① Jonathan Spyer, "Turkey, Erdogan's Arc of Destabilization in the Middle East," July 2, 2020, https：//www.jpost.com/middle‐east/turkey‐erdogans‐arc‐of‐destabilization‐in‐the‐middle‐east‐633690.

Y.16
东地中海问题日益升温及其影响

唐志超　顾楠轩*

摘　要： 21世纪以来，随着地质勘探技术不断发展，东地中海黎凡特盆
地持续发现大量天然气，引发了地区国家的开发浪潮，以及围绕
天然气资源展开的激烈博弈。近年来，东地中海问题由天然气之
争转向地缘政治之争的属性日益凸显。这与该地区既有的民族矛
盾和领土主权纠纷有关，也与地区格局变化、地区内外大国关系
调整密切相关。东地中海油气大发现不仅改变了中东油气分布的
格局，还对地区传统矛盾与热点问题的解决、地区安全、中东格
局重塑产生重要影响。东地中海博弈的上升也反映了美欧在东地
中海以及中东的颓势和地区国家在区域内事务中影响力日益增强
这一战略发展趋势。从未来发展看，土耳其的地区政策走向、以
色列与伊朗的竞争将成为主要的关注点。

关键词： 东地中海　油气开发　地缘政治　大国博弈

　　"阿拉伯之春"爆发以来，西亚北非地区陷入冲突与动荡之中。地处西
亚、北非和南欧中心的地中海往日的平静也被打破。除了愈演愈烈的难民危
机，东地中海地区的油气资源和地缘政治竞争也日益成为新的热点和冲突焦

---

* 唐志超，博士，中国社会科学院大学教授，中国社会科学院西亚非洲研究所中东发展与治理
研究中心主任、研究员，主要从事中东政治和国际关系研究；顾楠轩，中国社会科学院大学
西亚非洲研究系2019级博士研究生。

点。叙利亚战争引发域内外大国对东地中海的关注，土耳其出兵利比亚并与利比亚民族团结政府签署海上划界协议，土耳其加大海上油气勘探开发力度并与塞浦路斯和希腊摩擦不断，埃及—塞浦路斯—希腊—以色列四国联手推动建设东地中海天然气管道等一系列事件加剧了地区紧张局势。而这一切都起源于该海域的天然气储藏大发现，而地区内原有的各种矛盾则进一步推动东地中海局势走向动荡。①

一 东地中海天然气大发现引发地区矛盾

在油气资源极为丰富的西亚北非地区，资源分布极其不均衡。在东地中海地区，除了利比亚和埃及外，以色列、巴勒斯坦、约旦、黎巴嫩、叙利亚、土耳其、塞浦路斯、希腊等国基本都缺油少气，油气资源贫乏。进入 21 世纪，这一状况发生了改变。在东地中海海底发现大量天然气。根据美国国家地质调查局的预测，新发现的东地中海天然气储量可能达到 122 万亿立方米。②

天然气资源带来的乐观经济前景促使东地中海国家纷纷采取行动，积极开展勘探开发。以色列动手最早，并取得重大突破。1999 年，以色列在黎凡特盆地发现了那奥（Nao）气田。2009 年，以色列发现储量为 10 万亿～11 万亿立方米的塔马尔（Tamar）气田。③ 2010 年，以色列又发现列维坦（Leviathan）气田，储量达 18 万亿～22 万亿立方米。④ 此后，以色列还陆续发现了一些小气田。塔马尔气田已经于 2013 年投产，是目前以色列主要的天然气供应源。列维坦气田则是以色列历史上最大的能源项目，目前也已投

① 唐志超：《天然气大发现引发东地中海之争》，《世界知识》2020 年第 4 期。
② Schenk, C. J., Kirschbaum, M. A., Charpentier, R. R., Klett, T. R., Brownfield, M. E., Pitman, J. K., Cook, T. A., Tennyson, M. E., "Assessment of Undiscovered Oil and Gas Resources of the Levant Basin Province, Eastern Mediterranean".
③ https：//www. offshore – technology. com/projects/tamar – field/。
④ "Noble Energy Announces First Gas From the Leviathan Field Offshore Israel", Noble Energy, December 31, 2019, https：//www. investors. nblenergy. com/news – releases/news – release – details/nobl e – energy – announces – first – gas – leviathan – field – offshore – israel.

产。据估计，以色列的天然气财富价值 600 亿美元，按照当前需求水平，仅列维坦气田就可满足以色列 100 多年的需求。① 依靠这一轮天然气大发现，以色列一举改变了国家没有油气、只能依靠进口的局面，实现了能源独立梦想。随着管道建设和出口协议的推进，天然气还将在经济增长和地缘政治博弈中为以色列带来更多筹码。

历史上埃及曾是世界重要的天然气出口国，但随着其国内天然气消费量上升，其出口量连年降低，至 2015 年已成为天然气进口国。目前，以色列已成为埃及的天然气进口来源国。在东地中海方向，埃及能源勘探项目的启动比以色列稍晚，但斩获巨大。2010 年后，埃及陆续发现卡菲尔（Kafr Al Shaikh）、萨拉马特（Salamat）、阿托尔 1 号（Atoll - 1）等气田，但这些气田储量较小且开采难度大，开发性价比较低。2015 年，埃及近海发现超级天然气田佐霍尔（Zohr），储量超过 30 万亿立方米。② 该气田已于 2017 年部分投产，预计完全投产后不仅能满足埃及国内需求，还可用于出口。此外，埃及也是地区内少数拥有天然气液化设施和运输管道的国家，塞西政府正努力将埃及打造成为地区能源枢纽国家，东地中海天然气大发现使这一目标成为可能。

地中海岛国塞浦路斯在能源勘探方面也取得了重大进展。2011 年，塞浦路斯在东地中海发现大型气田阿弗洛狄忒（Aphrodite），储量约 4 万亿立方米，阿弗洛狄忒气田地跨塞浦路斯与以色列专属经济区分界线，约 90%位于塞浦路斯一侧，10% 位于以色列一侧。2018 年，塞浦路斯发现另一个大型气田卡利普索（Calypso），估计储量为 6 万亿 ~ 8 万亿立方米。③ 塞浦

① Michael Ratner, "Israel's Offshore Natural Gas Discoveries Enhance Its Economic and Energy Outlook," Congressional Research Service, 31 January 2011.

② "Eni Discovers a Supergiant Gas Field in the Egyptian Offshore, the Largest Ever Found in the Mediterranean Sea," 30 August 2015, https: //www. eni. com/en - IT/media/press - release/2015/08/eni - discovers - a - supergiant - gas - field - in - the - egyptian - offshore - the - largest - ever - found - in - the - mediterranean - sea. html, 上网时间: 2020 年 5 月 2 日。

③ Simon Henderson, "Cyprus Gas Discovery Could Be an East Mediterranean Game - Changer," Washington Institute, 1 March 2019, https: //www. washingtoninstitute. org/policy - analysis/view/cyprus - gas - discovery - could - be - an - east - mediterranean - game - changer, 上网时间: 2020 年 5 月 2 日。

路斯能源部部长称，塞天然气储量价值 1000 亿欧元，可满足塞浦路斯 210 年的发电需求。① 塞浦路斯同样希望借此摆脱能源进口国身份。塞政府选择引入国际能源巨头以弥补自身在技术和设备方面的劣势，同时考虑到已勘探的部分气田距离埃及、以色列气田较近，塞政府注重与埃、以等国合作，尝试利用邻国基础设施为本国能源运输提供便利。

相比于以色列、埃及和塞浦路斯，黎巴嫩是天然气大发现的后来者。2010 年，黎政府就成立了石油管理委员会，专门负责海上油气资源开发事务。但迟至 2018 年，黎政府才与由法国的道达尔（Total）公司、意大利的埃尼（Eni）公司和俄罗斯的诺瓦泰克（Novatek）公司组成的国际财团签署首份海上天然气勘探和生产协议。据估计，黎已探明海上天然气储量约 25 万亿立方米。② 近年来，黎巴嫩经济持续低迷，国内失业率居高不下，主权债务违约风险加大，天然气资源开发被黎视为摆脱经济困境的良机。

天然气大发现牵动了各方神经，随之而来的是围绕天然气资源的博弈与冲突。当前关于东地中海油气资源的博弈主要围绕两大主题展开，几乎涉及所有东地中海国家：一是天然气资源纠纷及其海上边界划分问题，焦点是土耳其、以色列与各自邻国间天然气勘探开发的冲突；二是天然气海底运输管线问题，焦点是"东地中海管道"（EastMed Pipeline）的规划和建设。

（一）天然气资源归属问题

1. 土耳其与希腊、塞浦路斯两国的矛盾

从根本上看，天然气资源归属问题是东地中海国家海域划界问题的具体体现。土耳其与希腊、塞浦路斯两国在海域划界方面素有争议。土耳其主张

---

① Michael Theodoulou, "Cyprus Talks of 'New Era' Wealth but Gas Bonanza Comes with Challenges," The National, 30 December 2011, https://www.thenational.ae/world/europe/cyprus – talks – of – new – era – wealth – but – gas – bonanza – comes – with – challenges – 1.439245，上网时间：2020 年 5 月 2 日。

② https://www.eia.gov/international/analysis/country/LBN，上网时间：2020 年 5 月 2 日。

希腊与塞浦路斯之间的几乎所有海域均为土耳其专属经济区，面积约 10.4 万平方公里；而按照希、塞两国的方案，土专属经济区仅有 4.1 万平方公里，在此问题上土耳其与希、塞两国长期僵持不下。

2011 年，塞浦路斯在本国海域内首先发现阿弗洛狄忒气田。2012 年 4 月起，土耳其在其支持的北塞浦路斯土耳其共和国控制区内勘探油气资源，此举激化了其与塞浦路斯政府间的矛盾。2018 年 2 月，土耳其海军拦截了一艘意大利埃尼公司旗下的天然气钻探船，该公司为塞浦路斯进行勘探。进入 2019 年，土耳其又派遣多艘钻探船前往土、塞争议海域勘探油气。此举引发塞方强烈抗议，但土方坚称勘探行为完全符合国际法。2019 年 11 月，土耳其单独与利比亚民族团结政府签署谅解备忘录，其中涉及海上划界问题。土、利两国的协议引发了地区国家的强烈反弹，埃及、希腊、塞浦路斯和以色列等国认为此举是"私下瓜分"地中海，严重侵害了东地中海诸国的利益与权利。

土、塞两国的海上划界纠纷还将悬而未决的塞浦路斯问题牵扯其中。北塞当局主张塞浦路斯专属经济区当中与土耳其、黎巴嫩、以色列等国相邻的广阔水域归其所有。而在招标中塞浦路斯政府将东部及南部专属经济区划分为 13 个海上区块，其中 1、2、3、8、9、13 号区块与北塞当局主张的专属经济区重合或部分重合，1、4、5、6、7 号区块则与土耳其主张冲突。土明确表示，不允许在土耳其和北塞浦路斯海域进行任何采气行动。土耳其在东地中海采取如此咄咄逼人的姿态，一方面跟埃尔多安总统的个性以及其内外政策紧密相关，另一方面也是出于利益考虑。土耳其能源匮乏，非常希望能在东地中海油气大发现中分得一杯羹。作为北塞当局的"看护人"，土耳其也认为自己有义务维护北塞的天然气利益。

2. 以色列与巴勒斯坦、黎巴嫩、塞浦路斯的矛盾

东地中海的另一侧同样充满纷争，根源在于以色列与巴勒斯坦、黎巴嫩尚未划定海上边界。2009 年起，以色列陆续发现数个天然气田并迅速启动勘探、开采工作。巴勒斯坦和黎巴嫩均指责以色列的海上开发行为违反国际法，但囿于实力，二者亦无力阻止。以色列天然气开发工作

开展得十分顺利。

由于缺乏油气勘探所需要的技术和设备，黎巴嫩只能求助外国企业。2018年，黎巴嫩启动首轮海上油气勘探招标工作，标的涉及黎海域10个区块中的2个（4号和9号），其中9号区块与黎以争议海域部分重合。以色列对招标行为表示强烈反对，并向中标的道达尔、埃尼、诺瓦泰克等国际企业发出严厉警告。2019年7月，黎政府又对1、2、5、8、10号区块的勘探工作公开招标，其中8号和10号区块涉及海上争议区。自2011年起，美国一直在黎以之间斡旋，推动两国政治解决争端。2019年6月有消息称，黎以两国已在谈判问题上取得一定共识，但始终未取得突破性进展。①

以色列对东地中海天然气资源的开发也引发了巴勒斯坦的不安。1999年，巴勒斯坦在距离加沙海岸约30公里处发现一个天然气田，但在各种因素的作用下，该气田一直未获开发。同黎巴嫩类似，巴勒斯坦无力单独开发油气资源，只能求助外国企业，但在巴以冲突未获实质性缓解的情况下，天然气资源开发遥遥无期。

以色列与塞浦路斯在海域划界方面并无争议，双方在2011年已签署海域划界协议。以、塞两国的分歧在于塞浦路斯（包括北塞当局）认为气田所在的黎凡特盆地横跨多国，以色列单方面的开采行为将影响塞浦路斯一侧的天然气资源。塞浦路斯还与黎巴嫩签署过海域划界协议，但该协议在黎国内未获批准，尚不具备约束力。值得注意的是，以塞海域划界协议承认黎以争议区归以色列所有，而黎塞间协定未涉及争议区。对此，黎巴嫩方面认为黎塞间协议只规定了两国相邻部分海域的边界，并不意味黎放弃协议中未涉及的海域，同时拒不承认以塞间协议的合法性。

（二）天然气运输管线问题中的各方矛盾

有关东地中海天然气运输管线的博弈主要围绕"东地中海天然气管道"

---

① Hanin Ghaddar, "Lebanon and Israel Are Set to Negotiate: What's at Stake?" 12 June 2019, https://www.washingtoninstitute.org/policy – analysis/view/lebanon – and – israel – are – set – to – negotiate – whats – at – stake，上网时间：2020年5月4日。

展开，主要涉及以色列、塞浦路斯、希腊、土耳其等地区国家以及欧盟。近年来，以色列、塞浦路斯、希腊、意大利、埃及等国一直积极推动该工程。欧盟对此项目的兴趣很浓厚，还出资赞助开展该项目的可行性研究。2020年1月2日，以、塞、希三国签署"东地中海天然气管道"建设协议。该管道始于以色列的黎凡特盆地近海天然气储地，经塞浦路斯将天然气输送至希腊，再通过跨亚得里亚海输气管道（Trans-Adriatic Pipeline），最终并入欧洲天然气管道网。该管道预计耗时七年时间建设，完成后每年将向欧洲输送约100亿立方米天然气。[①]

土耳其强烈反对"东地中海天然气管道"建设。首先，"东地中海天然气管道"塞浦路斯至希腊段途经土耳其主张的专属经济区，土认为管道建设侵犯其海洋主权。其次，长期以来土耳其将自身定位为能源枢纽国家。土耳其境内已修建多条管线，将开采自俄罗斯、伊朗、阿塞拜疆的天然气输送至欧盟，"东地中海天然气管道"取道塞浦路斯，将撬动土能源枢纽地位。以"土耳其流"（TurkStream Pipeline）为例，该管道从俄罗斯出发，经过黑海首先导入土耳其，再通过土耳其进入南欧，预计每年将向土耳其和欧洲各国供应157.5亿立方米天然气。[②]"东地中海天然气管道"的规划和建设对"土耳其流"构成有力挑战，土方也不避讳将"土耳其流"与东地中海天然气争端相联系。2020年1月，埃尔多安在"土耳其流"管道启动仪式上声称："我们的目标是使土耳其成为全球能源枢纽。土耳其从不谋求加剧地区局势紧张，我们在东地中海勘探油气资源的唯一目的在于保护我国和北塞浦路斯土耳其共和国的利益。"[③]

① "Leaders From Israel, Cyprus, Greece Sign EastMed Gas Pipe Deal," Bloomberg, 3 January 2020, https：//www. bloomberg. com/news/articles/2020 – 01 – 02/leaders – from – israel – to – greece – set – to – sign – eastmed – gas – pipe – deal，上网时间：2020 年 5 月 4 日。

② 俄罗斯天然气工业股份公司网站，https：//www. gazprom. com/projects/turk – stream/，上网时间：2020 年 5 月 5 日。

③ "We Aim to Make Turkey a Global Energy Hub," The Republic of Turkey Directorate of Communications, 8 January 2020, https：//www. iletisim. gov. tr/english/haberler/detay/we – aim – to – make – turkey – a – global – energy – hub，上网时间：2020 年 5 月 5 日。

为协调天然气管道建设，2019 年 1 月，埃及、塞浦路斯、希腊、以色列、意大利、约旦和巴勒斯坦七国宣布成立"东地中海天然气论坛"（EMGF），总部设在开罗。"东地中海天然气论坛"的宗旨是协助建立区域性天然气市场，确保地区国家能源供应安全，促进天然气资源开发，建设和提升能源基础设施等。值得注意的是，土耳其、叙利亚和黎巴嫩三国并未参与该论坛。土耳其对该论坛持强烈批评态度，土外交部曾指责"东地中海天然气论坛"是针对土耳其和土族塞人的政治行为，无助于地区和平与合作。[①]

二　多方激烈博弈东地中海

当前，东地中海局势骤然紧张，中心根源是天然气资源的大发现，但这并非全部，它还牵涉该地区诸多矛盾，相互交织，并搅动地缘政治关系的调整。除了油气资源大发现外，土耳其的地区政策日益激进、俄罗斯重返地中海并建立军事基地、伊朗在东地中海影响力日益增大等因素也非常关键。可以说，东地中海问题既是油气资源之争，也是地缘政治矛盾的产物，地缘政治正重新回归东地中海。[②]

综合来看，当前在东地中海主要涉及三对矛盾。首先是自然资源的争夺，主要是天然气勘探开发权以及由此衍生的海上边界划分之争议。这涉及地区所有国家。其次是领土与主权之争。该问题深深嵌入地区内部纷繁复杂的历史遗留问题之中，既包括巴以问题、黎以问题、塞浦路斯问题三大领土与主权争端，也包括阿拉伯—犹太、希腊—土耳其这两组民族矛盾等。目前，土耳其、北塞与希腊、塞浦路斯之间的矛盾最为尖锐。当前，塞浦路斯的专属经济区环绕岛屿四周，塞政府的天然气开发遭到北塞和土耳其的反

---

① "Turkish Foreign Ministry reacts to the signing of the EMGF," Independent Balkan News Agency, 17 January 2020, https：//balkaneu. com/turkish – foreign – ministry – reacts – to – the – signing – of – the – emgf/, 上网时间：2020 年 5 月 6 日。

② Amb. Eric Edelman and Gen Charles "Chuck" Wald, USAF (ret.), "A Return to Geopolitics in the Mediterranean," *The National Interest*, August 3, 2019.

对。土明确表示，不允许任何在土耳其和北塞浦路斯海域的采气行动。2018年以来，土耳其向塞浦路斯专属经济区派出了四艘地质勘探船，2019年土还出动多艘军舰阻止塞方的勘探活动，一度引起局势紧张。2019年夏天，土耳其和希腊两国军舰发生大规模对峙事件。土耳其与埃及、以色列之间也有矛盾。这主要与2019年11月土耳其与利比亚民族团结政府签署海上划界协议有关，埃及、希腊、塞浦路斯和以色列均认为土此举属于"私下瓜分"地中海，严重侵害了东地中海诸国的利益与权利。此外，以色列与巴勒斯坦、黎巴嫩之间尚未实现和平，也导致资源纠纷与领土主权之争搅和在一起，不过这一矛盾并不突出。最后是地缘政治之争。东地中海问题日益突出与近年来中东局势发展、地区格局变化紧密相关，与巴以冲突、叙利亚战争、利比亚内战以及大国博弈有着密切联系。这既涉及环东地中海诸国如土耳其、埃及、以色列、希腊和塞浦路斯的关系，也牵涉美国、俄罗斯、沙特、阿联酋、伊朗等国以及欧盟的利益调整与变化。具体而言，俄罗斯借助叙利亚战争扩大了其在东地中海地区的影响力，而美欧在东地中海发挥的作用显著下降并带来地区权力真空，伊朗影响力西扩至东地中海并打通了从德黑兰到东地中海的"战略走廊"，土耳其采取强势地区外交并与地区多国同时交恶，使"4+2"（以色列—埃及—塞浦路斯—希腊加上沙特、阿联酋）反土耳其地区新联盟日益成型，这些新的发展态势都对东地中海局势稳定造成了负面影响。

下面重点介绍土耳其、埃及、以色列、塞浦路斯与希腊、阿联酋和沙特等海湾阿拉伯国家、伊朗、欧盟、美国和俄罗斯在这场博弈中的主要立场、政策及所采取的行动。

土耳其 土耳其在东地中海采取咄咄逼人的姿态，一方面跟埃尔多安总统的个性以及其内外政策紧密相关，另一方面也是出于利益考虑。首先，土耳其能源资源非常匮乏，迫切希望能在东地中海油气大发现中分得一杯羹。土还致力于打造地区能源枢纽的国家战略，正在构建由俄罗斯、中亚、伊朗和伊拉克的油气西输到欧洲的管道建设，如从俄罗斯经里海到土耳其再到欧洲的"土耳其流""巴库—第比利斯—杰伊汉输油管道"都是其战略性工

程，具有能源安全和地缘政治双重目标。由于土与以色列、埃及、塞浦路斯和希腊关系恶化，经由土耳其的陆上对欧输送线路已不可能。目前，以色列、埃及、塞浦路斯和希腊积极推动修建地中海海底天然气管线。在土看来，这一绕过土耳其的海底项目并不可行，而修建经由土耳其的陆上管线才是最经济的路线。其次，土耳其积极实施"蓝色国土"（Blue Homeland）新战略，向海洋要国土。2019 年 9 月，土耳其总统埃尔多安站在一幅巨幅地图前公开宣布了 46.2 万平方公里的领海范围。在此政策指导下，土耳其积极加强了在爱琴海、地中海和黑海的存在，企图扩大领海。土海军少将兼海军参谋长齐哈特·亚希（Cihat Yaycı）在其公开出版的著作中声称，土耳其应该重振奥斯曼帝国的精神，向希腊索取爱琴海上一些岛屿的主权。① 这不仅被视为土试图扩大领土，也被视为土新的国防战略，凸显了土耳其新的前沿防御原则。再次，除了能源和领土利益外，长期以来一直以北塞"看护人"自居的土耳其也认为自己有义务维护北塞的天然气利益。最后，近年来土耳其在中东乱局中推行咄咄逼人的地区外交政策，希望借机扩大土耳其的影响，从出兵叙利亚和利比亚到加强在东地中海的部署，都有与埃及、以色列、阿联酋、沙特等国争夺地区影响力的考量。

埃及 埃及在这场争夺中主要目标有两个：一是天然气资源；二是遏制土耳其。埃及既需要开采属于自身的天然气，也需要加强地区合作，输入以色列天然气满足埃及的需求，并将自己打造成为向欧洲供应液化气的地区枢纽。同时，自塞西上台后，埃及与土耳其关系恶化。土耳其支持前穆斯林兄弟会政府和穆尔西，批评和反对塞西政权，埃及对土耳其干涉埃内政以及在阿拉伯世界四处干涉极其不满。双方矛盾与日俱增。当前双方矛盾主要体现在东地中海以及利比亚问题上。

以色列 以色列是东地中海天然气大发现的最大受益者之一。除了获得意外的巨量财富外，天然气还改变了以色列依赖外部能源供应的局面，并一

---

① "Turkish Naval Chief's Removal from Active Duty Sparks Talk of Military Power Struggle," May 18, 2020, https: //ahvalnews. com/turkish – armed – forces/turkish – naval – chiefs – removal – active – duty – sparks – talk – military – power – struggle，上网时间：2020 年 5 月 20 日。

举由能源进口国变为能源出口国。更重要的是,以色列积极利用天然气资源捆绑埃及、塞浦路斯、希腊,积极改善与埃及关系,借助对埃及和欧洲出口天然气来构筑一个新的地区联盟。

塞浦路斯与希腊 对岛国塞浦路斯而言,东地中海天然气是一个巨大宝藏,可能从此实现塞浦路斯经济的腾飞。不过,塞对天然气需求有限,修建海底管道并将之出口到欧洲是必由之路。为此,塞积极拉拢以色列和希腊、意大利等国,推动"东地中海天然气管道"建设。塞、以两国在此方面可谓一拍即合。对塞、希而言,面对日益咄咄逼人的土耳其和日益难以依靠的欧盟,借助天然气提升与以色列的战略合作也是无奈之举。

阿联酋和沙特等海湾阿拉伯国家 阿联酋和沙特属于地中海域外国家,但近年来对该区域兴趣增大。驱动这一兴趣的主要因素是遏制土耳其在东地中海的影响力。当前,阿联酋、沙特与土耳其在利比亚展开激烈博弈,双方各支持一派,阿联酋和沙特支持哈夫塔尔将军领导的东部势力国民军,而土耳其则支持的黎波里的民族团结政府,双方冲突不断,助推了利比亚内战。在叙利亚,2019 年以来阿联酋也采取了一系列动作,由原先反对巴沙尔政权转为支持巴沙尔政权,向叙提供 30 亿美元支持巴沙尔对抗土耳其。① 阿联酋还积极发展与希腊的关系,双方建立了战略合作关系。2019 年,两国举行联合军事演习。2020 年 2 月,希腊总理访问阿联酋与沙特。这是自 1992 年以来希腊总理首次访问海湾阿拉伯国家。随后,阿联酋与希腊在雅典举行了"大战略合作论坛"政府间工作会议。② 新冠疫情暴发后,2020 年 3 月,阿联酋向希腊提供了 11 吨医疗物资援助。

伊朗 当前,伊朗在东地中海的影响力并不突出。以色列大肆宣扬伊朗建立从德黑兰到东地中海的战略走廊,明显带有试图借外力遏制伊朗

---

① "UAE Offers Assad $ 3bn to Strike Turkey-backed Troops in Syria," April 9, 2020, https：// www. middleeastmonitor. com/20200409 – uae – offers – assad – 3bn – to – strike – turkey – troops/, 上网时间：2020 年 5 月 10 日。

② "Greece-UAE Broader Strategic Cooperation Forum in Athens on Wednesday," February 17, 2020, https：//www. ekathimerini. com/249638/article/ekathimerini/news/greece – uae – broader – strategic – cooperation – forum – in – athens – on – Wednesday, 上网时间：2020 年 5 月 10 日。

在叙利亚和黎巴嫩影响力的战略意图。不过，由于叙利亚战争，伊朗确实加强了在叙利亚和黎巴嫩的存在，包括政治、军事和经济三个层面。通过参加叙利亚战争，黎巴嫩真主党的军事实力进一步得到了提升，尤其是使用导弹和无人机的能力。而伊朗与叙利亚关系则由最初的政治联盟向更紧密的政治和军事上的战略同盟方向发展，伊朗对叙影响力明显增大，并在叙保持了强大的军事存在。对此状况，以色列极度不安，将伊朗从叙利亚驱逐出去，削弱伊朗在黎叙的影响力成为以色列地区战略的主要目标之一。

欧盟 欧盟一直视地中海为其后院，21世纪以来积极推动建设"地中海联盟"。但自"阿拉伯之春"爆发以来，欧盟的中东及地中海战略日益难以实施，其在地中海的影响力也在显著下降。欧盟能源进口严重依赖俄罗斯和中东，但俄罗斯和中东在政治和安全上的不确定性对欧盟的能源安全构成了严重挑战。东地中海天然气有助于欧盟解决天然气短缺问题，"东地中海天然气管道"建设将促进欧盟能源进口多元化，有利于欧盟能源安全。目前欧盟约40%的天然气进口自俄罗斯，在俄欧关系磕绊不断的情况下，欧盟对俄天然气依赖限制了其对俄外交。为促进能源进口多元化，欧盟推出"南部天然气走廊"计划（Southern Gas Corridor），"东地中海天然气管道"是该计划的一部分，建成后预计将满足欧盟10%天然气需求。① 欧盟是"东地中海天然气论坛"重要参与方，论坛七个创始成员国中有三个来自欧盟，法国也于2020年1月提出加入该论坛。很自然，欧盟支持希腊、塞浦路斯这两个成员国在东地中海问题上的立场，认为土耳其在塞专属经济区内的钻探活动非法，并主张通过对话和谈判解决纷争。2019年7月和10月欧盟理事会通过了两份文件，系统阐述了欧盟在此问题上的立场。2020年5月15日，欧盟各国外长发布了一份联合声明，谴责土耳其违反国际法并侵犯塞浦

---

① "Israel, Greece and Cyprus Sign Deal for EastMed Gas Pipeline," Euronews, 2 January. 2020, www.euronews. com/2020/01/02/israel – greece – and – cyprus – sign – deal – for – eastmed – gas – pipeline, 上网时间：2020年5月12日。

路斯主权。① 土耳其外交部发言人哈米·阿克苏伊（Hami Aksoy）则反击称该声明只是"另一个翻来覆去又徒劳无益的无聊言论"②。欧盟还出台了一系列对土制裁措施。2019年7月，针对土耳其在塞浦路斯领海进行钻探活动，欧盟对土实施制裁。11月，欧盟理事会又通过了一份针对土耳其的限制措施框架文件，使制裁参与东地中海争议区油气资源开发的土实体和个人成为可能。对此，土耳其予以强硬回应，强调将继续在东地中海进行钻探，并继续在争议海域进行勘探开发活动。不过，鉴于土耳其对欧盟具有重要的战略价值，过度刺激土对欧并不利。土耳其是欧盟重要的外部伙伴，欧盟在应对恐怖主义、难民危机以及管控地区冲突等诸多方面需要同土协作。欧盟需要在拓展自身利益与保持与土合作之间维持平衡。

美国 冷战时期，美国高度重视地中海地区，视其为遏制苏联扩张的重要区域。冷战结束后，地中海紧张局势和平消除，美对该地区重视程度下降，很大程度上将地区责任转移给欧盟。在当前地区争端中，美国的立场较为尴尬，因为矛盾冲突方皆为美国的盟友。总体上，美立场偏向以色列、塞浦路斯和希腊，但支持力度不及欧盟。在土耳其与希腊、塞浦路斯的争端中，美国国务卿蓬佩奥多次表达对希方支持，他声称土耳其的"非法钻探不可接受"③。2019年7月，美国民主党参议员鲍勃·梅内德斯和共和党参议员马克·卢比奥提出一份支持塞浦路斯和谴责土耳其的两党法案。美对"东地中海天然气论坛"表示支持。2019年3月，蓬佩奥访问以色列、塞浦路斯、希腊三国，敦促并协调"东地中海天然气管道"建设协议的签署工

---

① "Statement of the EU Foreign Ministers on the Situation in the Eastern Mediterranean," European Council Council of the European Union, 15 May 2020, www. consilium. europa. eu/en/press/press – releases/2020/05/15/statement – of – the – eu – foreign – ministers – on – the – situation – in – the – eastern – mediterranean/，上网时间：2020年5月12日。

② Peter Michael, "Turkey Says EU 'Hostage' to Greece and Cyprus," Cyprus Mail, May 16, 2020, https：//www. cyprus – mail. com/2020/05/16/turkey – says – eu – hostage – to – greece – and – cyprus/，上网时间：2020年5月13日。

③ "U. S. warns Turkey over Offshore Drilling Near Cyprus," Reuters, 5 October 2019, https：//www. reuters. com/article/us – usa – greece – pompeo – mitsotakis/u – s – warns – turkey – over – offshore – drilling – near – cyprus – idUSKCN1WK04I，上网时间：2020年5月13日。

作。2020 年 1 月，美国能源部助理部长在论坛上表达了美国作为永久观察员加入"东地中海天然气论坛"的愿望，并获得了埃及的正面回应。美还采取措施打击"东地中海天然气管道"的竞争对手。2019 年 12 月 20 日，特朗普签署了《保护欧洲能源安全法案》，对参与"北溪 2 号"与"土耳其流"管道项目建设的实体和个人采取冻结财产、禁止入境等制裁措施。美国打击上述管道项目的目的在于减少欧盟对俄能源依赖，排挤俄罗斯对欧影响力。与此同时，"东地中海天然气管道"自然被美国视为替代选项。美国认为"以东地中海天然气论坛"为平台开展地区能源合作能够促进阿以政治和解，团结区域内亲美政治力量。事实上，美国正在背后积极推动埃及、以色列、塞浦路斯和希腊组建一个东地中海联盟，目标直指俄罗斯、伊朗以及土耳其。美国对土耳其的谴责是近年来美土关系恶化的又一表现。美土两国在打击库尔德人武装、引渡"居伦运动"领导人、俄土军售等一系列问题上存在严重的利益冲突，土对美离心倾向日益明显，美国也不时在一些敏感问题上敲打土耳其。但尽管美土矛盾日益加剧，美国并不会将土彻底推向对立面，在东地中海博弈上对土的抨击更多带有敲打色彩。

俄罗斯　俄罗斯积极扩大自己在东地中海的政治和军事影响是当前东地中海各方博弈日益激烈的一个重要背景因素。近年来，俄罗斯通过主动介入叙利亚战争、与周边国家签署双边军事和安全合作协议、建立和扩大军事基地、重建并扩大地中海舰队、加强军售、举行联合军演等途径积极加强自己在东地中海的影响力。2013 年 3 月，俄宣布重建地中海舰队。这是俄罗斯重返地中海，进而扩大在中东非洲影响力的一项关键性举措。[1] 俄与叙利亚续签了塔尔图斯港海军基地租借协议，对俄在中东的唯一海军基地进行了升级改造，并建立了新的空军基地。[2] 俄罗斯与塞西领导的埃及政府在政治和军事方面的关系也日益密切。埃及大量采购俄罗斯军事装备。2015 年，俄

---

① Michael Peck, "The Mediterranean: The Russian Navy's New Playground? (NATO Worried?)" *The Nation Interest*, October 2, 2019, https://nationalinterest.org/blog/buzz/mediterranean – russian – navy%E2%80%99s – new – playground – nato – worried –84966, 上网时间：2020 年 5 月 20 日。
② 唐志超：《从配角到主角：俄罗斯中东政策的转变》，《俄罗斯东欧中亚研究》2020 年第 2 期。

罗斯与埃及签署了允许两国战斗机相互利用对方空军基地和领空的协议，为俄增加了在中东的落脚点。[①] 2017 年，俄与埃及达成协议，允许俄在埃部署特种部队。俄罗斯与塞浦路斯和希腊的关系也快速发展。俄罗斯还是哈夫塔尔将军领导的利比亚东部政权的主要支持者。俄罗斯在东地中海影响力的急速扩大引起了美国、欧盟和土耳其的关切和担心。近年来，俄罗斯与土耳其联手修建"土耳其流"管道，帮助土修建核电站，向土耳其出口 S - 400 导弹防御系统等大大提升了土俄战略合作水平。俄土战略合作、俄在叙利亚军事胜利以及与利比亚、埃及等国合作加强，引起西方极大关注。欧美竭力支持塞浦路斯、希腊、以色列三国的"东地中海天然气管道"建设，很重要的目标就是希望借此减少欧洲对俄罗斯的能源依赖。针对当前的东地中海天然气和领土争端，俄罗斯态度较为低调。究其原因，一方面是俄需要平衡与希腊、塞浦路斯、以色列、埃及和土耳其等地区国家的关系；另一方面，在土耳其强力干预的情况下，"东地中海天然气管道"的前途尚不明朗，俄仍须继续观察。[②]

三 东地中海问题升温的影响及前景

东地中海天然气的发现对地区发展、稳定以及国际关系都产生了重要影响。这些影响既有积极的一面，也带有不少令人忧虑的负面因素。

从积极意义上看，主要有几个方面。第一，丰富的天然气大发现给地区多个国家带来了一笔可观财富，必然成为各国经济发展的重要驱动力。第二，鉴于东地中海国家普遍油气资源匮乏，在能源安全保障方面一直面

---

① "Russia Negotiates Deal for its Warplanes to Use Egypt Bases," *Times of Israel*, November 30, 2017, https://www.timesofisrael.com/russia - negotiates - deal - for - its - warplanes - to - use - egypt - bases/, 2018 - 1 - 31, 上网时间：2020 年 5 月 25 日。

② "What Stands in Russia's Way of Adopting Policies against EastMed Project?" *Daily Sabah*, 18 January, 2020, https://www.dailysabah.com/op - ed/2020/01/18/what - stands - in - russias - way - of - adopting - policies - against - eastmed - project, 上网时间：2020 年 5 月 25 日。

临重要挑战，因此，丰富的天然气资源也将在保障地区国家实现能源自足、维护国家能源安全方面发挥顶梁柱的作用。第三，油气不单纯是自然资源，也是一种重要政治工具。沙特等海湾国家长期奉行以石油换安全的国家安全战略，确保了本国的长治久安。对地中海国家而言，它们也不会浪费天然气这一战略资源，肯定会借此来推进各自的对外政策，维护本国国家安全。如果处理得好，天然气可以成为促进地区和平与繁荣的"融合剂"。第四，天然气资源的发现在一定程度上促进了东地中海的区域合作。目前，埃及、以色列、塞浦路斯和希腊已迈出了重要步伐。虽然与土耳其等国存在冲突，但就长期停滞不前的地区整合而言，这已是一个积极进展。以色列与埃及天然气合作协议的签署也是地区国家合作的重要典范，是埃以和约签署四十年来两国达成的最重要协议，在当前巴以冲突愈演愈烈、中东和平进程濒临死亡的境况下该协议意义非凡，价值不亚于埃以和平协议。

从消极方面看，东地中海天然气和地缘政治竞争不断加剧损害了地区的和平与稳定，加剧了地区国家间的对立和冲突。[1] 2019 年以来，"东地中海天然气论坛"成立、土耳其派军舰阻止塞浦路斯和希腊钻探活动、土耳其和希腊开展针锋相对的海上军演、土出兵利比亚并与埃及等国对抗等一系列举动直接触发了东地中海紧张局势。以利比亚为例，利比亚当前已由内部冲突演变为外部代理人战争。利比亚当前困局突出反映了土耳其与希腊、塞浦路斯、以色列、埃及和阿联酋的矛盾。

展望未来，东地中海局势短期内难以平静。一方面，资源和海上领土之争，加上传统的阿以、土希矛盾，这些都很难在短时期内找到解决之道。另一方面，从全球和地区格局来看，当前中东正面临原有地区格局崩溃、西方势力萎缩、地区内部"诸侯"争霸激烈这一新的战略环境，而这一大变局短期内也不会结束，它必将深刻影响东地中海局势。具体而言，未来地区局势发展还带有很大的不确定性，其中两大因素最

---

① 唐志超：《天然气大发现引发东地中海之争》，《世界知识》2020 年第 4 期。

为关键：一是土耳其的地区政策可能更为激进，并引发与地区内外国家的冲突；二是以色列可能加大对伊朗突进东地中海的打击，并导致冲突升级。

参考文献

1. 〔英〕大卫·阿布拉菲亚：《伟大的海》，徐家玲等译，社会科学文献出版社，2018。

2. 〔英〕罗杰·克劳利：《地中海史诗三部曲》，陆大鹏、张骋译，社会科学文献出版社，2017。

3. 黄晓勇主编《世界能源发展报告（2018）》，社会科学文献出版社，2018。

4. 《BP世界能源统计年鉴（2019）》，http：//cngascn.com/public/uploads/file/2019 0805/20190805102652_ 80658.pdf。

市场走向

Market Tread

Y.17
中东外贸及其对华贸易发展态势

徐　强*

摘　要： 近两年中东进出口增长快于世界贸易增长，但至2018年，中东
进出口的规模尚未回升至历史上最高年度值。中东各国外贸增
长速度差异较大。中国在大部分中东国家进出口中的份额上
升。出口产业占比态势表明，中东矿产出口国产业多元化行动
取得一定成效，但各国机电产品出口增长稳定性和持续性不
强。中国和中东双向贸易在中东各国的渗透程度差别较大。应从
巩固和深化双边经贸联络、开展和参与各类经济园区建设、参与
中东基础设施建设等方面，推动中国与中东贸易迈上新台阶。

关键词： 贸易发展　产业多元化　对华贸易

---

　　* 徐强，商务部国际贸易经济合作研究院副研究员，主要从事世界经济和国际经济合作问题研究。

一 中东各国外贸增长速度和伙伴格局差异较大

定量分析显示，近两年中东外贸增长快于世界贸易增长，但至2018年，中东进出口规模及其世界占比，都未达到年度历史最大值。中东各国外贸增长速度差异较大，制造类经济体增速一直相对低迷，大部分矿产类经济体2018年出口高速增长，但最近五年和十年年均增速仍不高。中东各国最大的进出口伙伴是世界经济大国，其次才是邻近的中东国家或欧洲国家。中国与中东各国的进出口总额持续上升。

（一）近两年中东进出口增长快于世界贸易增长

如表1、图1显示，2017年、2018年中东所有国家的出口加总金额分别为10959亿美元和12790亿美元，分别比上年增长14.1%、16.7%，均高于世界出口总额分别为10.7%、9.7%的年增速；2017年、2018年，中东出口额在世界出口总额中的占比分别为6.2%和6.6%，相比2016年的6%均有上升。

表1　1995～2018年中东地区的进出口总额及其世界占比

年份	出口额(亿美元)			进口额(亿美元)		
	中东	世界	（%）	中东	世界	（%）
1995	1725	51764	3.3	1727	52349	3.3
2000	2959	64526	4.6	2234	66547	3.4
2005	6181	105027	5.9	4513	107782	4.2
2006	7427	121280	6.1	5180	123558	4.2
2007	8754	140212	6.2	6406	142303	4.5
2008	11671	161493	7.2	8368	164683	5.1
2009	8052	125562	6.4	6734	126908	5.3
2010	10004	153027	6.5	7733	154215	5.0
2011	14036	183398	7.7	9361	184397	5.1
2012	15089	185132	8.2	10161	186561	5.4
2013	15095	189506	8.0	10740	189657	5.7
2014	14545	189865	7.7	10739	190375	5.6
2015	10702	165392	6.5	9898	167158	5.9
2016	9606	160220	6.0	9210	162018	5.7
2017	10959	177311	6.2	9784	179793	5.4
2018	12790	194534	6.6	9620	197937	4.9

数据来源：联合国贸发会议数据库，https：//unctad. org/en/Pages/statistics. aspx。

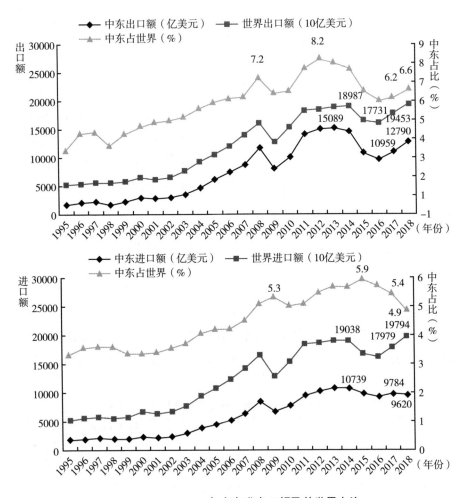

图1　1995～2018年中东进出口额及其世界占比

数据来源：联合国贸发会议数据库，https：//unctad. org/en/Pages/statistics. aspx。

　　2017年、2018年中东所有国家的进口加总金额分别为9784亿美元和9620亿美元，分别比上年增长6.2%和-1.7%，均低于世界进口总额分别为11.0%和10.1%的年增速，因此，2017年、2018年，中东出口额在世界出口总额中的占比为5.4%和4.9%，相比2016年的5.7%均有下降。

　　从相对长时间上看，目前中东年度进出口总额的规模及其在世界总额中的占比，仍未达到其历史最大值。2018年世界出口、进口总额分别为

194534 亿美元和 197937 亿美元，已超过 2014 年分别为 189865 亿美元和
190375 亿美元的最大值。对照地看，中东历史上出口额、进口额最大值都
出现在 2013 年，分别为 15095 亿美元和 10740 亿美元，出口总额世界占比
曾于 2012 年达最大值 8.2%，进口世界占比曾于 2015 年达最大值 5.9%。

（二）中东各国贸易增速差别较大

如表 2 所示，中东分国别、分阶段贸易增速差别很大，这里通过国家分
组来说明。

表2　2018 年各中东国家跨 n（n＝1、5、10）年的出口进口年均增速

单位：%

国　家	出口年均增速			进口年均增速		
	1 年	5 年	10 年	1 年	5 年	10 年
巴　林	18.7	−1.7	0.6	18.8	−2.1	−1.5
塞浦路斯	50.7	18.9	11.4	16.2	11	0
伊　朗	13.2	2.7	−0.8	−0.3	1.2	−1.1
伊拉克	49.8	−0.2	3.8	9.7	−4	4.9
以色列	1.2	−1.5	0.1	10.8	1.2	1.6
约　旦	3.8	−0.4	0	−0.5	−1.2	1.9
科威特	30.8	−8.9	−1.9	6.8	3.9	3.7
黎巴嫩	−4.9	−5.8	−1.5	2	−1.2	2.2
阿　曼	41.7	−3.4	2.1	−3.9	−5.8	1
卡塔尔	24.9	−9.2	2.3	2.6	3.2	1.3
沙　特	32.8	−4.7	−0.6	0.5	−3.7	1.9
巴勒斯坦	7	4.6	7.3	9.4	3.5	5.6
叙利亚	11.1	−7.8	−17.9	10.3	2	−9.9
土耳其	7	2.1	2.4	−4.6	−2.4	1
阿联酋	1.1	−3.5	2.9	−9.7	−3.7	2
也　门	59.5	−21	−10.3	12.4	−8.8	−2.3

数据来源：联合国贸发会议数据库，https：//unctad.org/en/Pages/statistics.aspx。

（1）相对特殊经济体塞浦路斯、巴勒斯坦，前者高增长，后者弱增长。
塞浦路斯 2018 年出口增速高达 50.7%，跨 5 年年均增速也接近
20%，其出口高速增长的原因主要来自天然气出口。在经济相对景气的
环境下，跨 1 年和 5 年的进口增速也分别高至 16.2% 和 11%。巴勒斯坦

2018 年出口、进口增速分别为 7% 和 9.4%，都比全球出口、进口增速稍弱。

（2）制造型经济体以色列、土耳其、约旦，出口增速相对不高。

作为高收入国家，以色列近年出口、进口增速都相对不高，2018 年的出口、进口增速分别为 1.2%、10.8%，过去 5 年间年平均出口、进口增速分别低至 -1.5%、1.2%。分别作为中等和中低收入水平国家，土耳其跨 1 年、5 年的出口增速分别为 7%、2.1%；约旦分别为 3.8%、-0.4%，表明其制造品出口竞争力相对不强。

（3）大部分矿产出口大国 2018 单年高增长，但从中长期看增速低迷。

除阿联酋之外，所有石油出口大国在 2018 年出口额实现高速增长，主要原因是年内石油价格创近 4 年新高，也门、伊拉克、阿曼、沙特、科威特出口年增速分别高至 59.5%、49.8%、41.7%、32.8%、30.8%，均超过 30%，但是，即使有上述超高速加入，上述国家所有跨 5 年出口年均增速都是负增长，可见，2018 年高增长带有前几年降幅过大的补偿增长性质，总体上世界石油消费相对疲软的态势仍未完全扭转。

另外，阿联酋虽然也是能源生产大国，但由于其总出口额中有超过半数的转口贸易和非石油出口额，因此，2018 年其出口额年增速只有 1.1%。另外，黎巴嫩虽然也是资源依赖性国家，却不是石油出产大国，2018 年，黎巴嫩的跨 1 年、5 年、10 年期年（均）增速分别为 -4.9%、-5.8%、-1.5%，都是负增长。

（三）近8年中东各国贸易伙伴格局有所调整

以下主要考察贸易规模位居前列的经济体，仍按国家分组的方式顺序说明，特别注意观察 2018 年与 2010 年相比贸易伙伴格局的变化。计算所采用出口、进口数据，都是以中东各国报告的数据。

1. 制造型经济体：以色列、土耳其、约旦

（1）以色列。以色列 2018 年出口和进口额分别为 619 亿美元和 766 亿美元。如图 2 所示，美国、中国在以色列出口、进口伙伴中都位居前二。从

2010 年至 2018 年，作为出口目的地，中国在以色列出口中份额从 3.5% 上升至 7.7%；作为进口来源地，中国在以色列进口中份额从 9.2% 上升至 11.6%。美国作为出口、进口伙伴的份额都有所下降，但美国第一、中国第二的基本格局仍然没有改变。

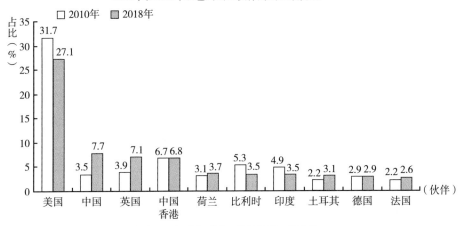

2010年和2018年以色列出口伙伴的出口额占比

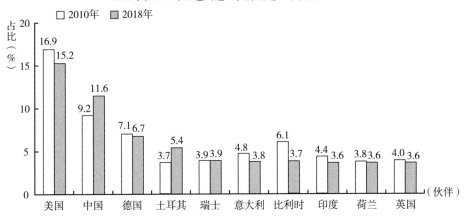

2010年和2018年以色列进口伙伴的进口额占比

图 2　2010 年和 2018 年以色列贸易伙伴格局

数据来源：联合国贸发会议数据库，https：//unctad. org/en/Pages/statistics. aspx。下文直至图 10 数据来源相同。

（2）土耳其。土耳其2018年出口和进口额分别为1680亿美元和2230亿美元。如图3所示，2018所和2010年，土耳其前三大出口伙伴分别是德国、英国、意大利三个欧洲大国，前三大进口伙伴分别是俄罗斯、中国、德国三个世界大国。从主要变化上看，2018年，伊拉克取代法国成为第四大出口伙伴，中国作为位居第二的主要进口伙伴的份额不变，欧洲各大国的进口伙伴份额稍有下降，来自印度的进口份额从1.8%上升至3.4%，来自韩国的进口份额从2.6%微升至2.8%。

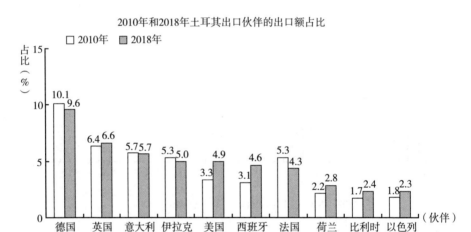

图3 2010年和2018年土耳其贸易伙伴格局

（3）约旦。约旦 2018 年出口和进口额分别为 78 亿美元和 203 亿美元。如图 4 所示，约旦主要出口伙伴包括美国、印度和中东诸邻国，主要进口伙伴包括沙特、中国、美国、德国、阿联酋、土耳其等。中国作为 2018 年位居第二的进口伙伴，在约旦进口额来源中的份额从 2010 年的 10.8% 上升至 13.6%。

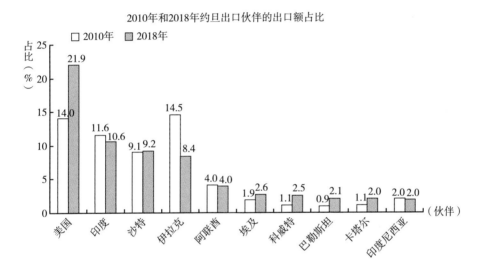

2010年和2018年约旦出口伙伴的出口额占比

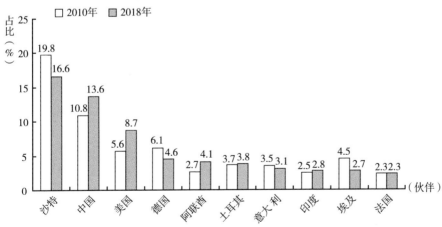

2010年和2018年约旦进口伙伴的进口额占比

图 4　2010 年和 2018 年约旦贸易伙伴格局

2.战乱型经济体：伊拉克、叙利亚、也门

（1）伊拉克。伊拉克 2018 年出口和进口额分别为 890 亿美元和 532 亿美元。如图 5 所示，2018 年中国作为伊拉克的出口伙伴，在伊拉克出口额中的份额从 2010 年的 11.8% 上升至 23.6%，伙伴地位从第三上升至第一；美国份额从 23.8% 下降至 12.2%。2018 年，伊拉克的进口伙伴前三位分别是土耳其、中国、伊朗，作为进口来源地，其进口额份额相比 2010 年均有所上升，中国从 9.1% 上升至 18.2%。这表明，不论作为产品外销地，还是作为物资供应方，中国对伊拉克重建发挥重要作用，并且其影响不断上升。

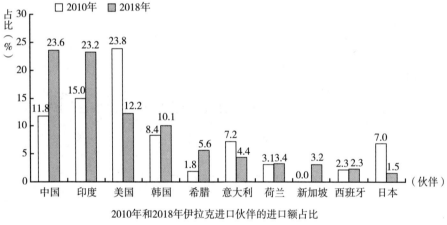

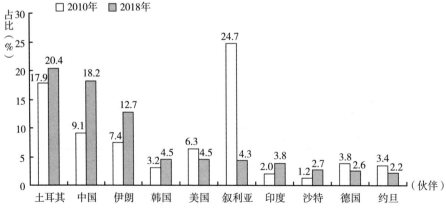

图 5 2010 年和 2018 年伊拉克贸易伙伴格局

（2）叙利亚。叙利亚2018年出口、进口额分别为20亿美元和64亿美元。叙利亚内战尚未完全结束。如图6所示，经历内战，叙利亚出口进一步向伊拉克单一伙伴集中，朝向伊拉克的出口额占比2018年已达66%。从进口伙伴看，中国一直是叙利亚的第一大进口伙伴，所占份额一直在11%左右，其余主要进口来源国包括土耳其、俄罗斯、乌克兰、韩国等。

2010年和2018年叙利亚出口伙伴的出口额占比

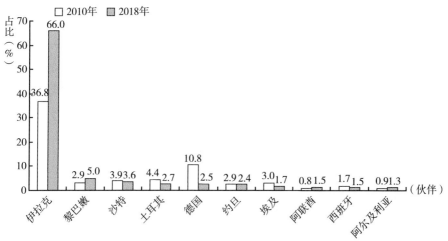

2010年和2018年叙利亚进口伙伴的进口额占比

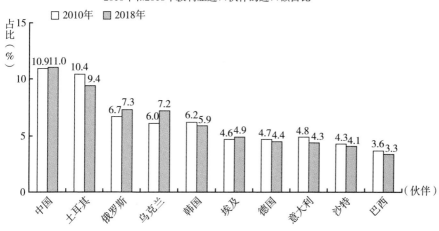

图6　2010年和2018年叙利亚贸易伙伴格局

（3）也门。也门 2018 年出口和进口额分别为 26 亿美元和 84 亿美元。如图 7 所示，2018 年，中国在也门出口、进口伙伴中的份额都居第一位，接下来才是邻近的中东国家。2010~2018 年，中国作为出口目的地，在也门出口额中的份额从 29.5% 稍降至 25%；作为进口来源地，在也门进口额中的份额从 10.6% 上升至 17%。上述数据表明中国在也门战乱和重建过程中，在市场和物资提供方面发挥了重要作用。

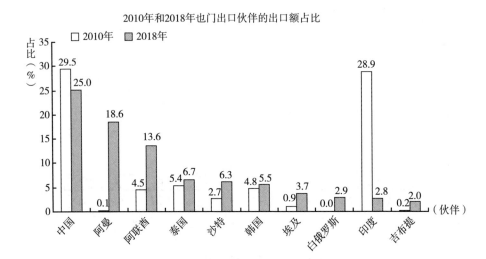

图 7 2010 年和 2018 年也门贸易伙伴格局

3. 局势相对稳定的能源出口大国

只考察出口额位居前列的阿联酋、沙特、伊朗。

（1）阿联酋。2018 年出口和进口额分别为 3169 亿美元和 2446 亿美元。阿联酋进出口额中包括大量转口贸易。如图 8 所示，中国作为 2018 年第四位出口伙伴，其份额从 2010 年的 2.4% 上升至 6.5%；作为第一位进口伙伴，其份额从 11.7% 上升至 14.1%。

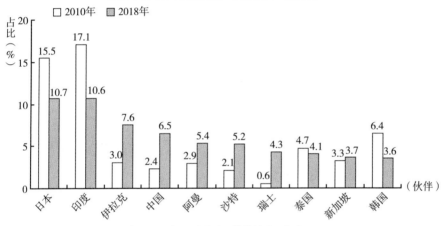

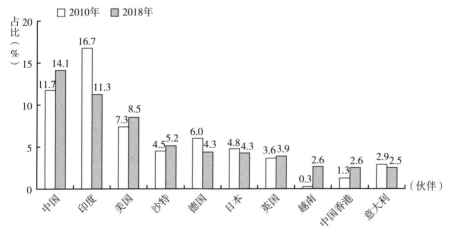

图 8　2010 年和 2018 年阿联酋贸易伙伴格局

（2）沙特。2018 年出口和进口额分别为 2218 亿美元和 1352 亿美元。如图 9 所示，中国是沙特份额最高的出口伙伴和进口伙伴。从沙特出口额上看，中国占比从 2010 年的 12.7% 上升至 2018 年的 15.1%，从沙特进口额上看，中国占比从 2010 年的 11.9% 上升至 16.5%。

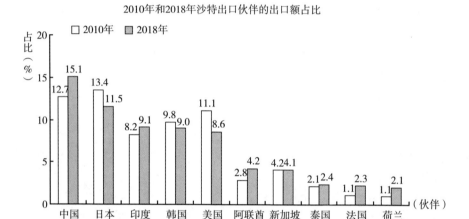

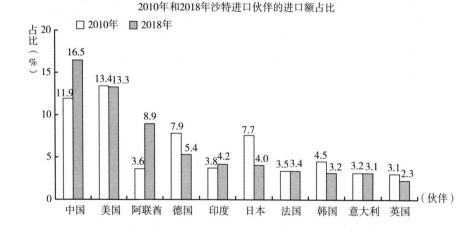

图9　2010 年和 2018 年沙特贸易伙伴格局

（3）伊朗。2018 年出口和进口额分别为 1050 亿美元和 515 亿美元。如图 10 所示，中国是伊朗份额最高的出口伙伴和进口伙伴。从伊朗出口额上看，中国占比从 2010 年的 18.6% 上升至 2018 年的 24.5%，从伊朗进口额上看，中国占比从 2010 年的 12.8% 上升至 22.3%。

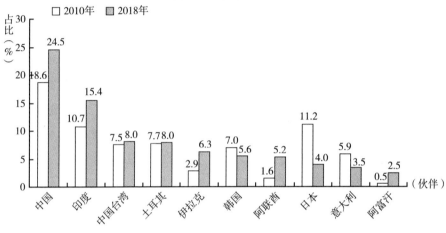

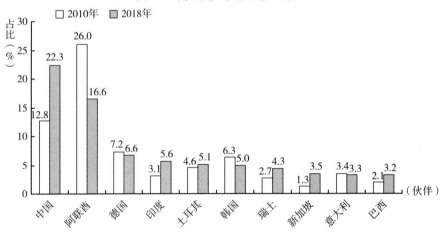

图 10　2010 年和 2018 年伊朗贸易伙伴格局

二 出口产品结构及其发展态势反映 产业多元化取得进展

工业包括矿产工业和非矿产工业。发展规模化的矿产工业需要经济体具有矿藏优势禀赋。非矿产工业的主体是制造业，将制造品再区分为非机电制造品和机电制造品。就不具矿藏优势禀赋的经济体产业发展而言，通常，在相对早期，因科技水平和技术人才都相对欠缺，制造业通常集中在服装、纺织、钢铁、食品、金属制品等非机电产品类别上，随着收入水平提升和技术力量积累，机电产品类别才能得以发展起来。表现在出口结构上，机电制造品出口占比提升，通常会晚于非机电制造品出口占比上升。根据上述认识，以下基于联合国贸发会议（UNCTAD）数据，以机电制造品（按 SITC 7 口径）、非机电制造品、非制造品作为基本产品类别，主要通过分类产品贸易的占比和增长指标，揭示中东各国产业风格差异。

定量分析显示，除个别经济体之外，中东矿产出口国的产业多元化行动取得了一定成效，不过，总体上中东矿产出口国机电产品出口增长的稳定性和持续性都相对不强。

（一）出口分类产品结构反映各国工业化基础风格差异

（1）制造型经济体。如表 3 所示，土耳其、约旦、以色列制造品出口占比接近或超过 70%，将其归类为制造型经济体。从机电制造品占比上看，以色列、土耳其的机电制造品分别高至 26.9%、31.2%，而约旦只有 9.6%，表明约旦的工业化层次比较低。

（2）特殊经济体。巴勒斯坦、塞浦路斯是相对特殊的中东经济体。尽管上述两个经济体非制造品出口分别低至 37.8%、37.9%，但本文不能简单地将它们归类为制造型或矿产型经济体。其中，巴勒斯坦的产品贸易局限在以色列、约旦等周边经济体，塞浦路斯进出口额中转口贸易占很大比重；

二者贸易都有特殊性。

（3）战乱型经济体。包括最近十年间安全形势相对动荡的伊拉克、叙利亚、也门，2018 年非制造品出口占比分别高达 99.8%、67.9%、93.9%。从上述出口产业结构看，如果这三个经济体没有内乱、重建的共同特征，它们也应属于矿产型经济体。

（4）矿产型经济体。由其他所有非制造品出口占比在 50% 以上的经济体组成。

表3　2018 年各中东国家三类产品的出口占比（P）
及其相比 2008 年的变动（△P）

国　家	非制造品		非机电制造品		机电制造品	
	P	△P	P	△P	P	△P
土耳其	20.6	-0.7	48.2	-0.9	31.2	1.5
约　旦	23.7	-1.9	66.7	4.9	9.6	-3.0
以色列	30.3	-9.1	42.8	4.2	26.9	4.9
巴勒斯坦	37.8	4.9	58.9	-2.7	3.3	-2.2
塞浦路斯	37.9	-12.9	15.6	-16.4	46.5	29.2
黎巴嫩	52.0	16.4	36.8	-11.0	11.3	-5.4
阿联酋	60.1	-18.4	19.7	7.9	20.2	10.5
科威特	67.3	-25.9	27.8	22.8	4.9	3.1
叙利亚	67.9	-1.7	23.5	-0.8	8.7	2.5
沙　特	72.9	-13.3	24.7	13.2	2.4	0.1
阿　曼	75.3	-16.0	20.5	14.4	4.2	1.6
巴　林	75.8	2.1	19.5	-0.3	4.7	-1.8
伊　朗	80.6	-11.6	18.3	11.4	1.1	0.3
卡塔尔	87.2	-7.4	11.0	5.6	1.9	1.7
也　门	93.9	-4.0	3.1	2.2	3.0	1.8
伊拉克	99.8	0.2	0.1	-0.1	0.1	-0.1

数据来源：联合国贸发会议数据库，https：//unctad. org/en/Pages/statistics. aspx。

（二）产业占比及其变动态势表明大部分国家产业多元化取得一定成效

如表3所示，在2008～2018年，所有矿产型经济体，除黎巴嫩、巴林之外，非制造品占比下降，制造品占比上升，黎巴嫩、巴林之所以不同，是因为它们的非机电制造品、机电制造品出口规模和占比已经提升到一定高度，2008～2018年正处在调整阶段。

以下按机电制造品占比高度再对矿产型经济体分组，并观察其2008～2018年出口产业占比相关情况。

（1）高机电制造品出口占比组，其占比超过或接近5%，包括黎巴嫩、阿联酋、科威特，机电制造品出口占比值分别为11.3%、20.2%、4.9%，相比2008年该占比变动量分别是－5.4%、10.5%、－1.8%。其2018年非机电制造品出口占比分别为36.8%、19.7%、19.5%，属较高水平。

（2）中机电制造品出口占比组，2018年其占比处于2%～5%，包括巴林、沙特、阿曼，其占比值分别为4.7%、2.4%、4.2%，相对2008年占比变动量分别为3.1%、0.1%、1.6%；2018年上述三个经济体非机电制造品出口占比分别为27.8%、24.7%、20.5%，属较高水平。

（3）低机电制造品出口占比组，2018年其占比在2%以下，包括伊朗、卡塔尔，占比值分别为1.1%、1.9%，变动量分别为0.3%、1.7%；2018年这两个经济体非机电产品出口占比分别为18.3%、11.0%，属较高水平。

考虑到过去十多年间安全局势相对动荡的战乱型经济体在产业风格上也是矿产型，对其两类制造业出口占比也做类似考察。叙利亚2018年非机电制造品、机电制造品出口占比分别达23.5%、8.7%，均属相对较高水平，十年机电制造品占比值为2.5%；也门2018年非机电制造品、机电制造品出口占比分别达3.1%、3.0%，十年机电制造品占比值为1.8%；由于上述两个经济体局势动荡会导致矿产出口规模大幅下降，因此上述两个经济体机电制造品占比增加，并不能完全视作为产业多元化的成就，不过，其产业占比高度能说明产业多元化也取得了进展。2018年伊拉克非机电制造品、机电制造品出口占比均只有 0.1%。

由此可见，至 2018 年，除伊拉克之外，各中东矿产出口大国非机电制造品出口占比都达到较高水平；且在 2008～2018 年十年间占比有所上升。出口产业占比分析表明，中东矿产型经济体的产业多元化行动已经取得一定成效。

（三）分类出口规模变动态势进一步揭示各国出口规模增长风格差异性

为进一步观察中东各国出口产业风格的变动，以下分经济体类别，分别观察中东各国产品分类别出口规模变动态势，侧重观察分类产品规模变动关系、机电产品出口规模变动态势两方面内容。为方便就分类产品出口规模变动做对照观察，这里先将以亿美元为单位的出口额取对数，并将非机电制造品、机电制造品出口额的对数值分别加 1、2，使其在坐标图中的曲线适度上移，由此增强对比性。

1. 制造型经济体各分类出口规模变动都和全球贸易景气态势基本一致

如图 11 所示，以色列、土耳其、约旦三个国家的机电产品增速和全球贸易景气变动态势基本一致，都以 2008 年为增速景气程度的分水岭，在 2008 年前增速相对较高，2008 年后增速显著回落。

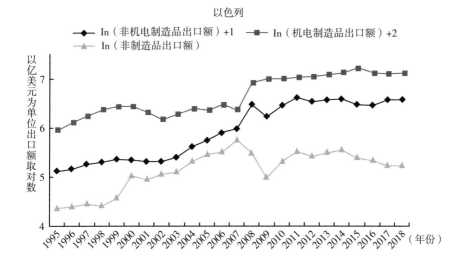

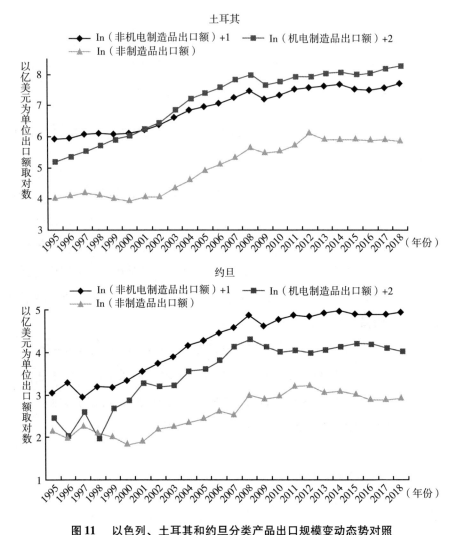

图11 以色列、土耳其和约旦分类产品出口规模变动态势对照

数据来源：联合国贸发会议数据库，https：//unctad.org/en/Pages/statistics.aspx。

如表4所示，对比来看，2000~2008年，两个中东地区发展中经济体，土耳其和约旦，其制造品出口额实现高速增长，尤其是机电制造品出口额，二者年均增速大幅超过或接近20%，不过，2008~2018年，土耳其机电制造品出口额以3%的年均增速转入低速增长，而约旦则转入年均增速为-2.7%的负增长。

表4　2000~2018年以色列、土耳其和约旦分类产品分时段出口年均增速

国　家		以色列		约旦		土耳其	
时期		2000~ 2008年	2008~ 2018年	2000~ 2008年	2008~ 2018年	2000~ 2008年	2008~ 2018年
年均增速 （%）	非制造品	15.0	1.1	21.0	0.7	18.5	2.3
	非机电制造品	5.9	-2.5	15.8	-0.8	23.6	2.1
	机电制造品	6.2	2.1	19.5	-2.7	27.3	3.0

数据来源：联合国贸发会议数据库，https://unctad.org/en/Pages/statistics.aspx。

2. 战乱型经济体制造品出口增长相对不稳定

三个战乱型经济体分类出口规模走势，如图12所示。

（1）伊拉克。机电、非机电两类制造品出口在2008年前时高时低，反映出恐怖袭击和局势动荡对工业发展的冲击持续存在，2008年后则持续走低。其中，2008~2018年，机电制造品出口额为0.1亿~1亿美元。2008年后，受国际贸易大环境影响，先缓降后稍升，2018年为0.51亿美元。

（2）叙利亚。受内乱影响，机电制造品出口额从2012年开始出现断崖式下跌，从上年的6.4亿美元，降至3.8亿美元，此后2014年一度低至1.5亿美元，2018年为1.7亿美元。

（3）也门。受内乱影响，机电制造品出口额分别在2015年、2016年断崖式降至0.58亿美元、0.19亿美元，2018年为0.77亿美元，而2014年曾达1.95亿美元。

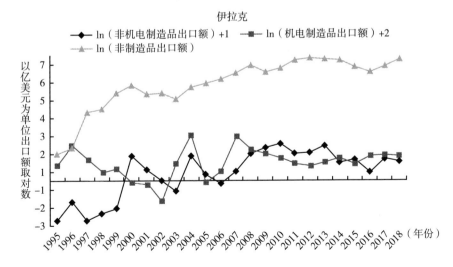

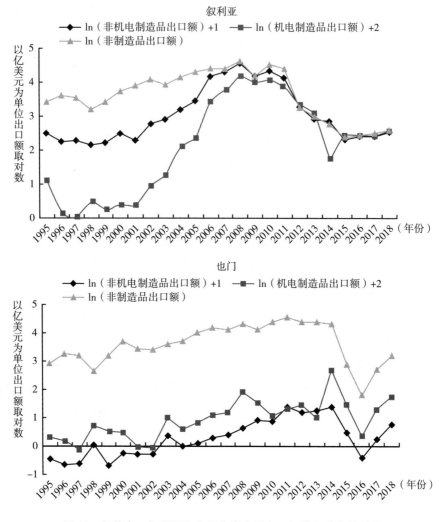

图12　伊拉克、叙利亚和也门分类产品出口规模变动态势对照

数据来源：联合国贸发会议数据库，https：//unctad. org/en/Pages/statistics. aspx。以下直至图15数据来源相同。

3. 矿产型经济体的机电制造品出口规模态势互有不同。

矿产型经济体的非制造品出口规模走势大体和全球国际贸易走势相一致，即通常是2008年前保持增长态势，2008年后上下调整或转而下降。各国非机电制造品出口规模增长，通常也是在2008年前后，增速明显下滑或

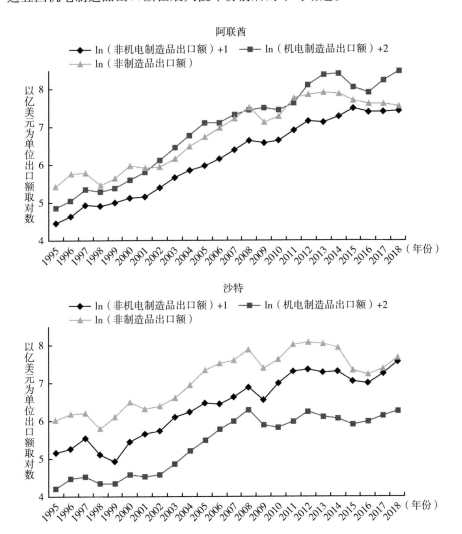

转向下降。各国出口规模走势表现出明显差异的类别是机电制造品。机电制造品出口规模走势可归类为以下两种。

（1）增长到一定高度后呈停滞或下降态势。如图 13 所示，符合上述增长特征的包括阿联酋、沙特、伊朗、巴林、黎巴嫩。表 5 显示自 2000 年后，这五国机电制造品出口额在最大值年份前后的年均增速。

阿联酋

- ◆ ln（非机电制造品出口额）+1　　■ ln（机电制造品出口额）+2
- ▲ ln（非制造品出口额）

沙特

- ◆ ln（非机电制造品出口额）+1　　■ ln（机电制造品出口额）+2
- ▲ ln（非制造品出口额）

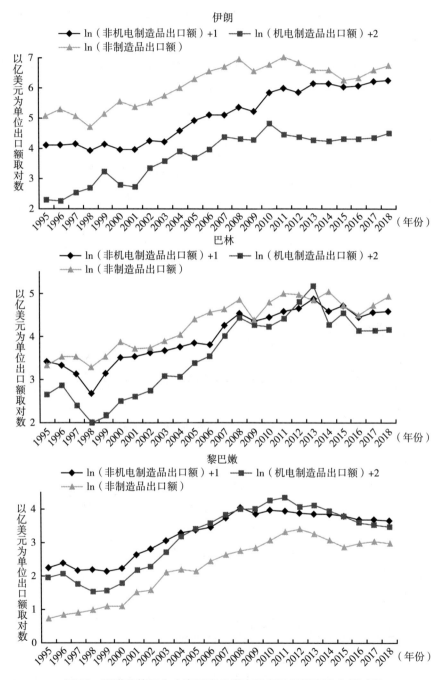

图 13 阿联酋等五个中东国家分类产品出口规模变动态势对照

表5　2000年后阿联酋等五个中东国家机电制造品出口额
在年度最大值年份前后的年均增速

国家	阿联酋		沙特		伊朗		巴林		黎巴嫩	
时期	2000 –	– 2018	2000 –	– 2018	2000 –	– 2018	2000 –	– 2018	2000 –	– 2018
取 Max 年	2014		2008		2010		2013		2011	
（%）	22.4	1.3	24.2	– 0.3	22.7	– 4.2	22.9	– 18.5	26.3	– 11.7

数据来源：联合国贸发会议数据库，https：//unctad. org/en/Pages/statistics. aspx。

　　（2）时断时续的增长态势。如图14所示，卡塔尔、科威特、阿曼三国机电制造品出口规模时而增长、时而下降，不过，2018年度出口值都达到历史最高点。

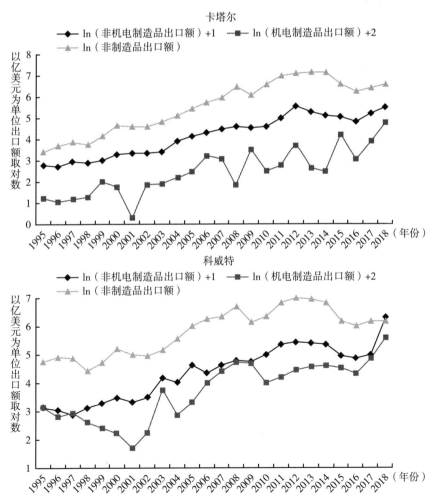

329

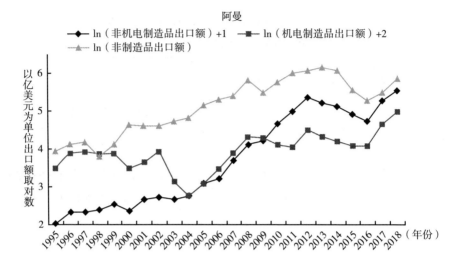

图14 卡塔尔等中东三国分类产品出口规模变动态势对照

三 中国和中东各国外贸发展特征互有差异

定量分析显示，2010～2014年，中国和中东国家之间的贸易增长快于中国外贸增长，2014年后相对慢于中国外贸增长。市场占有率和去向占有率分别用来反映出口在目的国和来源国的渗透程度；计算表明，就中国制造品向中东出口而言，各国市场占有率差异较大，中东传统产油大国的占有率相对较高，小国占有率相对较低；就中东各国制造品对华出口而言，各国的去向占有率差距也较大，中东高收入经济体、双边经贸关系相对较热的中东国家，去向占有率相对较高。

（一）中国和中东贸易增长总体弱于中国外贸整体增长

如表6所示，按照以中国为报告方的海关进出口数据，2018年、2019年，中国对中东的出口额分别为1150亿美元、1242亿美元，尚没有达到2014年的历史最大值1380亿美元；在中国出口总额中占比分别为4.6%、5%，显著低于2014年的历史最大值5.9%。

2018 年、2019 年，中国从中东的进口额分别为 1712 亿美元、1587 亿美元，仍低于 2014 年的历史最大值 1650 亿美元；在中国进口额中占比分别为 8%、7.6%，低于 2014 年历史最大值 8.4%。

表 6 还显示，2010~2014 年，中国对中东地区出口、进口在中国全部出口、进口额中的占比在上升，2014 年后总体下降，这表明，总体上 2010~2014 年，中国和中东国家之间的双向贸易增长快于中国外贸增长，2014 年后相对慢于中国外贸增长。其主要原因是中东地区贸易和经济发展受石油价格行情影响很大，当油价逐渐走强，中国和中东大部分国家的双向贸易走强；反之则相反。

表 6　2014~2019 年中国和中东货物贸易额及其在中国贸易中占比

单位：亿美元，%

年份		2010	2011	2012	2013	2014	2015	2016	2017	2018	2019
中国对中东出口	金额	760	965	1023	1158	1380	1295	1132	1172	1150	1242
	占比	4.8	5.1	5.0	5.2	5.9	5.7	5.4	5.2	4.6	5.0
中国从中东进口	金额	899	1373	1488	1600	1650	1045	880	1143	1712	1587
	占比	6.4	7.9	8.2	8.2	8.4	6.2	5.5	6.2	8.0	7.6

数据来源：联合国贸发会议数据库，https://unctad.org/en/Pages/statistics.aspx；中国海关月报，http://www.customs.gov.cn/customs/302249/302274/302277/index.html。

如表 7 所示，中国和中东各国进出口的双向贸易强劲程度，在不同国家之间，表现出显著差异。

1. 2019 年度增长

（1）出口增长。年增速高于 20% 的出口伙伴包括也门（年增速 50.9%，下同）、沙特（35.5%）、巴林（30.9%）、约旦（24.2%）；年增速低于 -15% 的出口伙伴包括伊朗（-31.2%）、塞浦路斯（-20.7%）、黎巴嫩（-15.2%）。

（2）进口增长。年增速高出 20% 的有约旦（88.6%）、叙利亚（51%）、巴林（20.9%）；年增速低于 -15% 的有巴勒斯坦（-70.7%）、黎巴嫩（-50.7%）、伊朗（-43.1%）、科威特（-18.5%）。

2.2019年相比2014年的5年期增长

（1）出口增长。年均增速高出 5% 的有阿曼、叙利亚、也门，低于 - 10% 的有伊朗、塞浦路斯。

（2）进口增长。年均增速高出 10% 的有约旦、以色列、巴勒斯坦，低于 - 10% 的有也门、伊朗。

总体上，在 5 年期，中国朝中东部分小国和经济重建国的出口相对高速增长，而政治相对安定的国家，由于 2014 年前中国出口年度规模已经较高，均大幅负增长或增速低迷。至于进口，除约旦、巴勒斯坦、以色列外，中国从各国进口增速都相对不高。

表7　2019 年中国和中东各国双向贸易的跨 1 年和 5 年年（均）增速比较

单位：%

范　围	出口		进口	
	1 年[1]	5 年[1]	1 年[1]	5 年[1]
世　界	0.5	1.3	- 2.7	1.2
中　东	7.9	- 2.1	- 7.3	- 0.8
阿　曼	5.1	7.9	- 2.7	- 3.8
叙利亚	3.5	5.9	51.0	- 7.9
也　门	50.9	5.1	15.8	- 21.6
以色列	3.6	4.4	3.6	10.4
伊拉克	19.4	4.1	- 1.1	2.8
巴　林	30.9	3.8	20.9	1.2
沙　特	35.5	3.0	9.8	2.2
科威特	15.6	2.3	- 18.5	6.1
约　旦	24.2	1.8	88.6	10.5
巴勒斯坦	12.0	1.7	- 70.7	10.1
卡塔尔	- 2.9	1.3	- 10.6	0.9
土耳其	- 2.6	- 2.1	- 13.6	- 1.2
阿联酋	12.1	- 3.1	- 12.5	- 0.7
黎巴嫩	- 15.2	- 8.4	- 50.7	0.5
塞浦路斯	- 20.7	- 11.0	- 4.7	- 2.4
伊　朗	- 31.2	- 17.0	- 43.1	- 13.4

注：跨 1 年指 2019 年相比 2018 年，跨 5 年指 2019 年相比 2014 年。

数据来源：联合国贸发会议数据库，https：//unctad. org/en/Pages/statistics. aspx；中国海关月报，http：//www. customs. gov. cn/customs/302249/302274/302277/index. html。

（二）中国机电和非机电制造品出口在中东各国市场占有率差异较大

将 A 国（区域）进口某类产品总金额中来自 B 国（区域）出口的占比，定义为 B 国（区域）该类产品在 A 国（区域）的出口市场占有率。如图 15（1）所示，自 2000 年开始，中国对中东的非机电制造品出口市场占有率从 7% 持续攀升至 2015 年的 21.7%，此后下降，2018 年下降为 18.5%，中国对中东的机电制造品出口市场占有率从 3.3% 持续上升至 2018 年的 20.3%。如图 15（2）所示，至 2018 年，中国机电、非机电两类制造品在中东各国的市场占有率大致接近，通常前者高的，后者也高。

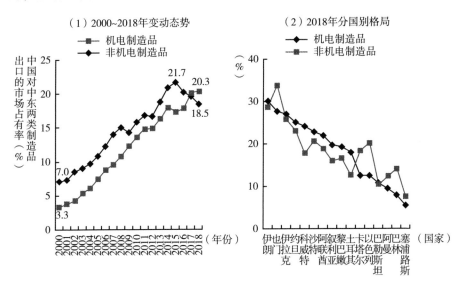

图 15　中国对中东两类制造品出口市场占有率的历年态势和 2018 年国别格局

如表 8 所示，2018 年，位居中国非机电制造品出口占有率前五的分别为也门（占有率为 33.6%，下同）、伊朗（28.6%）、伊拉克（25.7%）、约旦（23.0%）、沙特（20.7%），位居机电制造品占有率前五的分别是伊朗（30%）、也门（27.7%）、伊拉克（26.9%）、约旦（25.1%）、科威特

（24.2%）。总体上，中国制造品在中东传统产油大国市场占有率相对较高，在小国市场占有率相对较低。

表8 2018年中国两类制造品朝中东出口分国别市场占有率

单位：%

国　　家	机电制造品	非机电制造品	国　　家	机电制造品	非机电制造品
伊　朗	30.0	28.6	黎巴嫩	19.3	16.5
也　门	27.7	33.6	土耳其	18.0	12.3
伊拉克	26.9	25.7	卡塔尔	12.6	18.3
约　旦	25.1	23.0	以色列	12.6	20.1
科威特	24.2	17.6	巴勒斯坦	10.8	10.2
沙特	22.9	20.7	阿　曼	9.5	11.8
阿联酋	22.1	19.0	巴　林	8.0	14.1
叙利亚	19.7	15.9	塞浦路斯	5.5	7.6

数据来源：联合国贸发会议数据库，https：//unctad. org/en/Pages/statistics. aspx，中东各国为数据报送方。

（三）中东各国两类制造品朝中国出口的去向占有率差异较大

将 A 国（区域）出口某类产品总金额中去往 B 国（区域）出口的占比，定义为 B 国（区域）在 A 国（区域）该类产品出口额中的去向占有率。如表9所示，中东各国机电制造品、非机电制造品朝中国出口的去向占有率在各国差异较大。如非机电产品以沙特、以色列较高，分别达到11.2%、7.4%；机电品以以色列、阿联酋较高，分别达到 19.2%、11.9%；两类产品去向占有率者都是伊拉克、巴勒斯坦、叙利亚最低，都是接近或等于 0。一般而言，非机电制造品去向占有率高者，机电制造品去向占有率也相对较高；高收入经济体、双边经贸关系相对较热的中东国家，去向占有率相对较高。

不同中东国家制造品出口中国的去向占有率差距大，表明就中国为中东各国制造品发展提供市场而言，在与部分中东低收入国家密切双边经贸联系等方面，仍有潜力可以发掘。

表 9　2018 年中东各国机电制造品和非机电制造品朝向中国出口的去向占有率

单位：%

国家	机电制造品	非机电制造品	国家	机电制造品	非机电制造品
以色列	19.2	7.4	塞浦路斯	1.1	1.7
阿联酋	11.9	2.1	伊　朗	0.4	6.6
沙　特	9.3	11.2	土耳其	0.4	1.6
卡塔尔	6.8	2.3	阿　曼	0.3	2.9
科威特	4.5	2.6	约　旦	0.3	6.9
巴　林	2.5	0.6	伊拉克	0.2	0
黎巴嫩	1.6	0.3	巴勒斯坦	0	0.1
也　门	1.4	0.7	叙利亚	0	0

数据来源：联合国贸发会议数据库，https：//unctad. org/en/Pages/statistics. aspx，中东各国为数据报送方。

四　多方面采取行动促进中国和中东地区贸易发展

根据中东贸易总量结构态势、中国和中东各国双边贸易总量结构态势，未来，中国政府和企业应积极从以下方面开展工作，助力中东能源出口国产业多元化进程，并不断为中国中东贸易发展注入新活力。

1. 巩固中国和中东制造业基础较好国家的经贸联系

在中东各国中，2018 年机电制造品出口超过 100 亿美元的有阿联酋、土耳其、以色列三国，超过 50 亿美元但低于 100 亿美元的有沙特阿拉伯、科威特。除土耳其之外，这些国家制造业的素质相对较高，如上文表 8、表 9 所示，中国与这些国家机电产品双边贸易对中东各国的渗透也初具成效。未来，应通过经贸协议、贸易展会、技术合作等多种形式，深化与这些国家在机电产品领域的经贸合作，促使机电产品双向贸易不断迈向新台阶。

2. 深化中国和中东低收入水平低经济总量国家的经贸联络

如上文表 8、表 9 所示，我国机电、非机电制造品和中东低收入水平低经济总量国家的双向贸易，对这些国家的渗透程度相对不高。原因是多方面的，有些国家国际贸易的软环境硬设施条件还不到位，贸易成本也相对高

昂，中国和这些国家政府层面的经贸合作尚待深化，等等。为此，应考虑通过加强双向投资，通过贸易设施帮助、贸易通道建设，以及签署双边经贸协议等方式，加强中国和土耳其、阿曼、巴林、黎巴嫩、约旦等国的经贸往来。

3. 积极在中东开展和参与各类经济园区建设

目前，已经有多家中国企业在沙特、阿曼、阿联酋、以色列等国建立多种形式的产业聚集园区。未来，中东地区良好的光照自然资源条件，能为中国太阳能企业提供发展空间；中东地区部分国家机电产业发展，能够为中国制造业做大做强提供合作机遇；中东大部分国家拥有辐射亚欧非三洲贸易的优良港口，能够为中国电商和物流企业提供活动舞台。应引导上述产业领域企业积极关注中东地区的投资和贸易机会，并及时采取相应的战略行动。

4. 积极参与中东基础设施建设

中东各国普遍基础设施缺口巨大。不过，由于近年油价走低，中东各国基础设施建设普遍面临资金压力，为此，各国纷纷着眼于以公私合营（PPP）项目方式，解决基础设施建设问题。我国各类企业，包括现金流量相对充裕的非工程企业，都可积极关注中东各国 PPP 项目的招标。工程企业则一方面自身应积极行动，另一方面，应积极寻找国内现金流量充裕的企业和金融企业，作为合作伙伴，这样才更有利于提升综合竞争力，并把握机遇，提升中标成绩并拓展工程市场。

Y.18
西亚国家的国际投资

周　密*

摘　要： 2018 年，西亚国家的外国投资流入继续回升，但石油输出国对外国直接投资的吸引力明显下降，制造业、服务业等成为西亚国家吸引外国直接投资的新热点，外资更看重产业结构、人力资源和投资环境等因素。中国企业对西亚国家的投资同样出现明显复苏，企业发挥自身优势，积极参与西亚国家的基础设施建设，并以产业园等方式开展产能合作。为促进中国企业与西亚国家的投资合作，应进一步改善投资环境，解决关键投资挑战，加强技术研发合作，创新金融产品服务并通过协同行动降低投资的风险冲击。

关键词： 外国直接投资　西亚国家　中国企业

一　西亚国家整体的国际投资变化态势

2018 年，西亚国家的外国直接投资流入量继续保持回升。但是，外国直接投资的流入量与对外直接投资流出量之间的差额明显减小。受此影响，西亚地区的外国直接投资流入年末存量波动下行，但对外直接投资年末存量则持续上升，双向跨国直接投资的全球占比也呈现相似的变化态势。

---

* 周密，商务部国际贸易经济合作研究院研究员，主要研究对外投资合作、服务贸易、国际规则与协定。

（一）2018年国际投资流入量

根据联合国贸发会议《世界投资报告2019》的数据，2018年西亚地区的外国直接投资流入量继续保持回升。如图1所示，2018年西亚国家的外国直接投资流入量为511.0亿美元，比上年增加了45.5亿美元，增幅为9.8%。过去的十年中，西亚地区的外国直接投资流入量的低点出现在2014年，为368亿美元，呈现V字形的发展态势。尽管2018年是西亚地区连续第四年保持外国直接投资流入量增加的年份，且增速有所加快，但近四年的缓慢复苏尚未恢复至低点前一年（2013年为521.9亿美元）的水平。

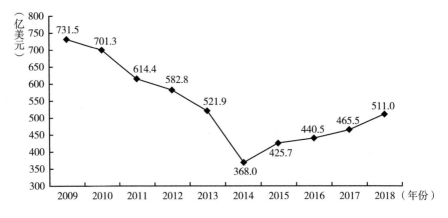

图1　2018年西亚外国直接投资流入量

数据来源：UNCTAD，《世界投资报告2019》。

（二）西亚国家的双向国际投资流量

西亚国家中有多个国家石油资源丰富，吸引了各国投资者的关注。伴随着持续的贸易顺差，石油产量丰富的国家又将"石油美元"作为资源开展对外投资，以增强其可持续发展的动力。因此，西亚国家不仅是外国直接投资流入的重要目的地，也是开展对外直接投资的重要资本来源国。2018年，西亚国家的对外直接投资额比各国对西亚国家的直接投资额多40.9亿美元，而 2017 年则是外国直接投资流入量比流出量多 16.4 亿美元。如图 2 所示，在跨国直接投资项下，西亚国家从对外直接投资占主导地位已经逐渐变为双向投资呈现交错领先的态势，近十年中，自 2015 年首次出现对外直接投资量领先的局面，这一交错的局势持续。但是，如果将西亚国家的外国直接投资流入量和流出量加总，可以看出西亚国家的国际资本流动总额在过去十年总体水平没有太大变化。其中，只有 2014 年的跨国直接投资流量相对较小，其余年份都保持在 800 亿~1000 亿美元。

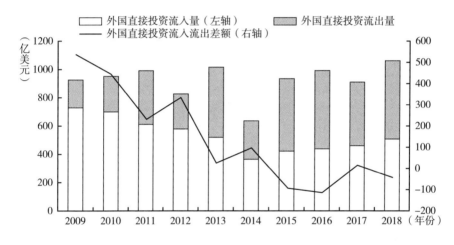

图 2　2009~2018 年国际直接投资不平衡有所扩大

数据来源：根据 UNCTAD《世界投资报告 2019》数据测算。

（三）2018年末西亚国家的双向国际投资存量

与每年的跨国投资流入量相比，年末的跨国投资存量差异仍较为明显。如图 3 所示，尽管 2018 年末西亚国家的外国直接投资流入存量比对外直接投资年末存量仍要高出 3368.8 亿美元，但在过去十年间二者的差距整体呈现缩小的态势。从图 3 中可以看出，西亚国家外国直接投资流入的年末存量出现明显的波动，而对外直接投资的年末存量发展较为稳定。2018 年的外国直接投资流入年末存量比上年下降了 228.5 亿美元，而对外直接投资的年

末存量在过去十年都保持上升态势。2018 年西亚国家的对外直接投资年末存量为 5385.6 亿美元，比上年末增加了 488.1 亿美元。

图3 2009~2018 年双向国际直接投资年末存量呈收敛态势

数据来源：根据 UNCTAD《世界投资报告 2019》数据测算。

（四）西亚国家国际投资流入量的全球占比

西亚国家对外国直接投资的吸引力因内外部形势的变化而发生变化。经济危机爆发后，全球油价大幅下挫，对于以石油出口为主的西亚国家打击严重，而美国加大本国石油开采、西亚地区的不稳定等内外部因素也影响了西亚国家对外国直接投资的吸引力。为了对冲风险，在消化出口受阻等不利因素后，西亚国家也加大了对外直接投资的力度，以增强更为广泛的收益支撑，加快经济发展的多元化。如图 4 所示，2009~2018 年，西亚国家外国直接投资流入量的全球占比自 2012 年起开始下降，从 3.3% 逐渐降至 2.7%，下降了 0.6 个百分点。与此同时，西亚国家对外直接投资流量的全球占比则呈现上升态势，从 2009 年的 1.1% 逐渐升至 2018 年的 1.7%，上升了 0.6 个百分点。在双向变化的态势下，与 2009 年相比，2018 年西亚外国直接投资流入量全球占比与对外直接投资流量全球占比之间只相差 1 个百分点。

图 4 西亚国家的双向跨国直接投资流量的全球占比

数据来源：根据 UNCTAD《世界投资报告 2019》数据测算。

二 西亚国家吸收国际投资的结构性差异

西亚国家以各种方式开展投资合作，其中主要的国家间组织包括阿拉伯国家联盟、海湾阿拉伯国家合作委员会、石油输出国组织等。但西亚国家中，只有沙特、阿联酋和科威特三个国家同为上述三个组织成员。2018 年，石油行业对外资的吸引力明显下降，产业结构、人力资源和投资环境成为外资看重的主要因素。外国投资者对西亚国家的制造业投资兴趣增加。

（一）石油输出国的外国直接投资

成立于 20 世纪 60 年代的石油输出国组织（OPEC）通过协同行动，在国际政治、经济舞台上发挥了重要作用。但近年来，随着全球能源供需结构的变化，以及 OPEC 内部地缘政治共识的变化，OPEC 的作用开始下降，采取共同行动一致对外的共识也难以维系。西亚国家中的伊拉克、科威特、沙特阿拉伯和阿联酋都是 OPEC 的成员，而卡塔尔在 2019 年 1 月退出了 OPEC。根据联合国贸发会议的《世界投资报告 2019》中有关 2018 年的数

据进行分析时，卡塔尔仍作为 OPEC 的成员。如图 5 所示，西亚国家的跨国
直接投资流入量在 2013 年大幅下跌后明显复苏，而西亚的石油输出国则在
此后一蹶不振，外国直接投资的流入量未见复苏。作为西亚国家吸引外资的
重要国家，OPEC 成员历来扮演了重要的角色。但伴随石油供应国数量的增
加和全球经济发展面临的诸多挑战，OPEC 吸引外资的能力显著下降，在西
亚国家外国直接投资流入量中的占比也随之明显下降。2009 年，占比为
66.2%，随后持续下滑至 2018 年的 13.4%。

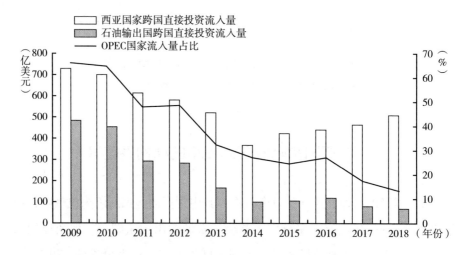

图 5　2009~2018 年西亚及其中石油输出国外国直接投资流入量

数据来源：根据 UNCTAD《世界投资报告 2019》数据测算。

在西亚的 OPEC 成员中，阿联酋在 2018 年再次成为外国直接投资流入
量最大的国家。2018 年，阿联酋的外国直接投资流入量为 103.9 亿美元，
在所有西亚国家中与上年持平，依旧排名第三（仅次于以色列和土耳其）。
沙特阿拉伯是 2018 年外国直接投资流入量排名第二的西亚 OPEC 国家，为
32.1 亿美元，虽然同比增幅高达 126.1%，但仅为阿联酋的 30.9%。科威
特排名第三，为 3.5 亿美元。相比而言，伊拉克和卡塔尔在 2018 年的外国
直接投资流入量均为负值。由此可见，即便是西亚的 OPEC 成员国之间，外
国直接投资的分布差异巨大，连前三位都不在同一数量级。

尽管各西亚 OPEC 成员在国际石油市场快速波动的环境中都做出了经济多元化的举措，但还是各有侧重点，且投资流量也在很大程度上取决于投资者对东道国经济社会环境的信心。阿联酋在 2018 年推出多项战略举措，确定了教育、医疗、经济、安全、住房和政府服务等六大重点工作领域，以稳定的政治环境和便捷的交通运输吸引了大量外部资本流入。阿联酋在 2018 年的外国直接投资流入量分布广泛，从油气领域到数字技术。沙特的"2030愿景"为未来发展设定了宏伟的目标，并在 2019 年初推出了国家工业和物流计划等重要的发展规划。但受制于也门冲突和国际舆论对"卡舒吉事件"的质疑，沙特经济受到不小的冲击，也对外国投资者的信心造成了不小的打击。2018 年，沙特的非油气行业项目主要包括英国 Aubin 集团投资 7.43 亿美元建设的化学品生产厂、美国杜邦公司在美国境外建设的第一个逆渗透水处理装置，以及美国"字母表"（Alphabet）公司开始建设的多个数字中心。卡塔尔投资环境较为良好，卡塔尔早在 2008 年就发布的"国家愿景 2030"中就把教育和研发作为重点。近年来，卡塔尔政府出台了包括特定投资项目和部分工业区免缴所得税最长期限十年、设备和原材料进口免缴关税和相关费用，以及不限制将公司所有权转让给其他非卡塔尔国家投资者等激励投资的政策。卡塔尔国家研究基金对科研项目提供的大量支持不仅为经济发展创造了更好的基础，而且成为吸引外国直接投资的重要因素。伊拉克曾经是西亚国家外国直接投资的重要东道国，丰富的石油资源是主要因素。伊拉克战争以来，其经济环境受到了严重影响，政治局势持续动荡，安全局势始终不佳，外国直接投资规模小且难以长期稳定发展。2018 年以来，由于与阿拉伯世界多个国家关系的恶化，以及伊朗局势等问题导致卡塔尔和伊拉克外国直接投资的流入额与 2017 年相比出现明显下降。

（二）土耳其的外国直接投资

2018 年，土耳其的外国直接投资流入量为 129.4 亿美元，在西亚国家中名列第二位。对比 2017 年的外国直接投资流入量，土耳其在 2018 年增长了 12.8%，在西亚国家中增速靠前。尽管土耳其在 2018 年的外国直接投资

流入量仅比阿联酋多了 25.5 亿美元，但在过去十年中的流量变化波动要小得多。2015 年，阿联酋的外国直接投资流入量仅为 85.5 亿美元，成为近十年来规模最小的一年，跌到了谷底，而同年土耳其却达到了十年来规模最大的波峰，外国直接投资为 189.9 亿美元，为阿联酋的 2.2 倍。

在吸引外资方面土耳其在西亚有着自身的优势。自 2016 年起，土耳其就开始与欧盟探索对关税同盟进行升级，将协议覆盖的范围从货物扩大，并增加了农业、服务业和政府采购。作为欧洲的能源通道和枢纽，土耳其以其地理位置优势以及与亚欧的市场联系吸引外国投资者。2018 年，土耳其埃尔多安总统公布《总统制下内阁的百日工作计划》，成为土耳其实行总统制后新内阁提出的第一个短期施政方案，优先发展的项目涵盖金融、能源、基建、外贸、国防和旅游等各领域。9 月，土耳其发布政府 2019～2021 年中期经济规划，提出的主要政策支柱和发展目标包括平衡经济，严明财政纪律和加快经济转型，为土耳其的经济发展创造了更多机会和更为稳定的环境。但是，土耳其的外资流入也受其外部环境的不确定性和土耳其里拉贬值的影响。土耳其与沙特围绕埃及穆斯林兄弟会、卡塔尔断交、"卡舒吉事件"等热点问题的矛盾与对抗在 2018 年进一步加剧。亚洲国家对土耳其的直接投资占比显著上升。《世界投资报告 2019》显示，2017 年亚洲直接投资流入量占土耳其全部外国直接投资流入量的比重为 12%，2018 年上升至 27%。其中，2018 年下半年，阿塞拜疆国有石油公司在土耳其投资 63 亿美元的星星炼化厂（Star Refinery）投入运营。2018 年，土耳其最大的外资并购是由丹麦 DFDS 以 12 亿美元对土耳其的深海货运服务供应商 UN Ro-Ro Isletmeleri 公司 98.8% 股权的收购。

（三）以色列的外国直接投资

以色列在《世界投资报告 2019》中被列为西亚国家中唯一的发达经济体，也是 2018 年外国直接投资流入量最大的西亚国家，在当年的全球外国直接投资流入量中排名第 19 位。2018 年，以色列的外国直接投资流入量为 218.0 亿美元，同比增长 20%，比排名第二的土耳其多 88.6 亿美元。从跨国并购方式来看，以色列在 2018 年的净售出额为 3.2 亿美元，为 2017 年的 9.6 倍，而净购入额为 19 亿美元，达到了 2017 年的 172.3 倍。

以色列对外国直接投资的吸引力不仅来自其经济多元化、较高的工业化水平和技术能力，而且也来自以色列政府和社会开放的理念，在通信、信息、电子、生化、安保和农业等领域具有较强的国际竞争力。众多的工业园和高技术孵化区为将知识、技术转化为经济价值创造了条件。以色列重视教育，劳动者的素质较高，为外国投资者在以色列进行高附加值的投资与后续运营提供了大量人力资源。同时，以色列也是西亚国家中资本和金融市场发育较为成熟的国家之一，创业基金为新的投资者提供了初始的孵化条件。也应该看到，以色列与巴勒斯坦的冲突以及与阿拉伯世界的矛盾给以色列带来了较大的发展压力，而美国特朗普政府采取的一系列举措虽无助于以色列局势的改善，但给部分外国投资者以美国与以色列关系加强的印象。2017 年 12 月，特朗普宣布耶路撒冷为以色列首都并声明将尽快启动使馆搬迁之后，引发了巴勒斯坦人的愤怒游行，巴以冲突加剧，增加了外国直接投资者对以色列投资安全风险的担忧。美国通过推动加强以色列与务实逊尼派国家发展联系来对抗伊朗，在一定程度上促进以色列与沙特、约旦、阿曼和科威特等国的关系升温。2018 年，墨西哥的 Mexichem 公司以 19 亿美元收购了以色列水供应系统运营商 Netafin 公司 80% 的股份。

（四）其他西亚国家的外国直接投资

除上述国家之外，巴林、阿曼、黎巴嫩、叙利亚、也门、巴勒斯坦等西亚国家在 2018 年的外国直接投资流入量上表现各异。其中，叙利亚因战争等因素多年没有数据。与 2017 年相比，阿曼在 2018 年的外国直接投资流入量增长了 43.6%，巴勒斯坦同比也增长了 11.3%，约旦则同比下降了 53.2%。在这些西亚国家中，阿曼在 2018 年的外国直接投资流入量最高，为 41.9 亿美元，巴勒斯坦最低，为 2.3 亿美元。黎巴嫩在 2018 年的外国直接投资流入量为 28.8 亿美元，比上年增长了 4 亿美元。

阿曼是西亚国家中人均国内生产总值最高的国家之一，石油和天然气资

源较为丰富，属于资源输出国。但近年来，阿曼大力推进经济多元化，在制造业、物流、旅游、矿业和渔业等五大领域加大引导力度，以专项落实计划"坦菲兹计划"（Tanfeedh）协调财政、外交和商业等多方资源，鼓励和支持民营企业在经济中发挥重要作用。2019 年，阿曼颁布了《外资投资法》，扩大了允许外商投资的行业领域；颁布《公私合营法》，明确保障进程；颁布《私有化法》《破产法》，为外国直接投资的准入和退出提供规范性的保障，有利于增强投资者的信心，降低投资成本。

巴林尽管是海湾地区最早发现并开采石油的国家，且石油石化是其经济的支柱产业，但在发展中并未与其他西亚的产油国在开采和定价方面完全一致，且通过积极推进经济多元化战略成为海湾地区的金融中心之一，鼓励各国投资者在石油产业外开展投资。2018 年，巴林的外国直接投资流入量同比增长 6.2%，达到 15 亿美元，制造业是外国直接投资的主要行业。2018 年，美国的 Mondelez 国际公司和意大利的 Ariston Thermo 集团在巴林的国际投资园进行了投资。

黎巴嫩经济以服务业为主，金融、旅游、贸易和侨汇是经济的四大支柱。黎巴嫩政府提供了中东地区最为宽松的投资环境，并以法律形式加以保障。在西亚地区，阿联酋是黎巴嫩重要的投资来源地。2018 年，黎巴嫩的外来投资中有 11% 来自阿联酋。黎巴嫩希望阿联酋的投资者在公共事业、电信和能源领域发挥重要作用。

也门和叙利亚在 2018 年都处于因战争导致的局势动荡之中，巴沙尔政权在俄罗斯支持下继续扩大和巩固控制区域，但美国、土耳其、以色列等国都对叙利亚目标发动军事打击，也门内战则在以沙特领导的多国联军介入下更为复杂。战争不仅对基础设施和经济社会造成巨大破坏，外国投资者在此环境下因风险过大也缺乏开展投资的意愿。

三　中国对西亚国家的直接投资

作为 2018 年全球第二大对外投资来源国，中国企业在全球投资的范围和力度都得到进一步增强。与其他地区相比，中国企业在西亚的投资尽管出现明显复苏，但无论在中国对外投资量中的占比，还是在西亚国家外资流入量中的占比仍有较大的发展空间。中国企业发挥自身优势，积极参与西亚国家的基础设施建设，并以产业园等方式开展产能合作，西亚国家也积极创造良好的合作环境，有利于中国对西亚直接投资的可持续发展。

（一）中国企业对西亚国家的投资变化

中国企业对西亚国家的直接投资呈现触底复苏态势。如图6所示，2009～2018年的十年间，中国企业对西亚国家的直接投资流量呈现了明显的波动变化。2009～2015年基本保持增长。2016年和2017年，中国对西亚投资流量出现大幅下降，但仍高于2013年之前的水平。2018年，中国企业对西亚国家的直接投资流量合计22亿美元，同比大幅增长了147.5%。按照2018年西亚国家外国直接投资流入总额计算，中国企业的投资额占比仅为4.3%。与此同时，如图6所示，对西亚投资流量占中国企业对外投资总量的比重也呈现了相似的变化态势。从过去十年的数据来看，2015年西亚对中国企业的吸引力最大，当年的投资流量占比达到了1.90%。2018年，对西亚国家的投资流量占当年中国企业对外投资总量的1.54%。尽管与2015年相比仍有差距，但在过去十年中已经成为仅低于2015年的高值。中国企业对西亚国家投资流量的变化态势与全球占比的态势相同，说明西亚国家在过去十年间确实对中国企业的吸引力出现了明显波动。

中国企业对西亚国家投资的年末存量的变化态势与当年投资流量相似，但相对较为平缓。如图7所示，截至2018年末，中国企业在西亚国家的投资存量为185.0亿美元，占中国企业当年末对外直接投资存量总额的0.93%。在过去十年间，2018年对西亚的年末投资占比仅低于2016年末的最高点1.12%和2015年末的次高点0.98%。

（二）中国对西亚投资国别地区分布

中国对西亚国家投资呈现明显的国别差异，2018年投资的国别集中度

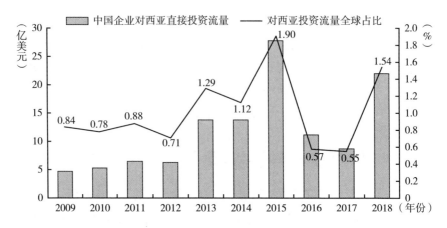

图6 2009～2018年中国对西亚投资流量及全球占比

数据来源：根据《2018年度中国对外直接投资统计公报》数据测算。

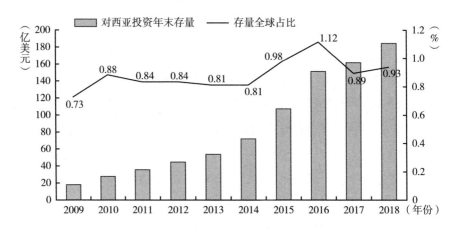

图7 2009～2018年中国对西亚投资年末存量及全球占比

数据来源：根据《2018年度中国对外直接投资统计公报》数据测算。

较高。2018年，阿联酋、以色列、沙特阿拉伯、土耳其是吸收中国企业投资最多的国家。从表1可以看出，2018年，中国企业对阿联酋投资10.8亿美元，占对西亚国家投资总量的49.2%。对以色列、沙特阿拉伯和土耳其的投资量分别为4.1亿美元、3.8亿美元和3.5亿美元，分占中国企业对西亚国家投资总量的18.7%、17.4%和16.1%。上述四个国家吸收了中国企业当年对西亚投资总量的 101.4% 。之所以出现超过百分之百的结果是中国企业当年对卡塔尔和巴林等三国的投资流量都是负值。其中，2018 年中国企业对卡塔尔的投资流量为 - 3.7 亿美元。

表1　2018 年中国企业对西亚投资流量及年末存量国别分布

单位：万美元，%

	国别	投资流量	占比	国别	投资存量	占比
1	阿联酋	108101	49.2	阿联酋	643606	34.8
2	以色列	41057	18.7	以色列	461998	25.0
3	沙特阿拉伯	38307	17.4	沙特阿拉伯	259456	14.0
4	土耳其	35282	16.1	土耳其	173368	9.4
5	科威特	19208	8.7	科威特	109184	5.9
6	约　旦	8562	3.9	也　门	62300	3.4
7	阿　曼	5191	2.4	伊拉克	59854	3.2
8	也　门	1045	0.5	卡塔尔	43598	2.4
9	伊拉克	773	0.4	阿　曼	15068	0.8
10	叙利亚	- 1	—	约　旦	14198	0.8
11	巴　林	-1032	—	巴　林	7196	0.4
12	卡塔尔	-36810	—	黎巴嫩	222	0.0
13	黎巴嫩	—	—	叙利亚	87	0.0
14	巴勒斯坦	—	—	巴勒斯坦	4	0.0

数据来源：根据《2018 年度中国对外直接投资统计公报》数据测算。

截至 2018 年末，中国企业对西亚国家投资存量同样呈现相对较为集中的国别分布。如表1所示，阿联酋、以色列、沙特阿拉伯和土耳其仍是中国企业投资存量较为集中的国别，四国的位次与 2018 年投资流量分布完全一致。截至 2018 年末，中国企业在阿联酋的投资存量为 64.4 亿美元，占对西亚国家投资年末总存量的 34.8% 。对以色列的年末投资存量为 46.2 亿美元，占比 25% ；对沙特投资 25.9 亿美元，占比 14% 。前三位国家的年末投资存量占比均超过 10% 。对土耳其的年末投资存量为 17.3 亿美元，占比 9.4% ；对科威特的年末投资存量为 10.9 亿美元，占比为 5.9% 。中国企业在排名前五位的国家 2018 年末投资存量均超过 10 亿美元。表1 显示，中国

企业 2018 年末在巴勒斯坦、叙利亚和黎巴嫩的投资存量最少，分别只有 4 万美元、87 万美元和 222 万美元，占比在百分号下精确到小数点后一位数均是 0.0%。

（三）中国对西亚投资的重点项目

中国企业在阿联酋投资数量较大，为双方优势互补提供了重要支持。2018 年 3 月，阿联酋副总统兼总理和迪拜酋长为迪拜太阳能园区阿勒马克图姆太阳能发电园区第 4 期工程奠基。该项目成为全球迄今为止规模最大的光热电站。建成后将为 27 万住户提供清洁能源，每年减少 140 万吨碳排放量。位于阿联酋阿布扎比港哈里发工业区内的中阿产能合作示范园，一期占地 2.2 平方公里，二期预留用地 10 平方公里。该示范园重点发展高端装备、精细化工、光伏能源、商贸物流和金融服务等产业。示范园由江苏海投建设、运营管理。2018 年 12 月，园区的管理服务大楼主体封顶，2019 年 6 月竣工投入使用。同时，园区内的首批制造业项目也已经开工。其中，龙道博特投资 20 亿元人民币的轮胎制造基地在 2019 年末完工并将进入量产阶段。阿提哈德航空公司将为中阿产能合作示范园内投资企业提供优惠的客运费率和相关礼遇，为中阿航空运输和人员往来提供便利。除此之外，中石油和 Adnoc 合资成立 AIYasat 石油作业公司，阿里巴巴与迪拜米拉斯集团宣布共同投资建设迪拜数据中心项目等也都是双边合作的成果。

中国与沙特的经贸关系自 2018 年以来持续加强。尽管在双向投资上沙特对华投资数量更多，项目规模也更大，但在实施经济多元化发展的战略中，沙特也为中国企业投资提供了更好的环境。沙特政府将中文纳入国民教育体系，不仅更有利于投资企业找到具备语言优势的人力资源，更能够增进双方的相互理解与合作。中石油与沙特阿美的科研合作项目"智能化钻井技术研究与应用"启动。此前中石化与沙特阿美联合建设的延布炼油厂在沙特境内炼油项目的进度、质量和安全方面均处于领先位置。

中国企业在土耳其的投资除了充分利用其交通和地理位置优势以外，也关注其国内经济社会发展的需求与挑战。2019 年 9 月 22 日，中国在土耳其迄今为止最大的投资项目胡努特鲁电厂在土耳其南部的阿达纳省开工。该项目是中国企业在土耳其投资的第一个进口煤电项目，总投资约 17 亿美元，由中国国家电力投资集团公司子公司上海电力、中航国际成套设备有限公司和土耳其当地股东共同开发建设。项目包括两台 660 兆瓦超超临界发电机组与配套的烟气脱硫和脱硝装置，以及专用煤码头组成。按照计划，第一台机组将于 2021 年底投入商业运营，第二台机组将于 2022 年投入商业运营。项目建成并投入商业运营后，可以为土耳其经济发展提供能源供应支持，助推土耳其经济复苏和发展。

2018 年 2 月，中国中铁旗下全资子公司与中铁电气化局集团组成的联营体中标了特拉维夫轻轨红线的总承包工程。特拉维夫轻轨项目是以色列建国以来最大的政府特许基础设施建设项目。该项目投资规模大，施工复杂度和技术难度高，是经以色列议会批准、用以色列政府自有资金建设的。其中，红线项目又是特拉维夫轻轨项目的首条线路，从概念到最终实施历经数十年的波折变化。中国公司的中标在于其在地铁盾构领域的装备、技术与资源优势，以及在其他地区相似标准市场积累的项目管理经验。深圳地铁集团、中土集团和以色列艾格德公司的联合体通过竞标获得了特拉维夫红线轻轨运营、维护十四年的服务权。除该项目外，中国公司在以色列的基础设施项目还涉及港口等方面。双方发挥各自优势，以联营体、总分包等方式进行合作，不仅能够缩短工期，提高效率，为当地工人创造就业岗位，而且有利于技术提升并有效用好有限的资金。

四　对接双向供需，推动"一带一路"建设合作

促进中国企业对西亚国家的投资合作，有利于双方的共同利益，但投资需要相对稳定的发展环境，不仅能够保护企业的利益，而且能够形成有利于竞争和创新的氛围，需要各方采取更多的协同和共同努力。

匹配发展重点领域，创造良好投资环境。西亚国家经济发展需求差异较大，能源丰富的国家注重并积极鼓励经济多元化发展，非能源输出国则侧重

保障经济发展的稳定性，这要求中国企业积极响应相关国家需求，以多种方式参与西亚国家经济发展；也需要东道国改善政治稳定性市场预期，形成稳定的法律法规政策体系，保障外国投资者的合理权益，为投资者提供更多的产业引导和发展信息，减少决策成本。

解决关键投资挑战，增强持续发展能力。中国企业对西亚投资面临的挑战不仅来自宏观环境，也有诸多涉及语言、文化、宗教、风俗等差异。对于新的投资企业，上述挑战较为突出。双方应加强协同，对于企业已经或可能面临的投资挑战采取多种方式予以响应，减少因为信息不对称而给企业带来的困扰，提高对西亚投资占中国企业投资总量的比重，通过可持续的投资活动缩短投资的前期成本，为形成稳定利润基础上的持续发展提供支持。

鼓励技术研发合作，提升产业技术水平。双方应加强技术研发领域的合作，鼓励各自采取基于自身理解的产品或技术协同，积极推动国际领先新技术的使用，同时考虑技术对人力的替代，通过创新扩大供给，减少技术对人工替代造成的负面影响。投资合作应有利于提高双方在全球产业链和价值链中的位置，提高技术水平，降低成本，增加企业的利润率。在研发合作中应采取灵活的方式，促进跨国技术转让，并通过协同有效保护企业的知识产权。

创新金融产品服务，降低跨国投资成本。注重西亚国家金融市场的特殊性，通过监管机构、金融机构、投资企业和各类市场投资主体的良好互动，帮助投资企业解决资金流动与业务发展不匹配的问题，同时为资金提供者带来更为稳定的现金流。探索包括人民币在内的多种货币支付和使用，降低由于汇率波动给业务发展带来的风险敞口。促进为企业融资金融市场的更有效竞争，为企业降低开展跨国投资的成本提供更优质的金融产品和服务。

发挥各方协同作用，减少投资风险冲击。积极发挥商协会的作用，收集相关信息，促进投资合作供需双方对接，为政府法律和政策作用的有效发挥提供桥梁，创造条件。在可能的情况下建设或加强投资风险预警机制，帮助企业及时发现市场变化或其他因素带来的投资风险。协同和支持企业增强应对和抵御内外部风险的能力，改善企业内部组织结构，提高风险响应和处置速度。鼓励金融机构提供保险产品，为企业减少风险损失提供更多选择。

资料文献
Documentation

Y.19

2018~2019年国内外中东研究新进展

姜英梅*

2018～2019年的国内外中东研究成果丰硕，在中东政治、外交、国际关系、经济发展、地区安全、社会文化、宗教、法律等领域出版了一批专著，发表了大量学术论文及专业类文章。中东学界广泛将政治学、国际关系学、社会学、经济学、历史学、民族学、宗教学等学科的理论与方法运用到中东研究中，跨学科研究不断发展。中东研究领域进一步拓展，在保持基础研究和学术研究的传统上，出现了应用研究和智库研究并重的趋势。围绕全球格局变化和中东地区形势发展变化，中东研究中重点问题研究和热点问题研究相得益彰，学术著作和学术成果丰富多彩。国别和地区研究也运用到中东研究中，在学科建设、知识产出和政策咨询方面的作用日益增强。国内学术交流和学术活动百花齐放，与此同时，国际学术交流频繁，国际学术合作

---

* 姜英梅，法学博士，中国社会科学院西亚非洲研究所副研究员，主要研究中东经济、金融等问题。

与学术交流的层级、频度、种类日益增多。不过，国内中东研究在质量、深度、国际话语权、人才队伍建设等方面还存在一些不足，学科体系尚不完善，未来国内中东研究应向纵深化发展。

一 国际中东学科的发展动态和进展

2019 年国际中东学科不断向纵深发展，在注重基础研究和人文研究的基础上，加大对历史和宗教文化研究的深度，注重中东国际力量对比研究，同时加大对中东重大现实问题和热点问题的探讨和研究。美国的中东研究机构多、队伍强，紧随国际学科前沿研究。英国的中东研究重历史、轻理论，重基础、轻动态，重细节、轻宏观，重田野调查、轻演绎推理，重跨学科研究、轻单一研究，重传承、轻创新。① 国际中东研究与国内中东研究的交流与合作日益增多，互访互动频繁。无论是中东国家的研究机构还是欧美西方国家的中东学界，对中国在中东的作用和中国与中东国家关系等问题的兴趣日益强烈，对中国的"一带一路"倡议也日益认可。

（一）国外学术交流与合作

当今世界正处于一个大发展、大变革、大调整的时期，中东国家总体上也处于长期而深刻的政治社会经济转型阶段。2010 年末以来，中东大变局在地区动荡与阵痛中延续与发展，新老热点问题交织并存，大国在中东的博弈互动令人关注，中东战略力量对比、地区国际关系格局变化正处在冷战后的重要转型过渡期。国际中东学界对中东历史、地缘政治格局及地区安全形势的关注度非常高。谢赫组织（Shaikh Group）分别于 2019 年 2 月、7 月和 12 月在柏林、拉巴特和多哈举行了三轮有关中东安全的二轨中东战略对话。7 月，由英国剑桥大学海湾研究中心主办的第 10 届海湾研究学术年会成功

① 孙德刚：《美国的中东研究》（2019 年 10 月 23 日在中国社会科学院西亚非洲研究所的学术讲座）。

举办。7月，新加坡中东所举办了"东亚与西亚的新地缘政治：新安全趋势"国际研讨会。与此同时，国际中东学界对中东历史、民族、宗教领域的关注度也非常高，例如，5月，美国芝加哥大学中东研究中心举办"第34届中东历史与理论研讨会"。所述的国际学术会议和论坛，都有中国中东研究的学者参会，并进行大会主旨发言，有力地阐述了中国的中东政策，提升了话语权。

与此同时，受"一带一路"倡议、中美贸易冲突等影响，中国的中东政策及中国在中东的作用等议题成为国际中东研究智库和研究机构重点关注的内容，有关中国与中东关系问题也成为国际论坛的主要议题之一。2019年1月，中国社会科学院西亚非洲研究所代表团应邀出席由塞浦路斯欧洲和国际事务中心、尼科西亚大学联合举办的"'一带一路'倡议与中国在中东地区的新角色"国际研讨会，以及吉布提外交与国际合作部下属外交学院主办的"中吉'一带一路'学术研讨会"。4月16日，上海外国语大学中东研究所和哈佛大学中东研究中心联合举办"21世纪中国与中东关系"学术研讨会。6月6日，美国智库大西洋委员会中东项目组举行"变化中的中国中东角色"学术讨论会。8月，德国席勒研究所举办"'一带一路'与西亚非洲的和平与发展"国际学术研讨会。11月11日，中国社会科学院—阿联酋大学联合主办的首届中国与海湾合作论坛在阿联酋大学举行。

（二）国外中东学界各领域主要成果

2018年是第一次世界大战结束一百周年，第一次世界大战结束对中东地缘政治格局影响巨大，因此国外中东学界对中东历史研究的热潮也逐渐升温。在中东历史专著中，首推英国牛津大学著名中东问题专家尤金·罗根（Eugene Rogan）撰写的《征服与革命中的阿拉伯人：1516年至今》①，涵盖了从北非到阿拉伯半岛的整个阿拉伯世界，探索了近现代阿拉伯历史的方方面面。此外，还有美国学者巴巴拉·塔奇曼（Barbara W. Tuchman）和英国

---

① 〔英〕尤金·罗根：《征服与革命中的阿拉伯人：1516年至今》，廉超群、李海鹏译，浙江人民出版社，2019。

学者尤金·罗根撰写的《中东与帝国的博弈和覆灭》①，英国学者卡罗琳·芬克尔的《奥斯曼帝国 1299～1923》②，等等。

由于近十年来的中东大变局，国外中东学者对中东现当代政治、安全的研究非常关注。Jillian Schwedler 的《理解当代中东》③ 重新出版，经过彻底修订和更新的版本探讨了最近发生的一系列事件在塑造该地区方面的影响，以及中东既定政治、经济和社会关系模式的延续性。Karl Yamber 的《当代中东：西方视角》④ 为我们介绍了该地区最紧迫的关切和持久的冲突。Sara Bazoobandi 的《中东地区新秩序》⑤ 探讨了中东变化的一些驱动力，旨在提供这个地区的前景。Pinar Bilgin 的《中东地区安全》⑥ 对中东的区域安全进行了批判性分析。

中东民族众多、矛盾冲突不断。伊斯兰教对中东政治、经济、社会文化以及国际关系的影响和作用从未停止，对中东民族、宗教的研究也是学界重要内容之一。埃及学者艾哈迈德·爱敏的《阿拉伯伊斯兰文化史》（全八册）⑦，美国学者 Tim Mackintosh-Smith 撰写的《阿拉伯：民族、部落和帝国的 3000 年历史》⑧，都称得上是优秀著作。《阿拉伯伊斯兰文化史》是研究和了解阿拉伯伊斯兰文化成就的鸿篇巨制，被阿拉伯学术界誉为"划时代的伊斯兰百科全书"。英国学者 Zaid Eyadat，Francesca M. Corrao 等撰写的《伊斯兰、国家与现代性》⑨阐述了伊斯兰教与国家以及阿拉伯现代化之间的关系。美国

① 〔美〕巴巴拉·塔奇曼、〔英〕尤金·罗根：《中东与帝国的博弈和覆灭》，何卫宁、王阳阳等译，广西师范大学出版社，2019。

② 〔英〕卡罗琳·芬克尔：《奥斯曼帝国 1299～1923》，邓伯宸、徐大成等译，民主与建设出版社，2019。

③ Jillian Schwedler, *Understanding the Contemporary Middle East*, Lynne Rienner Publisher, 2019.

④ Karl Yamber, *The Contemporary Middle East：A Westview Reader*, Routledge, 2019.

⑤ Sara Bazoobandi, *The New Regional Order in the Middle East*, Palgrave MacMillan, 2019.

⑥ Pinar Bilgin, *Regional Security in the Middle East：A Critical Perspective*, Routledge, 2019.

⑦ 〔埃及〕艾哈迈德·爱敏：《阿拉伯伊斯兰文化史》（全八册），赵军利译，商务印书馆，2019。

⑧ Tim Mackintosh-Smith, *Arabs：A 3000 Year History of Peoples, Tribes and Empires*, Yale University Press, 2019.

⑨ Zaid Eyadat, Francesca M. Corrao, *Islam, State, and Modernity：Mohammed Abed al-Jabri and the Future of the Arab World*, Palgrave Macmillan, 2019.

学者Jasmin Zine的《政治穆斯林》① 从全球视角来认识当代的阿拉伯青年抵抗运动。

发展问题是中东地区国家的核心问题之一，同时发展又成为中东不稳定与动荡的原因之一。因此，中东经济领域也是国外中东学界研究的重要内容之一。英国学者Malcolm H. Kerr，El Sayed Yassin 等编著的《中东富国与穷国：埃及与阿拉伯新秩序》② 指出虽然石油财富使一些中东阿拉伯国家变得富裕了，但其他缺乏石油资源的国家仍然贫穷。Nehme Azoury 的《中东商业与社会》③ 讨论了中东地区社会和企业之间的独特关系。Jalilvand 的《中东北非能源的政治和经济挑战》④ 阐述了中东地区能源格局及其所面临的政治和经济挑战。Mishrif 的《海湾国家经济多元化》⑤ 以及 Adam Hanieh 的《货币、市场与君主政体：海湾合作委员会与当代中东政治经济》⑥ 都聚焦于海合会国家的经济发展。

随着中东社会转型进程和不断发生的社会动荡和街头游行，中东社会文化研究也成为国外中东研究的内容之一。土耳其学者 Tugrul Keskin 撰写的《"9·11"之后的中东》⑦ 展示了当前中东学术方法对中东社会内部转型的长期影响。美国学者斯科特·安德森的《破碎大地：21世纪中东的六种人生》从六个主人公命运的角度，为我们呈现了"阿拉伯之春"后中东的动荡。伴随中国崛起以及阿拉伯国家"向东看"，中国与阿拉伯国家之间的文化交流日益增多。叙利亚大诗人阿多尼斯的《桂花：阿多尼斯中国题

---

① Jasmin Zine, *Political Muslims*: *Understanding Youth Resistance in a Global Context*, Syracuse University Press, 2019.

② Malcolm H. Kerr, El Sayed Yassin, Jeswald Salacuse, *Rich and Poor States in the Middle East*: *Egypt and the New Arab Order*, Routledge, 2019.

③ Nehme Azoury, *Business and Society in the Middle East*: *Exploring Responsible Business Practice*, Palgrave MacMillan, 2019.

④ Jalilvand, *The Political and Economic Challenges of Energy in the Middle East and North Africa*, Routledge, Taylor & Francis Group, 2018.

⑤ Mishrif, *Economic Diversification in the Gulf Region*, Palgrave Macmillan, 2018.

⑥ Adam Hanieh, *Money*, *Markets*, *and Monarchies*, Cambridge University Press, 2018.

⑦ Tugrul Keskin, *Middle East Studies After September 11*: *Neo-Orientalism*, *American Hegemony and Academia*, Haymarket Books, 2019.

材长诗》就是代表作之一。

国际关系领域，中东地缘政治格局变化、地区国家关系、地区国家与世界大国关系都成为国外中东学界研究的重要内容。英国学者 Aurel Braun，Edwin H. Fedder，Avner Yaniv 编著的《全球战略中的中东》① 强调了国际政治和战略之间的重要联系，并全面分析了中东主要国际行动者的战略利益。May Darwich 的《中东威胁与联盟》② 考察了两个阿拉伯国家沙特阿拉伯和叙利亚对威胁的不同看法以及随后的联盟选择。美国中东政策以及俄罗斯中东政策仍是国际关系中的主要内容。David Lesch，Mark L. Haas 的《中东与美国》③ 以及 Bledar Prifti 的《美国中东外交政策》④ 均详细探讨了这一领域的演变。此外，阿以冲突仍旧是中东研究的重要问题，例如英国学者马丁·吉尔伯特出版了《以色列的历程：从西奥多·赫茨尔到中东和平之路》⑤ 一书。

二 国内中东历史、政治、安全的主要研究成果

中东具有热点问题频发、长期动荡不安的特点，中东历史、政治与安全问题一直是国内中东学界研究的主要内容。

中东政治领域，中国社会科学院西亚非洲研究所唐志超研究员撰写的《新中东秩序构建与中国对中东战略》⑥ 通过梳理当前中东的战略环境，从全球性大国的中东外交视角，深入探讨了中国在当前中东大变局中应该扮演的角色以及中国在新秩序构建中应发挥的作用。此外，贺鉴撰写的《北非

① Aurel Braun，Edwin H. Fedder，Avner Yaniv，*The Middle East in Global Strategy*，Routledge，2019.

② May Darwich，*Threats and Alliances in the Middle East：Saudi and Syrian Policies in a Turbulent Region*，Cambridge University Press，2019.

③ David Lesch，Mark L. Haas，*The Middle East and the United States*，Routledge，2019.

④ Bledar Prifti，*U. S. Foreign Policy in the Middle East：The Case for Continuity*，Palgrave MacMillan，2019.

⑤ 〔英〕马丁·吉尔伯特：《以色列的历程：从西奥多·赫茨尔到中东和平之路》，扈喜林译，广东人民出版社，2020。

⑥ 唐志超：《新中东秩序构建与中国对中东战略》，社会科学文献出版社，2019。

阿拉伯国家宪法变迁与政治发展研究》① 对北非阿拉伯国家宪法变迁与政治
发展的历程进行系统深入的研究，揭示其发展进程中的规律。安惠侯的
《中东热点的冷观察》② 积极推进我国中东问题的政策研究和理论研究。近
年来，在中国社会科学院西亚非洲研究所《中东黄皮书》系列报告的影响
下，国内一些研究机构也相继出版地区发展报告或者国别报告。2019年有
关中东地区的报告包括宁夏大学阿拉伯研究院李绍先、张前进主编的《阿
拉伯国家形势报告（2018/2019）》、西北大学中东研究所黄民兴主编的《中
东形势与战略（2018）》、中国社会科学院西亚非洲研究所李新烽主编的
《中东发展报告（2018~2019）》③ 等。各类报告各有侧重和主题，相得益
彰。国别类的研究报告包括郑州大学的《以色列发展报告（2019）》、西
南大学冀开运等主编的《伊朗发展报告（2017~2018）》、西北大学王新
刚等主编的《叙利亚发展报告（2018）》。此外，2019年中东政治领域也
有许多优秀的学术论文。

在中东史研究领域，哈全安撰著的《中东史》（上、中、下）④ 尤为突
出。书中指出，中东位于亚非欧三大洲的核心区域，具有久远的历史传统和
深厚的文明积淀，其历史之路始终都不是平坦的。此外还有黄民兴撰写的
《中东历史与现状二十讲》（中国书籍出版社，2019），该书对中东几千年历
史和动荡的现状进行了白描，这也是作者从事中东研究近四十年的一个
总结。

中东安全领域的研究也比较突出，如《西亚非洲》期刊刊发的《中东
安全形势新变化及中国参与地区安全治理探析》（李伟建）、《恐怖主义动荡
弧：基于体系视角的解读》（王涛、鲍家政）；《阿拉伯世界研究》刊发的
《政治不安全感与海湾地区冲突的根源析论》（蒂姆·尼布洛克）、《域外中
东大国的中东安全治理观：一项比较研究》（孙德刚、马雨欣）等。

---

① 贺鉴：《北非阿拉伯国家宪法变迁与政治发展研究》，社会科学文献出版社，2018。
② 安惠侯：《中东热点的冷观察》，世界知识出版社，2018。
③ 李新烽主编《中东发展报告（2018~2019）》，社会科学文献出版社，2019。
④ 哈全安：《中东史》（上、中、下），上海社会科学院出版社，2019。

三 国内中东经济领域主要研究成果

中东经济研究一直是国内中东学科的薄弱环节。随着"一带一路"建设的推进，中国与中东经贸合作逐渐深化，中东发展问题逐渐成为中东学科研究的重要内容。2019 年中东经济学科的研究成果以国别研究为主。例如韩建伟的《伊朗伊斯兰共和国经济现代化研究》[①]，以经济史的框架从纵向和横向对伊朗伊斯兰共和国的经济现代化进行了深入、系统、全面的研究。陈天社所著《穆巴拉克时期的埃及》[②]，对穆巴拉克时期的埃及做了全面、系统而深入的研究。随着伊拉克政局稳定，以及叙利亚和平曙光初现，有关国家重建的研究也日益受到关注。例如《叙利亚重建的困境、归因与超越》（王晋），《伊拉克国家重建困境的根源及出路》（王丽影、王林聪），等等。此外，中东经济学界对中国与中东国家共建"一带一路"研究也逐渐重视，例如学术论文《中东国家基础设施建设与"一带一路"合作前景》（姜英梅），《摩洛哥工业发展战略与中摩产能合作》（刘冬）[③]，《沙特阿拉伯新政与中沙合作前景》（陈沫），以及中国社会科学院国家智库报告《中国与埃及友好合作》（王林聪、朱泉钢），《中国与阿尔及利亚友好关系》（王金岩），等等。其中《中国与埃及友好合作》认为，中埃战略伙伴关系的高质量发展，一是需要以新安全观推进安全环境建设，有效防范和应对各种安全风险；二是需要以新发展观推进能力建设，把握数字经济时代脉搏，立足于提升自主创新能力；三是需要以"一带一路"共建为契机，促进产能合作，助推埃及工业化进程，实现经济可持续发展；四是需要扩宽中埃交流机制，推动民心相通，实现中埃关系高层次、高水平和持久发展。

---

① 韩建伟：《伊朗伊斯兰共和国经济现代化研究》，时事出版社，2019。
② 陈天社：《穆巴拉克时期的埃及》，社会科学文献出版社，2019。
③ 姜英梅：《中东国家基础设施建设与"一带一路"合作前景》，《阿拉伯世界研究》2019 年第 2 期；刘冬：《摩洛哥工业发展战略与中摩产能合作》，《阿拉伯世界研究》2019 年第 2 期。

四　国内中东外交与国际关系的主要研究成果

2019 年中东国际关系领域的著述（著作类）相比 2018 年产量有所减少。相关著作主要有李凡著《日本的苏联及中东政策研究》①，该书指出，日本的中东政策，是其推行"政治大国"外交战略的突破口，日本许多带有政治性的外交举动都首先出现在对中东外交政策上，对此进行研究，可以更好地理解日本的外交政策，对我国指定相关外交政策有重要意义。中国前中东问题特使吴思科著《中国政府中东问题特使讲述——丝路外交见闻》②，阐述了中国的中东政策。在百年未有之大变局背景下，中东学界更加重视中国与中东的外交，例如孙德刚《论 21 世纪中国对中东国家的伙伴外交》③，汪波、姚全《新时期中国中东外交思想构建研究》④ 等就较为详尽地论述了这方面的情况。此外，在伊朗伊斯兰革命四十周年之际，随着美伊局势紧张加剧，关于伊朗国际关系的研究也非常突出，例如刘中民《后霍梅尼时代伊朗外交中的伊斯兰因素——从拉夫桑贾尼时期至内贾德时期》⑤，金良祥《伊朗与国际体系：融入还是对抗？》⑥，范鸿达《美国特朗普政府极限施压伊朗：内涵、动因及影响》⑦，等等。

五　国内中东民族宗教、社会文化的主要研究成果

中东地区民族矛盾、宗教纠纷复杂，对政治、经济及社会文化影响深

---

① 李凡：《日本的苏联及中东政策研究》，江苏人民出版社，2019。
② 吴思科：《中国政府中东问题特使讲述——丝路外交见闻》，中国文史出版社，2019。
③ 孙德刚：《论 21 世纪中国对中东国家的伙伴外交》，《世界经济与政治》2019 年第 7 期。
④ 汪波、姚全：《新时期中国中东外交思想构建研究》，《阿拉伯世界研究》2019 年第 2 期。
⑤ 刘中民：《后霍梅尼时代伊朗外交中的伊斯兰因素——从拉夫桑贾尼时期至内贾德时期》，《阿拉伯世界研究》2019 年第 4 期。
⑥ 金良祥：《伊朗与国际体系：融入还是对抗？》，《西亚非洲》2019 年第 1 期。
⑦ 范鸿达：《美国特朗普政府极限施压伊朗：内涵、动因及影响》，《西亚非洲》2019 年第 5 期。

远。国内中东学界非常重视对中东民族、宗教与社会文化领域的研究。

国内对中东民族研究主要集中在阿拉伯民族、犹太民族、波斯民族、土耳其民族、库尔德民族这五大民族上。2019 年有关中东民族研究的学术成果主要有：唐志超《政治游说与社会公关：库尔德移民对欧盟库尔德政策制定的影响》①，宋全成、温婧《欧洲缘何泛起排斥穆斯林族群的思潮？》，肖文超《伊拉克库尔德伊斯兰运动的发展演变及其影响》，高文洋、韩志斌《摩洛哥柏柏尔问题的缘起与嬗变》，郝诗羽《埃及塞西政府的科普特族权政策及其挑战》，等等。

2019 年中东宗教研究（尤其是伊斯兰教）成果丰硕。金宜久的《伊斯兰教史》② 是一部伊斯兰教世界通史。田艺琼著《非传统安全视域下的"当代瓦哈比派"研究》③，梳理了瓦哈比主义宗教改良思想的兴起背景与发展沿革。中国社会科学院西亚非洲研究所青年学者戚强飞的《安萨里论神圣能力》④ 发表在宗教类的权威期刊——《世界宗教研究》上。

关于中东社会文化的研究也日益受到关注。如车效梅著《中东城市化与社会稳定研究》⑤，王金岩著《利比亚部落问题的历史考察》⑥。此外，有关学者还从社会结构、难民、女性主义的视角对中东进行了考察与研究。

六 国内中东研究重要的学术活动和成就

中东地区局势的变化为中东研究带来了新的机遇，中国对中东的重视扩大了认识中东的需求，推动中东研究以及中东学界的学术交流与合作日益增多。2019 年，中东学会，海湾研究中心，上海中东学论坛以及各家科研机

---

① 唐志超：《政治游说与社会公关：库尔德移民对欧盟库尔德政策制定的影响》，《西亚非洲》2019 年第 3 期。
② 金宜久：《伊斯兰教史》，江苏人民出版社，2019。
③ 田艺琼：《非传统安全视域下的"当代瓦哈比派"研究》，上海社会科学院出版社，2019。
④ 戚强飞：《安萨里论神圣能力》，《世界宗教研究》2019 年第 3 期。
⑤ 车效梅：《中东城市化与社会稳定研究》，社会科学文献出版社，2019。
⑥ 王金岩：《利比亚部落问题的历史考察》，社会科学文献出版社，2018。

构和院所就中东政治、经济、安全等领域展开了丰富多彩的学术交流活动，广泛扩大了共识。

（一）国别及热点方面的学术活动

中东热点问题众多，重要地区大国是中东学界研究的重要对象，例如土耳其、伊朗、叙利亚、埃及等国。

2019年4月，中国社会科学院西亚非洲研究所举办"当前叙利亚局势及走向"报告会。8月2～5日，中国中东学会与内蒙古民族大学联合举办第三届"埃及历史与发展问题"全国学术研讨会。10月12～14日，由陕西师范大学土耳其研究中心发起的第三届土耳其年会"土耳其研究新视角：东西方研究传统的对话"国际学术研讨会在西安召开。10月23日，第五届"中国与土耳其关系"国际学术研讨会在中国社会科学院西亚非洲研究所东楼会议厅隆重举行。

海湾问题牵动中东局势。围绕伊朗核问题的国际斗争和地缘政治较量日趋激烈，海湾危机持续升级，已成为现阶段中东局势演变的焦点。8月21日，中国社会科学院海湾研究中心与中国社会科学院西亚非洲研究所联合举办"伊核问题与海湾局势"学术研讨会。9月11日，北京大学外国语学院阿拉伯语言文化系、北京大学中东研究中心、"北京大学卡塔尔国中东研究讲席项目"共同举办"伊朗与海湾问题研讨会"。

（二）中东安全领域的学术活动

和平与安全问题是中东地区持续动荡的主要原因之一，也是中东学界重点关注的领域。7月15日下午，中国社会科学院西亚非洲研究所"大国与中东关系"创新项目组举办"当前海湾安全危机"研讨会，主要讨论当前海湾地区局势与不确定因素、伊核问题走势、特朗普外交政策与中国对策等问题。11月27～28日，由中国国际问题研究院主办的首届"中东安全论坛"在北京钓鱼台国宾馆举行。通过举办中东安全论坛，中方希望为各方在中东安全治理领域打开新思路、探索新方式提供有益平台。

（三）中东发展道路学术活动

发展问题是中东持续动荡的主要原因之一，因此，国内中东学界对中东发展道路的探索日益重视。2019年4月16日，"第二届中国—阿拉伯国家改革发展论坛"在上海举行。12月1日，由中国中东学会与上海大学全球问题研究院联合主办"当代中东国家发展道路研讨会"，会议的主要议题包括中东国家经济与社会发展、政治发展、国际和地区发展环境以及重点国家的发展道路问题，是对11月举办的"中东安全论坛"的呼应，旨在为各方在中东发展和安全治理领域开辟新的思路、探讨新的路径提供契机和平台。

（四）中国与中东关系学术活动

随着中国综合国力的增强，中国与世界的联系日益紧密，我国与中东国家之间的友好关系得到了全面提升。但中国的中东外交实际上还面临着许多新的挑战和机遇，怎样维护好我们与中东国家的友好关系，如何承担我们作为一个发展中大国的责任，这些都是值得进一步探讨的重要议题。4月19日，第三届上海中东学论坛——"转型中的中东与新时代中国中东外交"学术研讨会在上海社会科学院举行。5月16～18日，上海大学全球问题研究院、土耳其研究中心和文学院共同主办第五届"中国与中东北非"国际研讨会。9月21～22日，中国中东学会年会暨"中国与中东各民族的相知和交往"学术研讨会在南京大学举行。11月1日，浙江外国语学院第三届阿拉伯研究论坛暨"一带一路"背景下中阿经贸合作研究国际学术会议在杭州召开。11月11日，中国社会科学院与阿联酋大学中国研究中心在阿联酋大学联合举办"第二届中国与海湾关系研讨会"。11月20日，中国社会科学院海湾研究中心联合中国社会科学院西亚非洲研究所举办"中东形势暨新时代的中国中东外交"学术研讨会。

总之，2019年国内中东研究进一步发展，无论从科研成果的数量和质量，还是在国内学术交流活动、智库建设、国际学术交流与合作以及国际话语权等领域，都上了一个新台阶。但是也应该看到，国内中东研究和学术活动过于追逐热点，缺乏对一些中长期重大理论与现实问题的研究，对中东中小国家的综合研究相对不足，国内中东学界的国际话语权不足，也缺乏含金量足、具有国际影响力的学术著作，人才队伍建设还须更加多元化。因此，未来国内中东研究应向纵深发展。中央的相关要求是对中东研究工作发展的重要遵循和鼓励鞭策。2016 年 5 月，中央召开了哲学社会科学工作座谈会，习近平总书记做出要从学科体系、学术体系和话语体系三个方面加强哲学社会科学工作的重要指示。2020 年 4 月 9 日，习近平主席又专门对中国非洲研究院的成立发来贺信。中央政治局委员、中央外事工作委员会办公室主任杨洁篪在宣读贺信以后，代表中央提出四点希望，即搭建学术交流合作平台、对重大问题深化协同研究、培养青年专家和高端专业人才、营造良好的舆论环境。这四点希望不仅是中央对中国非洲研究院提出的要求，也是对我国的地区研究，特别是包括中东研究在内的亚非拉发展中地区国家的研究，都具有重要的指导意义。我们中国中东学界应当在认真学习领会中央精神的基础上，顺应时代发展形势，回应时代发展命题，充分利用机遇，努力改进工作，为加快中东研究学科的发展、繁荣中国特色的中东研究，推动中国与中东国家关系发展，不断做出新的贡献。

Y.20
2019年中东地区大事记

成 红*

1月

1月8~15日 美国国务卿蓬佩奥访问中东八国（约旦、埃及、巴林、阿联酋、科威特、卡塔尔、阿曼、沙特）。

1月9日 欧洲理事会发布公报称，将两名伊朗公民和一个伊朗情报机构纳入恐怖主义名单，即日起正式对其进行制裁。这是欧盟自2015年7月伊朗核问题全面协议达成以来第一次制裁伊朗。同日，伊朗外交部发表声明，强烈谴责欧盟对伊朗实施制裁。

1月13~19日 习近平主席特别代表、中共中央政治局委员、中央外事工作委员会办公室主任杨洁篪对阿联酋、埃及、赤道几内亚、喀麦隆进行正式访问并出席在阿联酋举行的"世界未来能源峰会"有关活动。1月14日，杨洁篪在阿布扎比会见了阿联酋阿布扎比王储穆罕默德。1月16日，杨洁篪在开罗会见埃及总统塞西。

1月15日 为应对严峻的安全形势，埃及政府自即日凌晨1时起将全国范围的紧急状态再次延长三个月，这是本轮紧急状态实施以来的第七次延长。在紧急状态下，军队和警方将采取必要措施打击恐怖主义，以维护公共安全和社会秩序。

1月20日 第四届阿拉伯经济和社会发展峰会在黎巴嫩首都贝鲁特举行。会议聚焦阿拉伯国家当前面临的经济和社会发展问题，包括贫困、失业、人

---

* 成红，中国社会科学院西亚非洲研究所研究馆员，主要从事图书文献和科研管理研究。

才流失、妇女权益以及叙利亚难民危机等。此次峰会主题为"繁荣——和平的因素",来自二十个阿拉伯国家的国家元首、政府首脑及代表与会。

1月21日 埃及二号卫星实施协议签约仪式在埃及首都开罗举行,中国驻埃及大使馆公使衔商务参赞韩兵和埃及国家遥感空间科学局主席马哈茂德分别代表中埃合作单位签署协议。

1月28日 中国国务委员兼外交部部长王毅在北京会见来访的苏丹总统特使费萨尔。

1月29日 第五次地中海七国领导人峰会在塞浦路斯首都尼科西亚举行。来自意大利、法国、西班牙、葡萄牙、希腊、马耳他和塞浦路斯的地中海七国领导人参加会议。与会的各国领导人围绕欧洲面临的发展难题,特别是难民问题探讨解决方案。会后发表了《尼科西亚宣言》,各方呼吁建立一个公平合理的永久性机制,以重新分配并安置在地中海登陆的难民。

1月30~31日 卡塔尔埃米尔塔米姆·本·哈马德·阿勒萨尼对中国进行国事访问。1月31日,中国国家主席习近平在京同来访的卡塔尔埃米尔塔米姆举行会谈。两国元首一致同意,深化相互尊重、平等互利、共同发展的中卡战略伙伴关系。会谈后,两国签署了双边合作文件。同日,国务院总理李克强、全国人大常委会委员长栗战书分别在北京会见来访的卡塔尔埃米尔塔米姆。

1月31日 德国、法国和英国宣布与伊朗建立开展贸易的专项机制"贸易结算支持工具"(INSTEX),该机制投入运行后将能使欧盟有能力绕过美国对伊单边制裁,维持同伊朗的合法贸易。

2月

2月4日 中国国家主席习近平同苏丹共和国总统巴希尔互致贺电,庆祝两国建交六十周年。同日,国务院总理李克强同苏丹总理穆塔兹也互致贺电。

2月8日 联合国也门问题特使办公室发表声明称,也门政府和胡塞武装代表在约旦首都安曼就交换战俘进行的第二轮谈判结束,双方将保持对

话，以制定具体的交换名单，尽全力就换俘问题达成协议。

2月10~11日 习近平主席特使、中国科技部部长王志刚在迪拜出席第七届世界政府峰会有关活动。2月10日，王志刚会见了阿联酋副总统兼总理、迪拜酋长穆罕默德。

2月13~14日 美国和波兰在波兰首都华沙共同举办中东问题部长级会议，伊朗问题成为会议的主要议题。

2月15~17日 第五十五届慕尼黑安全会议在德国南部城市慕尼黑举行。此次会议以"倡导国际合作，维护多边主义"为主题。在众多议题中，跨大西洋伙伴关系和西亚北非局势成为各方关注的焦点话题。

2月17日 联合国秘书长新闻办公室向媒体表示，在联合国领导的重新部署协调委员会框架内，也门冲突双方代表16~17日在荷台达举行新一轮会谈，双方就荷台达第一阶段撤军计划达成协议，并原则上同意第二阶段撤军计划，但第二阶段撤军计划需要等待各自领导层拍板。双方代表将在一周内再次会面，敲定第二阶段撤军计划。

2月18~20日 伊朗伊斯兰议会议长阿里·拉里贾尼率团访华。2月19日，中国全国人大常委会委员长栗战书在京与来访的伊朗伊斯兰议会议长拉里贾尼举行会谈。2月19日，中国外交部部长王毅在京会见了陪同拉里贾尼议长访华的伊朗外长扎里夫。2月20日，中国国家主席习近平在京会见了拉里贾尼议长。

2月20日 欧洲议会外事委员会以47票赞成、7票反对的高票通过一项报告，呼吁暂停与土耳其进行"入盟"谈判。2月21日，土耳其外交部发表声明称，土耳其"绝对不能接受"欧洲议会的报告："希望欧洲议会的最终报告能考虑土耳其的反对意见，做出必要的修正，土耳其只接受一个更为现实、公正和令人鼓舞的报告。"

2月21日 由中国驻苏丹大使馆与苏丹外交部共同主办的庆祝中华人民共和国与苏丹共和国建交六十周年招待会在苏丹首都喀土穆举行。中国驻苏丹大使马新民、苏丹总统助理费萨尔·哈桑·易卜拉欣、苏丹军政各界友好人士、各国驻苏丹使节以及中资企业、留学生代表等数百人出席招待会。

2月21~22日　沙特阿拉伯王国王储兼副首相、国防大臣、中沙高级别联合委员会沙方牵头人穆罕默德·本·萨勒曼·阿勒沙特来华访问。2月22日，中共中央政治局常委、国务院副总理、中沙高级别联合委员会中方牵头人韩正在京会见了穆罕默德，并共同主持中沙高委会第三次会议。会后，韩正和穆罕默德签署了《中国政府和沙特政府高级别联合委员会第三次会议纪要》，并共同见证了双方政治、海运、产能、能源、金融等领域合作文件的签署。同日，中国国家主席习近平在京会见了来访的沙特王储穆罕默德。

2月24日　阿拉伯联合酋长国迪拜旅游局即日公布的统计数据显示，2018年入境迪拜过夜的国际游客数量为1592万人次，同比增长0.8%，其中中国游客数量达87.5万人次，同比增长12%，中国超过阿曼成为迪拜第四大旅游客源市场。

2月25日　为期两天的首届阿盟—欧盟峰会在埃及沙姆沙伊赫闭幕。在会后发表的峰会宣言中，阿盟国家和欧盟国家表示愿加强合作应对共同挑战，加强区域合作是阿盟国家和欧盟国家应对共同挑战的关键。双方一致同意，强化伙伴合作，联手应对来自各方面的危机和挑战，共同采取措施打击恐怖主义、遏制非法移民，并在诸如中东和平进程、利比亚局势、也门内战、叙利亚危机等地区热点问题上协调立场。

3月

3月6日　中共中央对外联络部部长宋涛在北京会见由总书记尼扎尔·巴拉卡率领的摩洛哥独立党代表团。

3月21日　阿联酋阿布扎比王储穆罕默德在阿布扎比会见来访的中国国务委员兼国防部部长魏凤和。

突尼斯总理沙赫德在首都突尼斯市出席中国援突建设的本·阿鲁斯青年体育文化中心项目奠基仪式。

3月27日　联合国安理会专门举行会议审议戈兰高地问题。会上，美

国以外的所有与会成员均对美国总统特朗普正式承认以色列对戈兰高地的"主权"表示反对和谴责。

3月30日 中国—黎巴嫩投资论坛在黎巴嫩首都贝鲁特举行。此次论坛由黎巴嫩法兰萨银行和黎巴嫩商会联合会组织。论坛期间,中国贸促会与黎巴嫩商会联合会签署了设立中国—阿拉伯仲裁中心的谅解备忘录,并与黎巴嫩工业部签署了推动中国对黎巴嫩产业园投资与合作的谅解备忘录。

3月30日至4月2日 中共中央委员、贵州省委书记孙志刚率中共代表团访问埃及,分别会见了埃议会第一副议长谢里夫、自由埃及人党主席哈利勒、祖国未来党总书记胡利和亚历山大省省长库索瓦,并签署了《贵州省和亚历山大省建立友好省关系意向书》。

3月31日 第三十届阿拉伯国家联盟(阿盟)首脑理事会在突尼斯举行,来自二十一个阿盟成员国的国家元首、政府首脑或代表参加了为期一天的会议。会议就一系列地区局势进行磋商,重点聚焦巴勒斯坦问题和戈兰高地问题。会议强调,坚决反对美国接连在耶路撒冷和戈兰高地问题上倒向以色列。同日,中国国家主席习近平致电阿拉伯国家联盟首脑理事会会议轮值主席突尼斯总统埃塞卜西,祝贺第三十届阿拉伯国家联盟首脑理事会会议在突尼斯市召开。

4月

4月2日 中阿合作论坛第八届企业家大会暨第六届投资研讨会在突尼斯举行。

阿尔及利亚总统布特弗利卡通过官方媒体宣布"于今日起"正式辞职。4月9日,阿尔及利亚议会任命阿民族院(参议院)议长本·萨拉赫为临时总统。

4月6日 第十七届世界经济论坛中东北非峰会在约旦首都安曼开幕,来自五十多个国家的1000多名政商界人士围绕峰会主题"构建新的合作平台"展开探讨和对话。此次会议为期两天,推出"和解与重建""创业革命""零售数码化""环境管理"等对话板块，探讨第四次工业革命在区域国家实现的可能性。

各国议会联盟第140届大会在卡塔尔首都多哈举行。一百六十多个国家的议会代表团出席会议。中国全国人大常委会副委员长沈跃跃率团与会。

4月8日 美国白宫宣布将伊朗伊斯兰革命卫队列为恐怖组织。伊朗国家最高安全委员会随后宣布，将美国中央司令部及其驻西亚地区军队认定为恐怖组织，同时声称将展开报复。

4月8~11日 中国全国人大常委会副委员长曹建明率团访问摩洛哥，同马勒基众议长举行会谈，并分别会见奥斯曼尼首相和苏伊里代参议长。

4月11日 苏丹国防部部长穆罕默德·艾哈迈德·伊本·奥夫发表电视讲话，宣布推翻总统巴希尔，国家进入三个月的紧急状态，并实行宵禁。

4月13日 苏丹过渡军事委员会主席阿卜杜勒·法塔赫·布尔汉宣布，解除在全国范围内实行的宵禁，释放所有根据前巴希尔政权紧急状态法所审判和关押的人。他同时还宣布解除苏丹所有州的军政府州长的职务，由各军区指挥官代替主持工作。

4月14日 上海外国语大学和伊朗塔巴塔巴伊大学联合成立的中国研究中心在德黑兰举行揭牌仪式。这是伊朗成立的首家专门研究中国的机构。

4月14~17日 中共中央对外联络部副部长李军率中共代表团访问伊拉克。访问期间代表团会见了"巴德尔组织"总书记阿米里、"胜利联盟"领导人阿巴迪、"国家联盟"领导人阿拉维、库民党副主席尼吉万等伊各主要政党领导人及第一副议长卡阿比等，深入宣介习近平新时代中国特色社会主义思想。

4月18日 中国国家主席习近平同巴林国王哈马德互致贺电，热烈庆祝两国建交三十周年。同日，国务院总理李克强同巴林首相哈利法也互致了贺电。

4月20日 由沙特领导的国际联军在萨那对胡塞武装的一处军事目标进行了袭击，造成多人伤亡。

4月22日 中共中央对外联络部部长宋涛在京会见来访的伊朗确定国家利益委员会委员、前议长哈达德·阿德尔率领的伊朗确定国家利益委员会

考察团。

4月25日 中国国家主席习近平在京分别会见来华出席第二届"一带一路"国际合作高峰论坛的塞浦路斯总统阿纳斯塔夏季斯,埃及总统塞西和阿联酋副总统兼总理、迪拜酋长穆罕默德。

4月27日 塞浦路斯总统阿纳斯塔夏季斯,埃及总统塞西,阿联酋副总统兼总理、迪拜酋长穆罕默德在北京出席主题为"共建'一带一路'、开创美好未来"的第二届"一带一路"国际合作高峰论坛领导人圆桌峰会。此次峰会由中国国家主席习近平主持并致开幕辞。

5月

5月3~7日 中国政府非洲事务特别代表许镜湖访问苏丹,访问期间分别会见了苏丹过渡军事委员会主席布尔汉、副主席哈马达尼和代理外长易卜拉欣,就苏丹局势、中苏关系等交换了看法。

5月8日 中国国家主席习近平应约同沙特阿拉伯王国国王萨勒曼通电话。习近平指出,中方高度重视发展中沙全面战略伙伴关系,视沙特为推进共建"一带一路"的重要合作伙伴。萨勒曼表示,祝贺中国成功举办第二届"一带一路"国际合作高峰论坛,相信将对促进国际发展合作发挥重要作用。

伊朗宣布中止履行"伊核协议"部分条款以反制美国。

5月16日 中国国务委员兼外交部部长王毅在京会见来访的土耳其第一副外长厄纳尔。

5月17日 中国外交部部长王毅在京会见来访的伊朗外长扎里夫。

5月23日 第六届中国(土耳其)贸易博览会在伊斯坦布尔开幕,300多家中国外贸企业参展,吸引土耳其和其他国家众多采购商与会。

6月

6月6日 塞浦路斯议会议长西卢里斯会见来访的中国全国政协副主席

刘新成及其率领的全国政协代表团。

6月13～14日 上海合作组织成员国元首理事会会议在吉尔吉斯共和国首都比什凯克举行。阿富汗伊斯兰共和国总统加尼、伊朗伊斯兰共和国总统鲁哈尼作为观察员国领导出席了会议。6月14日，中国国家主席习近平在比什凯克会见了伊朗总统鲁哈尼。

6月14～20日 埃及议长阿里率团访华。访华期间，6月18日，全国人大常委会委员长栗战书在京与阿里议长举行会谈，并共同出席中埃议会交流机制第五次会议第一阶段会议。同日，全国政协主席汪洋在京会见阿里议长。6月19日，中国国家副主席王岐山在京会见阿里议长。

6月15日 亚洲相互协作与信任措施会议第五次峰会在塔吉克斯坦首都杜尚别举行。会议由塔吉克斯坦总统拉赫蒙主持。阿富汗、阿塞拜疆、孟加拉国、柬埔寨、伊朗、哈萨克斯坦、吉尔吉斯斯坦、卡塔尔、俄罗斯、斯里兰卡、土耳其、乌兹别克斯坦等亚信成员国领导人或代表和观察员国代表以及有关国际和地区组织代表出席会议。与会各方围绕"共同展望：为了一个安全和更加繁荣的亚信地区"主题交换意见，深入讨论了各方共同关心的国际和地区问题，共谋亚洲持久和平和共同繁荣大计，并达成广泛共识。中国国家主席习近平出席峰会并发表题为"携手开创亚洲安全和发展新局面"的重要讲话。

中国国家主席习近平在杜尚别会见卡塔尔埃米尔塔米姆。

中国国家主席习近平在杜尚别会见土耳其总统埃尔多安。

6月16～21日 阿拉伯叙利亚共和国副总理兼外长瓦利德·穆阿利姆访华。6月17日，国家副主席王岐山在京会见穆阿利姆。6月18日，中国国务委员兼外交部部长王毅在京同穆阿利姆举行会谈。

6月24日 中国国务委员兼外交部部长王毅在京与来华出席中非合作论坛北京峰会成果落实协调人会议的南苏丹外长尼亚尔举行会谈。

6月25日 中国国务委员兼外交部部长王毅在京会见来华出席中非合作论坛北京峰会成果落实协调人会议的利比亚外长西亚拉。

7月

7月2日 土耳其共和国总统雷杰普·塔伊普·埃尔多安访华。当日，中国国家主席习近平在京与埃尔多安总统举行会谈。

中国政府向黎巴嫩政府交付一批紧急人道主义援助物资，用于帮助在黎巴嫩的叙利亚难民以及接纳难民的黎方社区。

7月7~9日 由卡塔尔和德国共同主办的阿富汗内部和平会议在卡塔尔首都多哈举行。阿富汗政府、塔利班和阿其他各派别共60多人以个人身份参加了此次会议。会议声明内容包括：只有进行全面谈判才能实现持久和平、阿富汗不应再发生战争、国际社会应当尊重阿富汗的价值观以及保障学校、医院、居民区、水坝等公共设施安全等。

7月12日 土耳其正式开始从俄罗斯接收S—400防空导弹系统。美国国会两党参议员在S—400防空导弹系统首批设备运抵安卡拉后对土耳其进行了谴责，并呼吁立即对其实施反制措施。

7月15日 欧盟各成员国外长在布鲁塞尔就如何挽救"伊核协议"进行紧急磋商。会后发表的决议表示，国际社会不能草率重启对伊制裁，致使来之不易的"伊核协议"面临崩溃风险。

7月16日 约旦王宫发布声明，正式任命扎伊德·卢齐为约旦新任驻卡塔尔大使，这意味着约卡两国自2017年6月以来降级的外交关系正式恢复为大使级。

中共中央对外联络部部长宋涛在京会见由总书记艾哈迈德·哈里里率领的黎巴嫩未来阵线干部考察团。

7月17日 伊朗宣布军方14日在霍尔木兹海峡将一艘外国油轮拖至伊朗水域，因为这艘油轮遇到了技术故障，需要帮助和修复。此前，一艘装载伊朗原油的油轮在直布罗陀海域遭到英国扣留。一些西方媒体指责这是伊朗的"报复行为"。自美国5月宣布全面禁止伊朗原油出口以来，海湾地区发生多艘油轮遇袭和重要原油设施遭袭扰事件，此次事件令本已紧张的海湾局势进一步升温。

联合国和非洲联盟驻达尔富尔联合特派团（联非达团）在苏丹法希尔超级营地内为中国第二批赴苏丹达尔富尔维和直升机分队全体 140 名官兵授予和平荣誉勋章。

7 月 21～23 日 阿拉伯联合酋长国阿布扎比王储穆罕默德·本·扎耶德·阿勒纳哈扬对中国进行国事访问。7 月 22 日，中国国家主席习近平在京同来访的阿联酋阿布扎比王储穆罕默德举行会谈，会谈后，两国签署了多项双边合作协议。当晚，习近平主席在京再次会见穆罕默德，两国领导人就中阿关系和共同关心的国际和地区问题继续深入交换意见。同日，国务院总理李克强、全国人大常委会委员长栗战书分别在京会见了阿布扎比王储穆罕默德。7 月 23 日，两国发表了《中华人民共和国和阿拉伯联合酋长国关于加强全面战略伙伴关系的联合声明》。同日，中国国家副主席王岐山在京出席庆祝中国—阿联酋建交三十五周年招待会，并会见了阿联酋阿布扎比王储穆罕默德。

7 月 25 日 突尼斯总统贝吉·凯德·埃塞卜西病逝。7 月 26 日，中国国家主席习近平就突尼斯总统埃塞卜西不幸逝世向突尼斯代总统纳赛尔致唁电。同日，中国国务院总理李克强就埃塞卜西不幸逝世向突尼斯总理沙赫德致唁电。

7 月 26 日 突尼斯祝福突尼斯党主席、政府总理沙赫德在突会见来访的中共中央对外联络部部长宋涛。

7 月 28 日 伊朗核问题全面协议联合委员会特别会议在奥地利维也纳举行，讨论全面协议执行相关问题。本次会议由欧盟对外行动署秘书长施密特主持，伊朗副外长阿拉格希、俄罗斯副外长里亚布科夫以及英、法、德三国相关官员与会，中国外交部军控司司长傅聪率团出席。各方代表在会议上重申："将寻求在联委会框架内解决履约相关问题，确保完整、有效执行伊核协议。"

7 月 28～30 日 中共中央对外联络部部长宋涛率中共代表团访问伊朗，会见伊朗议长拉里贾尼、确定国家利益委员会（简称确委会）主席萨迪克、

第一副总统贾汉吉里、确委会秘书长雷扎伊、科技事务副总统萨塔里、外长扎里夫、联合党总书记巴达姆奇安等人。

8月

8月4日　埃及首都开罗市中心发生一起严重爆炸事件，造成至少20人死亡、约50人受伤。8月5日，埃及总统塞西强烈谴责开罗市中心发生的爆炸事件是一起"懦弱的恐怖主义事件"，誓言政府将全力铲除恐怖主义。8月6日，中国国家主席习近平就埃及开罗发生恐怖袭击向埃及总统塞西致慰问电。

8月5日　叙利亚军方宣布，因反对派武装拒绝遵守停火协议并多次发起袭击，叙军方将重启在该国西北部伊德利卜省的军事行动。

8月25~27日　伊朗伊斯兰共和国外交部部长穆罕默德·贾瓦德·扎里夫对中国进行正式访问。8月26日，中国外交部部长王毅在京会见了扎里夫。

8月28日至9月6日　第六十一届大马士革国际博览会在叙利亚首都大马士革举行。本届博览会吸引了来自三十八个国家和地区的约1700家企业参展。

9月

9月2日　外交部发言人耿爽宣布：即日起，翟隽大使将担任中国政府中东问题特使。

9月5~8日　第四届中阿博览会在宁夏银川举办，博览会以"新机遇、新未来"为主题，重点围绕贸易投资、互联网＋、跨境电商、基础设施、产能合作等领域，举办投资贸易促进、会议论坛、展览展示等活动，推动中阿在上述领域的互利合作。

9月7日　第三次中国—阿富汗—巴基斯坦外长对话在巴基斯坦伊斯兰

堡举行。中国国务委员兼外交部部长王毅、阿富汗外长拉巴尼、巴基斯坦外长库雷希出席。三国外长同意通过"阿人主导、阿人所有"的和解进程，推动阿富汗实现持久和平稳定；同世界银行等国际金融机构合作开展三国互联互通项目；并通过了三国合作打击恐怖主义谅解备忘录首批落实项目清单。三国外长还同意，2020年在中国举行第四次三方外长对话。对话会后发表了三方联合声明。

9月8日 埃及航天局在位于埃及新行政首都附近的航天城举行仪式，宣布由中国援助的埃及二号卫星项目启动。

9月11日 中央军委副主席许其亮在京会见来访的伊朗武装力量总参谋长巴盖里。

9月11~13日 中共江西省委书记刘奇率中共代表团访问塞浦路斯，分别会见塞民主大会党主席奈奥菲多、劳进党中央政治局委员卢卡伊迪斯，以及塞政府、地方领导人。

9月19~23日 伊拉克共和国总理阿迪勒·阿卜杜勒—迈赫迪对中国进行正式访问。访问期间，中国国家主席习近平在京会见了阿卜杜勒—迈赫迪总理，李克强总理与阿卜杜勒—迈赫迪总理举行了会谈，两国签署了双边经济技术、金融、人文等领域多个合作文件。

9月20日 中国国家主席习近平应约同沙特阿拉伯王国国王萨勒曼通电话。萨勒曼通报了近日沙特石油设施遭遇袭击的有关情况。习近平强调，中方对沙特石油设施遭遇袭击予以谴责，这一事件给海湾地区局势和国际能源市场带来冲击，希望事件得到全面、客观、公正调查，呼吁有关方面避免采取导致地区局势紧张升级的行动，共同维护地区和平稳定。

9月22~25日 中国最高人民法院院长周强率中国法院代表团访问阿联酋，访问期间会见了阿联酋联邦国民议会议长阿迈勒·古拜希。

9月23日 中国国务委员兼外长王毅在纽约出席联合国大会期间会见塞浦路斯总统阿纳斯塔夏季斯。

9月24日 中国国务委员兼外长王毅在纽约出席联合国大会期间会见苏丹过渡政府总理哈姆杜克。

10月

10 月 11 ~ 12 日 第三次六国议长会议在土耳其伊斯坦布尔举行。会议围绕强化地区经济联通和反恐议题展开讨论，通过了《伊斯坦布尔宣言》。来自巴基斯坦、阿富汗、伊朗、俄罗斯、土耳其等国议会的领导人出席会议。中国全国人大常委会副委员长王东明率团出席会议。

10 月 19 日 为期两天的第三届塞浦路斯中国节在塞浦路斯南部旅游胜地利马索尔开幕。

11月

11 月 6 日 中国全国人大常委会委员长栗战书在京同访华并出席第二届中国国际进口博览会的塞浦路斯议长西卢里斯举行会谈。11 月 8 日，中国全国政协主席汪洋在京会见西卢里斯议长。

11 月 8 ~ 11 日 中共中央委员、陕西省委书记胡和平率中共代表团访问阿拉伯联合酋长国。访问期间分别会见阿外交事务国务部部长加尔贾什，阿布扎比执行局主席、总统中国事务特使哈勒敦，迪拜经济发展局局长卡姆齐等，并在阿联酋战略研究中心出席中共十九届四中全会精神宣介会。

11 月 10 ~ 16 日 中国全国政协主席汪洋对埃及、阿曼进行正式友好访问。在埃及访问期间，汪洋分别会见了埃及总统塞西、总理马德布利，并同埃及议会议长阿里举行会谈。在阿曼访问期间，汪洋分别会见了阿曼内阁事务副首相法赫德、阿曼协商会议主席马瓦利，并同阿曼国家委员会主席蒙泽里举行了会谈。

11 月 14 日 中共中央对外联络部部长宋涛在京会见来访的伊朗负责科技事务的副总统萨塔里，就中伊加强科技、人文等领域合作和密切党际交流等交换了意见。

11 月 19 日 中共中央对外联络部部长宋涛在京会见由叙利亚复兴党副

总书记希拉勒·希拉勒率领的代表团，就加强中叙关系、深化党际合作等交换看法。

11 月 21 ~ 23 日　中国人权发展基金会代表团访问埃及。

11 月 21 ~ 25 日　中国新疆文化交流团访问沙特阿拉伯首都利雅得和第二大城市吉达，与沙特各界代表就新疆的反恐和去极端化形势、民族宗教政策、职业技能教育培训工作等展开广泛交流。

11 月 22 日　中国国家副主席王岐山在京会见了由党的副总书记希拉勒·希拉勒率领的叙利亚复兴党代表团。

11 月 25 日　土耳其政府向中国政府归还中国流失文物的移交仪式在土首都安卡拉的安纳托利亚文明博物馆举行。中土双方签署了文物交接相关文件，土政府向中方移交了一幅唐代石窟寺壁画和一尊北朝晚期至隋代随葬陶俑。中国驻土耳其大使邓励代表中方接收了上述文物。

11 月 26 日　中国全国人大常委会副委员长吉炳轩在京会见来访的以党的副主席哈姆扎·达为团长的土耳其正义与发展党干部考察团。

11 月 27 日　中东安全论坛在北京开幕，此次论坛的主题是"新形势下的中东安全：挑战与出路"，与会者围绕地区公平正义、多边主义、发展促安全、文明对话等议题展开研讨。

同日，中国国务委员兼外交部部长王毅在京分别会见出席中东安全论坛的外方嘉宾。

联合国举行"声援巴勒斯坦人民国际日"纪念大会，中国国家主席习近平向大会致贺电。

12月

12 月 2 日　比利时、丹麦、芬兰、荷兰、瑞典和挪威发表联合声明，宣布加入对伊朗"贸易结算支持机制"。该机制是欧洲国家为应对美国制裁伊朗而建立的对伊贸易结算机制。

12 月 4 日　中国全国政协副主席兼秘书长夏宝龙在京会见来访的埃及

议会外事委员会主席卡里姆·达尔维什一行。

12月7日 美国政府与阿富汗塔利班在卡塔尔首都多哈重启谈判。

12月10日 第四十届海湾阿拉伯国家合作委员会（海合会）首脑会议在沙特阿拉伯首都利雅得举行。会议呼吁加强海合会成员国之间合作，并在2025年之前完成区域经济一体化相关立法。海合会秘书长扎耶尼在峰会闭幕时宣读了会议声明。根据声明，海合会将在2025年前完成实现成员国经济一体化的相关立法，涉及建立关税同盟、共同市场以及金融和货币联盟。该声明强调，海合会的最高目标是实现真正的联合，即成员国在所有领域都能充分协调、整合与相互依存。

南苏丹总统基尔在朱巴会见到访的中国全国政协副主席刘新成一行。

12月11日 为期两天的阿斯旺可持续和平与发展论坛在埃及南部城市阿斯旺开幕。论坛围绕非洲应对恐怖主义、气候变化、能源安全、地区冲突等议题进行讨论。包括埃及总统塞西、尼日利亚总统布哈里在内的48个非洲国家的领导人和代表出席论坛，中国政府非洲事务特别代表许镜湖受邀参加。

12月12日 阿尔及利亚举行总统选举。12月13日，阿尔及利亚独立选举委员会宣布阿卜杜勒－马吉德·特本赢得总统大选。

12月14～17日 第三届世界青年论坛在埃及沙姆沙伊赫举行。此次论坛主题为"和平、发展和创新"。来自196个国家和地区的7000余名青年代表围绕国际和平与安全、人工智能、可持续发展、气候变化、食品安全等多个议题展开深入对话。

12月23日 在伊朗阿拉克附近，媒体参观阿拉克重水反应堆。

12月31日 伊朗伊斯兰共和国外交部部长穆罕默德·贾瓦德·扎里夫开始对中国进行正式访问。

Abstract

Abstract: 2020 is the tenth year of the upheaval in the Middle East. After a serious governance crisis, fierce competition and even confrontation among major powers, the Middle East is still lingering in the "long wave" of upheaval, and moving towards a more risky and turbulent "uncertainty" era. On the one hand, avoiding chaos, wishing for stability, solving livelihood problems, and exploring independent development paths have become the core issues facing Middle Eastern countries; on the other hand, slow development pace, sharpened social problems, frequent public protests, and prominent governance problems have been terrible. In particular, the COVID – 19 has aggravated economic and social development difficulties of the Middle East countries, and delayed the pace of getting out of the predicament. At the same time, hot – spot issues frequently occur, the Gulf situation is heating up, the Eastern Mediterranean disputes are tightening, and the intervention of the United States and other extraterritorial powers, which have further increased the intensity of the geopolitical competition and accelerated the pace of order transformation and reconstruction in the Middle East. Therefore, the new Middle East mainly characterized by geopolitical competition is being shaped.

As it is about to usher in the third decade of the 21st century, where is the Middle East heading for? How do Middle Eastern countries get out of the vortex of drastic change? These are still urgent problems to be solved. In the long term, the Middle East countries should explore their independent development paths, improve their governance capabilities, accelerate the adjustment of their economic structure, seize the new opportunities of the new technological revolution and jointly build the "Belt and Road" to promote regional stability, cooperation and development.

Keywords: Long Wave of Upheaval; Governance Crisis; Geopolitical Competition

Contents

I Main Report

Abstract: Since the upheaval in the Middle East (2010 − 2020) , serious
governance crises, development predicaments, security dilemmas, as well as
major power competitions, and geopolitical conflicts have been witnessed in the
Middle East. The upheaval has not only changed the overall situation of the Middle
East, but also profoundly affected its historical process. It has been a major turning
point in the changes of the Middle East, and the region has entered an era of
"uncertainty" that is more risky and turbulent than ever. On the one hand,
avoiding chaos, wishing for stability, solving livelihood problems, and exploring
independent development paths have become the core issues facing Middle Eastern
countries; on the other hand, slow development pace, sharpened social
problems, frequent public protests, and prominent governance problems have
been terrible. In particular, the COVID − 19 has aggravated economic and social
development difficulties of the Middle East countries, and delayed the pace of
getting out of the predicament. At present, the vast majority of countries in the
Middle East are still in the "progress" of upheavals, wandering in the "long
wave" of upheavals in the Middle East. The Middle East, which has just entered
the third decade of the 21st century, faces eight major risks: regional conflict risk,
political security risk, foreign intervention risk, terrorism risk, ethnic conflict
risk, nuclear non-proliferation risk, water dispute risk, and energy (and its

transporting routes) security risks. At the same time, the situation in the Middle East presents six major trends: long-term regional transformation and turbulence, frequent intervention by major powers, sharpened geopolitical competition, normalization of popular protest movements, accelerated division of regional countries, and accelerated economic reform, etc.. On the whole, complex crises in the Middle East are on the rise, transformation of the regional countries is difficult, and uncertainties of regional order are increasing. The future development trend of the Middle East is full of greater uncertainties. In the long term, the Middle East countries should explore their independent development paths, improve their governance capabilities, seize the new opportunities of the new technological revolution and jointly build the "Belt and Road" to promote regional stability, cooperation and development, which should be the realistic choice of the Middle East countries, and the hope of development in the Middle East.

Keywords: Long Wave of Upheaval; Dual Turbulence; Geopolitical Competition; Governance Crisis; Development Predicament

II Sub-Reports

Y. 2 The Political Situation of the Middle East
in 2019 and Its Trend

Wang Lincong, *Zhu Quangang* / 034

Abstract: Since the Arab upheaval, the Middle East countries have undergone profound political transformations and changes. In general, the current political situation in the Middle East is still in this round of changes, which has affected reconfiguration of political power in many countries. Since 2019, the political development of the Middle East countries has shown the following major characteristics. In some countries, the electoral process has been carried out in an orderly manner, political changes have undergone steadily, and the political development situation was good. In the war-torn countries, they are deeply

affected by external intervention, the parties of the conflict are fighting sharply, and the political reconciliation process is advancing slowly. The Gulf monarchies remain basically stable, but potential crises in these countries have accelerated. After the outbreak of the COVID − 19 pandemic in 2020 in the Middle East, the political development in the Middle East may show the following trends: weak states will face a new round of popular protests after the epidemic, strong government models will continue to prevail, political pressure in the Gulf countries will increase, and the peace process in the war-torn countries is still difficult to achieve.

Keywords: Political Turmoil; Political Stability; Strong Government Model

Y. 3   The Economic Situations and Prospect of Middle East in 2019

Jiang Yingmei / 051

Abstract: Due to sluggish recovery of the world economy, the long-term downturn of the international oil price, the aggravation of geopolitical and social tensions, and the lack of fair competition in the market environment, Middle East economy continued to decline in 2019, with an economic growth rate of 0. 3% In 2020, because of the global pandemic of COVID − 19, the global economy falls into recession, and Middle East is no exception. In addition to causing a serious health crisis, the epidemic caused major economic turmoil through simultaneous supply and demand shocks-oil and commodity prices plummeted, domestic and foreign demand fell, consumer confidence fell, the financial environment tightened, production and global supply chain disruption-with a serious impact in the Middle East. Middle East economy is expected to contract by 3. 3% in 2020. With the end of the global epidemic in the second half of 2020 and the role of economic stimulus policies, Middle East economy will rebound 4. 2% in 2021. However, the global economic recovery still faces great uncertainty.

Keywords: Middle East Economy; World Economy; COVID − 19; Oil International Price

Abstract: In 2019, protests and demonstrations broke out in many countries in West Asia and North Africa to express dissatisfaction with the economic downturn, high unemployment rate, people's poor livelihood and political corruption. Demonstrations in many countries led to the resignation of leaders and government reorganization, but related measures did not effectively alleviate public dissatisfaction. Protests still occur in many countries and continue to this day. This wave of protests and demonstrations is the first time of pan-regional social unrest reappearing in West Asia and North Africa after the "Arab Spring" in 2011, and exacerbated political fragmentation in the Middle East. Thus, some experts named it "the Second Arab Spring." However, the political demands of this wave of protests are slightly different from the "Arab Spring" ten years ago. The intervention of foreign countries has obvious characteristics to serve the needs of the US-Iran game. Especially, the spillover effect of this round of demonstrations has been significantly reduced. The social turmoil in the relevant countries has impacted the balance of power among the regional countries, but it has not changed the overall geopolitical pattern in the Middle East. On the contrary, it has accelerated the pace of existing geopolitical changes. The outbreak of COVID −19 pandemic and plunging energy prices in 2020 have made the Middle East countries face a more severe governance crisis. This wave of protests has not been completely over, and its impact may continue.

Keywords: Middle East; Protest Wave; Geopolitics; Political Reform; Failure of State Governance

Abstract: The security situation in the Middle East remained grim and fragile

in 2019, with regional conflicts on the rise. Three regional wars in Syria, Libya and Yemen are deadlocked. Terrorism has been severely weakened, but there is still the possibility of resurgence. The conflict between the United States and Iran continued to escalate and raised regional tensions. The security situation in the gulf is grave and the safety of navigation at sea is facing challenges. The conflict in the Eastern Mediterranean is heating up, and the game among regional countries is becoming increasingly heated. A new wave of protests broke out and triggered regime changes in some countries. Geopolitical competition among major powers in and outside the region is fierce, and changes in the regional pattern are accelerating, threatening the strategic stability of the Middle East. It is expected that in 2020, the Middle East security situation will remain unstable, and the possibility of a "black swan event" cannot be ruled out.

Keywords: Middle East Security; Turbulence; Geopolitical Competition

III　National Reports

Y. 6　Tunisia: Political compromise promoting political development

Wang Feng / 107

Abstract: The Upheaval of Middle East began from Tunisia ten years ago. Following the fall of Ben Ali in January 2011, Tunisia has stepped into the political transition. Its political transition has undergone three phases, during which Tunisia adopted the constitution of 2014 and avoided some possible national conflict or civil war. The reasons why Tunisia has made such great achievements which may lie in series of domestic and external factors. Anyhow, al-Nahda has played significant role in the smooth transition of power in Tunisia. It has made great compromises on the principles of the 2014 constitution and therefore reached the consensus with other major secular parties. With this political consensus, Tunisia has been able to build a secular, inclusive and democratic political system. Al-Nahda has also ensured its legal status as an important political party in Tunisia by further self-reform and succeeded in participating in the democratic process. However, Tunisia still faces economic, security and political challenges in the future. If these problems were not properly resolved, they might undermine the political and social stability of Tunisia.

Keywords: The Upheaval of Middle East, Tunisia, Political Transition, al-Nahda

Abstract: After the January 25th Revolution, Egypt has embarked on a tortuous road of political and economic reform. Morsi challenges military power, successfully being elected President of Egypt, But Morsi was weak in economic governance, facing politically difficulties both at home and abroad, Eventually Egupt trigger the second revolution. After Sisi took power, through strong suppression of social unrest, vigorously promote economic reform, he restored Egypt's economic and social stability, but failed to change Egypt's dependence on rent economy, weak manufacturing industry, and the structural problem of the high debt problem. At present, there are still a series of social problems in Egypt, such as high unemployment rate of young people and livelihood difficulties. And the political stability of Egypt is facing a series of uncertainties in post-epidemic era.

Keywords: Egypt; Middle East Upheaval; Political Development; Economic Situation

Abstract: In 2011, the Libyan civil war broke out and the regime change was realized under the military intervention of many western countries. The past

decade has witnessed Libya suffering from political division and incompetent regime, economic regression and mass destitution, security deterioration and intensified terrorism. It was not only because of long-standing abuses rooted from the decades under the ruling of Libya's old regime, but also closely related to benefit-oriented intervention from external powers. Since the COVID-19 outbreak had rapidly spread in many parts of the world, the number of confirmed cases in Libya has also kept rising this year. From the domestic perspective of Libya, its medical equipment and capacity are not even enough to cope with the epidemic while the two sides of the civil conflict have not yet agreed on ceasefire. From the external perspective, however, the major players of intervention have temporarily decreased their participation in the Libyan civil war due to their own serious domestic epidemic. The experience of the years of chaos in Libya has shown that the final settlement of the Libyan issue needed the reconciliation of parties engaged in the conflict, as well as unselfish help from external powers and international organizations, both of which are indispensable. Whereas, according to the current situation where neither of the conditions was satisfied, the outlook of the mass chaos in Libya still remained uncertain.

Keywords: Libya, Post-war Chaos, External Intervention

Y. 9 Syria: Persisting chaos and war caused by radical change

Liu Dong / 162

Abstract: Before the Syria crisis, the government of Syria has promoted economic and political reform actively. Although the reform improved the relations between Syria and Western Countries, it neither improved the livelihood of ordinary Syrian people, nor reduced the poverty rate. Furthermore, the reform also reduced the cohesion of the ruling group and weakened the grass-roots contacts of the ruling group. And the negative impact of the reform foreshadowed the full outbreak of the crisis. Since the outbreak of the Syrian crisis, global and regional powers have intervened strongly and gradually become the main force that influence the development of the crisis and the Syrian crisis has also evolved from a mass protest movement into a full-blown civil war. It was not until September 2015, with the support of Russian armed forces, that the Syrian government began to launch a strategic counter-offensive, and the domestic situation in Syria began to develop towards stability. However, the ongoing Syrian crisis has seriously intensified sectarian and ethnic tensions in Syria, dealt a devastating blow to the development of the Syrian national economy, and promoted the deepening adjustment of relations between Middle East countries and the policies of major powers in the Middle East. Although the Syrian government has regained most of its territory by the end of March 2020, the protracted war in Idlib also indicates that the situation in Syria is reaching a stalemate. At present, Russia, Turkey, the United States and other international and regional powers have become the leading forces influencing the development of the situation in Syria. Only with the consensus achieved by the above mentioned parties, can Syria reach internal peace, start political reconstruction, and fundamentally solve the Syrian refugee issue that has attracted much attention.

Keywords: Syria Crisis; Civil War; Causes; Evolution

Y. 10   Yemen: Trapping in the vortex of war   *Zhu Quangang* / 184

Abstract: In the late period of former President Saleh 's rule of Yemen, Yemen was deeply plunged into multiple governance crisis, which including political governance crisis, economic governance crisis and social governance crisis. As the Arab Spring spread to Yemen, Saleh eventually stepped down, and Yemen entered a period of transformation. Yemen 's transformation process did not properly restrict the power of Saleh, nor did it ensure the interest of marginal groups such as the Houthi movement and the Southern movement. Eventually, Houthi used force to seize state power, and Yemen 's transformation process failed completely. With the intervention of the international coalition forces led by Saudi Arabia, Yemen fell into a bloody war. The Yemen war exhibited three characteristics: dynamic, internal-external linkage, and highly destructive. The

中东黄皮书

resolution of the Yemeni problem requires restoring the peace order firstly, and then resolving the governance problem, which seems not easy.

Keywords: Yemen; Governance; War; Peace Process

Y. 11　Gulf countries: reform and transformation facing new challenges

Yu Guoqing, Chen Yao / 200

Abstract: Broken out at the end of 2010, the so-called "Arab Spring" uprisings had tremendously transformed the Middle East. Though affected by the regional turmoil, Gulf Arab monarchies survived in the Arab Spring without experiencing regime change. In the post-Arab Spring Era, Gulf Arab states had made some achievements in their economic, political and social reforms but meeting with more and more obstacles and even being stalled. Intra-GCC rifts were growing and the 2017 Qatar diplomatic crisis severely hindered the Gulf integration. The security situation in the Gulf was deteriorated by Gulf States' interventions in regional conflicts, its heightened tensions with Iran, and the increasing competition between the U. S. and Russia in the Middle East. In the recent time, Gulf monarchies are supposed to ride out the new trends of protests and political turmoil in the region. However, they are facing more and more challenges from low oil-price, painful reforms, worsening regional security situation and non-traditional security threats. In a decade after the Arab Spring, Gulf Arab states' internal and external situations are not optimistic.

Keywords: Middle East Upheaval; Gulf Arab States; GCC

Y. 12　Turkey: Comprehensive transformation of politics and diplomacy

Wei Min / 223

Abstract: The upheaval in the Middle East has brought unprecedented

390

opportunities and challenges to Turkey. In the past ten years, under the leadership of the Justice Development Party, Turkey has achieved a political system change from parliamentary system to presidential system at the political level. It has resisted the huge impact of the attempted coup and the Lira crisis in economic sector, and successfully achieved the transformation of foreign policy, from traditional Kemalism diplomatic thought to the "new strategic depthism". Facing the situation in the Middle East, where the conflict is constantly, Turkey has fully utilized its geopolitical advantages and political wisdom, using a combination of diplomatic means and military strikes, and indirectly achieved the national strategic intent, that is to establish a safe zone in northern Syria and the remove the influences of Kurdish forces.

Keywords: Middle East Upheaval; Turkey; Foreign Policy; Political System Reform

IV Hot Issues

Y. 13   New Changes and Prospects of Israeli-Palestinian Issue

Wang Jian, Su Wenjun / 236

Abstract: In the past year, two events have had a significant impact on the Israel-Palestinian issue. One is that US President Trump officially announced the "Deal of the Century". The other is the establishment of the Israeli coalition government. The "Deal of the Century" overturned international consensus on resolving the Israeli-Palestinian issue and gave Israel the green light to unilaterally annex parts of the West Bank. The establishment of the Israeli coalition government has further strengthened the dominant position of right-wing political forces in Israeli politics, and Israel will adopt a tougher policy on the Israeli-Palestinian issue. The Palestinian Authority hopes to counter Israel's unilateral annexation by announcing that the PA was 'absolved' of all agreements and understandings with Israel and the US, including security-related agreements. There is a danger of tension and instability between Israel and the Palestine, and hopes for peace are fading.

Keywords: Deal of the Century; Peace to Prosperity; Israel Election; Two-State Solution; Israel-Palestinian Issue

 中东黄皮书

Abstract: Since May 2019, the United States has imposed "extreme pressure" on Iran in terms of strengthening sanctions, military threats, and diplomatic isolation. Iran was forced to adjust its policies from "strategic restraint" to "extreme resistance." The United States and Iran are fighting openly in the Persian Gulf and Iraq, pursuing a policy of marginal war, and it shows the characteristics of the warming of regional agent war. Since the first anniversary of the US withdrawal from the JCPOA, Iran gradually suspended its obligations to implement the Iranian nuclear agreement in five stages. Affected by the combined effects of US sanctions, Covid −19 and the collapse of international oil prices, the Iranian economy and government financial situation continued to deteriorate. In the future, it is likely to escalate the situation to get rid of the predicament of being surrounded by the US To win re-election as president, Trump will increase pressure on Iran. The international community's struggle over the Iranian nuclear issue and the JCPOA will also become more intense. Therefore, the Iran issue in 2020 is the most likely risk factor for the escalation of regional tensions. Changes in US-Iranian relations, the Iranian nuclear issue and the Iranian economy deserve attention.

Keywords: Extreme Pressure; Strategic Restraint; Extreme Resistance; The Joint Comprehensive Plan of Action (JCPOA)

Abstract: This paper took Turkey's policy towards Syria, Israel and Libya in recent years as an example to discuss Turkey's regional policy and its implications. In October 2019, Turkey launched the "Peace Spring" military operation against Syrian Kurdish forces in order to establish a safe zone in northern Syria. The operation was opposed by many sides. From December 2019 to March

2020, there were direct conflicts between Turkish and Syrian forces, with both sides suffering heavy casualties and losses. The conflicts reflected the limits of Turkey's military and economic power. Turkey's actions were also constrained by big powers such as the United States and Russia. In November 2019, Turkey signed a memorandum of understanding with the Libyan Government of National Unity on military cooperation and the demarcation of the Mediterranean border. In January 2020, Turkey sent troops to Libya. Fighting on two fronts in Syria and Libya and competing for resources in the eastern Mediterranean have brought too many enemies for Turkey. Turkey criticized the United States and Israel for a series of policies that hurt Palestinian rights.

Keywords: Tuskey; Syria; Resources in the East Mediterranean Sex

Y. 16   The Eastern Mediterranean Issue Heating up
and Its Implications   *Tang Zhichao*, *Gu Nanxuan* / 289

Abstract: Since the new century, with the development of exploration technology, a large amount of natural gas has been found in the Levant basin of the eastern Mediterranean. The great discovery of natural gas is helpful for regional countries, but brought the fierce geopolitical game and conflict around natural gas resources. This dual process has accelerated further in recent years. In general, the eastern Mediterranean game mainly focuses on the ownership of natural gas resources and the construction of natural gas transport pipeline. However, in recent years, the nature of geopolitical conflicts has increased significantly, which is closely related to the Cyprus issue, the Palestinian-Israeli issue, the game between regional powers and other old and new regional hotspots as well as the adjustment of regional pattern. From the perspective of its implications, the discovery of oil and gas in the eastern Mediterranean not only changed the distribution pattern of oil and gas in the Middle East and promoted the revision of Europe's energy import map, but also had an important impact on the resolution of regional traditional conflicts and hotspot issues, regional security, and the pattern of the Middle

East. The rise of the eastern Mediterranean game reflects the declining trend of the United States and Europe in the eastern Mediterranean and the Middle East, and the strategic development trend of regional countries' increasing influence in regional affairs.

Keywords: Eastern Mediterranean; Oil and Gas Development; Geopolitics; Big Game

V Market Trend

Y. 17 The Development of Middle East Foreign Trade and Sino-Middle East Trade *Xu Qiang / 306*

Abstract: In 2017 and 2018 the exportation growths of Middle East (ME) were faster than that of the whole world trade, but the export and import scales of ME were still less than the historical highest yearly value. The growth rates of various country's foreign trade varied markedly. The shares of China in most ME countries exportation and importation have been increased continuously. The Industry-Share-of-Exportation analyses illustrate that the industry-diversification process of the mineral-rich countries won effectiveness to some extent, although most of these countries' mechanic and electronic products' exportation growth is rather unstable and discontinuous. The mutual trade between China and ME countries shows varying Permeating Degree among countries. Chinese government and enterprises should propel Africa-Sino trades by assisting the Industry-Diversification processes of all ME countries, industrialization, the major actions should include: deepening the economic connections between China and all ME countries; participating the construction of all ME economic and trade parks; participating the Africa infrastructure building.

Keywords: Trade Development; Industry-Diversification; Sino-ME Trade

Y. 18　Foreign Direct Investment of West Asian Countries

Zhou Mi / 337

Abstract: The inflows of investment of the countries in West Asia kept increasing in 2018. The oil-exporting countries had an obviously weaker performance in attracting investments, while manufacturing and service industries had become new hotspots for the FDI. The foreign investors considerate more on the factors of industrial structure, human resources and investment environment, etc. The Chinese companies had also invested more in 2018. They took actively part in the infrastructure in the West Asian countries and had more capacity cooperation based on the industrial parks. For better promote the cooperation between Chinese companies and the West Asian countries, it should be done by both sides to improve the investment environment, figure out solutions for key investment challenges, enhance the cooperation on the research and development, encourage financial innovations and help reduce investment risks by more collectively actions.

Keywords: Foreign Direct Investment; West Asian Countries; China Enterprises

VI　Documentation

皮 书

智库报告的主要形式
同一主题智库报告的聚合

❖ 皮书定义 ❖

皮书是对中国与世界发展状况和热点问题进行年度监测，以专业的角度、专家的视野和实证研究方法，针对某一领域或区域现状与发展态势展开分析和预测，具备前沿性、原创性、实证性、连续性、时效性等特点的公开出版物，由一系列权威研究报告组成。

❖ 皮书作者 ❖

皮书系列报告作者以国内外一流研究机构、知名高校等重点智库的研究人员为主，多为相关领域一流专家学者，他们的观点代表了当下学界对中国与世界的现实和未来最高水平的解读与分析。截至 2020 年，皮书研创机构有近千家，报告作者累计超过 7 万人。

❖ 皮书荣誉 ❖

皮书系列已成为社会科学文献出版社的著名图书品牌和中国社会科学院的知名学术品牌。2016 年皮书系列正式列入"十三五"国家重点出版规划项目；2013~2020 年，重点皮书列入中国社会科学院承担的国家哲学社会科学创新工程项目。

权威报告・一手数据・特色资源

皮书数据库
ANNUAL REPORT(YEARBOOK)
DATABASE

分析解读当下中国发展变迁的高端智库平台

所获荣誉

- 2019年，入围国家新闻出版署数字出版精品遴选推荐计划项目
- 2016年，入选"'十三五'国家重点电子出版物出版规划骨干工程"
- 2015年，荣获"搜索中国正能量 点赞2015""创新中国科技创新奖"
- 2013年，荣获"中国出版政府奖・网络出版物奖"提名奖
- 连续多年荣获中国数字出版博览会"数字出版・优秀品牌"奖

成为会员

通过网址www.pishu.com.cn访问皮书数据库网站或下载皮书数据库APP，进行手机号码验证或邮箱验证即可成为皮书数据库会员。

会员福利

- 已注册用户购书后可免费获赠100元皮书数据库充值卡。刮开充值卡涂层获取充值密码，登录并进入"会员中心"—"在线充值"—"充值卡充值"，充值成功即可购买和查看数据库内容。
- 会员福利最终解释权归社会科学文献出版社所有。

数据库服务热线：400-008-6695
数据库服务QQ：2475522410
数据库服务邮箱：database@ssap.cn
图书销售热线：010-59367070/7028
图书服务QQ：1265056568
图书服务邮箱：duzhe@ssap.cn

S 基本子库
UB DATABASE

中国社会发展数据库（下设 12 个子库）

整合国内外中国社会发展研究成果，汇聚独家统计数据、深度分析报告，涉及社会、人口、政治、教育、法律等 12 个领域，为了解中国社会发展动态、跟踪社会核心热点、分析社会发展趋势提供一站式资源搜索和数据服务。

中国经济发展数据库（下设 12 个子库）

围绕国内外中国经济发展主题研究报告、学术资讯、基础数据等资料构建，内容涵盖宏观经济、农业经济、工业经济、产业经济等 12 个重点经济领域，为实时掌控经济运行态势、把握经济发展规律、洞察经济形势、进行经济决策提供参考和依据。

中国行业发展数据库（下设 17 个子库）

以中国国民经济行业分类为依据，覆盖金融业、旅游、医疗卫生、交通运输、能源矿产等 100 多个行业，跟踪分析国民经济相关行业市场运行状况和政策导向，汇集行业发展前沿资讯，为投资、从业及各种经济决策提供理论基础和实践指导。

中国区域发展数据库（下设 6 个子库）

对中国特定区域内的经济、社会、文化等领域现状与发展情况进行深度分析和预测，研究层级至县及县以下行政区，涉及地区、区域经济体、城市、农村等不同维度，为地方经济社会宏观态势研究、发展经验研究、案例分析提供数据服务。

中国文化传媒数据库（下设 18 个子库）

汇聚文化传媒领域专家观点、热点资讯，梳理国内外中国文化发展相关学术研究成果、一手统计数据，涵盖文化产业、新闻传播、电影娱乐、文学艺术、群众文化等 18 个重点研究领域。为文化传媒研究提供相关数据、研究报告和综合分析服务。

世界经济与国际关系数据库（下设 6 个子库）

立足"皮书系列"世界经济、国际关系相关学术资源，整合世界经济、国际政治、世界文化与科技、全球性问题、国际组织与国际法、区域研究 6 大领域研究成果，为世界经济与国际关系研究提供全方位数据分析，为决策和形势研判提供参考。

法律声明